KB006877

권력과 예술가들

로마노프 왕조의 러시아 문화사(1613~1917)

권력과 예술가들

로마노프 왕조의 러시아 문화사(1613-1917)

솔로몬 볼코프 지음

이대우 · 백경희 옮김

우물이 있는 집

로마노프 왕조 계보

부부관계
혈연관계
괄호 안의 숫자는 집권 순서

미하일 표도로비치
1596~1645
1613년 즉위(1)

알렉세이 미하일로비치
1629~1676
1645년 즉위(2)

마리야 일리니치나 밀로슬랍스카야
1625~1669

예브도키야 루캬노브나 스트레시네바
1651~1694

나탈리야 키릴로브나 나리시키나
1651~1694

표도르 알렉세예비치
1661~1682
1676년 즉위(3)

소피야 알렉세예브나
1657~1704
섭정
1682~1689

이오안 5세
1666~1696
1682년 즉위(4)

예브도키야 표도로브나
로푸히나
1669~1731

표트르 1세 알렉세예비치
1672~1725
1682년 즉위(5)

예카테리나 1세 알렉세예브나
1684~1727
1725년 즉위(6)

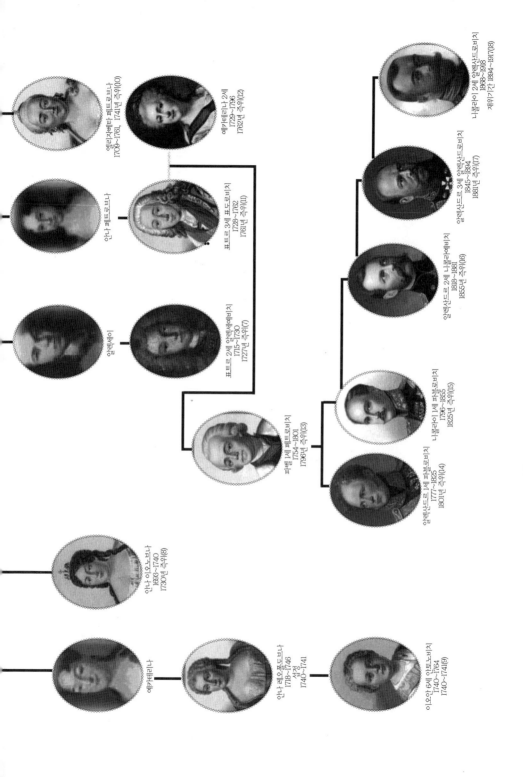

엘리자베타 페트로브나
1709~1761, 1741년 즉위(10)

예카테리나 2세
1729~1796
1762년 즉위(12)

안나 페트로브나

표트르 3세 표도로비치
1728~1762
1761년 즉위(11)

알렉세이

표트르 2세 알렉세예비치
1715~1730
1727년 즉위(7)

니콜라이 2세 알렉산드로비치
1868~1918
재위기간 1894~1917(08)

알렉산드르 3세 알렉산드로비치
1845~1894
1881년 즉위(17)

알렉산드르 2세 니콜라예비치
1818~1881
1855년 즉위(16)

니콜라이 1세 파블로비치
1796~1855
1825년 즉위(15)

파벨 1세 페트로비치
1754~1801
1796년 즉위(13)

알렉산드르 1세 파블로비치
1777~1825
1801년 즉위(14)

안나 이오노브나
1693~1740
1730년 즉위(8)

예카테리나

안나 레오폴도브나
1718~1746
섭정
1740~1741

이오안 6세 안토노비치
1740~1764
1740~1741(9)

　러시아 문학과 음악, 미술을 포함한 러시아 문화예술사를 학교 정규 과
정이나 기존의 문학사를 통해 배우는 사람들에게 볼코프의 《로마노프 왕
조의 러시아 문화사》의 내용은 적잖은 충격을 안겨줄 수 있다. 그도 그럴
것이 제정러시아 문화의 초석을 놓았던 푸쉬킨, 고골, 투르게네프, 도스토
옙스키, 톨스토이, 글린카, 차이콥스키, 이동파 화가들, 브률로프, 이바노
프 등의 많은 예술가들이 신화화되고 공식화되는 동안 문화 권력에 의해
묻혀지거나 혹은 인위적으로 만들어진 역사적 과정과 원인 그리고 예술가
들과 권력 사이의 대립과 협력의 관계가 상세히 설명되고 있기 때문이다.
그렇다고 해서 이 책으로 인해 전설적인 작가들과 예술가들의 위상이 흔
들리거나 제정러시아 문화사가 다시 쓰여지는 일은 없을 것이다. 하지만
이 책은 적어도 공식적인 문학사 혹은 문화사 속에서 그동안 의문점으로
남아 있거나 설명되지 않았던 많은 여백들을 적잖이 보완할 수 있는 기회
를 우리들에게 제공한다.

　볼코프는 《로마노프 왕조의 러시아 문화사》를 집필하기에 앞서 《레프
톨스토이부터 알렉산드르 솔제니친까지의 20세기 러시아 문화사》를 발표
했다. 이 두 권의 문화사는 출판 연도에 있어 그 순서가 바뀌긴 했지만 내

용상으로는 일관되게 로마노프 왕조 초기부터 현대 러시아까지의 문화사를 정치적, 사회적, 인간적 관계 속에서 다루고 있는 문제적 저작들이다. 볼코프의 《러시아 문화사》의 특징은 일반적인 문화사 기술처럼 연도별, 작품별, 사건별 기술의 원칙을 따르지 않는다는 것이다. 그는 라트비아 음악원과 레닌그라드 음악원을 졸업한 후 소비에트 작곡가동맹원으로 활동하다가 1976년 미국으로 망명한 문화학자이자 음악학자이며 동시에 미국에서 발행되는 러시아 이민자들의 잡지 〈차이카〉의 편집위원이기도 하다. 그래서인지 그는 제정러시아의 문화 형성 과정에서 중요한 의미를 갖는 역사적 순간들에 주로 초점을 맞추어 기존의 논문과 저서, 신문, 잡지, 역사서 등 공식적인 자료는 물론 동시대인들의 일기, 편지, 메모 등 비공식적인 문서에 이르기까지 치밀하게 조사하고 분석하여 러시아 문화사를 구술사적 시각으로 재구성하고 있다.

《로마노프 왕조의 러시아 문화사》에는 볼코프의 논리를 뒷받침하는 동시대인들의 증언과 문화사에서 제외된 수많은 기록들이 실려 있다. 그럼에도 불구하고 저자는 책 속에서 인용의 구체적 출처를 밝히지 않고 있다. 물론 영어본으로 출간된 책의 경우 많은 인용들에 대해 그 출처를 제시하고 있다(영어본은 러시아어본과는 달리 더 간결하고 압축적으로 기술되어 있기 때문에 두 책의 내용이 반드시 일치하는 것은 아니다). 그러나 저자는 그 많은 출처들을 밝히는 것이 오히려 책의 구성에 방해가 된다고 판단한 것 같다. 따라서 이 번역본 역시 러시아어본에 기초하여 인용의 출처를 생략할 수밖에 없었다.

이 책은 2011년 모스크바 ЭКСМО 출판사에서 발행한 《История русской культуры в царствование романовых 1613-1917》을 기초로

번역한 것이다. 오랜 이민 생활로 인해 저자가 부정확한 러시아어(영어본의 경우에도 마찬가지이지만)를 사용하고 있지만 번역상의 모든 책임은 번역자들에게 있다.

■ 차례

로마노프 왕조는 러시아 역사의 중심에 자리 잡고 있다. 이 왕조는 1613년부터 1917년까지 3백 년이 넘는 기간 동안 러시아를 지배했다. 그리고 그 기간 동안 지상의 6분의 1을 차지한 러시아는 주변 국가들에게 공포심과 동시에 존경심을 불러일으키면서 유럽의 가장 강력한 제국으로 발돋움했다. 러시아는 때로는 토착 민족들의 이국적인 풍속과 의상, 용맹심, 인내력, 전투력으로, 그리고 나중에는 러시아 소설, 음악, 발레, 연극 등의 놀라운 문화적 성취로 자국 영토를 침공한 주변국들을 매혹시켰다.

로마노프 왕조의 찬란하고 또 종종 비극적인 역사는 오랫동안 역사가들의 주목을 받아 왔고 그것을 주제로 한 수많은 저작과 연구서들은 점점 더 늘어가는 추세다. 로마노프 왕조 시대의 다양한 문화적 측면들에 관한 저술들이 쏟아지고 있지만, 이 책은 로마노프 왕조와 러시아 문화 사이의 복잡하고 드라마틱한 관계를 다룬 문학(현재 가장 많은 연구가 이루어진 주제) 그리고 미술, 건축, 음악, 발레, 연극 등에 관한 통합적 구술사를 담아내는 최초의 시도이다.

그런 의미에서 이 책은 나의 전작 《레프 톨스토이부터 알렉산드르 솔제니친까지의 20세기 러시아 문화사》의 전편(前篇)에 해당한다. 즉 이 책이 끝나는 지점에서 나의 전작이 시작되는 것이다. 이 두 권의 책은 아바쿰 대사제로부터 오늘날에 이르기까지 러시아 문화사 전반을 다루고 있다.

지금도 많은 사람들은, 로마노프 왕조 일가가 자신들의 정부(情婦)가 춤추던 발레와 자신들의 연인이 참가한 근위대 행진을 제외한 모든 예술에 대해 놀라울 정도의 무관심을 드러낸 것 같다고 말한다.

물론 그것은 지나친 과장이다. 그렇다, 로마노프 왕조의 남자들이 최초의 직업적 군인이었다는 사실만은 인정할 수 있다. 하지만 그들 역시 뛰어난 교양인들이었으며, 문학, 건축, 음악, 회화, 연극에 상당한 관심을 갖고 있었던 것도 사실이다. 또한 몇몇 차르들(표트르 대제, 예카테리나 여제와 니콜라이 1세)의 경우 실제로 문화 건설에 참여하기도 했다.

로마노프 왕조의 차르들에게 있어 문화는 대단히 중요한 정치적 도구였다. 물론 러시아 문학과 예술을 자신들의 보물이라고까지는 여기지 않았을 수도 있다. 하지만 러시아 통치자들이 문화 과정에 개입하면 할수록 그들의 체제는 더욱 견고해졌음을 역사는 입증하고 있다.

러시아라는 전제국가에서 차르와 문화 엘리트 사이의 사적 관계는 필연적으로 중요한 의미를 갖는다. 차르들은 가브릴 데르자빈, 니콜라이 카람진, 바실리 쥬콥스키의 조언에 때로는 분노하기도 했지만 대체로 경청하는 편이었다.

니콜라이 1세는 알렉산드르 푸쉬킨을 '러시아에서 가장 지혜로운 사람'이라고 부르면서도 그의 창작에 간섭하려고 했다. 하지만 그런 시도가 언제나 성공을 거둔 것은 아니었다. 이반 투르게네프의 《사냥꾼의 일기》

는 알렉산드르 2세가 농노제 폐지를 결심하는 데 정서적으로 큰 영향을 미친 것으로 여겨진다. 알렉산드르 2세는 표도르 도스토옙스키의 장편 소설을 읽었고, 표트르 차이콥스키의 음악을 좋아했으며, 자신이 진정한 국민 화가로 지지했던 이동파 화가들의 작품을 수집하기도 했다.

니콜라이 1세의 비호 아래 형성된 〈정교, 전제주의, 국민정신〉이라는 이데올로기적 슬로건은 오랜 세월 동안 매우 효과적인 문화적·정치적 통제 수단이 되었다. 선조 차르들의 문화 정책을 현대화해야 했음에도 불구하고 나는 마지막 차르 니콜라이 2세가 보여준 무의지 혹은 무능이 러시아 전제주의를 붕괴시킨 가장 커다란 원인들 가운데 하나라고 생각한다.

랄프 왈도 에머슨의 말에 따르면, 역사란 전기(傳記)에 불과한 것이다. 이 책에서 나는 로마노프 왕조의 차르들과 그 시대의 작가들, 시인들, 작곡가들, 화가들 사이의 관계를 현존하는 사람들 사이의 상호 관계로 묘사하고자 했다. 그들은 재능이 넘치고 자존심이 강하고 허영심에 차고 참을성이 없고 또 변덕스럽기까지 했다. 차르와 예술가 양측은 자신들이 세계 역사의 무대 전면에서 조명을 받는다고 믿었고 또 그렇게 행동했다.

빅토르 쉬클롭스키는 러시아 형식주의의 창시자 가운데 한 사람이자 레프 톨스토이의 전기 작가이기도 하다. 1974년에 나는 모스크바에서 그와 대담을 가졌는데, 그때 그는 뛰어난 창작가들(쉬클롭스키는 그 중에서 블라디미르 마야콥스키, 세르게이 에이젠쉬테인과 보리스 파스테르나크와 가까운 친분 관계를 맺은 바 있다)에 관한 개인 정보는 과거의 위대한 작가들을 보다 더 잘 이해할 수 있도록 한다는 형식주의 학파의 주요 연구관에 대해 언급한 바 있다.

쉬클롭스키는 문화 지도자들의 개인적 감정과 사회적 발언 사이에 어떤 차이가 있는지 자기 눈으로 직접 확인할 때, 사람들은 일기나 편지 그리고 해묵은 기억들을 훨씬 더 민감하고 가치 있게 평가할 수 있다고 했다. 쉬클롭스키는 사람들이 과거의 거장들과 평범한 이웃들을 비교하는 동안, 전설적 인물로 여러 세기에 걸쳐 등장하지만 좌절 따위는 해본 적 없는 진부한 '천재들'이 아니라 틀림없이 우리들처럼 끔찍한 실수나 방종도 저지르고 정말 온당치 못한 발언도 서슴지 않는 현실적 성격의 소유자들을 만나게 될 거라고도 말했다.

나는 늙은 독설가인 쉬클롭스키의 사고 속에 담긴 지혜를 확인할 기회가 많았다. 안나 아흐마토바, 드미트리 쇼스타코비치, 조르쥐 발란친 그리고 요시프 브로드스키와의 개인적 접촉은 내가 기대한 대로 선입견을 내려놓고 러시아 문화를 연구하고 해석할 수 있도록 해 주었다.

쉬클롭스키의 이러한 가설은 상당한 수준으로 러시아 통치자에게 적용될 수 있다. 이반 뇌제의 표현에 따르면, 전통적으로 통치자들은 자신을 '신이 내린' 군주로 생각해 왔다. '측근들'이나 특별히 선발되고 추려진 '국민 대표들'만이 그들과 가깝게 지내고 대화를 나눌 수 있었다. 나 같은 유태인 출신의 러시아 지식인들에게도 잠시나마 차르를 눈앞에서 알현할 기회가 주어졌을까? 결코 그렇지 않았을 것이다.

소비에트 시대의 러시아 지도자들은 이러한 절대 권력의 영예를 누리는 데 성공했다. 특히 요시프 스탈린(니콜라이 1세로부터 특히 문화 후원 분야에서 많은 점을 배웠던 것 같다)은 그런 면에서 큰 성공을 거두었다고 할 수 있다. 하지만 그의 후계자들은 그런 정치적 자산을 점차 잃어버리고 말았다.

나는 집권 말기의 니키타 흐루쉐프에 관한 우화를 수없이 들어 왔다.
1964년 9월 내가 음악원 학생이었을 무렵 레닌그라드에서 흐루쉐프는
인도네시아 대통령 수카르노와 함께 테아트랄나야 광장에 위치한 키로
프 극장으로 입장했다. 그때 나는 우연히 흐루쉐프를 에워싼 군중들 틈
에 끼어 있었다(당시의 경호원들은 너무나 소홀했었다). 그때 내가 얼마
나 흥분을 했는지 지금도 기억이 생생하다.

흐루쉐프(레오니드 브레쥐네프는 몇 주 후 그를 권력에서 축출했다)는
만면에 미소를 띤 채 바로 내 앞을 지나갔다. 그 무렵 흐루쉐프의 우울한
심사를 묘사한(내가 나중에 읽었던) 책의 내용과는 달리, 그의 얼굴에는
활력이 넘치고 확신으로 가득 차 있었다. 흐루쉐프의 검게 그을린 얼굴
과 이마가 벗겨진 상고머리가 주는 인상을 나는 기억 속에서 지울 수가
없다. 그의 모습은 드물게 내리쬐는 레닌그라드의 가을 햇살 아래 후광
을 발하면서 빛나고 있었다. 어쩌면 그런 모습이 당시 나를 흥분시켰는
지도 모른다.

'페레스트로이카'는 나 같은 아웃사이더들에게도 러시아 지도자들과
대화할 수 있는(비록 짧은 순간이긴 해도) 기회를 많이 제공했다. 나는
행운아다. 미국에 살면서 뉴욕을 방문한 과거와 미래와 현재의 러시아
대통령들(미하일 고르바초프, 보리스 옐친, 블라디미르 푸틴)을 두 눈으
로 목격할 기회를 가졌으니 말이다.

나도 그들의 가장 가까운 동지들이나 대표적인 적들 가운데 몇몇 사람
들(예고르 리가체프, 알렉산드르 야코블레프, 아나톨리 소브차크, 블라
디미르 야코블레프, 예고르 가이다르, 그리고리 야블린스키, 보리스 넴
초프)과 교류할 수 있었다. 그 교류란 짧은 질의와 응답을 포함한 것인데

때로는 긴 대화로 이어지기도 했다. 그 모든 교류는 내게 정치 엘리트들의 심리상태를 통찰할 수 있는 새롭고 소중한 기회를 마련해 주었으며, 자신의 논리적, 도덕적, 정서적 규범 속에 살아가는 특별한(좋든 싫든) 기질의 소유자인 국가 지도자(직업 정치인)에 대한 이미지를 강화시켰다.

어느 특수 집단(소위 로마노프 왕족과 그 측근들)과 대단히 개성 넘치고 이국적인 계층(러시아 문화 엘리트) 사이의 상호관계에 대한 다양한 측면들은 이미 언급했듯이 수많은 인재들의 관심을 끌었으며, 그들의 저술과 견해들은 내게 길라잡이가 되어 주었다.

여기서는 그 일부 인사들에 대해서만 언급하겠다. 그들은 세르게이 아베린체프, 나움 베르콥스키, 이사이아 베를린, 제임스 H. 빌링톤, 안드레이 비토프, 엘리자베스 발케니어, 이고리 볼긴, 리차드 S. 워트만, 보리스 가스파로프, 리지야 긴즈부르그, 야콥 고르딘, 레프 구밀레프, 레오니드 돌고플로프, 다니엘 쥐토미르스키, 안드레이 조린, 바딤 코쥐노프, 제이 레이다, 드미트리 리하초프, 레프 로소프, 마틴 말리아, 이리나 파페르노, 보리스 파라모노프, 리차드 파이프즈, 게오르기 스비리도프, 드미트리 스뱌토플크-미르스키(D.S.미르스키), 드미트리 사라뱌노프, 안드레이 시냡스키, 발레리 소콜로프, 조세프 프랑크, 코르네이 추콥스키, 빅토르 쉬클롭스키, 나탄 에이델만, 보리스 에이헨바움, 로만 야콥슨 등이다.

개인적 토론을 위해 자신의 소중한 시간을 할애해 주었던, 위에 언급된 분들에게 나는 특별히 감사의 말씀을 전하는 바이다.

사전 정보가 있는 독자들은 위의 짧은 명단 속에 폭넓은 이념적 스펙트럼이 존재한다는 사실을 눈치 챘을 것이다. 그 명단 속에는 자유주의자와 보수주의자, 국수주의자와 국제주의자, 마르크스주의자와 반공주의자, 형식주의자와 포스트모더니스트가 뒤섞여 있다. 그들의 사상은 여러 면에서 내 작업에 활력을 불어넣었다. 그리고 나는 러시아 문화유산의 정치적 측면들에 대한 공정한 연구와 평가를 방해하는 이념적 선입견에서 자유로워지려고 항상 노력해 왔다.

이 책을 쓰는 동안 그리샤와 알렉산드르 브루스킨, 올레그와 타티아나 루드니크, 바그리차와 이리나 바흐차냔, 알렉산드라와 이리나 게니스, 로디오나 쉐드리나와 마이스 플리세츠카야, 블라디미라 스피바코바, 마르크사 이리나 얀손스, 발레리야 골로비체라 그리고 예브게니야 쥬브바코바가 보내준 우정 어린 도움에 감사 드린다. 삽화는 항상 그래왔듯 내 아내 마리안나가 수고해 주었다.

1부

1장 — 최초의 로마노프 차르들:
차르 미하일에서 표트르 대제까지

1836년 11월 21일 금요일 '페테르부르그에서 가장 훌륭한 물건들'이 사람들이 그토록 기다려 왔던 미하일 글린카의 새로운 러시아 오페라 〈황제 폐하를 위해 바친 목숨〉의 첫 상연에 동원되었다. 건축가 알베르트 카보사(알렉산드르 베누아의 할아버지)가 설계한 대로 재건축된 카멘느이 대극장은 당대의 가장 웅장하고 뛰어난 건축물로 부각되었는데, 이 극장에서는 글린카의 오페라를 개관 기념작으로 계획했던 것이다. 극장 개조 이후 2천 명의 관객을 수용할 수 있었지만 극장은 입추의 여지가 없었다. 관람료가 매우 비쌌지만 입장권은 한 달 전에 이미 동이 난 상태였다.

글린카의 특별한(중요한 사실은 '민족주의적'이라는 점이다) 음악에 관한 소문은 페테르부르그 엘리트 집단 속에서 이미 오래전부터 널리 퍼져 있었고, 그래서 그날 저녁 극장의 특별석과 보통석에서는 러시아 문화계의 다양한 인물들, 시인 바실리 쥬콥스키와 표트르 뱌젬스키 공(公), 작가이자 음악가인 블라디미르 오도옙스키, 뛰어난 우화 작가인 이반 크르일로프의 모습이 눈에 띄었다.

많은 사람들이 문단의 공인된 지도자이자 민심의 지배자인 37세의 알렉산드르 푸쉬킨이 앉아 있는, 통로 옆 보통석 11열로 찾아왔다. 열렬한 연극 애호가이자 음악 애호가이며 발레(특히 아름다운 발레리나들)의 팬으로서 항상 활기차고 기지에 넘치는 푸쉬킨은 이번 공연을 마치 '자기 집안일'이라도 되는 양 온 신경을 곤두세우고 있었다. 아직 이름이 알려지지 않은 18세의 이반 투르게네프도 극장을 찾았다. 당시 페테르부르그 대학에 재학 중이던 그는 오페라 음악이 지루하다고 생각하는 햇병아리 신사였다.

극장 아래층 관람석에는 금슬로 장식된 정복 위에 훈장을 주렁주렁 매단 깐깐한 주요 궁중 대신들이 보석으로 치장한 아내들과 함께 자리를 잡았다(그래서 위에 언급한 어느 고관의 일기 속에는 '귀족들, 스타들, 눈부신 광채와 아름다움'이라는 표현이 등장한다). 그러나 무엇보다도 사람

카멘느이 대극장

들의 시선을 끈 것은 황제의 좌석이었을 것이다. 사람들은 니콜라이 1세가 황실 가족들과 함께 등장하기를 고대했다. 황제가 연습장을 방문해서 리허설 장면들을 윤허했고 또 작곡가가 '황제 폐하께' 바친 그 헌정작을 너그럽게 수용했다는 사실이 이미 널리 알려져 있었기 때문이었다.

니콜라이 1세, 그와 동행한 황비 알렉산드라 표도로브나, 그리고 대공들과 대공비들이 자리에 착석하자 지휘자 카테리노 카보스(극장 건축가의 아버지)가 지휘봉을 흔들었다. 그러자 서곡이 울리며 금실로 수놓은 파란 커튼이 위로 올라갔고 그 사이로 코스트로마의 돔니노 마을을 당시에 유행하던 '슬라브' 풍으로 장식한 풍경이 관객들의 시야에 들어왔다.

그 작품은 소위 '혼란기'를 묘사하고 있었다. '혼란기'란 1584년 류릭 왕조 출신의 이반 뇌제가 사망한 후에 그의 아들들이 한 사람씩 죽어 갔던 18세기 초 러시아에 불어 닥친 비극적 시기를 일컫는다. 러시아 역사상 처음으로 발생했던 내전과 더불어 농민 반란, 외국군의 침공, 기아, 유행성 전염병이 끊임없이 이어지면서 왕조는 위기에 직면해 있었다. 파괴되고 약탈당했을 뿐만 아니라 위신마저 추락한 국가는 폐허나 다름없었기 때문에 동시대인들은 러시아가 더 이상 일어서지 못한 채 소멸해 버릴 것이라고 생각했다. 수도였던 모스크바는 1610년 9월부터 1612년 10월까지의 2년 사이에 폴란드 침입군들의 손에 넘어가 있었다. 외국인 전문가들도 러시아는 이제 종말을 맞았다고(이런 견해는 처음도 아니고 끝도 아니다) 확신했다.

혁명 이전의 역사가들은 이러한 재앙에서 벗어날 수 있었던 기적을 새로운 로마노프 왕조의 등극과 연결시켰다. 폴란드인들을 몰아낸 후, 모스크바에서 열린 2월 국민회의(전국 젬스키 사보르)가 오랜 논란 끝에 16

세의 어린 미하일 로마노프를 새로운 차르로 선출한 것은 1613년의 일이었다. 어린 로마노프와 그의 어머니 그리고 시종들은 코스트로마 부근의 이파티예프 수도원에 머물고 있었는데, 국민회의 대표단이 그 해 3월 수도원을 방문하여 그를 차르로 추대하고 왕권의 상징인 지팡이를 넘겨 주었다. 시종들을 거느리고 모스크바로 향한 새 차르는 며칠이 지난 후에야 그곳에 도착할 수 있었다. 그때 글린카 오페라 대본의 토대가 되는 전설적인 사건이 발생했다.

로마노프 왕실의 영지를 관리하던 코스트로마현(縣) 돔니노 마을 출신의 농부 이반 수사닌은 새로운 차르를 납치하려던 폴란드 군대를 탈출이 불가능한 늪지로 유인한다. 수사닌은 자신의 목숨을 바쳐서 어린 차르를 구출하고, 자신은 적군의 손에 피살당한다. 그리고 어린 차르는 러시아의 미래를 열어 간다.

차르 미하일의 친서에 기초한 공식적인 전설은 그와 같았다. 폴란드인들과 리투아니아인들로부터 참기 힘든 고통을 당하면서도 위대한 차르가 어디에 숨었는지 폴란드인들과 리투아니아인들에게 절대 말하지 않고 그들의 손에 고통스럽게 죽어간 수사닌의 가족들에게는 1619년 포상과 각종 특혜가 주어졌다.

이 전설이 결정적으로 모습을 드러낸 것은 대(對)나폴레옹 전쟁 시기로서 러시아 사회에서 애국심과 종교심이 뜨겁게 달아오르던 19세기 초였다. 그 후로 이 전설은 1825년 이데올로기 술책의 대가인 니콜라이 1세가 황제로 즉위하면서 공공연히 미화되었다.

1834년 10월, 니콜라이 1세는 이파티예프 수도원과 돔니노 마을을 순방하며 농민 영웅의 후손들에게 내려진 모든 특권을 점검했다. 니콜라이

1세는 "후손들이 수사닌이 이룬 공적을 볼 수 있도록……. 자신의 목숨을 바쳐 정교 신앙과 러시아 왕권을 외국의 압제로부터 구원하였으니……." 라는 칙령을 새긴, 미하일 로마노프와 이반 수사닌의 동상을 코스트로마에 세우도록 지시했다.

오늘날까지 전해지는 증언에 따르면, 당시 니콜라이 1세는 민중의 영혼이 깃든 애국적인 러시아 오페라를 만들고 싶어했다고 한다. 그 무렵 그런 애국적 분위기가 형성된 것은 분명한 사실이었고, 50세의 글린카 또한 그런 내용의 작품 창작에 몰두하고 있었다. 글린카가 궁중에 폭넓은 인맥을 가졌던 자신의 친구인 시인 바실리 쥬콥스키에게 조언을 구하자 그는 수사닌에 관한 전설을 국민적 작품으로 만들어 보라고 글린카에게 권했다.

쥬콥스키는 글린카가 창작을 주도하도록 니콜라이 1세와 상의를 했다. 이 계획에 상당한 관심을 보이턴 니콜라이 1세는 차기 왕권 계승자 알렉산드르 2세의 개인 비서인 34세의 게오르기 로젠 남작을 대본 작가로 추천했다. "그는 비록 독일인이지만 러시아어에 매우 능숙하오. 그라면 신뢰할 수 있겠소"라고 니콜라이 1세는 말했다.

이는 러시아 문화의 초석이 될 작품 중 하나를 창작하는 데 로마노프 왕조의 차르가 직접 참여한 특이한 사건이었다. 눈부신 걸작이 탄생했다. 그러나 그 작가인 미하일 글린카라는 인물은 물론, 〈황제 폐하를 위해 바친 목숨〉과 관련된 모든 사실은 경이롭고 기이하기만 했다.

작품 내부에 그처럼 놀라운 천재성이 적절한 형태로 녹아든 경우를 찾기란 결코 쉬운 일이 아니다. 글린카는 가난한 지방 귀족 출신의 애송이 음악가인데다 키가 작고 병약하고 못생기고 의심이 많으며 자유분방하

미하일 글린카

고 제멋대로 살았기 때문에, 러시아 국민 문학의 아버지인 푸쉬킨처럼 국민 음악의 아버지가 될 것이라고 내다본 사람은 아무도 없었다.

게다가 푸쉬킨과 글린카의 경우, 로고스 중심적인 러시아 사회에서 시인은 문화사의 전면에 모습을 드러내는 반면 작곡가는 불가피하게 그 이면에 가려지게 된다는 점만 뺀다면 그들의 천재성은 거의 동일한 수준이라고 할 수 있을 것이다. 물론 푸쉬킨의 생애는 타의 추종을 불허할 만큼 드라마틱하고 전형적이긴 하다(서구에서 푸쉬킨과 글린카에 대한 평가는 주로 이 두 천재가 러시아에서 누리는 절대적인 권위와 러시아 문화 발전에서 이뤄 낸 본질적인 역할에 근거하고 있다).

여러 상황을 고려해 보면, 글린카는 어린 시절부터 '러시아를 대표하는' 오페라 작곡가가 될 꿈을 꾸었던 것 같다. 하지만 그는 어떻게 자신의 꿈을 현실로 옮길 수 있었을까? 기적 같은 일은 지그프리드 덴(나중에는 루빈쉬테인 형제의 스승이 된다)에게서 작곡 수업을 받기 위해 1년 반 동안 베를린에 거주하던 1833년에 일어났다. 글린카의 회고에 따르면, 덴은 음악 이론뿐만 아니라 예술 사상 전반에 대해서도 가르쳤다고 한다.

그러나 박식하고 친절한 독일인 스승으로부터 배운 화성과 대위법 수업만으로도 글린카의 상상력은 풍부해질 수 있었다. 베를린에서 한량처럼 생활하던 글린카는 17세의 마리야와 사랑에 빠지고 말았다. "그녀는 이스라엘 혈통을 이어받았다. 키는 크지만 몸매가 아직 성숙하지 않았고, 얼굴은 너무 아름다워 마돈나를 닮았다"(글린카의 〈메모〉 중에서).

사랑에 빠진 글린카는 〈황제 폐하를 위해 바친 목숨〉에 삽입될 러시아 스타일의 음악적 테마를 구상하는 작업에도 관심이 없었다.

아버지의 사망을 알리는 부고를 받고 러시아로 돌아갔을 때, 글린카는 처음에는 베를린의 마리야에게로 돌아가고 싶어 했고 또 지속적으로 서신을 교환하기도 했다. 그러나 그는 페테르부르그에서 독일인 피가 섞인 착하고 순진한 마리야 페트로브나 이바노브나를 만났다. 푸쉬킨의 누이동생 올가는 남편에게 곧바로 이 소식을 전했다.

"미하일 글린카가 이바노브나라는 처녀와 결혼했대요. 그 여자는 돈도 없고 얼굴도 못생겼고 교육도 못 받았는데 설상가상으로 음악까지 싫어한다는군요."

그러나 그와 같은 비극적 사랑과 결혼은 오히려 글린카로 하여금 〈황제 폐하를 위해 바친 목숨〉을 단숨에 끝마칠 수 있게 했다. 글린카는 "시간은 아름답다. 그래서 나는 작업을 할 때면 정원 쪽으로 나 있는 문을 열어 놓고 향초 향기 가득한 신선한 공기를 마시지"라는 기록을 남긴다. 그로부터 백여 년이 지난 후 안나 아흐마토바는 글린카에 대해 "시가 싹트는 그 사소한 일상을 / 당신이 알았다면 부끄러움도 없었을 것을"이라고 묘사했다.

비슷한 상황이 종종(아주 드문 일이지만!) 일어나면서, 〈황제 폐하를 위해 바친 목숨〉과 관련된 모든 일은 놀라울 정도로 빠르게 틀이 잡혀 갔다. 글린카는 황태자 알렉산드르의 스승인 쥬콥스키가 겨울 궁전에서 개최하는 모임에 초대되었다. 글린카의 표현에 따르면, 그것은 시인들, 문학가들 그리고 아름다움이 무엇인지 아는 사람들로 엄선된 모임이었다고 한다. 그곳에 드나들었던 사람 중에는 푸쉬킨, 니콜라이 고골(글린카 앞에서 자신의 새로운 희극 〈결혼〉을 낭독하기도 했다), 뱌젬스키, 오도옙스키 공(公)도 있었다.

푸쉬킨과 쥬콥스키는 〈황제 폐하를 위해 바친 목숨〉의 대본 검토에 열의를 보였다. 특히 쥬콥스키는 오페라의 전제주의적 피날레를 장식할 시와 나중에 비공식 러시아 국가(國歌)가 된 마지막 합창용 시 〈영광이 있으라〉를 창작했다.

"영광이 있으라, 영광이 있으라, 우리의 러시아 황제에게 영광이 있으라! 주께서 우리들에게 황제를 보내셨네!"

오페라 속에서는 1613년 모스크바 붉은 광장에 모인 민중이 두 그룹의 취주 악대가 연주하는 동안 이 명쾌하고 장엄한 합창 행진곡을 부르며 새로운 군주로 당당하게 등장하는 미하일 알렉산드르 로마노프를 맞이한다.

글린카는 "마치 마법에 걸린 것처럼 나는 단숨에 오페라의 전체 플랜과 러시아 음악에 폴란드 음악을 대비시키는 구상을 떠올렸다. 그리고 수많은 주제곡과 그 전개 과정의 디테일들이 불현듯 머리에 떠올랐다"라고 회고했다.

〈황제 폐하를 위해 바친 목숨〉의 대본이 완성되기도 전에 주제 음악이 빠른 속도로 완성되었다. 바론 남작은 까다롭고 변화무쌍한 리듬에 가사를 붙였다. 경험이 풍부했던 그는 글린카의 입장을 고려하려고 노력했다. "쥬콥스키를 비롯한 여러 사람들이 로젠의 호주머니에는 미리 써 놓은 가사들이 들어 있는 것 같다고 했는데, 어떤 종류의 운율이 필요한지 또 몇 줄의 시행이 필요한지를 내가 이야기만 하면 로젠은 어떤 운율이 필요한지 주목했다가 호주머니에서 바로 꺼내곤 했다"라고 글린카는 말했다. 때때로 글린카는 성악가가 노래하는 데 무리가 없다면 오페라 가사는 아무래도 좋다는 입장이었고 또 별로 신경을 쓰지도 않았다. "높은 음에 항상 '아' 또는 '이' 음이 나와야 한다는 점만 기억하신다면, 나머지는 마음대로 하세요"라고 글린카는 말하곤 했다.

자신의 천재성을 확신했고 야심이 넘치며 몹시 고집스러웠던 글린카는 당시 대단히 활달하고 사교적이며 어떤 일이든 협력할 준비가 된 사람이었다. 전체적으로 오페라 창작에는 쥬콥스키, 푸쉬킨, 오도옙스키공과 블라디미르 솔로구프 백작이 다양한 형태로 참여했으며, 다른 한편으로는 니콜라이 1세도 쥬콥스키와 로젠을 통해 작업 소식을 주의 깊게 전해 듣고 있었다. 마치 모든 사람이 자신의 눈앞에서 완성되어 가는 이 작품의 엄청난 문화적, 역사적 의미를 이해하고 있는 듯했다.

빈번히 발생하는 일이지만, 어리석고 탐욕스러운 극장 관료들만이 오페라 리허설을 방해했다. 글린카의 회고에 따르면, 극장장은 "담배 연기 자욱한 방에서 아티스트들에게 노래를 연습시켜야 하다니. 이러다간 아티스트들의 목청이 다 상하고 말겠소"라며 모욕적인 내용의 편지를 글린카에게 보내곤 했다. 여러 상황 속에서 수없이 불쾌한 일들을 겪어야 했지만, 니콜라이 1세의 직접적인 후원은 경험이 부족한 작곡가에게 희망적인 방패막이가 되어 주었다.

처음에 이 오페라의 제목은 〈이반 수사닌〉이었다. 그러나 후일 니콜라이 1세가 "통치자를 위해 바친 목숨은 결코 죽지 않는 법이다"라고 지적함으로써 그 제목이 〈황제 폐하를 위해 바친 목숨〉으로 바뀌고 말았다. 이러한 지적만으로도 니콜라이 1세는 글린카 오페라의 공동 작가 대열에 오를 권리가 있을 것이다.

오페라 초연에서 전문가들은 무엇보다도 〈황제 폐하를 위해 바친 목숨〉의 혁신적 양식과 독창성에 감동을 받았다. 오도옙스키 공은 "글린카는 민중의 선율을 비극의 단계로 끌어올렸다"며 작품의 아방가르드적 단절성을 그 누구보다도 잘 표현해 주었다. 이 작품에는 감상적 요소나 멜로드라마적 요소가 가미되지 않았다. 그리고 이 작품은 서정적이며 신중하고 순수한 글린카 방식으로 제작되었다.

니콜라이 고골은 그 유명한 《1836년 페테르부르그의 메모》에서 글린카의 혁신에 대해 다음과 같이 환영의 뜻을 밝혔다.

"그는 두 종류의 슬라브 음악을 자신의 작품 속에 쏟아 부었다. 러시아인이 노래하는 대목과 폴란드인이 노래하는 대목을 들어 보라. 또 다른 대목에는 폴란드 마주르카의 빠른 모티브가 들어 있지 않은가."

이반 수사닌의 죽음

초연을 본 청중은 특히 수사닌이 자신의 목숨을 포기하고 폴란드 군인들의 손에 죽어 가는 장면에서 감동을 받았다. 폴란드 군인으로 분장한 합창단 단원들이 "주인공의 옷을 찢으며 그에게 달려들자 그는 정색을 하며 자신을 방어했다"(글린카의 〈메모〉 중에서). 수사닌은 "우리의 황제 폐하께서 목숨을 구하셨구나"라는 말을 남기고 숨을 거뒀다. 이 대목에 이르자 목석 같은 니콜라이 1세도 눈물을 흘리고 말았다. 하지만 공연이 끝난 후에는 글린카에게 "수사닌이 살해당하는 장면은 마음에 안 들어"라고 지적하기도 했다(물론 이 에피소드는 수정될 수밖에 없었다).

드문 경우이긴 하지만, 〈황제 폐하를 위해 바친 목숨〉의 초연에서 창작 엘리트들이 받은 감동은 황제의 그것과 조금도 다를 바가 없었다. 그리고 특석과 일등석을 가득 메운 귀족과 고관들 그리고 그 아내들의 반응도 충분히 예상할 수 있었다. 그들의 관심은 '낯설고 새로운 음악을 황제가 어떻게 받아들일 것이냐'에 집중되었다. 황제가 눈물을 흘리다니, 정말 믿을 수 없는 일이었다. 그리고 잠시 후 우아하게 치장한 관객들의 환호가 극장 전체를 뒤덮어 버렸다.

공연의 피날레는 화려했다. 쥬콥스키는 사륜 마차를 탄 미하일 로마노프가 붉은 광장 입구에서 '크레믈린을 배경으로 환호하는 군중들'을 만난다는, 그야말로 상상을 초월하는 파노라마를 구상했던 것이다. 수많은 군중은 마분지로 만든 인형으로 표현했는데 당시만 해도 이것은 컴퓨터 효과에 버금가는 무대효과였다.

정부 기관지에 실린 공식 보고에 의하면, 오페라 공연이 끝난 후 모든 청중이 작곡가의 이름을 외쳤고 작곡가는 관객의 박수갈채를 받으며 러시아 예술의 후원자인 황제로부터 가장 영광스러운 찬사를 받았다. 이때 니콜라이 1세는 물론 황후와 왕자들까지 글린카를 치하했다고 한다.

얼마 후 글린카는 황제로부터 최고급 다이아몬드가 세 개나 박힌 옥반지를 하사받았다. 가격이 4천 루블에 달했던 그 반지는 당시로서는 어마어마한 고가의 물건이었다.

글린카의 오페라는 순식간에 수도 페테르부르그 교양인들의 마음을 사로잡아 버렸다. "도시 전역에서 사람들은 젊은 작곡가의 놀라운 작품을 평가하면서, 저마다 한 마디씩 떠들어 댔고, 그의 아름다운 멜로디에 맞춰 카드릴quadrille 춤을 추었다."

니콜라이 1세는 자신의 후원과 참여로 작품이 탄생했으니 자신의 이름이 역사 속에 길이 남을 것이라고 생각했을 수도 있다. 예술 엘리트들에게는 이 〈황제 폐하를 위해 바친 목숨〉이 러시아 음악의 유럽 무대 진출을 도울 교두보처럼 여겨졌다. 그러나 러시아 황제에게는 이 오페라가 차르의 즉위를 목가적이고도 애국적으로 묘사하고 있고 더 나아가 그것을 간단명료하면서도 감동적으로 강조하고 있다는 사실이 훨씬 더 중요했다.

젊은 미하일 로마노프의 즉위와 관련된 사건의 전말은 니콜라이 1세가

황제 미하일 표도로비치 로마노프

220여 년이 지난 후 밝히고자 했던 것보다 훨씬 더 복잡하고 모순적이며 시니컬한 것이었다. 러시아의 위대한 역사가 바실리 클류쳅스키는 "1613년에 재능도 없고 부적절한 사람이 차르가 되었다. 미하일 로마노프는 너

무 젊어서 이성적 판단을 하지 못 할 것이고 사람들의 말도 고분고분 잘 들을 것이다"라며 신랄한 독설을 퍼부었다.

많은 사람들이 차르 미하일은 왕위를 오래 지키지 못할 것이라고 예상했고 또 그렇게 되기를 바랐다. 그러나 그는 자신의 아버지, 즉 정력적이고 공명심이 강한 총주교 필라레트의 도움으로 왕위를 지켜냈고, 무려 32년 동안 러시아를 통치했다.

1645년, 차르 미하일이 사망하자 대귀족들은 용모가 뛰어난 열여섯 살짜리 왕자 알렉세이에게 충성을 맹세했다. 동시대인들은 알렉세이에게 '너무 점잖은 차르'라는 별명을 지어 주었지만 오늘날 그는 위대한 개혁가 표트르 대제의 아버지로서 더 잘 알려져 있다.

아들의 눈부신 활약과는 달리, 30년간 지속된 알렉세이 미하일로비치의 통치는 말 그대로 정체된 것이었다. 그러나 표트르 대제 시대의 드라마틱한 개혁적 경향이 태동한 것은 바로 그가 통치하던 폭풍의 시대였다.

차르 알렉세이는 얌전한 성품과 깊은 신앙심을 가진 인물이었다. 그리고 이러한 특징은 이후에 등장하는 왕위 계승자들에게서도 나타났다. 알렉세이의 신앙심은 유아기 때부터 학습된 것이었다. 게다가 할아버지 필라레트 총대주교는 그에 대한 종교적 수련을 더욱 강화하라는 지시를 내렸다. 알렉세이는 이른 아침부터 기도를 올렸다. 물론 잘 단련된 신자였기 때문에 천 번 또는 천오백 번씩 절을 해도 끄떡없었다(차르는 어릴 때부터 뚱뚱했기 때문에 이런 예배 의식이 다이어트를 위한 좋은 수단이 될 수 있었다).

차르 알렉세이는 종교 의식에 대단히 해박한 사람이었다. 그래서 그는 예배가 진행되는 동안에도 끊임없이 수도승들의 실수를 지적하곤 했다.

차르 알렉세이는 일 년에 여덟 달씩 재계(齋戒)를 했다. 재계 기간 중에 그는 일주일에 세 번 이상 정찬을 들지 않았고, 나머지 기간에는 흑빵과 소금만 먹었다(이 또한 건강을 유지하는 습관이기도 하다). 알렉세이 미하일로비치는 비록 힘들이지 않고 이런 의식을 수행하기는 했지만 그렇다고 해서 자신의 영성(靈性)을 과시하려는 것은 아니었다.

차르 알렉세이는 천성적으로 선량한 사람이었고 '온순한 용모에 부드러운 눈매를 가진' 사람이었다. 그러나 때때로 짜증을 내기도 했고 또 화를 돋우는 사람은 다짜고짜 두들겨 패기도 했다. 하지만 곧 흥분을 가라앉혔고, 그래서 사람들은 차르에 대해 나쁜 감정을 품지는 않았다. 차르가 '주위에 있는 사람들이 만족하며 지낼 수 있도록' 공정하게 일을 처리하는 사람이라는 것은 누구나 알고 있는 사실이었다.

하지만 차르 알렉세이가 아무리 신앙심 깊고 선량한 사람이었다 해도,

황제 알렉세이 미하일로비치

러시아에 파탄의 운명을 불러올 교회 분열을 막을 수는 없었고 또 위대한 작가 아바쿰 페트로비치 대사제와의 심각한 갈등을 막을 수도 없었다. 아바쿰 대사제(1620년~1682년 혹은 1621년~1682년)는 러시아 최초의 자서전인 《생애전》의 저자이기도 하다.

두 비극 사이에는 아주 밀접한 관계가 있었다. 교회 분열은

차르 알렉세이와 그의 심복인 니콘 총주교의 종교적 야심에서 비롯된 결과물이었다. 두 사람은 모스크바를 전 세계 정교회의 중심으로 만들겠다는 야심을 품고 있었던 것이다. 만약 그들의 뜻이 이루어진다면 그것은 곧 엘리자르 수도원의 필로페이 장로가 주창해 왔던 '모스크바—제3로마론'이 실현되는 것이었다(모스크바—제3로마론은 제2의 로마인 콘스탄티노플이 붕괴된 이후에 등장한 이론이다).

야망을 실현하려 했던 니콘 총주교는 러시아 정교 의식을 그리스 정교 의식과 유사하게 바꾸기 위해 종교개혁에 착수하게 된다. 그의 계획에 따르면 발칸 반도는 새로운 러시아 제국의 일부가 되어야만 했다. 특히 니콘은 그리스 사람들처럼 두 손가락이 아닌 세 손가락으로 성호를 긋고, '할렐루야' 역시 두 번이 아닌 세 번 외칠 것을 모든 신도들에게 지시했다. 예배 의식, 세례 의식, 회개 의식이 간소화되었고 그 후속 조치로 교회 서적에 대한 수정 작업이 진행되었다. 러시아의 관행이 그렇듯, 모든 일은 절차를 무시한 채 전격적으로 추진되었다. 니콘의 개혁에 분개한 신도들은 그것을 악마의 사업으로 간주했다. 하지만 개혁에 반대하는 신도들은 파문을 피할 수 없었다. 그리고 저항을 멈추지 않는 구교 지지자들에게는 '분리파 교도'라는 별명이 붙게 되었다(구교 지지자들은 스스로를 '구교도'라 불렀다).

니콘의 옛 고향 친구였던 아바쿰은 구교도 지도자들 중 한 사람이었다. 그는 31세에 이미 대사제(대사원의 수도원장) 직에 올랐다. 아바쿰은 모스크바 붉은 광장의 카잔 성모성당에서 설교를 했고, 그에게 주목한 차르 알렉세이는 '아바쿰은 하느님의 삶을 닮으려 애쓰는 순결하고 완벽한 인간이다'라고 말했다.

아바쿰에게는 특별한 에피소드가 있었다. 차르 알렉세이는 부활절에 카잔 성당을 찾아가 대사제의 어린 아들을 만나고 싶어했다. 때마침 아이는 밖에 나가고 없었다. 나중에 아바쿰이 회고한 바에 따르면, 차르 알렉세이는 자신의 친동생을 시켜 아이를 찾아 오게 하고는, 오랜 시간을 서서 기다렸다. 결국 차르의 동생은 아이를 찾아서 데려왔다. 차르 알렉세이는 손등에 키스하라며 아이에게 손을 내밀었다. 그러나 철없는 아이는 무슨 뜻인지 이해하지 못했다. 차르는 자신이 신부가 아니어서 아이가 손등에 키스하지 않는 것이라고 생각했다. 차르는 자신의 손을 아이 입술에 갖다 댄 다음 달걀 두 개를 건네주었다. 그리고는 아이의 머리를 쓰다듬어 주었다.

이처럼 차르 알렉세이는 개인적으로는 선의를 가진 사람이었지만, 대사제를 불행에서 구해 주지는 못했다. 구교도들에 대한 박해가 시작되면서 아바쿰과 그의 아내도 시베리아 유형에 처해지고 말았다. 그곳에서 그들은 극도로 열악한 환경을 견디며 11년 동안이나 떠돌아다녀야 했다.

1664년경 지나치게 권력욕이 강한 니콘 총주교의 입김에서 벗어난 차르는 아바쿰을 모스크바로 귀환시켰다. 그는 이 비범한 인물을 자신의 지지자로 만들고 싶었던 것이다. 아바쿰의 회고에 따르면, 수도원 정원을 거닐던 차르가 아바쿰에게 축복의 말을 전하거나 건강에 대해 묻는 일이 종종 있었다고 한다. 그리고 한 번은 아주 가까운 사람이라도 되는 것처럼 깍듯이 인사를 했다고 한다.

차르 알렉세이는 '황제의 참회 사제'라는 직책을 대사제에게 제안했다. 하지만 차르가 종교개혁을 철회할 생각이 없다는 사실을 알게 된 대사제는 차르의 분노를 살 만한 편지를 쓰고 말았다. 그 후 성당에서 차르를 만나게 된 아바쿰은 그날의 만남에 대해 "나는 차르에게 목례를 한 후 아무 말도 하지 않았다. 차르도 내게 목례를 한 후 아무 말도 하지 않았다. 그리고 우리 두 사람은 헤어졌다"라고 기록했다. 결국 아바쿰과 그의 동료 세 사람(분리파 교도)은 나무 한 그루 자라지 않는 동토의 땅, 툰드라에 위치한 푸스토제르스크라는 작은 마을로 유배되었고 그곳에서 생의 마지막 15년(1667-1682)을 보냈다. 순종을 거부한 네 명의 구교도들은 그곳에서 이교적 저술 활동에 전념했고, 동조자들을 선동하기 위해 메시지를 보냈다(특별히 제작한 나무 십자가들 속에 메시지를 숨긴 다음 그 십자가들을 전국에 뿌렸다). 이 일로 해서 네 사람 중 세 사람이 형벌을 받았는데 그 형벌은 오른손 손가락과 혀를 잘라 버리는 것이었다(그렇게 하면 대화를 나누지 못하는 것은 물론, 반역적 선동문도 못 쓰게 되고 또 두 손가락으로 성호를 긋는 의식도 못하기 때문이었다).

차르는 심적으로 더 큰 압박을 주기 위해 아바쿰만은 처벌하지 않았다. "나는 그가 나에게 안겨 준 것보다 더 큰 모욕을 안겨 줄 것이다. 한때 나는 그만 살고 싶어서 여드레 이상 밥을 굶은 적이 있는데 그때 나의 형제들이 강제로 내게 밥을 먹였다." 아바쿰과 그의 동료들은 배식구가 달린 '지하 독방'에 수감되고 말았다.

'지하 독방'에 수감된 아바쿰은 독설과 모욕으로 가득 찬 언어로 자신의 삶을 묘사했다. "우리는 먹고 마시는 곳에서 용변도 본다네. 그리고 삽으로 대변을 퍼서 창밖으로 던져 버린다네. 우리의 차르 알렉세이 미하일로비치는 이런 방에서 지내지 않겠지!" 러시아 고대문학의 금자탑 《아바쿰 생애전》은 이처럼 작가 자신의 똥 더미 옆에서 집필되었다. 정말이지 상징적인 장면이 아닐 수 없다.

시베리아 여행길에 오른 아바쿰

아바쿰의 끓어오르는 분노는 강박적 저술 작업에서 출구를 찾았다. 오늘날까지 전해지는 90여 편의 작품들 중에서 80편 이상이 감옥에서 집필된 것이었다. 1861년에 처음 출간된《생애전》은 그 중에서도 가장 유명한 작품으로서 거의 2백 년 이상 구교도들 사이에서 비밀리에 전해졌다. 아바쿰의《생애전》은 끓어오르는 분노, 생동감 넘치는 묘사, 간혹 거칠긴 하지만 대체로 표현력이 풍부한 구어와 교회슬라브어의 과감한 혼용 등으로 러시아 독자들을 크게 매혹시켰다.

물론 아바쿰에 대한 사회적 관심의 주된 이유 중 하나는 그의 개성이 지닌 매력 때문이었다. 대사제였던 그는 사상의 열광자, 작가, 순교자였으며, 바로 그러한 점이 러시아 대중에게 특별한 인상을 심어 주었다. 19세기 후반에 농노제가 폐지되자 '지상의 권력'에 대한 그의 저항적 태도는 지난날 분노를 자아냈던 만큼이나 존경심과 감동을 불러일으켰다. 아바쿰은 전통적으로 '하느님의 기름 부음 받은 자'라고 불리던 차르를 '오물을 뒤집어쓴 자'라고 비난했다.

1673년 차르 알렉세이가 사망하자 아바쿰은 환호하며 푸스토제르스크에서 냉소적인 저주를 퍼부었다. "불쌍하구나, 불쌍해, 광기 어린 차르여! 그대는 그대 스스로를 위해 무슨 일을 하였는가? 그대의 붉은 대리석 궁전은 어디 있고, 진주와 보석으로 장식한 왕관은 어디로 갔느냐? 지옥에나 떨어져라, 갈보 자식아!"

온갖 독설을 퍼부은 대사제 아바쿰에게 돌아온 것은 최후의 형벌뿐이었다. 1682년 차르의 자리에 오른 표트르 알렉세예비치는 '차르의 가문을 모독한' 죄로 아바쿰과 그의 세 동료를 푸스토제르스크에서 산 채로 화형에 처하도록 지시했다. 그 후 몇 년 사이에 러시아 전역에서는 아바쿰의 순교를 흠모하며 수만 명의 구교도들이 집단적으로 분신 자살을 하는 사건이 벌어졌다. 그렇지만 놀랍게도 이제까지 단 한 사람의 작가도 이처럼 끔찍하고 엄청난 규모의 분신 사건을 작품화하려고 하지 않았다.

1682년(아바쿰이 비참하게 사망하던 해)에 표트르라는 이름의 활기차고 영민한 열 살짜리 소년이 왕위에 올랐다. 그는 키가 2미터에 달했고, 적어도 외모에 있어서는 '너무나도 점잖은' 아버지를 조금도 닮지 않았다. 근육질의 거인이던 표트르 대제가 팔을 휘저으며 뛰어다닐 때면 마주 오던 사람들은 커다란 위압감을 느꼈다. 그는 커다란 퉁방울눈을 가진데다가 조금만 긴장하거나 흥분하면 수도승 같은 얼굴에 눈에 띌 정도의 경련이 일어났기 때문에 사람들은 공포에 사로잡힐 수밖에 없었다.

표트르는 풍풍한 몸매와 온화한 성격의 부왕 알렉세이와는 너무도 달랐기 때문에, 사람들은 표트르가 차르 알렉세이의 친자식이라는 사실을 믿지 않았다.

"표트르는 러시아인의 혈통도 이어받지 않았고 또 차르 알렉세이의 아들도 아니야. 갓난아기 시절에 독일인 거주 지역에서 바꿔친 게 분명해."

그런가 하면 진짜 표트르는 리가(현재의 라트비아 수도)에 유폐되어 있으며, 외국 사기꾼이 그의 왕위를 차지했다는 소문도 있었고 심지어 표트르가 적그리스도라는 소문까지 돌았다. 유언비어를 퍼뜨리면 사형에 처해진다는 것을 모르는 사람은 없었지만 그럼에도 불구하고 소문은 가라앉지 않았다(특히 구교도들 사이에서 소문이 끊이지 않았다).

모두가 차르 부자의 서로 다른 외모에 주목했지만 어쨌든 표트르는 부왕으로부터 많은 것을 물려받았다. 그 역시 아버지처럼 성미가 급하긴 했지만 그래도 뒤끝은 없는 사람이었다. 표트르는 책 읽기와 글쓰기를 좋아했고, 특히 신기한 외국 문물에 강한 호기심을 보였다. 게다가 권력 지향적인 성직자들을 증오하고 군사 문제에 집착하는 아버지 알렉세이의 천성을 그대로 물려받았다.

황제 표트르 알렉세예비치

여기서 우리는 가장 중요한 주제 중 하나로 되돌아갈 필요가 있다. 로마노프 왕조에 속했던 사람들은 예외 없이 군사 문제에 촉각을 곤두세웠다. 물론 충분히 이해할 수 있는 일이다. 왜냐하면 무릇 대국의 정치 지도자라면 국가의 안위와 이익을 고려하지 않을 수 없기 때문이다. 러시아는 끊임없이 침략을 당하거나 침략을 한 나라였기 때문에 그에 걸맞은 군대가 필요했다. 그래서 러시아 통치자들에게 있어 군사력은 항상 중요한 문제였다.

어떠한 군대도 사회적 진공 상태 속에서는 존재할 수 없다. 그리고 군사력을 유지할 수 있느냐 없느냐는 경제, 무역, 교육 등 그 나라의 사회 구조에 달려있다.

우리의 관심을 끄는 것은 문화 문제에 대한 로마노프 왕조의 입장이다. 하지만 자신을 자극하는 국가 안위의 문제(개인적 안위의 문제처럼)를 도외시한 채 문화적 조치를 취할 수 있는 통치자는 아마 없을 것이다.

그런 점에서는 표트르의 부왕 알렉세이 미하일로비치도 예외가 아니었다. 외국 전문가들의 증언에 따르면, 그는 군사 문제에 해박하고 두려움을 모르는 인물이었다고 한다. 알렉세이는 여러 차례 전쟁을 치르는 과정에서 자신의 군대가 너무도 미흡한 상태에 있다는 것을 깨달았다. 그래서 그는 한편으로 외국인 용병들을 모집하고 다른 한편으로 대포와 무쇠 포탄, 수천 자루의 격철총과 장검, 수십만 킬로그램의 폭약을 구매하는 등 일련의 군사 개혁을 단행했다.

차르 알렉세이가 통치하던 시절 러시아는 독자적인 무기 공장을 건설하기 시작했고, 그 때문에 외국인 기술자들을 필요로 하게 되었다. 주물공, 석공, 방직공, 시계공 등 수많은 유럽 출신의 장인들이 긴 행렬을 이루며 러시아를 찾아왔다. 그리고 그 뒤를 이어 건축가들, 화가들, 외국어 교사들, 에티켓 교사들, 무용 교사들이 대거 몰려왔다. 이를 본 클류쳅스키는 "외국인 장교들, 독일제 대포로 시작했으나, 독일식 댄스로 끝났다"라고 지적했다.

이처럼 표트르 대제의 어마어마한 개혁적 동력은 '무(無)'에서 나온 것이 아니라 알렉세이 황제의 사업을 이어나가는 과정에서 생겨난 것이었다. 그런 측면에서 본다면 표트르는 아버지 알렉세이에게 효자 노릇을 한 것일 수도 있다. 표트르 대제의 개혁은 일사천리로 진행되었다. 그래서 일부 평론가들은 러시아가 과거로부터 단절되는 결정적 전환기를 맞이하게 될 것이라는 착각에 빠지기도 했다.

이러한 관점은 오래도록 지속되었다. 그리고 오늘날에도 그와 같은 관점을 지지하는 사람들이 많이 있다. 하지만 그것이 문화의 문제로 귀착될 경우 사람들은 다양한 목소리를 내기 시작한다. 연구자들은 급격한 전환점이라는 메타포 대신 '변덕스럽고 질풍 같으나 유일한 조류'라는 메타포를 제시한다. 그들은 조류라는 변화의 틀 속에서 러시아적 전통과 유럽식 제도가 17~18세기에 러시아에서 공존했고 또 서로 영향을 주고받았다는 사실을 입증하고 있다.

표트르 대제가 이룬 문화 개혁의 성격에 비추어 봤을 때 두 가지 관점 모두 타당한 일면을 갖는다. 여기서 우리는 비평가 니콜라이 도브로류보프의 견해에 공감하지 않을 수 없다.

"표트르 대제는 그때까지 최고의 권위를 누렸던 형식, 즉 시대에 뒤떨어진 형식을 과감히 내던져 버렸다. 하지만 그의 통치 시기에도 똑같은 문화 형식이 존재한다는 사실이 여전히 본질적인 문제로 남아 있었다. 도끼를 손에 들고 마도로스 셔츠를 입기는 했지만 어쨌든 그 역시 선왕들(용포를 입고 제왕의 홀(笏)을 손에 들었던 선왕들)과 마찬가지로 자신의 왕국을 공포 분위기로 몰아넣었다."

표트르 대제는 문화 전반, 특히 문학과 예술에 대해 실용적인 입장을 취했다. 그의 기본적인 목표는 강력하고 현대적인 육군과 해군 함대를 건설하는 것이었다. 1715년, 친아들 알렉세이를 두들겨 패던 표트르 대제는 "내가 너한테 법률적 근거도 없이 싸우라고 가르치더냐? 법률적 근거가 반드시 있어야 한다. 왜냐고? 왜냐하면 그것이야말로 국가 통치에 필요한 두 가지 업무 중 하나인 사회질서 확립과 국방의 토대이기 때문이다".

표트르 대제의 이러한 정신적 무장은 그의 개인 서고에 보관된 서적 목록에 그대로 나타나 있다. 천오백 권이 넘는 그의 책 대부분이 군사술과 조선술에 관한 것들이었고 나머지는 역사, 건축, 정원 및 공원 조성에 관한 것들이었다.

사회 질서 확립과 국방 강화의 야망을 품었던 표트르 대제는 그야말로 국가 전체를 뒤흔들어 놓았다. 앞서 설명한 바와 같이, 그의 문화적 조치들 또한 그와 같은 '흔들기'의 일부였다. 그의 조치가 가져온 결과는 전대미문의 문화 세속화 현상이었다. 가령 1703년에 러시아 최초의 인쇄 신문 《모스크바 공국과 다른 주변국에서 일어난, 꼭 기억해 두어야 할 전쟁과 그 밖의 업무에 관한 소식》을 창간한 것과 소위 '공민 서적'을 출간하는 인쇄소들을 보급한 것이 그 대표적인 예가 되겠다.

훗날 미하일 로모노소프는 사람들의 외모를 강제로 서구화시키려는 조치와 관련해서 "표트르 대제 통치 시기에 귀족과 귀족의 부인들 그리고 관리들은 긴 가죽 외투를 벗어 던지고 여름옷을 입었다"라고 지적했다.

러시아의 정치·문화적 이미지를 변화시킨 가장 결정적이고 주목되는 조치 가운데 하나는 1703년 네바강 입구에 페테르부르그의 토대를 구축한 것이었다. 1712년, 마침내 이 신도시는 공식적으로 러시아의 새로운 수도가 되었다. 대담하기도 하고 무모하기도 했던 이 환상적 조치가 표트르 대제에게는 가장 큰 자랑거리였다(이후 표트르 대제의 주요 업적 목록에는 항상 이 조치가 포함되었다). 문화적 측면에서 봤을 때 페테르부르그는 표트르 대제가 보급하고자 했던 건축 양식과 행동 규범들이 적용된 일종의 실험 도시라고 할 수 있다.

페테르부르그에는 러시아 최초의 개인 벽돌집과 유럽식 공원, 돌로 포장된 거리와 가로등이 등장했다. 표트르 대제가 특히 좋아했던 건축물은 자신의 여름 별장 부근에 건설된, 이른바 여름궁전이었다(표트르 대제가 직접 이 건축물을 설계했다고 한다). 장인(匠人)을 자처했던 황제는 정원사에게 이렇게 말했다.

"앞으로 이곳을 산책하게 될 사람들에게 무언가 교훈이 될 만한 것이 있었으면 좋겠네."

공원 벤치에 책을 놓아 두자는 정원사의 제안을 비웃으며, 표트르 대제는 여름궁전에 자신이 좋아하는 이솝 우화 주인공들의 조각상을 세우라고 지시했다. 여름궁전에 있는 분수들은 곧바로 이솝 우화 주인공들의 조각상으로 채워졌다. 그리고 각각의 분수 옆에는 이솝 우화의 텍스트가 적힌 금속 안내판이 세워졌다. 표트르 대제는 여름궁전에서 산책하는 사람들을 불러 모아 안내판에 새겨진 우화의 내용을 직접 설명해 주는 것을 좋아했다.

표트르 대제의 지시에 따라 1719년에 이탈리아에서 구입한 로마 시대의 비너스상을 여름궁전에 세운 것 역시 그와 비슷한 교훈적 의미를 지니고 있다. 사실 그와 같은 조치는 인간의 조각상, 특히 나체 여인상의 제작을 금지해 온 정교회에 정면으로 맞서는 것이었다(정교회에서 인간의 조각상은 이교적 우상으로 간주되었다).

러시아에서 '하얀 악녀'라는 별명을 얻게 된 비너스상은 '야만적 파괴'의 위험에 노출될 수밖에 없었다. 그래서 이를 우려한 표트르 대제는 비너스상 옆에 보초병을 세우게 했다. 표트르 대제는 어리둥절하여 어찌할 바를 모르는(하지만 속으로는 분노가 치밀어 올랐을) 초청객들을 비너스상 앞에 모아 놓고 고대 그리스 로마 신화를 가르치려고 했다(표트르 대제는 고대 신화에 통달해 있었다).

표트르 대제의 학문적 폭은 대단히 넓었다. 그를 잘 알고 있던 대주교 스테판 야롭스키는 "성서에 관해 궁금한 것이 있다면 대제에게 물어 보라. 무엇을 물어보든 훌륭하게 대답할 것이다. 오죽하면 기독교 총회의 규정을 모두 암기하고 있겠는가? 그뿐만이 아니다. 철학에 관한 것도 그에게 물어 보라. 마치 철학의 대가 플라톤의 제자인 양 훌륭하게 대답할 것이다"라고 언급한 바 있다.

하지만 표트르 대제의 박식함은 대체로 실용적인 성격을 띠고 있었다. 한때 표트르 대제의 고문으로 일했던 고트프리드 빌헬름 폰 라이프니츠(그는 독일 출신의 위대한 철학자이자 수학자였다)의 회고에 따르면, 대제는 "잘 작동되는 기계가 아름다운 그림보다 훨씬 더 감동적이다"라는 말을 남겼다고 한다.

19세기 초, 화가이자 비평가였던 알렉산드르 베누아 역시 대제의 이런 발언에 대해 잘 알고 있었다. 그래서인지 베누아는 표트르 대제가 미술에 대해 아는 것이 없다고 생각했다. 그는 "러시아 예술을 개혁하려는 표트르 대제의 열망이 결국 러시아 예술 발전에 걸림돌이 되고 말았다. 네덜란드의 지방 문화를 모델로 삼고 유럽의 이류급 장인들을 러시아로 불러들인 것이 표트르 대제의 큰 실수였다"라고 지적했다.

하지만 표트르 대제는 당대에 유행하던 유럽 예술을 들여오려고 했던 것이 아니다. 정작 그가 원했던 것은 당대 러시아가 절실히 필요로 하는 것들을 들여오는 것이었다.

표트르 대제에게는 페테르부르그를 디자인하고 건설할 수 있는 능력자들이 필요했다. 그는 자신이 고용한 유럽 출신의 건축가들과 조각가들 그리고 화가들이 만물박사가 되어야 한다고 생각했다. 왜냐하면 당시 유럽 최고의 화가들은 초상화 화가, 정물화 화가, 역사화 화가 등 기본적으로 좁은 영역에서 활동하는 전문가들이 대부분이었기 때문이다.

표트르 대제는 자신이 초청한 장인이라면 황제와 고관들의 초상화는 물론, 수염 난 여자나 머리 두 개 달린 아이처럼 신기한 그림도 그릴 줄 알아야 하고 또 표트르 대제의 승리를 기념하는 열병식과 축제도 묘사할 수 있어야 하며 궁정 벽화를 그리는 일이나 낡은 그림을 복원하는 일도 할 줄 알아야 한다고 생각했다. 어디 그뿐이랴, 표트르 대제는 초청된 화가들이 러시아 도제들까지 가르쳐야 한다고 생각했다.

유명하거나 자존심이 강한 장인들은 그런 굴욕적인 계약서에 서명하지 않았다. 그래서 러시아로 초청된 사람들 대부분은 모험심이 강한 사람들이거나 창의력이 떨어지는 사람들 그것도 아니면 열정이 없는 사람들이었다. 그래서였을까? 예술 사가들의 견해에 따르면, 그들의 제자들 역시 평범한 인물이 되고 말았다. 표트르 대제는 의지와 열정만 있다면 누구든 배울 수 있다고 생각했기 때문에, 마치 선원(또는 포병) 모집하듯 강압적으로 화가들을 모집했다.

그럼에도 불구하고 러시아에는 오랜 세월 이어져 온 위대한 회화적 전통이 있었다. 물론 나는 이콘에 대해 이야기하고 있는 것이다. 이콘은 찬란하고 신비하며 영혼을 자극하는 고대 러시아의 유산이다. 그러나 표트르 대제는 다른 차르들과 마찬가지로 이콘화를 보며 성장했음에도 불구하고 현대적이고 유용한 이콘화의 전통을 이해하지 못했다. 그의 이러한 태도는 교회에 대한 이중적 입장에서 비롯된 것이었다.

표트르 대제는 자기 자신이 독실한 신자였음에도 불구하고 교회 성직자들을 의혹의 눈길로 바라봤다. 부왕과 니콘 총주교 사이의 갈등을 목격했던 표트르 대제는 결국 총주교제를 폐지하고 말았다. 그리고 자신이 임명한 주교들에게 "앞으로 주교들은 황제가 임명한 종무원의 결정에 따라야 한다"라고 말했다. 이것은 자기 자신을 러시아 정교회의 수장으로 만드는 결정적인 조치였다.

표트르 대제는 자신이 작성한 종무원 규정을 주머니에서 꺼낸 다음, "너희들의 총주교가 여기에 있다!"라는 말과 함께 종무원 규정을 읽기 시작했다. 성직자들이 불평을 늘어놓자 그는 기다란 해군용 칼을 탁자 위에 꽂으며, "그렇다면 비이성적인 이 총주교는 어떠냐!"라는 말로 연설을 마무리 지었다. 이러한 조치는 교회의 영향력을 배제한 채 러시아 문화를 절대군주의 지배하에 두려는 첫 번째 시도였다. 하지만 이 시도는 여러 가지 측면에서 성공적이라고 할 수 있었다.

표트르 대제 통치 시기에 정교회 성직자들은 고통스러운 시간을 보내야만 했다. 러시아 성직자들은 전통적으로 지혜의 수호자들이었고, 수도원은 학문과 예술의 중심지였다. 그리고 성직자들은 신과 황제 사이에서 중재를 하는 중요한 임무를 부여받았다. 하지만 표트르 대제의 생각은 달랐다. 그에게 있어 성직자들은 기생충과도 같은 존재들이었다(표트르 대제의 칙령에서 기생충이라는 표현이 사용되었다).

표트르 대제는 수도원의 식비를 줄여 버렸다("우리 성직자들은 너무 뚱뚱해. 천국의 문을 열 수 있는 방법은 오직 신앙과 금식 그리고 기도뿐이야. 철갑상어와 포도주는 필요 없어. 빵과 물만 있으면 얼마든지 천국에 갈 수 있어"). 그리고 성직자들에게는 목공술과 동일한 수준의 이콘 제작 기술과 방직, 재봉 등 온갖 종류의 노동을 강요했다.

종교적 아우라가 사라진 이콘화는 이제 쓸모없는 것으로 여겨지게 되었다(최소한 표트르 대제와 가신들의 눈에는 그렇게 보였다). 과학 서적에 삽화를 넣거나 설계도를 만들 수 있는 것도 아니었고 그렇다고 해서 기록화를 제작할 수 있는 것도 아니었다. 그 대신 표트르 대제 시대에는 판화가들과 그들의 작품이 두각을 나타내기 시작했다. 판화는 정보 전달 및 정치 선전에 유익한 수단이었다.

당시 대표적 판화가였던 알렉세이 주보프는 오늘날에도 표트르 시대를 대표하는 장인으로 손꼽히고 있다. 그의 아버지는 차르 미하일의 궁정 소속 이콘 제작자였으며, 표트르의 아버지를 위해 일한 사람이었다. 주보프는 러시아 젊은이들을 가르치는 네덜란드 출신의 판화가에게서 도제 교육을 받았다. 그는 훗날 "나는 내가 본 대로, 내가 생각한 대로 동판을 자를 수 있었다"라고 회고했다.

가업을 물려받은 이콘 제작자에게 그런 생각은 혁명적인 것이었다. 이콘 제작은 일상 생활을 재현하는 것이 아니었다. 그것은 전통적 패턴에 따라 제작해야 하는, 세대를 뛰어넘는 종교적 의식 행위였다. 그러나 주보프는 어느새 유능한 판화 전문가로 변신해 있었다. 그는 모스크바에서 페테르부르그로 이사한 후, 예술적 영감이 넘치는 최초의 작가가 되었다. 1720년에 완성된 〈포획된 스웨덴 함선들의 페테르부르그 입성〉은 신도시가 가진 생명력과 그 시각적 아름다움을 여실히 보여 주는 작품이다.

표트르 대제는 주보프의 작품들을 좋아했다. 그가 주보프의 판화에 친필 서명을 남겼다는 사실만 보더라도 그가 얼마나 주보프의 작품을 좋아했는지 가히 짐작할 수 있다. 그는 주보프에게 〈표트르 대제와 예카테리나 알렉세예브나의 결혼식 풍경〉(1712년)이라는 작품을 의뢰했다. 거기에는 백여 명의 신사 숙녀가 황제 부부를 축하하는 장면이 묘사되어 있었고, 특히 미래의 예카테리나 여제가 될 여인의 얼굴이 그녀를 에워싸고 있는·여인들의 얼굴보다 훨씬 더 크게 그려져 있었다(이콘화의 전통

표트르 1세와 예카테리나 알렉세예브나의 결혼식 풍경(1712년 페테르부르그)

이 엿보이는 부분이다.)

표트르 대제는 인색한 군주였다. 하지만 훌륭한 전문가들이 참고 견딜
만한 정도의 급료는 기대할 수 있었다. 그 대신 그들은 자신이 신성한 업
무를 수행하고 있다는 사실을 매번 표트르 대제에게 환기시켜 주어야 했
다. 주보프는 연봉 195루블의 적당한 급료를 받았다. 이것은 같이 일하는
러시아 동료들의 급료보다 두 배나 많은 급료였지만, 외국계 장인들이
받는 급료에 비하면 그 절반에 불과한 액수였다(이와 같은 부끄러운 관
행은 이후 로마노프 왕조 내내 지속되었다). 1719년, 주보프는 "페테르부
르그에서는 도저히 살 수가 없다. 식료품이 너무 비싸 가족을 부양할 수
가 없고 또 빚을 갚을 수도 없다"며 차르에게 불평을 늘어놓았다.

표트르 대제가, 애걸복걸하는 주보프에게 급료를 올려 주었는지는 알
수가 없다. 그러나 1723년 주보프가 표트르 대제에게 보낸 탄원서를 보면
그가 예전처럼 열악한 환경에서 살았던 것은 아니라는 사실을 확인할 수
있다(여기서 중요한 것은 주보프의 탄원서에서 황제가 어떻게 불리고 있
느냐이다. 주보프는 탄원서에서 "거룩한 황제이시고 전 러시아의 통치자
이시며 조국의 아버지이시자 관대한 군주이신 표트르 대제여!"라는 표현
을 사용했다. '황제'와 '조국의 아버지'라는 표현은 국가원로원에서 2년 전
부터 사용하던 호칭이었고 대제 역시 공식적으로 사용하던 호칭이었다).

공식 호칭으로 운을 뗀 후, 주보프는 표트르 대제에게 읍소하기 시작
했다. 그는 업무차 자신의 마차를 타고 칸테미르 공의 집으로 가는 길에
두 명의 도둑으로부터 공격을 받았다고 했고, 그 도둑들이 자신의 말을
빼앗기 위해 하인을 두들겨 팼다고 했다.

"놈들이 저와 제 하인을 때리기 시작했습니다. 그래서 저는 고함을 질

렀습니다. 그랬더니 그놈들이 줄행랑을 치지 않겠습니까?"

여기서 흥미로운 것은, 한 예술가가 자신의 마차와 하인을 소유한 것도 아니었고 또 당시 페테르부르그라는 도시에서 일어난 강도 사건을 생생하게 묘사한 것도 아니었다. 정말 흥미로운 것은, 주보프가 드미트리 칸테미르라는 인물에 대해 언급했다는 점이다.

드미트리 칸테미르 공(公)은 이국적인 인물인 동시에 표트르 대제 통치 시기의 특징을 가장 잘 보여 주는 인물이다. 한때 터키 지배하의 몰다비아에서 군주 자리에까지 올랐던 칸테미르는 젊은 시절 콘스탄티노플에서 오랜 기간 동안 인질 생활을 했다. 당시 터키 사람들은 칸테미르에게 최고의 예우를 해 주었고 또 훌륭한 교육도 받을 수 있게 해 주었다.

드미트리 칸테미르는 여러 언어에 능통했다. 그가 라틴어로 쓴 《오스만 제국의 역사》는 훗날 불어와 영어로 번역되었으며 철학자 데니 디드로와 볼테르로부터도 인정받은 바 있다. 그리고 볼테르는 이 책에서 자신의 비극 《모하메드》(1739)의 소재를 구하기도 했다. 21세기 초, 뉴욕을 방문한 나는 터키 멜로디와 행진곡들이 3백 년 전 칸테미르가 만든 악보로 연주되는 장면을 직접 목격했다.

1711년, 부왕으로부터 왕위를 물려받은 지 일 년이 되던 해에 드미트리 칸테미르는 조국을 터키의 지배로부터 구하기 위해 표트르 대제와의 비밀 동맹을 시도했다. 하지만 그의 시도는 실패로 끝나고 말았다. 그 후 칸테미르는 가족과 함께 러시아로 망명했다.

표트르 대제보다 한 살이 적었던 칸테미르는 터키 및 동방 문제 관련 최고 고문관의 자리에 올랐다. 표트르 대제는 그에게 온갖 선물을 보내고 최고 공후의 작위를 내렸으며 그의 역사학 연구에도 도움을 주었다.

그리고 주보프는 칸테미르의 역사서 《마호메트교에 관하여》에 삽화를 그려 넣었다.

칸테미르의 네 아들 중 하나인 안티오흐는 타고난 신동이었다. 1718년, 열 살이라는 어린 나이에 모스크바의 〈슬라브 그리스 라틴 아카데미〉에서 그리스어로 공개 연설을 한 안티오흐는 1722년, 표트르 대제와 함께 페르시아로 출정하는 아버지를 따라나섰다. 전설적인 이 전투에서 러시아는 오스만 터키와 이란을 자카프카스에서 몰아내려고 했다. 그때 표트르 대제의 군대는 오늘날의 바쿠인 데르텐트를 점령했다.

안티오흐는 일곱 달 동안, 그것도 가까이에서 표트르 대제를 관찰할 수 있었다. 한번은 무더위를 참지 못한 표트르 대제가 머리를 잘랐다. 그리고 그 머리털은 훗날 표트르 대제의 밀랍 인형을 만드는 데 사용되었다. 표트르 대제가 죽은 후 그의 몸을 본떠서 만든 밀랍 인형(실물 크기로 왕좌에 앉아 있는 인형)은 1725년 바르톨로메오 카를로 라스트렐리가 제작한 것으로서 지금은 에르미타쥬 박물관에 보관되어 있다.

1725년, 건강했던 표트르 대제가 갑자기 세상을 떠나자 젊은 칸테미르는 충격에 빠지고 말았다(당시 표트르 대제의 나이는 52세였고 사인은 요도암 또는 방광염으로 추정된다). 표트르 대제의 장례식은 페트로파블롭스키 사원에서 거행되었다. 수많은 저작물의 저자이자 표트르 대제의 측근이던 페오판 프로코포비치는 표트르 대제의 관 앞에서 다음과 같은 감동적인 연설을 했다(이후 근 2백 년 동안 러시아의 모든 중학생들은 이 말을 암기해야 했다).

"이게 어찌 된 일인가? 오, 러시아인들이여, 우리는 무엇 때문에 지금까지 살아왔는가? 우리가 보고 있는 것은 무엇인가? 표트르 대제의 장례식이 아닌가!"

프로코포비치의 장례식 연설은 약 5분 정도로 짧게 진행될 예정이었다. 하지만 장례식에 참석한 사람들의 흐느낌과 통곡으로 의식이 중단되었기 때문에 장례식은 한 시간 넘게 진행되었다. 표트르 대제를 찬양한 이 연설문과 그의 또 다른 저작물들은 개혁가로서 표트르 대제의 신화를 만드는 데 초석이 되었을 뿐만 아니라 러시아 역사의 견고한 문화적 패러다임들 중 하나가 되었다.

프랑스의 나폴레옹이 그랬던 것처럼, 표트르 대제는 새 시대의 러시아 정치인으로서 많은 사람들의 지지를 받았다. 그의 개혁이 규모 면이나 의미 면에서 경이로운 것이었다는 사실을 부정하는 사람은 없다. 물론 표트르 대제를 신랄하게 비판한 사람들도 있었지만 말이다.

표트르 대제에 대한 뜨거운 논쟁이 이미 3백 년 이상 지속되고 있으며, 그 속에서 찬반의 목소리가 극명히 갈라지고 있다. 표트르 대제의 지지자들은 "그가 러시아를 유럽에 편입시켰다. 만약 그렇지 않았다면 이후 러시아 문화의 위대한 성취도 불가능했을 것이다"라고 주장한다.

반면에 표트르 대제를 비난하는 측에서는 "그게 무슨 의미가 있다는 말인가? 표트르가 만들어 놓은 인위적인 국가는 2백 년 동안 온갖 위기를 겪었다. 국가는 피와 불길 속에 파괴되었고 민중은 거대한 분노에 휩싸이지 않았던가"라고 주장한다.

이러한 논쟁은 쉽게 끝나지 않을 것이다. 하지만 우리는 또 다른 점에 주목할 필요가 있다. 그것은 표트르 대제 이후 그를 모방하거나 부정했던 모든 정치적 후계자들이 마치 최면에 걸린 사람처럼 표트르 대제와 자신을 비교해 왔다는 사실이다.

러시아 문화계의 위대한 인물들에 대해서도 똑같은 이야기를 할 수밖에 없다. 왜냐하면 그들 중 표트르 대제의 사상과 유산에 관심을 보이지 않은 사람은 아무도 없었기 때문이다. 표트르 대제를 둘러싼 논쟁에서 그들은 〈러시아의 운명, 러시아의 나아갈 길〉에 대한 자신의 입장을 명확히 밝혔다.

2장 — 칸테미르, 로모노소프, 바르코프

안티오흐 칸테미르는 표트르 대제의 문화적 신화를 처음으로 만들어 낸 사람들 중 하나였다. 정치적 음모의 대가이자 뛰어난 풍자 시인이었던 그는 청년 시절부터 표트르 대제의 매력에 빠져 있었고, 파란만장한 일생을 황제의 열렬한 지지자로 활약하며 살았다. 파리에서 러시아 공사로 근무하던 중 칸테미르는 위암으로 사망하고 말았다(1744년). 당시 그의 나이는 겨우 35세에 불과했다.

1730년, 칸테미르는 〈페트리다[1], 혹은 표트르 대제 서거에 대한 시적 묘사〉라는 제목의 '풍자 서사시'를 구상했다. 사실 이 작품은 그 해에 알게 된 페오판 프로코포비치 대주교의 영향을 빼놓고는 논할 수가 없다. 칸테미르는 페오판 프로코포비치(그는 작가이자 역사가이기도 했다)와 함께, 그리고 나중에는 아스트라한 주지사를 지낸 바실리 타티쉐프와 함께 표트르 대제의 사상을 옹호하는 '학자 친위대'를 만들었다.

애석한 일이지만 칸테미르의 〈페트리다〉는 완성되지 못했다. 그러나 표트르 개혁의 반대자들을 낱낱이 폭로한 그의 풍자시들은 지식인 사회

---

1) '페트리다Петрида'는 표트르 대제의 삶을 호머의 '일리어드'에 비유한 표현이다.

에서 큰 인기를 얻었다. 바실리 쥬콥스키로부터 요시프 브로드스키에 이르기까지 많은 시인들이 칸테미르의 유별난 숭배자가 되었다. 1810년, 쥬콥스키는 "우리는 칸테미르에게서 유베날리스[2]와 호라티우스를 발견하게 된다"라고 평한 후, "칸테미르는 세 단어면 충분히 표현할 수 있었기 때문에 네 단어를 사용하는 경우가 없었다"라고 덧붙였다. 이것은 시인이 시인에게 보낼 수 있는 최고의 찬사였다.

칸테미르를 존 던[3]과 비교하기를 좋아했던 브로드스키는 위선적인 수도승에 관한 러시아 시인의 풍자적 구절을 자주 인용하곤 했다. 그는 위선적인 수도승에 관한 칸테미르의 시를 내게 낭송해 준 적이 있었다.

"그 사람은 색욕을 품고 죽은 자들을 불쌍히 여겼지만/ 여자의 풍만한 가슴을 음탕한 눈으로 훔쳐보았다네."

브로드스키는 칸테미르의 독설에 대한 나의 반응에 주목하며 이렇게 말했다.

"수십만 명을 죽음으로 몰아넣는 허가서에 서명을 한 사람들이 어떻게 그렇게 태연하게 극장에 입장할 수 있는지 이해가 되지 않습니다(이것은 1741년 프랑스와의 전쟁을 선포한 직후 극장을 찾은 몇몇 프랑스 장관들과 대면한 칸테미르가 집으로 돌아가면서 내뱉은 말이다)."

그로부터 2백여 년이 흘렀다. 하지만 "낮에 죄수를 처형하고도 도스토옙스키적 양심의 가책을 전혀 느끼지 못하는 소비에트 비밀경찰이 저녁에는 극장을 드나들었다"라는 안나 아흐마토바의 진술에 사람들은 탄식을 자아낼 수밖에 없었다. 권력의 이데올로기적 도구가 갖는 본질이 바

---

2) Decimus Junius Juvenalis (55/60?~127), 로마 최고의 풍자 시인.

3) John Donne (1572–1631), 영국성공회 사제이자 종교 시인.

로 그런 것이다.

칸테미르의 풍자 작품들은 기이하게도 런던에서 처음 출간되었다(1749년에 불어판으로 출간되었다). 그리고 러시아에서 출간된 것은 시인이 사망한 시점으로부터 18년이 지났을 때인 1762년이었다(당시 편집을 맡은 사람이 이반 바르코프였는데 우리는 이 이름을 기억해둘 필요가 있다).

안티오흐 칸테미르

1851년, 수도승들에 대한 칸테미르식 조롱을 더 이상 용납할 수 없었던 황제 니콜라이 1세는 칸테미르의 작품을 다시 인쇄하는 것이 전혀 쓸모없는 짓이라고 생각했다. 그러나 칸테미르는 18세기 유럽 계몽주의 서클들로부터 인정을 받은 최초의 러시아 시인이었다.

1732년, 표트르 대제의 조카였던 안나 이오아노브나 여제가 칸테미르를 서구로 파견했고 칸테미르는 뒤늦게나마 러시아 역사의 드라마틱한 에피소드를 접할 수 있었다. 1741년 11월 25일 밤, 표트르 대제의 딸 엘리자베타(당시 32세)가 3백 명의 근위대를 이끌고 황제의 거처인 겨울궁전에 난입했다. 그때 근위병들이 늘씬한 몸매에 푸른 눈을 가진 금발의 미녀(엘리자베타)를 어깨 위에 태우고 들어가 그녀가 여제임을 선언했던 것이다.

역사가 클류쳅스키가 '궁중 정변기'라고 불렀던 시대는 그렇게 끝이 나고 말았다(궁중 정변기란 표트르 대제가 사망한 때로부터 약 27년의 기간을 말한다). 그 기간 동안에 예카테리나 1세, 표트르 2세, 안나 이오아노브나 그리고 그녀의 어린 아들 이오안 안토노비치가 왕위에 올랐다. 그러나 그 중 어느 누구도 러시아 문화 발전에 중요한 역할을 하지는 못했다.

하지만 엘리자베타 1세의 경우는 달랐다. 25년에 걸친 그녀의 통치 기간에는(엘리자베타 1세는 1761년에 사망했다) 표트르의 개혁에 가장 적대적이던 반대자들조차 개혁을 기정 사실로 받아들일 수밖에 없었다. 이제 러시아는 '유럽의 길'을 따라 질주하고 있었다. 그러나 이보다 더 중요한 사실은, 표트르 대제가 이식시켜 놓은 '유럽화한 문화'가 러시아 엘리트들 사이에 뿌리내렸을 뿐만 아니라 새로운 여제의 장려책 속에서 뚜렷한 국가적 특성을 띠기 시작했다는 것이다.

이런 점에서 본다면 미하일 로모노소프라는 인물은 참으로 상징적인 인물이다. 다양한 재능의 소유자였고, 문화적으로도 엄청난 기여를 했던 그는 러시아의 레오나르도 다빈치로 불렸다. 그는 그 파란만장한 인생에 대해 모르는 러시아인이 없을 만큼 전설적인 인물이었다.

로모노소프가 농민 집안에서 태어났다는 것 그리고 19세 되던 해에 집을 나와 언 생선을 실은 마차를 얻어 타고 모스크바로 향했다는 것은 누구나 알고 있는 사실이다. 모스크바에 도착한 후 기적적으로 중학교에 입학할 수 있었던 그는 후일 독보적인 대학자로 성장하게 된다. 그는 전기 실험과 모자이크 장식에 몰두했고 나중에는 러시아 최초의 대학교인 모스크바 대학을 설립했다.

1856년, 로모노소프가 사망한 지 90여 년이 되던 해에 니콜라이 네크라소프가 〈중학생〉이라는 제목의 감동적인 시를 발표했다. 그의 시는 곧바로 러시아 시 선집에 포함되었다. 특히 "어떻게 아르한겔스크의 한 농부가/ 자신과 신의 의지를 좇아/ 이지적이고 위대한 인물이 될 수 있었는가"라는 시구는 로모노소프의 전설을 확고히 하는 데 큰 기여를 했다.

우리는 로모노소프 전기에 나오는 몇몇 '기적 같은 일들'을 통해 상당히 이성적인 해답을 얻게 된다. 물론 로모노소프는 비범한 재능을 가진 인물이었다. 하지만 수많은 '세속적' 정황들이 그를 돕지 않았다면 그의 성공은 가능하지 않았을 것이다.

로모노소프의 경우 농노가 아닌 '국가 소속의' 농민, 즉 자유 농민의 집안에서 태어난 것부터가 행운이었다. 게다가 그의 아버지는 상당히 부유한 사람이었다. 그의 아버지는 토지와 어업권을 소유하고 있었고, '대천사 성(聖)미하일'이라는 이름의 쌍돛 달린 배도 소유하고 있었다(그는 이 배로 86톤 이상의 화물을 운반했다).

불에 타 버린 마을 교회를 재건할 때, 로모노소프의 아버지는 18루블이라는 거금을 희사했다. 돈의 가치를 따지자면, 당시 페테르부르그에서 활동했던 목수들이 적게는 12루블, 많게는 24루블의 연봉을 받았다.

1784년, 로모노소프에게 〈슬라브 그리스 라틴 아카데미〉 입학이라는 기적 같은 일이 일어난 것에 대해 그의 공식적인 전기는 다음과 같이 기록하고 있다.

"수도에 도착한 가엾은 젊은이, 그에게는 아는 사람이 아무도 없었다. 어부들 틈에 끼어 모스크바에서의 첫날밤을 맞이한 로모노소프는 가까운 교회를 향해 무릎을 꿇었다. 그리고 그는 자신을 보살펴 달라고 하느님께 기도했다."

다음날 아침, 생선을 사러 온 한 귀족 집 집사가 로모노소프가 동향 사람이라는 것을 알게 되었다. 그는 자신의 집으로 로모노소프를 데리고 갔다. 그리고 이틀 후, 집사의 친구가 집사를 찾아왔는데 공교롭게도 그 친구는 위에서 말한 엘리트 아카데미에서 근무하는 수도승이었다. 집사는 친구에게 로모노소프를 부탁했고, 친구는 로모노소프를 아카데미 학생, 그것도 연 10루블의 장학금을 받는 학생으로 받아 주었다.

하지만 아카데미 학생이 되기 위해서는 자신이 귀족 출신이라는 것을 입증해야만 했다. 왜냐하면 당시 신학교들은 농민 집안 자식들에게는 입학을 허락하지 않았기 때문이다. 하지만 어찌 된 일인지 로모노소프의 경우는 예외였다. 수도원장이 그를 신뢰했기 때문에 모든 문제가 쉽게 해결될 수 있었던 것이다(수도원장의 신뢰를 얻을 수 있었던 것은 모두가 '집사의 친구' 덕이었다).

미하일 **로모노소프**

오늘날의 독자들은 위에서 언급한 일련의 사건들을 '신의 섭리'나 단순한 행운으로 보지 않고 오히려 오늘날의 경우처럼, 성공한 지인들이 도와 주었기 때문에 가능했던 것이라고 여길 것이다.

자신에게 위기 상황이 닥칠 때마다 로모노소프는 자신을 도와주는 유력한 후원자들을 만날 수 있었다. 사실 그는 정신적으로나 육체적으로 대단히 강한 사람이었다. 하지만 자신이 속해 있던 학계에서는 사람들과 어울리지 못하고, 허구한 날 싸움만 하고, 늘 추문을 일으키는 사람으로 정평이 나 있었고 또 엄청난 술꾼으로 소문이 나 있었다.

1736년, 로모노소프는 광산학과 화학을 공부하기 위해 독일 마르부르그 대학으로 유학을 떠났다(그로부터 176년 후, 또 한 사람의 위대한 시인 보리스 파스테르나크가 이 대학에서 철학을 공부했다). 하지만 얼마 지나지 않아 "로모노소프가 폭음을 일삼으며 여자들 꽁무니를 쫓아다닌다"라는 마르부르그 주재 아카데미 감독관들의 보고서가 모스크바로 날아들기 시작했다. 그 후로도 로모노소프는 걸핏하면 지도교수와 다툼을 벌였다.

"로모노소프가 끔찍한 소란을 피우기 시작했다. 연구실 벽을 있는 힘껏 두들기거나 창문 너머로 고함을 지르며 욕설을 퍼부었다."

로모노소프는 그 짧은 인생을 사는 동안(1765년, 53세의 나이로 세상을 떠났다) 이유 불문하고 자신의 감정을 폭발시키는 버릇이 있었다. 독일에서 페테르부르그로 돌아온 로모노소프는 수도의 과학아카데미 조교수로 임명되었다. 하지만 그곳에서도 추문은 끊이지 않았다. 잃어버린 반코트를 찾겠다며 이웃집에 칼을 들고 뛰어 들어가서는 주인과 손님들을 위협한 후 가구들을 모두 부숴 버렸다. 그러자 아이를 임신한, 주인의 아내가 놀란 나머지 창 밖으로 뛰어내리고 말았다. 다행인 것은 때마침 여섯 명의 야경꾼이 그 앞을 지나가고 있었던 것이다. 만취 상태의 로모노소프는 결박을 당했고 결국 경찰서로 끌려가고 말았다.

그 무렵 로모노소프는 '폭행과 명예훼손 사건'을 한두 번 일으킨 것이 아니었다. 하지만 독일에서와 마찬가지로 그 사건은 다시 한번 누군가에 의해 무마되었다.

이러한 조치는 권력에 의한 특혜로밖에 설명할 수 없을 것이다. 엘리자베타 1세는 즉위하자마자 과학 분야를 비롯한 모든 영역에서 '국가 간부들'을 발탁하는 정책을 시행했다. 게다가 엘리자베타 1세의 고문관들역시 한결같이 그녀에게 이런 정책을 역설하고 있었다. 고문관들의 지적에 따르면 표트르 대제의 통치기에 시작된 외국인, 특히 독일인 중용 정책은 후대에 이르러 차르의 통제에서 벗어났다고 한다.

'러시아인들을 위한 러시아'라는 슬로건은 엘리자베타 1세 시대에는 공개적으로 선포되지 않았다. 그러나 민주적 절차에 따라 그런 방향으로 흘러가고 있었다. 체격이 건장하고 에너지가 넘치며 아이디어가 충만했던 로모노소프는 "러시아는 플라톤 같은 인물들과 뉴턴처럼 영민한 인재들을 탄생시킬 수 있다"라고 호언장담했다. 그런 의미에서 그는 엘리자베타 1세 시대의 러시아 내각에 적합한(그의 고약한 성품에 대가를 치러야 했지만) 상징적인 인물이었다.

젊은 천재였던 로모노소프는 자신에게 그런 능력이 있다는 것을 곧 입증해 보였다. 아직 독일에서 수학 중이던 1739년에 로모노소프는 〈러시아 작시법 규칙에 관한 서한〉을 아카데미로 보냈다. 여기서 그는 선임자들과 미래의 경쟁자인 바실리 트레디아콥스키의 '러시아 시의 현대화와 서구화'에 대한 기본 개념을 분석하면서 개혁의 단축 방안을 주장했다. 단축이란 로모노소프의 모든 개혁안 속에서 가장 전형적인 것이었다.

로모노소프는 《서한》, 《수사학 안내서》, 《러시아 문법》, 특히 《러시아어에서 교회 서적 활용에 관한 서문》을 통해 러시아어 작문법 분야에서

적어도 100년 이상 앞서는 문체적 규범을 확립했다. 여러 측면을 고려할 때 로모노소프는 현대 러시아문학의 아버지라고 말할 수 있을 것이다.

로모노소프는 무엇보다도 자신이 학자로 불리기를 원했다. 비록 그는 〈나는 불멸의 표상을 세웠으니Exegi monumentum aere perennius〉[4] 라는 저 유명한 호라티우스의 송시를 러시아에서 최초로 번역하였음에도 불구하고 시인이라는 호칭에 대한 애착은 그 다음이었다. 그의 호라티우스 송시는 시적 체계의 확립을 선언하는 선언문으로 인정되며, 로모노소프의 시적 야망이 무엇인지 분명히 암시해 준다. 물론 로모노소프의 동시대인들은 아마도 그의 수많은 장엄한 송시들에 더욱 환호했겠지만, 전기학 실험이나 물리화학적 연구, 지리학적 프로젝트 등에는 회의적이었을 것이다.

19세기에 이르자 상황은 변했다. 로모노소프는 러시아 과학의 창시자 또는 그의 이름이 명명된 모스크바 대학의 설립자로 평가받았다. 그러나 사람들은 그의 시 작품을 아이러니한 관점에서 바라보기 시작했다.

푸쉬킨도 그와 다를 바가 없었다.

"로모노소프는 위대한 인물이다. 표트르 대제와 예카테리나 2세 통치기 사이에 오직 그 사람만이 계몽의 특별한 동지였다. 그는 최초로 대학을 설립했다. 더 좋은 표현을 찾는다면, 그 사람이 바로 우리들의 첫 번째 대학이었다라고 말할 수 있다."

그러나 푸쉬킨은 로모노소프의 송시에 대해 "지루하고 자만심으로 가득 찬 작품들"이라고 평했다.

---

4) 이 송시는 로모노소프의 번역본이며, 푸쉬킨은 나중에 '나는 신이 만든 기념비를 세웠으니……'라고 다시 번역했다.

로모노소프의 과장된 시적 표현에 대한 푸쉬킨의 불만은 그의 입장에서는 충분히 이해할 수 있는 것이었다. 그러나 로모노소프의 작품을 다른 사람들과는 다른 관점에서 해석한 고골리로 인해 푸쉬킨의 불만스러운 평가는 이렇게 정정되었다.

"러시아의 광활함과 순수한 자연을 사랑하든 증오하든, 그는 빛나는 창공에서 러시아의 구석구석을 묘사했다. 그의 표현 속에는 시인이라기보다는 학자—자연주의자로서의 관점이 드러나 있다. 그러나 환희라는 순수한 열정은 그를 자연주의자에서 시인으로 바꾸어 놓았다."

여기서 키워드는 '환희'다. 그것은 까다로운 성격을 타고난 로모노소프에게는 최고의 정신적 상태였다. 그는 절반의 개혁가의 모습을 밀고 나가면서 자신의 길을 포기했다. 엘리자베타 1세 시대의 러시아 지향적 궁정에서 로모노소프는 그런 태도를 오래 유지하기 힘들었을 수도 있다. 그러나 그의 운명에는 예술 애호가이자 엘리자베타 1세의 총신이었던 이반 슈발로프라는 탁월한 후원자가 있었다.

오늘날 슈발로프라는 이름은 로모노소프의 소(小)서사시 〈유리 이용법에 관한 서한〉(영국 시인 알렉산더 포프의 '과학시'[5]와 같은 문체로 쓰여졌다) 첫 행에 언급된 인물로 기억되고 있다.

슈발로프여, 저들은 사물을 오해합니다.
매혹적인 햇살을 받아 눈이 부시건만,
유리를 광물보다 낮게 평가합니다.
이용 가치도 없고 멋도 없다고 합니다.

---

5) 인간의 이성과 과학적 세계관에 기초해서 창작한 시.

⟨…….⟩

당신 앞에서 나는 환희에 젖어 포장도로나

황금이 아닌, 유리를 찬미합니다.

그런데 수많은 연구자들이 전환기라고 생각한 러시아 문화사의 그 기간(1750년대 초반부터 1760년대 초반까지)은 엘리자베타 시대라고 부를 수도 있고 동시에 '슈발로프 시대'라고 부를 수도 있다. 모스크바 대학의 설립 계획은 로모노소프의 아이디어였지만, 그 계획을 한평생 추진한 사람은 슈발로프였다. 또한 그는 모스크바 대학의 첫 감독관으로 일하기도 했다. 그리고 그로부터 2년이 지난 후(1757년), 그는 러시아 예술 아카데미 초대 원장으로 취임했다.

유럽에서 출간된 신간 서적들을 끊임없이 사본으로 만들어 온 슈발로프는 자신의 멋진 서고는 물론, 렘브란트, 루벤스, 반 다이크, 틴토레토, 푸생과 수많은 거장들의 작품이 포함된 귀중한 소장품들을 아카데미에 기증했다(훗날 슈발로프 콜렉션은 에르미타쥬 박물관으로 이관되었다).

슈발로프가 엘리자베타 1세의 궁정에서 시종으로 일하던 1740년대 말경에 미래의 차르가 될 예카테리나 2세는 18세의 젊은이를 눈여겨보았다. 예카테리나 2세는 "그가 용모도 단정

이반 슈발로프

하고, 일도 잘 처리하며, 공손한데다가 신중하다"라고 판단했다. 슈발로프보다 열여덟 살이나 많았던 엘리자베타 1세는 그를 직접 발탁했다. 슈발로프는 그녀의 연인이 되었으며, 그 후 고문관과 전권대사로 일했다.

당시의 관례에 따라 많은 시동들은 여제의 시선을 끌기 위해 '즉시' 긴 줄로 늘어서 대기했다. 하지만 슈발로프만은 예외였다. 그는 돈과 관직을 추구하지 않았다. 충직한 고문관인 슈발로프에게 여제가 장례 비용으로 제공한 수백만 루블을 다시 국고로 반납했다는 이야기는 지금까지도 전설로 남아 있다. 그는 항상 자신을 드러내지 않고 뒤로 물러나 있었다. 그는 러시아 문화의 '영향력 있는 보호자' 역할을 하는 데 만족했던 것 같다.

표트르 대제 동상에 경의를 표했던 슈발로프는 볼테르와 서신을 주고받으며 이 프랑스 철학자로 하여금 《표트르 대제 시대의 러시아 역사》를 집필하도록 설득했다. 그는 로모노소프가 수집한 자료를 포함하여 집필에 필요한 모든 자료를 제공했다.

신앙심이 깊었던 로모노소프는 무신론자인 볼테르에게 함부로 욕설을 퍼부었다. 그러나 인내심이 강한 슈발로프는 자신이 돌보는 로모노소프의 원리주의적 분노에 공감하지 않았다. 만년에 그는 볼테르의 저서를 다시 읽은 후 안도의 한숨을 내쉬며 이렇게 말했다.

"나는 그자를, 그 불한당을 정말 싫어해. 하지만 그자는 즐겁게 글을 쓰잖아!"

슈발로프가 자신보다 열여섯 살이나 많은 로모노소프를 알게 된 것은 1750년 무렵의 일이었다. 그 후로 두 사람 사이의 긴밀한 관계는 13년 동안이나 지속되었다. 슈발로프는 가끔 페테르부르크에 있는 로모노소프의 집을 찾아갔다.

"우리는 그분의 훈장에, 그분의 황금 마차에 너무 익숙해 있어서, 현관에 도착하셔도 전혀 신경 쓰지 않았어. 그저 미하일 로모노소프가 어디 계신지 그분께 알려드리면 됐지. 그러면 그분은 호위병들을 현관 앞에서 기다리게 하셨어."

로모노소프의 여조카는 슈발로프의 방문에 대해 이렇게 회고했다.

로모노소프는 슈발로프에게 기꺼이 러시아 시의 원리를 가르쳐 주었다. 이에 슈발로프는 다양한 가면무도회, 공연, 술자리에 로모노소프를 초대했다. 그러면 로모노소프는 그 모든 일을 시로 묘사해서 큰 소리로 낭송했다.

어느 날 로모노소프의 화를 돋우는 일이 발생하고 말았다. 슈발로프가 로모노소프를 식사에 초대했다. 로모노소프와는 개인적으로나 문학적으로 철천지원수였던 알렉산드르 수마로코프를 그와 화해시키기 위해서였다(수마로코프는 시인이자 극작가였다). 상황을 파악한 사람들은 수마로코프에게는 미리 귀띔을 해 주었다. 로모노소프가 깃털 빠진 수탉 같은 모습으로 도착하자, 슈발로프는 그에게 다가가 뜻밖에도 "수마로코프와 화해하게!"라고 권유했다.

로모노소프는 잔뜩 화가 난 채로 슈발로프의 집을 빠져 나왔고, 곧바로 분노에 가득 찬 편지를 슈발로프에게 보냈다. 아마 그 편지만큼 로모노소프의 인간적 측면이나 창작적 측면을 잘 보여주는 자료도 없을 것이다.

"어떤 저명 인사와의 식사 자리든 또 어떤 권력가와의 식사 자리든, 저는 바보가 되고 싶은 생각이 전혀 없습니다. 하지만 귀하에게는 겸손해야겠지요. 귀하는 제게 귀하의 생각을 말씀해 주셨습니다. 그러나 제 의견은 묻지 않으셨습니다."

로모노소프의 이 표현은 푸쉬킨이 가장 잘 인용하는 구절 가운데 하나가 되었다. 로모노소프의 입장이 자신과 흡사하다고 생각했기 때문에 푸쉬킨은 70여 년이 지난 후에도 탄성을 지르며 이 구절을 암송했던 것이다. 푸쉬킨의 말에 따르면, 로모노소프는 자신의 명예나 권위에 관한 문제에 부닥쳤을 때에는 자신의 주장을 고수할 줄도 알았고, 어떤 후원자라 할지라도 또 어떤 처지에 놓일지라도 두려워하지 않았다고 한다. 그런 의미에서 푸쉬킨은 자신을 로모노소프의 제자이자 후계자로 생각했다.

로모노소프는 친절한 호스트였다. 그는 중국 옷을 입은 채 정원에서 소금에 절인 피클과 아르한겔스크의 동향인들이 가져온 생선을 가득 차려 낸 참나무 식탁에 앉아 손님들을 맞았다. 술친구들 사이에서 로모노소프가 가장 좋아했던 인물은 아마도 신실한 동료였던 이반 바르코프였을 것이다.

바르코프의 간략한 전기 속에 실린 내용들은 모두 확실하지 않거나 신빙성이 떨어진다. 그의 부칭, 출생 연도, 사망 상황(36세 혹은 37세의 나이에 스스로 목숨을 끊은 것으로 추정될 뿐이다) 등이 모두 그렇다. 바르코프는 10년 동안 로모노소프의 서기이자 편집인으로 일했다. 또한 그는 불어와 독일어와 라틴어의 뛰어난 번역가로 평가받기도 했다. 그리고 로모노소프의 풍자시를 처음으로 러시아어로 출판하여 명성을 얻기도 했다.

그러나 바르코프가 러시아에서 유명해진 것은 그 때문이 아니었다. 사람들은 그를 러시아 시 역사상 가장 음란한 시를 쓴 사람으로 알고 있다. 포르노 시라고 할 수 있는 이 장르는 러시아에서 아직까지도 '바르코프쉬나'라고 불린다. 2백 년이 훨씬 지난 시점에도 출판하기 부적절해 보이는 바르코프의 시는 그 동안 필사본으로 러시아 전역에 보급되었고, 수십 세대에 걸쳐 중학생들과 대학생들 사이에서 암기되어 왔다. 그것은 그의 시가 얼마나 명료한 시적 표현과 힘을 지니고 있는지 말해 주는 증거라고 할 수 있다.

이반 바르코프

바르코프의 애독자들과 모방자들 중에는 푸쉬킨, 미하일 레르몬토프, 네크라소프 등의 저명한 러시아 시인들도 있었다. 그들은 저마다 '바르코프쉬나' 장르를 시도했다.

푸쉬킨은 바르코프를 중세 프랑스의 유명한 주정뱅이 시인 프랑수와 비용과 비교했다. 푸쉬킨은 유쾌하고 태평한 성격의 소유자로 알려진 바르코프라는 인물에 흠뻑 빠졌던 것이 분명하다.

러시아 사회에서 시인의 위상을 결정짓는 잣대를 끊임없이 모색하던 푸쉬킨에게 로모노소프와 바르코프는 행동의 모델이 되는 두 개의 축이었다. 한 사람(로모노소프)은 자부심이 강하여 오만하기까지 하며, 끊임없이 자신의 명예를 지키고자 했을 뿐만 아니라, 고관으로부터 받은 마음의 상처에 병적으로 대응했다. 또 다른 한 사람(바르코프)은 자유분방하고, 노력도 도전도 하지 않지만 대담무쌍하며, 푸쉬킨이 자신의 《비망록》에 기록했듯이, 수마로코프의 모자에 배설을 할 정도로 비속한 언행에도 타고난 소질이 있었다.

푸쉬킨은 후세 사람들을 위해 바르코프가 수마로코프에게 찬사를 보낸 소박한 에피소드를 기록으로 남겼다. "수마로코프는 위대한 인물이지! 수마로코프는 러시아 최고의 시인이야!"라고 바르코프가 말하자, 기분이 좋아진 수마로코프는 그에게 보드카를 따라 주라고 하인에게 지시했다. 사실 바르코프가 기대한 것은 오직 술뿐이었다. 결국 바르코프는 만취하고 말았고 잠시 후 수마로코프에게 이렇게 말했다.

"수마로코프, 난 당신한테 거짓말을 하고 말았소. 러시아 최고의 시인은 바로 나요. 두 번째는 로모노소프고, 당신은 세 번째지."

그러자 수마로코프는 마치 죽일 듯이 그에게 달려들었다.

푸쉬킨이 묘사한 바르코프의 이미지는 바르코프의 '신성모독적' 태도를 언급한 푸쉬킨의 입장과 거의 일치한다.

이 세상의 하찮은 인간들 사이에서
어쩌면 그는 누구보다 하찮은 존재일지 모른다.

아다시피 푸쉬킨은 '신이여, 용서하소서, 시란 어리석어야 합니다'라는 역설적 입장을 고수했다. 일상 생활에서 시인은 하찮은 존재에 지나지 않듯이, 이런 주장 속에는 창작적 개성은 필연적으로 그런 감정을 배출한다는 시각이 들어 있었다. 감정의 배출에 관해서는 훗날 미하일 바흐틴이 프랑수와 라블레에 관한 유명한 저서 속에서 잘 설명한 바 있다.

"포도주 통은 이따금씩 마개를 열어서 공기를 주입시키지 않으면 폭발한다. 만일 신에 대한 경외심과 두려움을 느끼면서도 지혜의 포도주가 끊임없이 발효한다면, 인간은 그 포도주 때문에 폭발하고 말, 잘못 만들어진 포도주 통이다. 지혜의 포도주를 망치지 않으려면 공기를 주입시켜야 한다. 따라서 신에게 다시 열정적으로 봉사하기 위해 특정한 날에 광대짓을 하는 것이 허용되는 것이다.”

바르코프의 풍자적 서사시는 라블레적 특성을 지니고 있으며, 또한 수마로코프와 로모노소프의 후원자를 패러디하고 있다는 점에서 흥미롭다 (놀랍게도 로모노소프의 후원자는 이런 패러디에도 화를 내지 않았다). 예를 들면 로모노소프는 자신의 종교적 송가 〈시편 145장〉을 이렇게 시작하고 있다.

나의 영혼이여, 지고하신 하느님을
찬미해 보라…….

바르코프의 시도 거의 유사하다.

나의 영혼이여, 전능한 영웅을
찬미해 보라…….

그러나 바르코프의 송가는 〈후이에게 Хую〉[6] 라는 제목을 갖는다.

전형적인 고전적 비극에 대한 바르코프의 너무나도 우스꽝스러운 패러디 속에는 미녀 피즈도크라사를 소유하기 위해 경쟁하는 강력한 공후 에비후드와 그의 동생 무도르반이 등장하며, 수마로코프는 두 사람의 스

---

6) ‘Хуй’는 남자의 성기를 말한다. 등장인물 ‘Ебихуд’는 ‘еби’(영어의 ‘fuck’에 해당)와 ‘художник’(예술가)이 합쳐져 ‘성적 능력이 뛰어난 사람’을 뜻하며, ‘Пиздокраса’는 ‘пизда’(여성의 성기)와 ‘краса’(아름다움)이 합쳐져 ‘섹시한 여자’를, ‘무도르반Мудорван’은 ‘муд’(고환)와 ‘рвать’(자르다)가 합쳐져 ‘거세당한 남자’를 뜻한다.

승이었다. 피즈도크라사는 에비후드에 대해 이렇게 불평을 늘어놓는다.

"이성적으로는 그가 공후일지 몰라도, 정사를 할 때는 노예에 지나지 않아."

극중에서 동성애와 마찬가지로 이성애 사이의 강압적인 성행위가 라블레적 혈기와 거침없는 말솜씨로 능수능란하게 묘사됨으로써 사람들은 오늘날까지도 그 표현력에 감탄하는 것이다. 결말에서는 당연히 원기왕성한 무도르반이 승리를 거둔다.

아이러니컬하게도 푸쉬킨은 러시아에서 검열이 폐지된다면 가장 먼저 출판될 책이 바르코프 전집이라고 확신했다. 다른 여러 면에서 그랬듯이 이 예언을 통해서도 푸쉬킨은 예언자적 면모를 보여주었다. 소비에트 연방공화국이 붕괴되자마자 바르코프의 불경한 시집은 한 권도 아닌 세 권으로 출판되었던 것이다.

사후 224년이 지난 후에 바르코프는 베스트셀러 작가 중 한 사람이 되었다. 뿐만 아니라 검열이 사라진 포스트 소비에트 시대에 러시아 서적시장으로 외설문학이 물밀듯이 밀려들었을 때, 그 거대한 외설문학의 바다에 등장한 현재 진행형 작가가 되었다.

바르코프는 20세기 말 현재, 전문가들 사이의 좁은 영역에서만 시 작품이 연구되는 자신의 후원자 로모노소프보다 독자들과 작가들에게 더 많은 흥미를 불러일으키고 있다.

3장 — 예카테리나 2세와 그 시대의 문화

이반 바르코프의 초상화는 아직도 잘 보존되어 있다. 동그랗게 생긴 동안의 얼굴, 도톰한 입술, 마치 꿈꾸는 듯한 멍한 시선 등이 교재에 실린 젊은 시인의 이미지다. 그의 이미지에서는 음주, 모욕, 형벌로 얼룩져 비극적 최후를 맞이하게 되는 말년의 모습은 보이지 않고, 오히려 비극적 일생에서 그가 누렸던 성공의 순간들이 엿보인다.

만일 전설을 신뢰한다면, 1762년에 근위병들의 추대를 받은 예카테리나 2세의 궁정에 바르코프가 초대된 일이 그 중 하나일 것이다. 그 자리에서 예카테리나 2세는 바르코프에게 즉흥 연설을 요청했다. 바르코프는 술잔을 들고 이렇게 말했다.

"전 인류가 통과한 그 관문들의 안위를 위하여!"

그러자 여제는 즉시 이렇게 호응했다.

"그리고 나는 노크도 하지 않은 채, 그 관문들을 열었던 열쇠의 안위를 위해 마시겠소."

앞에서 이미 언급한 바와 마찬가지로, 바르코프의 생애에 관한 정보는 정확성이 떨어지고 전설과 에피소드들로 넘쳐난다. 이 경우 우리에게 중

예카테리나 2세

요한 사실은 인용된 에피소드의 신빙성이나 그 출처가 아니라, 예카테리나 2세와 바르코프의 이름이 역사적 기록 속에 긴밀히 연계되어 있다는 사실이다. 예카테리나 2세에 관한 이야기는 결코 우연이라고 할 수 없다. 그 시대에는 예카테리나 2세와 그녀의 정부들 사이의 정사 현장이 묘사된 포르노그래프적 만화경들이 등장했다(그것들은 지금까지도 보존되어 있다).

예카테리나 2세의 방탕한 생활에 관한 전설은 대중의 기억(러시아뿐 아니라 서구에서도) 속에서 2백 년 이상 지속된 희귀한 이야기들이었다. 현자들조차 그런 이야기를 주장했다고 해서 그리 놀라울 것은 없다. 그런 현자들 속에는 젊은 푸쉬킨(타락한 여제가 국가를 타락시켰다)과 알렉산드르 게르첸(예카테리나 2세에 관한 이야기들은 부인들 앞에서 금기시 되었다)도 들어 있다.

소비에트 시대의 여러 학위논문과 교재들에서 예카테리나 2세는 '음탕하고 죄 많은 여자' 또는 '궁정을 매음굴로 바꾼 반(半)푼수 지식인이자, 창녀'로 비난받고 있다.

한편 주도면밀한 역사가들은 예카테리나 2세의 정부(情夫) 명단을 작성했다. 그 명단 속에는 1753년부터 1796년까지 예카테리나 2세와 관계를 가졌던 12명(또는 18명)의 정부들의 이름이 올라 있다. 평균 2년 반에 한 명 꼴로 정부를 두었던 것이다. 금욕적인 생활방식이었을까? 답하기 어렵다. 방탕한 여인이었을까? 아니면 성도착증 환자였을까? 현재의 상황이나 또는 대단히 타락했던 18세기의 상황을 고려한다 하더라도 정부의 숫자만으로는 어떠한 결론도 내릴 수 없다.

한편 폭넓은 공감대를 얻고 있는 또 다른 반론도 있다. 예카테리나 2세는 '치마를 입고 왕관을 쓴 위선자 타르튀프[7]'였다고 한다(푸쉬킨). 그러나 여기서 우리는 명백한 오류를 범하고 있다. 얼룩말이 얼룩무늬를 가졌다고 비난할 수 없듯이 정치가의 위선을 비난한다는 것은 어리석은 짓이다. 정치와 위선은 분리할 수 없는 것이기 때문이다. 예카테리나 2세는 현대적 개념으로 이해할 때, 러시아에서 왕좌에 오른 최초의 정치인이며 최초의 여제 정치가였던 것이다.

그녀의 전임자였던 엘리자베타 1세는 표트르 대제의 적통을 이어받은 딸로서 왕위에 올랐다. 그러나 예카테리나 1세의 경우, 오늘날 정치인들이 선거전에서 경합을 벌이듯 권력 투쟁을 하지 않을 수 없었다. 그녀는 아이들에게 키스를 하고, 노인들과는 사려 깊은 대화를 나누었고, 군인들에게는 경의를 표했다.

예카테리나는 그 모든 사실을 자신의 공식 비망록에 직접 기록했다.

"나는 젊은이들이나 노인들을 불문하고 모든 사람들의 사랑을 받으려고 노력했다. 나는 그 누구도 무시하지 않았으며, 모든 사람들이 필요하다고 생각하는 것과 성공한 일에 대중적인 공감대가 형성되도록 적절히 행동하는 것을 원칙으로 삼았다."

---

7) 몰리에르 희곡의 주인공.

엘리자베타 1세의 희망에 따라 열네 살짜리 독일 공주를 표트르 대제의 손자인 미래의 표트르 3세와 결혼시키기 위해 1744년에 그녀를 러시아로 데려왔다. 아름답고 계산이 빠르고 재능까지 뛰어났던 독일 공주는 자신의 계획을 조심스럽게 실천에 옮겼고, 마침내 러시아의 왕권을 거머쥐었다.

미래의 예카테리나 2세는 독일인에서 완전한 러시아인으로 변신하기 위해 온갖 노력을 다 기울였다. 러시아어로 말하기, 읽기, 쓰기를 배웠을 뿐만 아니라, 기회가 있을 때마다 자신의 신앙심을 과시했다. 중요한 사실은 그녀가 어린 나이임에도 불구하고 러시아의 대귀족들과 장교들에 둘러싸여 있었다는 점이다. 예카테리나 2세는 엘리자베타 1세 측근에서 끈기 있게 관찰하며 그녀로부터 많은 것을 배웠다. 그 중에서도 특히 권력을 강화하기 위해 정실주의로 흐르는 학회를 이용하는 방법을 배웠다.

엘리자베타 1세

엘리자베타 1세는 표트르 대제가 시행했던 절대주의적 군주제의 틀 안에서 지배 계급을 교체하는 정책을 유지했다. 표트르 대제는 대귀족들을 주변으로 밀어내고 군부를 국가 엘리트들로 채운 바 있다. 그 엘리트들은 최고의 혜택을 누리면서 두 개의 근위대에 각각 3천 명씩 배치되었다. 그들은 차르가 가장 아끼고 신뢰하는 사람들이었으며, 산업에서 문화에 이르는 다양한 분야에 특사로 파견되었다. 결국 그들은 러시아 귀족의 새로운 권력으로 자리 잡기 시작했다.

모스크바 제국에서 형성되기 시작한 이 계층은 주로 군인들로 이루어져 있었다. 그리고 그들은 충성에 대한 보상으로 영지와 농노를 하사받았다. 표트르 대제 시대에 그들은 정치 전면에 등장했으나, 그들은 1741년에 처음으로 자신들의 목소리를 내면서 엘리자베타 1세를 차르로 추대했다.

그 후 엘리자베타 1세는 그들의 지원을 받으며 권력을 장악했다. 엘리자베타 1세의 총신들은 그녀의 정부들이었을 뿐만 아니라 가장 믿음직한 지지자들이었다. 성관계가 정치적 충성을 보장했던 것이다.

자신의 가신 집단을 만들고 술책을 쓸 방법을 찾기 위해 17년간에 걸쳐 지속해 온 관찰은 예카테리나 2세가 습득한 중요한 정치적 교훈 가운데 하나였다. 특히 그녀는 엘리자베타 1세로부터 동시대인들뿐만 아니라 후대 사람들까지도 분노하지 않을 수 없을 만큼 총신들에게 엄청난 포상을 내리는 방법을 배웠다.

행운을 잡은 정부들에게 쏟아진 황금 세례는 무엇보다도 여제에게 충성을 바치는 새로운 권력층을 쉽게 형성시켰다. 엘리자베타 1세의 총신이라면 한두 해 만에 백만장자가 되었고, 그 '과거의 돈'은 때로는 수백 년을 거치며 대대로 축적되었다.

엘리자베타 2세는 자신의 권력을 강화하기 위해 똑같은 방법을 사용했다. 그녀는 돈(한 번에 수십만 루블씩)이나 고가의 물건을 하사하기도 했고, 광활한 영지와 농노들을 하사하기도 했다. 유명세를 떨치던 그리고리 포템킨만하더라도 4만 4천명의 농노를 소유할 수 있었다.

폭풍우가 몰아치던 1990년대에도 똑같은 상황이 벌어졌다. 보리스 옐친 대통령 시절에는 실제로 그와 똑같은 방법으로 대통령에게 충성하는 올리가르히[8] 그룹이 형성되었고, 그들은 옐친 대통령의 재선을 도모했다. 그러나 예카테리나 2세의 경우는 새로운 엘리트들에게 평화로운 삶을 보장해 주었다. 체포와 재산 몰수라는 위협을 지속적으로 가하지 않았다는 점에서 그녀의 통치는 브레즈네프 시대와 비교될 수 있을 것이다.

예카테리나 2세는 잔소리 심하고 변덕스러운 시어머니 엘리자베타 1세를 좋아하지 않았다. 그녀는 자신의 〈비망록〉에 시어머니의 행동이 게으르고 추잡하고 별로 현명하지 못하다고 기록했다. 예카테리나 2세의 〈비망록〉은 독설로 가득하고 공정성을 잃고 있으며 공공연히 자아도취에 빠져 있다는 점에서 오히려 정치적 기록이라고 할 수 있을 것이다. 예카테리나의 눈에 엘리자베타 1세가 지나치게 '로코코적인 인간'으로 비춰졌다는 것은 이 비망록을 통해 분명히 알 수 있는 사실이다. 그럼에도 불구하고 그녀는 스스로를 진보적 고전주의 시대의 대표적 선구자로 생각했다.

엘리자베타 1세는 우아하고 화려한 궁전을 짓는 데 투자를 아끼지 않았다. 그녀가 좋아했던 건축가는 이탈리아인 프란체스코 바르톨로메오 라스트렐리였다. 그는 16세에 러시아로 건너와 러시아 바로크 건축 양식의 대가가 되었다. 라스트렐리의 계획에 따라 페테르부르그 외곽의 차르스코예 셸로에는 한동안 엘리자베타 1세의 주요 거처가 된 거대한 푸른색 궁전이 들어섰다. 그 궁전은 로코코 양식에 따라 황금 장식으로 화려

---

8) 옛 소련 해체 뒤 국영산업 민영화 과정에서 부를 축적한 러시아의 신흥 재벌들을 일컫는다. 주요 산업과 언론을 장악해 전방위적 권력을 휘둘렀다.

하게 꾸며졌다. 라스트렐리는 페테르부르그에도 경이로운 스몰느이 수도원 단지를 건립했다.

그러나 라스트렐리가 세운 가장 유명한 건축물은 그의 마지막 작품인 페테르부르그 겨울궁전이다. 현재 이 건물은 전 세계적으로 유명한 에르미타쥬 박물관으로 사용되고 있다. 1754년에 건축되기 시작한 겨울궁전은 예카테리나 2세 시대인 1762년에 완공되었다. 겨울궁전 내부에는 천 개가 넘는 방과 약 2천 개의 문과 창문 그리고 백 개가 넘는 계단이 설치되어 있다.

겨울궁전 전면에는 라스트렐리가 조각품들로 장식한 4백 개의 기둥이 세워져 있다. 궁전 전면은 "제국은 지금까지 볼 수 없었던 번영을 구가한다"라는 엘리자베타 1세의 신념이 구현된 내부 장식과 환상적인 조화를 이룬다.

예카테리나 2세는 로마노프 왕조가 멸망할 때까지 황제의 공식적인 거처가 된 겨울궁전을 엘리자베타 1세로부터 유산으로 물려받았지만, 그녀는 그 모든 것이 사치에 지나지 않는다고 여겼다. 예카테리나 2세나 그

겨울궁전(현 에리미타쥬 박물관)

녀의 측근들에게 바로크 양식은 '저급하고 나쁜 취향'으로 여겨졌다. 그래서 예카테리나 2세는 62세의 라스트렐리를 조용히 은퇴시켰다.

만일 라스트렐리의 겨울궁전이 엘리자베타 1세의 통치를 상징하는 것이라면, 예카테리나 2세의 통치를 상징하는 것은 그녀의 지시에 따라 프랑스 조각가 에티엔느 모리스 팔코네가 제작한 표트르 대제의 기마 조각상일 것이다(푸쉬킨은 이 조각상을 〈청동의 기사〉라고 불렀다). 프랑스인 팔코네는 변덕스럽고 고집스러우며 괴팍한 성격을 지녔다는 점에서 이탈리아인 라스트렐리와 닮아 있었다. 두 사람은, 그들을 빼놓고는 러시아의 문화적 유산에 대해 논할 수 없을 만큼 불멸의 명성을 획득했다.

프랑스의 저명한 철학자 가운데 한 사람인 드니 디드로는 팔코네를 페테르부르그로 초청할 것을 예카테리나 2세에게 권했다. 디드로는 자신을 군주 철학자라고 생각하는 예카테리나와 오랫동안 서신을 주고받았으며, 그녀를 만나러 페테르부르그를 방문하기도 했다. 훗날 예술평론가 아브람 에프로스가 "팔코네는 디드로가 러시아 예술계에 선사한 최고의 선물이다"라고 했던 것도 결코 빈말은 아니었다.

디드로는 예카테리나 2세에게 팔코네를 소개할 때 이렇게 말했다.

"그는 모든 방면에 재능이 있는 천재이며, 타고난 인재이자 노력형 인간입니다. 그는 섬세한 취향, 지혜, 세련미, 우아함 면에서 그 깊이를 알 수 없을 정도로 뛰어난 사람입니다. 그는 부드러운 성격의 소유자이면서도 예리한 면이 있고, 진지하면서도 농담을 좋아합니다. 또한 철학자로서 신을 믿지는 않습니다만……. 점토를 빚기도 하고, 대리석을 깎기도 하고, 동시에 독서도 하며, 사색을 즐기기도 합니다."

쉰 살의 이 조각가는 열일곱 살짜리 제자 마리 안 콜로와 함께 페테르부르그로 갔다. 그는 표트르 대제 동상 제작에 12년(1766~1778)이나 매달렸지만, 1782년에 열리는 개막식을 기다리지 않고 프랑스로 돌아가 버렸다. 자부심이 강하고 쉽게 흥분하는 성격의 소유자였던 이 조각가가 갑작스럽게 귀국한 이유는 아카데미 원장이자 예카테리나 2세 시대의 실질적인 문화부 장관이었던 이반 베츠코이와의 불화 때문이었다.

이반 베츠코이는 그의 전임자 이반 슈발로프 못지않게 뛰어난 인물이었다. 베츠코이는 표트르 대제가 총애하는 사령관들 가운데 한 사람인 이반 트루베츠키 공(公)의 사생아였다. 그는 오랫동안 유럽에서 생활했는데, 1728년 그곳에서 젊은 미녀 안할트 제르브스트 공작 부인(미래의 예카테리나 2세의 어머니)을 알게 되어 그녀의 연인이 되었다. 예카테리나는 그로부터 1년 후에 태어났다. 그래서 베츠코이가 친부라는 소문이 나돌았다(경박한 공작 부인의 남편은 아내보다 거의 두 배나 나이가 많았다).

훗날 베츠코이는 자신의 딸로 생각한 예카테리나를 왕으로 만들기 위해 친위대 쿠데타에 적극적으로 가담했으며, 스스로를 쿠데타의 주역으로 여겼다. 그것은 베츠코이가, 왕위에 오르려는 예카테리나를 지지하도록 친위대를 선동했기 때문이었다. 예카테리나 2세는 그에게 호의적이었고, 나아가 친아버지 이상으로 가깝게 대했다. 그녀는 베츠코이의 정신과 그가 받은 유럽식 교육, 특히 자신이 흠모하는 프랑스 철학자들과의 밀접한 관계, 그의 겸손과 선한 마음을 높이 평가했다.

진보적 인물이었던 베츠코이는 고전주의의 열렬한 지지자였으므로 팔코네와 취향이 같아야만 했다. 그러나 실제로는 그렇지 않았다. 개성이 강한 두 사람은 충돌을 일으켰고, 그로 인해 의심 많은 팔코네에게 페테르부르크 생활은 지옥이나 다름없었다.

베츠코이는 지체되는 작업(정당한 사유)과 국고의 낭비(근거가 없지 않다)와 심각한 예술적 오류(가장 논란이 많은 부분)를 비난하며 팔코네의 일거수일투족을 통제했다.

특히 베츠코이는, 페테르부르그로 옮기는 데에만 2년 이상이 걸린(이 프로젝트를 위해 특별히 준비한), 받침석으로 쓰일 거대한 대리석 덩어리를 팔코네가 너무 많이 깎아 낸다고 주장했다. 말을 탄 표트르 대제의 다이나믹한 동상이 받침석 위에 세워지는 순간, 경솔한 사람들은 "거대한 말 조각상 때문에 저 작은 받침석이 부서질 것만 같다"고 빈정대기도 했다.

흔히 예상할 수 있듯이, 많은 사람들이 팔코네를 비판하거나 그에게 충고를 했다. 물론 예카테리나 2세도 그 중 한 사람이었다. 그녀에게 이 프로젝트는 프로파간다적 의미를 지니고 있었다. 그런 이유 때문에 예카테리나 2세는 팔코네가 페테르부르그에 온 이후로도 여러 해 동안 그와 구체적인 내용으로 서신을 교환했다.

그 서신들 속에서 여제와 조각가는 동상을 세울 장소에서부터 황제의 의상과 말의 성격(예카테리나 2세는 '멍청한 짐승'처럼 보이지 않을까 우려했다)에 이르기까지 프로젝트의 디테일 하나하나를 구체적으로 상의했다.

거의 모든 서신에서 예카테리나 2세는 현실의 적들과 가상의 적들에 대해 끊임없이 불평을 늘어놓는 팔코네를 이렇게 안심시키고 격려했다.

"어리석은 자들을 무시해 버리고, 자신의 길로 나아가세요. 그게 짐의 방침입니다."

여제에게 바치는 조각가 팔코네의 작별 선물은 동상 받침석에 새길

청동 기마상

〈예카테리나 2세가 표트르 대제를 세우다〉라는 문구였다. 여제는 그것을
〈예카테리나 2세가 표트르 대제에게〉라는 정치적, 문학적 감각이 두드
러진 명문으로 고쳤다. 예카테리나 2세가 선택한 네 마디의 단어는 그녀
를 표트르 대제의 적법한 후계자로 확실하게 바꾸어 놓았고, '반푼수 지
식인이자 창녀'라는 이미지를 완전히 지워 버렸다.

　게다가 예카테리나 2세가 쓴 모든 글들(회고록, 사극, 희극, 오페라 대
본, 리브레토, 이야기, 잡지 기사, 팜플렛, 자신의 손자들을 위해 쓴 철
학·역사적 논문 〈러시아 역사에 관한 노트〉, 수많은 번역 작품, 직접 작
성한 판결문과 법령 그리고 볼테르, 디드로, 달랑베르 같은 명사들과 주

고받은 방대한 양의 서신들)은 후일 엄청난 분량의 책으로 출간되었다.

예카테리나 2세는 지칠 줄 모르는 집필광이었다. 그녀는 아침 여섯 시 전에 일어나 쉴 새 없이 글을 썼다. 러시아 차르들 가운데 그녀만큼 펜을 많이 사용하고(하루에 두 자루씩 쓰고 버렸다고 한다), 그녀만큼 종이를 많이 사용한 사람도 없을 것이다. 이쯤 되면 그녀가 엘리자베타 1세를 게으르다고 비판한 것도 무리는 아니다. 하지만 그렇다고 해서 예카테리나 2세가 자신의 작품에 마냥 도취되어 있었던 것은 아니다. 그녀는 자신이 쓴 문학 작품들을 비판적으로 바라보았다. 또한 그녀는, 자신에게 진정한 창조적 상상력이 결여되어 있다는 것을 누구보다도 먼저 인정했다.

사람들은 예카테리나 2세를 표트르 대제와 비교하며 이렇게 말했다.

"표트르 대제가 우리에게 생활을 주었다면, 예카테리나 2세는 영혼을 주었다."

이 말을 단지 낯간지러운 아부쯤으로 치부할 수는 없을 것이다. 표트르 대제가 러시아 문화를 유럽식으로 구축하려던 계획이 예카테리나 2세 시대에 들어서야 비로소 윤곽을 드러내기 시작했기 때문이다.

예카테리나 2세는 자신이 너무도 싫어했던 엘리자베타 1세를 교묘히 모델로 삼으면서도 가능한 한 표트르 대제의 문화 정책을 러시아화시키려고 노력했다. 훗날 시인 표트르 뱌젬스키 공작은 이러한 역설적인 상황에 경악을 금치 못했다.

"러시아인들이 우리를 독일인으로 만들려고 했던 반면, 그 독일 여인은 우리를 러시아인으로 만들려고 했다."

예카테리나 2세에게 표트르 대제는 언제나 본보기였고 모델이었다. 그녀가 표트르 대제를 얼마나 닮으려고 했는가 하는 문제는 논쟁의 주제가 될 수 있다. 그러나 표트르 대제와 비교할 때 끊임없이 제기되는, 예카테리나 2세에게 불리한 편파성은 불공정하고 반지성적인 입장에 쏠려 있거나 성차별적 입장에 근거한 편견이다. 우리가 알고 있듯이 예카테리나 2세가 펜과 종이로 작업한 하루 일과는 오늘날 너무나도 유명해진, 표트르 대제가 선반 작업대나 조선 작업에서 도끼를 휘두르며 작업하던 노동의 강도에 비해 절대 뒤지지 않는 것이었다.

예카테리나 2세는 엘리자베타 1세처럼 돈을 헤프게 쓰지는 않았지만, 문화에 관한 일이라면 표트르 대제보다 더 많은 돈을 쏟아 부었다. 예를 들면 그녀의 지시에 따라 사들인 그림과 판화, 드로잉, 은이나 세라믹으로 만든 조형물은 에르미타쥬 박물관 전시물의 토대가 되었다. 그녀는 자신이 예술에 대해 무지하다고 고백한 적이 한두 번이 아니었다. 하지만 유명 예술품 콜렉션을 수집해 온 세계적 인물들 중 그 누구도 자신의 선택만으로 그 콜렉션을 이루어 냈다고 자신할 수는 없을 것이다. 왜냐하면 그런 작품들을 수집하기 위해서는 당연히 전문가들의 조언이 필요할 것이기 때문이다.

예카테리나 2세의 공로는 콜렉션 분야에서 식견이 뛰어난 전문가들, 특히 이반 슈발로나 팔코네 같은 인재들을 선발하여 그림을 구입할 때 그들의 의견을 높이 평가했다는 데 있다.

예카테리나 2세의 대리인들이 파리 미술품 경매 시장에 나타나면 경쟁자들은 패닉 상태에 빠져 들었다. 그런 식으로 그녀는 에르미타쥬의 대표적 걸작인 렘브란트의 몇몇 작품들 그리고 무리요와 터너의 작품들을 구매했다. 그것은 러시아 돈이 대거 유럽 미술 시장으로 흘러들어 간 최초의 사건이었다.

엘리자베타 2세를 존경했던 철학자 디드로도 처음에는 그녀의 콜렉션이 성공을 거두지 못할 것이라고 말했다.

"진정한 예술적 취향을 고양시키는 많은 작품들이 러시아에 수집된다는 것은 불가능한 일이다."

그러나 파리에서 그는 자신의 후원자인 엘리자베타 2세의 열의에 점차 감동하여 페테르부르그에 있는 친구 팔코네에게 이렇게 소식을 전했다.

"나는 공공의 분노를 자극하고 싶다네. 그 이유를 알고 있나? 그건 내가 자네에게 그림들을 보내야 하기 때문이지. 애호가들도 울부짖고, 화가들도 울부짖고 그리고 부자들 또한 울부짖고 있다네."

도서 출판 및 저널리즘과 같은 문화 영역에서 표트르 대제와 예카테리나 2세가 어느 정도 노력을 기울였는지 비교해 보는 것은 대단히 흥미로운 일이 될 것이다. 표트르 대제는 이 분야에서 비약적인 발전을 이룬 바 있다. 표트르 대제의 생애 마지막 15년 동안 러시아에서는 책, 팜플렛 등이 약 2천 권 정도 출판되었다. 그러나 서적의 대부분이 창고에서 사장되어 버리는 문제가 있었다. 표트르 대제의 도서 선택이 독자 대중의 요구와 일치하지 않았던 것이다.

표트르 대제가 사망한 후에 수거된 재고 도서들은 방치되거나 소각되었으며, 많은 책들은 상품 포장지로 사용되었다. 그것은 표트르 대제의 출판 사업이 그렇게 효율적이지 못했음을 말해 주는 것이었다.

예카테리나 2세의 출판 정책은 훨씬 더 성공적이었다. 물론 그녀도 자신이 선호하는 출판 계획을 가지고 있었고 또 자금도 지원했다. 1768년 그녀의 후원으로 제작된 《러시아어로 번역된 외국도서전집》에는 호머, 키케로, 타키투스, 다니엘 디포, 조나단 스위프트, 헨리 필딩의 번역본이 포함되어 있었다.

1769년에 예카테리나 2세는 풍자 잡지 《세상만사》의 출판을 지원했는데, 이 잡지는 조셉 애디슨과 리차드 스틸이라는 영국 정치 잡지를 모델로 삼은 것이었다. 예카테리나 2세는 자신이 쓴 기사와 우화 작품을 《세상만사》에 기고했다(예카테리나 2세는 자신의 정치적 견해를 밝히기도 하고 또 러시아 엘리트들의 게으름, 타락상 그리고 서구에 대한 굴종을 조롱하기도 했다).

예카테리나 2세는 영국이나 프랑스의 경우처럼 활기찬 논쟁이 가능한 환경을 만들고 싶었다. 그녀의 지시 한마디로 1769년 한 해에만 6개의 풍자 출판사가 문을 열었다. 그 출판사들이 예카테리나 2세의 지원을 받았을 것이라는 사실은 쉽게 추측할 수 있다.

그 후로도 예카테리나 2세는 비슷한 종류의 잡지를 출판하는 일에 지원을 아끼지 않았다. 1772년, 프리메이슨 작가이자 러시아 저널리즘의 선구자들 중 한 사람인 니콜라이 노비코프가 《화가》라는 잡지를 출판하고자 했을 때 예카테리나 2세가 2백 루블을 지원했다는 사실은 너무나도 잘 알려져 있는 사실이다.

노비코프의 다른 출판물들과 마찬가지로 《화가》는 너무나도 통렬한 잡지였다. 이 잡지에서는 예카테리나 2세가 소중히 여기던 걸작은 물론, 무지한 귀족 자제들과 경박한 궁중 여인들에 대한 폭로 그리고 고통 받는 농민들의 문제가 다루어졌다. 지금은 러시아문학에서 가장 급진적인 작가로 알려진 알렉산드르 라디쉐프의 글로 추정되는 기사도 있었는데, 익명으로 발표된 그 기사는 농노들의 비참한 현실을 음울한 어조로 묘사하고 있었다. 그러나 예카테리나 2세는 그런 독설을 잘 참아 냈을 뿐만 아니라, 심지어 권장까지 할 정도였다.

그러나 여제의 도덕적 조율과 경제적 지원을 받던 풍자 잡지들이 하나둘 폐간되기 시작했다. 잡지는 넘쳐나는 반면, 독자는 소수에 지나지 않았기 때문이었다. 예카테리나 2세는 현명하게도 출판 사업을 장악하려고 고집하지 않았고, 그 대신 1783년에 다음과 같은 칙령을 발표함으로써 과감한 행보로 문제를 해결했다.

"짐이 명하노니, 도서 출판을 위한 인쇄소를 다른 공장이나 수공업 공장과 똑같이 취급하도록 하고, 그에 따라 우리의 두 수도(페테르부르그와 모스크바)에서처럼 제국의 모든 도시에서 누구나 자신의 의지에 따라 인쇄소를 설립할 수 있도록 하라. 이때 인쇄소들은 어떤 유형의 인가도 받을 필요가 없고 다만 설립을 원하는 도시의 자치회에 그 사실을 통보하기만 하면 될 것이다."

이 칙령에 따라 러시아에서는 최초로 민간인들이 도서 출판업에 종사할 수 있게 되었다. 그리고 국가는 활자와 같은 강력한 무기를 더 이상 독점하지도 않았다(다른 한편으로 예카테리나 2세는 서적 및 신문 잡지 사업에 지원하던 재정적 부담에서 벗어나게 되었다).

예카테리나 2세는 사람들에게 어떤 책이 필요한지 민간 업자들이 더 잘 파악하고 있을 것이라 믿었다. 러시아 전역에 새로운 인쇄소들이 우후죽순으로 생겨났다. 그 결과 출판된 책의 부수도 폭발적으로 늘어나게 되었다. 그러나 중요한 사실은 민간 업자에게 넘어간 출판업이 수익 사업이었다는 점이다. 1784년에 노비코프가 설립한 출판사 〈티포그라피체스카야 콤파니야〉는 연간 8만 루블에 달하는 엄청난 수익을 올렸다.

노비코프는 전매업자가 되어 있었다. 러시아에서 출간되는 서적의 거의 절반 가량이 그의 출판사에서 발간되었던 것이다. 몰리에르, 보마르쉐, 밀턴, 스턴, 골도니, 레싱 등 세계적인 작가들의 작품이 비교적 저렴하고 깔끔한 소책자의 형태로 보급되었다. 러시아 작가들의 경우 로모노소프, 수마로코프를 비롯한 여러 작가의 작품이 출판되었고, 백과사전, 참고서, 사전, 교재 등

니콜라이 노비코프

이 노비코프가 운영하는 서점에서 판매되었다.

노비코프는 러시아 최초의 여성잡지《유행에 관한 월간지 또는 여성들의 화장을 위한 총서》를 창간했다. 잡지에는 파리에서 유행하는 의상들의 사진과 수마로코프와 같은 진지한 작가들의 글들이 실렸다. 노비코프는 최초의 아동용 잡지《정서와 지혜 발달을 위한 아동들의 독서》도 창간했다. 훗날 명성을 얻게 된 니콜라이 카람진 역시 이 잡지를 통해 데뷔했다. 나중에 카람진은 "네덜란드와 영국의 거상들이 전 세계의 상품을 거래하듯, 노비코프는 현명하게, 직관적으로 그리고 원대한 포부를 품고서 책을 팔았다"라고 회고했다.

노비코프의 출판업이 거둔 엄청난 성공은 아마도 예카테리나 2세를 기쁘게 했을 것이다. 그것은 민간 업자에게 출판업을 허용한 그녀의 칙령이 현명한 조치였음을 입증하는 일이 되었기 때문일 것이다. 그러나 예카테리나 2세의 심기를 뒤흔드는 중대한 문제가 하나 있었다. 노비코

프는 러시아 프리메이슨 지도자들 중 한 사람이었고 프리메이슨과 관련된 서적과 잡지를 출판했으며 프리메이슨의 주요 인사들과 교류를 하고 있었던 것이다. 유럽을 근거지로 한 이 신비주의 결사체의 신봉자들은 기이하면서도 유혹적인 비밀 의식을 수행했고, 전 세계적 형제애와 도덕적 자기 완성이라는 강령을 1730년대 러시아에 도입했다.

예카테리나 2세의 주변에는 프리메이슨 추종자들이 적지 않았지만, 그녀는 프리메이슨을 인정하지 않았다.

"하찮고 쓸모없는 짓거리지. 그로 인해 무슨 일이 벌어지지는 않아. 선을 행하는 사람들에게 그처럼 어리석고 경박한 짓들이 왜 필요하겠어?"

처음에 예카테리나 2세는 프리메이슨 의식과 비밀 결사라는 '어리석은 짓'에 크게 노여워했다. 그녀는 프리메이슨 회원들을 '원숭이'나 '샤만'에 비유했다. 사실 그녀는 자신의 희극 〈시베리아의 샤만〉에서 샤만을 "남의 말을 잘 믿는 사람들을 거짓말로 속여 돈을 뜯어내는 사기꾼 또는 갈취자"로 묘사한 바 있다.

그러나 프리메이슨은 예카테리나 2세에게 정치적 위협으로 다가오기 시작했다. 러시아 프리메이슨 회원들이 왕권 계승자인 자신의 아들 파벨과 비밀리에 접촉을 시도한다는 소문이 예카테리나 2세의 귀에 들려왔던 것이다.

예카테리나 2세는 러시아 프리메이슨을 '새로운 분리파'로 규정했다. 정부는 노비코프가 출판한 프리메이슨 관련 서적을 이단으로 선포하기 시작했다. 그러나 노비코프는 출판을 중단하지 않았다. 비밀리에 책을 찍어 내고, 비밀리에 책을 보급했던 것이다. 1792년에 노비코프는 체포되었다. 그의 서점과 창고에 쌓여 있던 엄청난 양의 금서들이 압수되었고, 또 그의 집에서도 신비주의 서적의 필사본들이 압수되었다.

이제 프리메이슨은 위험한 종교적 이단으로 인식되었고, 정교에서 벗어난 일탈적 행동은 엄중히 처벌되었다. 처음에 노비코프는 사형을 선고받았다. 하지만 예카테리나 2세는 15년 징역형으로 감형하라는 명령을 내렸다(그는 페테르부르그 슐리셀부르그 요새에서 징역형을 살아야 했다).

그로부터 정확히 2년 전, 예카테리나 2세는 반(反)군주주의적 비판서 《페테르부르그에서 모스크바까지의 여행》을 용기 있게 저술했던 또 다른 반정부 작가인 알렉산드르 라디쉐프를 감형시켜 준 적이 있었다. 라디쉐프는 이미 앞서 언급한 것처럼 프리메이슨 회원인 노비코프의 초기 동료 가운데 한 사람이었다(그는 나중에 페테르부르그 세관의 세관장이 되었다). 그는 1790년 사택 인쇄소에서 전투적인 팜플렛 650부를 출판했는데, 그 중에서 겨우 25부만이 판매되었다. 《페테르부르그에서 모스크바까지의 여행》의 제사(題詞)는 아직도 작가의 서문 가운데 명문장으로 남아 있다.

"주위를 둘러본 후에, 내 영혼은 고통받는 사람들로 인해 상처를 받았다."

라디쉐프의 작품은 당시 유행하던 여행기 형식을 취하고 있었는데, 이 작품은 끔찍한 운명을 안고 살아가는 농노들을 바라볼 때 나오는 공포의 탄식이었고, 비정한 지주들인 지배 계층에 맞서 싸우라는 '풍자적 격문'(훗날 푸쉬킨이 내린 평가)이었다.

"러시아 민중은 인내심이 강하고, 극단적으로 인내한다. 하지만 인내가 한계에 도달하면, 그 무엇도 그들의 돌변하는 폭력성을 막을 수 없다."

라디쉐프의 이 말은 엄중한 경고였다.

알렉산드르 라디쉐프

아주 적은 부수로 출판된 책이 그토록 엄청난 소동을 일으키는 경우는 결코 흔한 경우가 아니었다. 시기가 좋지 않았던 것이다. 파리에서 혁명이라는 '사나운 괴물'(예카테리나 2세는 그렇게 불렀다)이 바스티유 감옥을 습격하자, 여제는 충격에 휩싸이고 말았다. 작은 책 한 권이 대격변을 불러왔던 것이다.

《페테르부르그에서 모스크바까지의 여행》이 익명으로 출판되었지만, 라디쉐프의 신분은 신속하게 추적되었고, 노비코프처럼 곧바로 체포되어 재판에 회부되었다. 결국 라디쉐프는 사형을 선고 받았지만, 예카테리나 2세는 시베리아 유형으로 감형시켜 주었다.

노비코프와 라디쉐프의 경우는 예카테리나 2세가 러시아 작가들을 얼마나 잔혹하게 다루었는지 보여주는 실례들이다. 예카테리나 2세가 사망한 해로부터 150년이 지난 후, 권위 있는 철학자 니콜라이 베르댜예프는 "러시아 인텔리겐챠의 순교사는 노비코프와 라디쉐프에 대한 박해로부터 시작되었다"라고 단언했다.

물론 노비코프와 라디쉐프에 대한 예카테리나 2세의 처사는 너무 심한 것이었다. 하지만 두 사람 모두 당시의 법과 칙령을 의도적으로 위반한 것은 분명한 사실이었다. 우리는 러시아 제국의 내부 질서가 너무 가혹했다고 이야기할 수도 있을 것이다. 그러나 오늘날까지 논란이 끊이지 않는 것처럼 그 모든 것을 예카테리나 2세의 개인적 사디즘 탓으로 돌리는 것은 공정하지 못하다.

표트르 대제는 반란에 가담한 궁사들을 직접 고문했다. 1689년, 그는 뛰어난 시인 실베스트르 메드베데프를 참수형에 처하기도 했다. 그러나 어떤 이유에선지 메드베데프는 훗날 순교자의 반열에 오르지 못했다. 예카테리나 2세의 한 조사관이 노비코프와 라디쉐프를 고문했다는 과장된 소문이 계속 나돌았지만, 최근의 연구도 이를 입증하지는 못하고 있다.

예카테리나 2세의 잔혹성이 언급된 풍문을 기록했다는 푸쉬킨의 발언이 종종 참고되기도 한다. 그러나 아다시피 푸쉬킨은 자신의 유명한 '소비극들' 가운데 한 편을 철저히 풍문(살리에르가 모차르트를 독살했다는)에 근거해서 완성시켰다. 하지만 그 풍문은 전혀 신빙성이 없는 것으로 판명되었다. 살리에르가 독살자가 아니듯, 예카테리나 2세도 그 시대의 작가들을 고문하지는 않았다.

예카테리나 2세는 작가와 철학자들에게 후원금을 주기는 했지만 그들의 제자가 될 생각은 없었다. 그것은 전혀 별개의 문제였다. 설령 그들이 디드로나 볼테르 같은 유럽 지식인 사회의 대표적 인물들이었다 하더라도 말이다. 예카테리나 2세는 실제로 그들의 견해에 흥미를 느꼈기 때문에 그들과 끝없는 철학적 논쟁을 벌이기도 했다. 그러나 거대한 제국을 통치해 본 경험 덕분에 그녀는 직업 정치가들이나 얻을 수 있는 지혜를 매우 빠른 속도로 얻을 수 있었다. 그녀에게 있어 이론이란 일상에서의 정치적 실천이어야 했으며, 아무리 뛰어난 이론이라 하더라도 그것은 전혀 다른 문제였다.

1773년, 디드로가 예카테리나 2세의 초청을 받아 파리에서 페테르부르그를 방문했을 때 그는 자신이 원하면 언제든지 황제를 접견할 수 있는 권리를 부여받았다. 디드로는 농노제를 어떻게 개혁할 것인지, 농업과 군대는 어떻게 체계화할 것인지, 학교 교육은 어떻게 개선할 것인지에 대한 자신의 견해와 제안을 쏟아냈다. 그는 예카테리나 2세가 자신의 이야기를 제대로 경청하는지 살펴보다가 화를 내기도 하고, 제스처를 쓰기도 하고, 또 예카테리나 2세의 손을 잡기도 했다. 디드로는 그녀가 자신의 현명한 충고를 즉각 실천에 옮길 것이라고 생각했다.

그러나 예카테리나 2세는 디드로에게 이렇게 답변했다.

"디드로 씨, 나는 당신이 현명한 안목으로 제시한 그 모든 이야기를 정말 기쁜 마음으로 경청했습니다. 하지만 내가 이해하고 있는 당신의 위대한 원칙들로 훌륭한 책을 쓸 수는 있겠지만, 그렇다고 해서 국가까지 통치할 수 있는 건 아닙니다. 그 모든 개혁안들 속에서 당신은 우리가 처한 여러 가지 상황을 망각하고 있습니다. 당신은 모든 상황을 인내할 수 있는 방법, 그 방법에 대해 집필해야 합니다. 그것은 부드럽고 유연하면서도 당신의 펜과 상상력이 멈추지 않도록 하는 내용이면 좋겠습니다. 이 가엾은 여제는 짜증을 잘 내고 조바심 내는 국민들을 부양하도록 할 테니까요."

이 말을 들은 디드로는 찬물을 뒤집어 쓴 것처럼 정신이 번쩍 들었다. 그때부터 디드로는 예카테리나 2세와 고담준론만 주고받았을 뿐, 정치 문제와 관련해서는 아무 얘기도 하지 않았다. 그러면 디드로는 예카테리나 2세에게 환멸을 느꼈던 것일까? 물론이다. 그럼에도 불구하고 매력적인 면이 있었을까? 문화인들이 국정 운영의 방법을 더 잘 알고 있다는 생각은 엘리트 지식인들이 느끼는 감정이어서 대단히 인기가 있다. 하지만 그것은 과연 사실일까?

예카테리나 2세 통치기에 법무 장관을 지낸 바 있는 위대한 시인 가브릴 데르자빈의 국무 활동을 살펴보도록 하자(이후 그런 고위 행정직에 오른 러시아 시인은 이반 드미트리예프뿐이다. 드미트리예프의 우화는 20세기에 이르러 요시프 브로드스키를 매혹시키기도 했다).

데르자빈의 찬란한 경력은 두 배로 더 빛났다. 그것은 그의 행정적 재능보다는 문학적 재능 때문이었다. 1743년, 데르자빈은 가난한 귀족 집안에서 태어났다. 그런데 몸이 어찌나 약했던지 사람들이 '얼마 동안이라도 더 살게 하려고' 민간 요법에 따라 아이를 가루 반죽에 싸서 따뜻한 페치카에 넣어 두기도 했다(이것은 시인이 직접 자신의 회고록에 기록한 내용이다). 데르자빈은 15년간의 군복무를 마친 후 자신의 첫 시집을 발표했다.

가브릴 데르자빈

45세 되던 해에 데르자빈은 예카테리나 2세에게 송시 〈펠리챠〉를 헌정했다. 새롭게 창간된 잡지 《러시아어 애호가들의 대담자》의 대표작으로 실린 이 송시는 그의 문학적, 직업적 경력의 돌파구가 되었다. 이 송시는 그의 최고작들이 그렇듯이 '키르키즈-카이사츠키 한국(汗

國)의 신을 닮은 여왕이시여!'라는 구절로 아주 웅장하고 특이하게 시작된다. 데르자빈은 키르키즈의 여왕 '펠리챠'(felicitas는 행복이라는 뜻의 라틴어이다)의 이름을 빌어 예카테리나 2세를 칭송했던 것이다. 〈펠리챠〉는 몇몇 궁중 신하들에 대한 풍자적 비판과 예카테리나 2세에게 바치는 정중하고도 직설적인 찬사를 결합시킨 대담한 시도였다.

잡지 편집자인 예카테리나 다쉬코바(예카테리나 2세의 가장 친한 친구)는 인쇄가 막 끝난 잡지를 여제에게 보냈다. 다음날 호출을 받고 여제를 접견한 다쉬코바는 개봉된 잡지를 손에 들고 눈물을 글썽이는 예카테리나 2세의 모습을 발견했다.

"누가 나를 이토록 잘 알고, 누가 나를 이토록 유쾌하게 묘사할 수 있단 말인가? 보다시피 나를 바보처럼 울릴 만큼 말이야."

다쉬코바로부터 작가의 이름을 전해들은 예카테리나 2세는 그에게 보답을 하기로 했다. 데르자빈이 자신의 상관(당시 그는 원로원 관리로 근무하고 있었다) 집에서 식사하고 있을 때, 전령이 '키르키즈의 여왕으로부터'라는 글자가 적힌 소포를 그에게 전달했다. 데르자빈의 상관은 "키르키즈 여왕이 보낸 선물이라고?"라며 툴툴거렸다. 그러나 소포에서 다이아몬드가 박힌 프랑스제 황금 담배갑과 금화 5백 개를 발견한 데르자빈은 곧바로 상황을 파악할 수 있었다. 그의 상관은 억지 미소를 지으며 축하해 주었다. "하지만 새로 주목받는 시인과 대등한 입장에서 대화할 수 없다는 사실을 깨달은 상관은 그때부터 마음속으로 증오심과 적개심을 품기 시작했다"고 데르자빈은 그날의 기억을 솔직하고 진지하게 회고했다.

예카테리나 2세에게 큰 기쁨을 안겨 준 송시 〈펠리챠〉(훗날 데르자빈은 이 작품을 자신의 최고 걸작 중 하나로 꼽았다)는 공직에 있던 시인을 믿을 수 없을 만큼 빠른 속도로 승진시켰다. 1784년에 데르자빈은 국가 고문관(육군 소장직에 준한다)이라는 관직을 부여받았고, 같은 해에 올로네츠크주(州) 총독이 되었으며, 1785년에는 탐보프주(州) 총독이 되었다. 또한 1791년에 이르러 예카테리나 2세는 데르자빈을 '원로원의 불법적 결정을 발견하게 되면' 언제든 자신을 직접 접견할 권리를 갖는 개인 비서로 임명했다.

데르자빈이 대단히 진지하고 열정적으로 자신의 직무에 임했다는 사실은 매우 흥미롭다. 그는 어렵고 복잡한 행정적 사례들을 자세히 설명하여 예카테리나 2세를 피곤하게 만들곤 했다. 하지만 예카테리나 2세가 데르자빈에게 기대한 것은 그의 작품에 대해 즐거운 대화를 나누는 것이었고, 그래서 그녀는 〈펠리챠〉 같은 작품을 더 많이 쓰도록 데르자빈에게 끊임없이 암시를 주었다.

데르자빈에 따르면, 정치적 음모의 대가이자 자신을 둘러싼 대귀족 연합의 수장인 예카테리나 2세의 슬로건이 브레즈네프 시대의 슬로건과 마찬가지로 '다른 방식으로 한번 살아보자'였다고 한다. 그녀는 '대귀족들을 자극하지 않음으로써 반역을 꾀하지 못하도록' 하려고 했던 것이다.

예카테리나 2세는 데르자빈이 자신의 연대기 작가이자 찬양자가 되어 주기를 기대한 것이지, 그녀가 짜증스럽게 토로하듯 "여자들이 장모와 아내에게 불평을 늘어 놓는 것 같은 그런 요구들을 통해" 자신에게 대드는 것을 기대한 것은 아니었다. 데르자빈은 성격이 불 같고 신경질적이어서 자기 확신을 밀어붙이며 예카테리나 2세를 짜증스럽게 만들었다. 그래서 여제는 너무나 자신만만한 시인 출신 비서의 말을 종종 중단시켜야만 했다.

이 두 사람이 함께하는 자리를 상상해보는 것은 어려운 일이 아니다. 두 사람 모두 키가 크고 체격도 좋았다. 그러나 데르자빈이 마르고 근육질 체형에 얼굴은 갸름했던 반면, 예카테리나 2세는 가슴이 크고 풍만한 몸매에 아름다운 목과 손을 가졌지만, 이마가 튀어나오고 길쭉한 턱은 볼품이 없었다. 근위병처럼 허리를 꼿꼿이 세운 채 데르자빈은 여제와 책상에 마주앉아 서류 더미에 얼굴을 묻고 지루한 목소리로 읽고 또 읽었다. 그러면 짧은 깃털 방석에 편안히 앉아서 털실을 짜면서 예카테리나 2세는 데르자빈을 의미심장한 눈초리로 바라보며 보고를 들었다.

나중에 데르자빈은 여제와 신하라기보다는 마치 사랑에 빠진 두 남녀 같은 자신들의 관계를 제3자적 관점으로 묘사하기도 했다.

"여제는 화가 나서 데르자빈을 물러가게 했다. 토라진 데르자빈은 앞으로는 조심하자고 다짐하며 아무 말도 하지 않았다. 하지만 다음날 여제를 접견하러 궁정에 들어가면 그녀는 데르자빈이 화가 났다는 것을 곧바로 눈치 채고는 그의 아내나 집안일을 물어보기 시작했다. 그러면 그는 음료수는 입에도 대지 않은 채, 자신은 모든 불만을 다 잊었으며 예전처럼 충심을 다하고 있다는 듯 더 점잖고 친절하게 대했다."

거의 가족과 다름없는 이런 관계는 약 2년간 지속되었다. 데르자빈은 딱딱한 보고로 예카테리나 2세를 지루하게 만들었지만 새로운 시로 그녀를 기쁘게 만들기도 했다. 그는 뛰어난 송시 〈이즈마일의 점령에 부쳐〉(터키군(軍)을 물리칠 수 있었던 중요한 승리)를 집필한 공로로 예카테리나 2세로부터 다시 한 번 다이아몬드로 장식된 담배갑과 찬사를 받았다.

"경의 나팔 소리가 마치 리라 소리처럼 감미로왔는데. 이토록 우렁차기까지 할 줄은 미처 몰랐소."

예카테리나 2세의 이 몇 마디 말은 자신이 아끼는 시인의 시적 특징을 마치 통찰력 있는 문학 비평가의 비평처럼 날카롭게 지적하고 있다. 데르자빈은 예카테리나 2세와 그 옹호자들에게 소리 높여 진솔한 찬미가를 부른 최고의 나팔수였으나, 동시에 그의 영혼의 리라는 사랑, 우정, 식사의 즐거움, 자연의 아름다움 등 개인 생활의 기쁨을 노래했다.

데르자빈은 18세기 러시아의 위대한 로모노소프로부터 바통을 이어받았다고 말할 수 있다. 그러나 만일 로모노소프가 러시아인들의 인식 속에 다양한 개성의 중요한 본보기로 남아 있다면, 데르자빈의 최고의 시들은 오늘날까지 러시아 시 애호가들의 소중한 문화적 보물 가운데 하나일 것이다.

누군가의 죽음은 '식탁에 음식이 차려진 곳이면, 그곳에 관이 준비되어 있기도 하다'는 데르자빈의 아포리즘을 떠올리게 하며, 밤하늘을 바라볼 때면 '검푸른 천공에/ 황금빛 달님이 흘러가네'라는 그의 시가 연상된다. 또한 누가 다음과 같은 데르자빈의 정물화 같은 시를 음미하지 않을 수 있겠는가?

햄은 진분홍색, 계란이 들어간 배추 스프는 녹색
새빨갛고 노란 파이, 하얀 치즈, 발그스름한 새우
송진처럼 끈적이고 호박(琥珀) 같기도 한 캐비어, 거기엔
지느러미 푸른 얼룩무늬 담수어도 있네. 멋진 식탁 아닌가!

데르자빈은 1816년에 사망했으며, 예카테리나 2세보다 12년이나 더 오

래 살았다. 그는 예카테리나 2세의 후계자 파벨 1세에게도 성공적으로 봉직했으며, 파벨 1세가 피살된 후인 1801년에 그의 아들 알렉산드르 1세의 즉위식에도 참석했다. 알렉산드르 1세는 데르자빈을 법무대신으로 임명했다. 그러나 새로운 차르들은 데르자빈을 예카테리나 2세만큼 좋아하지는 않았다.

1812년 알렉산드르 1세가 데르자빈을 은퇴시키자, 그는 나폴레옹의 침입에 대비할 방책을 황제 앞으로 보내 자신의 존재를 알릴 생각이었다. 그러나 노(老)시인은 무시당하고 말았다. 그리고 오늘날에는 아무도 관료로서의, 그리고 정부요인으로서의 데르자빈의 업적을 기억하지 않는다.

데르자빈은 사망하기 사흘 전 석판 위에 다이아몬드로 새로운 송시를 새겼다. 거기에서 그는 전반적인 정치적 현실과 특히, 자신의 공무 봉직에 대한 깊은 페시미스트적 허무감을 담아 내고 있다. 쓸쓸한 이 시구는 데르자빈 스스로 선언한 정치적 부고장이었다. 하지만 우리는 지금도 이 시구를 암기하고 있으며, 이 시구는 그의 정치적 위엄을 입증하고 있다.

시간의 강은 그 물결 속에
인간의 만사를 집어삼키고
민중, 국가, 황제를 모두
망각의 낭떠러지로 밀어 버리네.

2부

4장 — 파벨 1세와 알렉산드르 1세:
카람진과 쥬콥스키

늙은 데르자빈은 우리를 알아보고
숨을 거두는 순간에도 축복해 주었다.

《예브게니 오네긴》8장에 나오는 푸쉬킨의 이 구절을 모르는 사람이 러시아에 있을까? 이 구절은 아버지 세대에서 아들 세대로 바통이 넘어가는 '세대 교체'의 문제를 언급할 때면 언제나 되풀이되는 아포리즘이다. 동시에 이 구절은 18세기 최고의 시인인 데르자빈이 러시아 최고의 시인으로 부상한 푸쉬킨을 축복하는 상징적이며 역사적인 사건을 자연스럽게 암시하고 있다.

사실 이 문제에는 매우 복잡한 측면이 있다. 소년 푸쉬킨(당시에 그의 나이는 15세였다)은 71세의 노인 데르자빈을 딱 한 번 만났다. 그것도 차르스코예 셀로(황제촌)에 특수 교육기관으로 설립된 리체이에서의 공개 번역 시험 자리에서였다. 차르스코예 셀로는 페테르부르그 인근에 위치한, 황후의 여름 별장지로 사용되고 있었다. 당시 국민교육부 장관이던 알렉세이 라주모프스키 백작은 리체이에서 시행되는 모든 시험을 직접 감독했는데, 그런 그가 데르자빈을 리체이로 초청했던 것이다.

1815년 1월 8일에 두 사람의 만남이 이루어졌다. 데르자빈은 교사들과 함께 책상에 앉아 있었고, 리체이 학생들은 책상에서 두 걸음 물러서 있었다. 훗날 푸쉬킨은 데르자빈의 반응을 이렇게 묘사했다.

"그 사람은 우리의 감독이 너무 따분했는지 팔로 턱을 괸 채 앉아 있었지. 그 사람의 얼굴은 무표정했고, 두 눈은 흐릿했으며, 입술은 축 늘어져 있었어……. 러시아 문학 시험이 시작되기 전까지 그 사람은 졸고 있었던 거야. 그때 갑자기 다시 활기를 띠며 그 사람의 두 눈이 반짝이기 시작했어. 완전히 다른 사람이 된 거지."

푸쉬킨은 이미 리체이 시절부터 뛰어난 시적 재능을 지닌 기대주로 인정받고 있었다. 학교 측은 데르자빈 앞에서 푸쉬킨이 쓴 송시 〈차르스코예 셀로에서의 회상〉을 낭독하도록 그를 미리 선발해 놓았다.

"난 어떻게 낭독을 끝마쳤는지도, 어디로 숨어야 할지도 몰랐어. 데르자빈은 감격해 있었지. 그분은 날 불러서 안아 주려고 했는데……. 사람들이 날 찾아 다녔지만, 끝내 찾지 못했어……."

푸쉬킨의 말에 따르면, 데르자빈은 이처럼 단 한 마디의 인상적인 말도 남기지 않았다. 모든 상황은 훗날 상징적으로 인식되었을 뿐, 나중에 푸쉬킨 자신이 쓴 시(앞서 언급한 《예브게니 오네긴》이나, 초기의 편지 시(詩) 〈쥬콥스키에게〉)에서 말하는 감동은 실제로 존재하지 않았다. 솔직히 말해서 데르자빈은 바실리 쥬콥스키를 자신의 후계자로 생각하고 있었다. 그는 쥬콥스키에게 "쥬콥스키여, 네게 유산으로/ 낡은 리라를 넘겨주리라……"라고 했고 이에 대해 쥬콥스키는 "당신의 시는 시인들의 요람입니다"라고 했다.

리체이에서 시험을 치른 지 10년이 되었을 때, 푸쉬킨은 친구에게 이런 편지를 보냈다.

"…… 나는 데르자빈이란 사람을 완전히 달리 생각하게 되었는데, 내 최종적인 결론은 이런 거야. 그 괴짜 노인은 러시아어의 기초도 모르고, 러시아어의 정신도 모르는 사람이지. 그렇기 때문에 로모노소프보다 한 수 아래야. 데르자빈의 작품들 중에서 8편 정도의 송시와 몇몇 단편을 제외하고는 모두 불살라 버려야 해."

뿐만 아니라 푸쉬킨의 가까운 친구인 파벨 나촌킨은 "그 노인은 푸가쵸프 반란 당시 비열한 행동을 했다더군. 잔뜩 겁을 집어먹어고는 어느 요새의 사령관만 희생시켰다는 거야"라며 푸쉬킨의 말을 전했다. 이처럼 푸쉬킨은 인간 데르자빈에게 상당한 불만을 품고 있었다.

데르자빈과 관련된 또 다른 소문도 있었다. 표트르 2세의 참칭자였던 에밀리얀 푸가쵸프는 예카테리나 2세를 벌벌 떨게 할 정도였는데, 기억할 만한 우화 작가이자 법무 대신인 이반 드미트리예프[9]의 이야기라며 푸쉬킨은 그 반란의 참혹한 진압 작전에 데르자빈이 관여했다는 소문을 지어내기도 했고, 또 이미 어린 시절부터 집안에서 과거의 역사를 전해 들었다며 자신의 중편 소설들에서 그런 내용을 묘사하기도 했다. 《푸가쵸프 반란사》에서 푸쉬킨은 데르자빈이 두 명의 반란군을 어떻게 교수형에 처했는지 묘사했으며, 또 "I. I.드미트리예프는 데르자빈이 시적 호기심 이상으로, 실제로 필요한 조치 이상으로 두 반란군을 교수형에 처했다고 단언했다"며 조롱하기도 했다.

---

9) 이반 이바노비치 드미트리예프(1760~1837), 대표적인 감상주의 작가이자 아카데미 회원.

경우에 따라서 푸쉬킨은 반대의 입장을 취하기도 했다. 그는 실제로 많은 가르침을 얻거나 평생의 모범으로 삼았던 사람들을 진정한 대가들로 여겼다. 그들은 서구에서는 잘 알려져 있지 않았지만 교양 있는 러시아인이라면 누구나 알고 있는 니콜라이 카람진과 바실리 쥬콥스키였다. 두 사람은 여러 방면에서 대단한 재능을 보였지만, 쥬콥스키는 서정시인이자 번역가로, 카람진은 《러시아 국가사》의 저자로 최고의 명성을 떨쳤던 사람들이다. 그러나 푸쉬킨은 비록 두 사람이 관직에 올라 본 적이 없었음에도 불구하고 러시아 정치사에서 가장 중요한 역할을 했다고 단언했다.

카람진은 쥬콥스키보다 열여섯 살이나 나이가 많았다. 심비르스크 지방에서 태어난 그는 16세기경에 귀족으로 편입된 크림—타타르 혈통의 귀족 집안 출신이었다(심비르스크는 블라디미르 레닌의 출생지로도 유명하다). 그곳에서 당시 열한 살이었던 이반 드미트리예프가 비단 조끼를 걸친 다섯 살짜리 소년 카람진을 만났던 것이다.

훗날 카람진과 드미트리예프는 페테르부르그 소재 근위 연대에서 함께 근무했다. 그러다가 카람진은 사교계의 중심 인물이 되고 병적인 도박사 생활을 누리기 위해 그리고 중상모략가인 드미트리예프의 회고에 따르면 검은 눈썹을 가진 열정적인 체르께스 여인의 정복자가 되기 위해 수많은 지주들의 거주지였던 심비르스크로 되돌아갔다. 그 무렵 그는 독일 철학서와 프랑스 신작 소설들을 마구 읽어 댔다.

그 무렵 러시아 지성인들 사이에서 유행하기 시작한 프리메이슨에 흥미가 생긴 카람진은 러시아 프리메이슨의 중심지인 모스크바로 옮겨갔다. 당시 모스크바 프리메이슨 그룹의 지도자는 노비코프였다. 그곳에서 카람진은 옛 친구들조차 몰라볼 정도로 사교계의 한량에서 열렬한 지성의 신봉자(과거의 활달함과 겸손함을 그대로 유지한 채)로 변신했고, 노비코프의 잡지 〈감정과 이성을 위한 어린이들의 독서〉에서 창의적인 작가로 데뷔를 했다.

니콜라이 카람진

적어도 외견상으로는 절제된 삶을 살았던 카람진(1826년에 사망했을 때 그의 나이는 60세도 되지 않았다)에게 중요한 사건은 1789~1790년 사이에 떠났던 유럽 여행이었다. 그때 그는 쾨니히스베르크(현재의 칼리닌그라드)에서 철학자 임마뉴엘 칸트와 30분가량 대화를 나누기도 했는데, 그의 눈에 비친 칸트의 모습은 '몹시 창백하지만 인자한 모습의 키 작고 마른 노인'에 불과했다(두 사람은 당시 화제가 되었던 탐험대와 신대륙 발견의 유용성에 대해 논의를 했고 중국에 관한 서로의 의견도 주고받았다). 그리고 때마침 파리에 도착한 그는 미라보와 로베스삐에르 같은 전설적인 혁명가들의 연설을 국민의회에서 청취하기도 했다.

러시아로 돌아온 카람진은 자신이 기획한 《모스크바 잡지》에 유럽 여행을 주제로 한 〈러시아 여행가의 편지〉를 게재했다. 로렌스 스턴과 그의 소설 《감상주의적 여행》과 괴테의 소설 《젊은 베르테르의 슬픔》 같은 유럽 작품들을 모방한 카람진의 작품은 순식간에 그를 러시아 감상주의의 리더로 만들어 버렸다.

당시 가장 큰 인기를 누렸던 카람진의 작품은 《가엾은 리자》였다. 《가엾은 리자》는, 젊고 부유한 난봉꾼에게 유혹당했다가 버림받은 불행한 시골 아가씨가 모스크바 연못에 빠져 죽는다는 내용의 소설이었다. 《가엾은 리자》는 물론, 그의 또 다른 감상주의적 작품들은 여러 세대의 러시아 독자들, 특히 여자들의 심금을 울렸다. 카람진의 작품을 통해 독자들은 그 어떤 감성보다 더 중요한 자신들의 내면 세계를 발견할 수 있었다. 《가엾은 리자》는 오늘날의 독자들에게도 유용한 책으로서 만족스럽게 읽혀질 수 있는 작품이다.

시인의 생애는 그가 속한 시대의 통속 소설들과 닮은 경우가 많다.

오늘날 바실리 쥬콥스키의 유년 시절과 청년 시절의 현실적 삶은 전형적인 카람진 풍의 플롯 가운데 하나가 될 수 있으며, 감성적 영혼을 가진 사람으로부터 눈물을 짜낼 수도 있다. 미래의 위대한 시인이 될 쥬콥스키는 67세의 부유한 시골 지주 아파나시 부닌의 사생아였다. 그의 어머니는 터키와의 전쟁에 참전했던 자신의 농노들이 1770년 주인에게 전리품으로 바친 터키계의 젊은 여인이었다. 그 여인은 엘리자베타라는 세례명을 받았다.

부닌과 터키 여인 사이에서 태어난 아들에게는 그의 대부(代父)인 안드레이 쥬콥스키의 부칭과 성이 주어졌다. 안드레이 쥬콥스키는 악사이자 광대 역할을 하던 부닌의 집에 식객으로 머물고 있었다. 부닌은 터키 여인과 아들을 몹시 사랑했으나 당시 이미 결혼한 상태였다. 훗날의 증언에 따르면, 여러 아이들과 함께 지내던 그의 아내는 부부 침실을 넘겨

주고 부부 생활의 선택권도 남편에게 넘겨주었다고 한다.

　세 사람이 동거하는 비유럽적 문화 현상이 벌어졌다. 터키 여인은 부닌 집안의 가정부가 되었으며, 아침마다 지시를 받기 위해 안주인 마리야 그리고리예브나를 찾아갔다. 그러나 부닌이 엘리자베타가 거주하는 곁채를 드나들 때면 안주인은 그녀와의 소통을 일체 끊어 버렸다. 화해의 손길을 먼저 내민 것은 터키 여인이었다. 그녀는 태어난 지 석 달밖에 안 되는 갓난아기를 저택으로 데려가 안주인의 발 밑에 내려놓았다. 그녀가 눈물을 쏟으며 양해를 구함으로써 가정에는 다시 평화가 찾아왔다.

　부닌은 텃밭에 온실을 설치하여 툴라현(縣)에서는 보기 힘든 레몬과 살구를 재배했고 여기에 이국적인 꽃들도 함께 심었다. 바실리 쥬콥스키 역시 배다른 누이들 사이에서 이국적인 꽃처럼 귀여움을 독차지하며 자랐다. 그는 곱슬머리와 까무잡잡한 얼굴 그리고 터키계 어머니를 닮은 왕방울 눈을 가지고 있었다.

바실리 쥬콥스키

　그러나 마리야 그리고리예브나는 바실리가 라이프찌히 대학에서 공부하는 자신의 외아들을 쏙 빼닮았다는 사실을 인정하지 않을 수 없었다. 결국 그녀는 친아들이 러시아로 귀국하기 전에 괴테 소설의 주인공 젊은 베르테르처럼 불행한 사랑을 원망하며 자살하고 말았다. 마리야 그리고리예브나는 쥬콥스키를 양자로 삼았다. 하지만 쥬콥스키는 생모는 어머니라고 부르면서도 마리야 그리고리예브나는 할머니라고 불렀다.

집주인이 좋아하는 취미는 사냥과 정찬(正餐)과 여자들이었지만 마리야 그리고리예브나의 취미는 독서였다. 그래서 그녀는 신간 서적이 나올 때마다 페테르부르그와 모스크바로 주문서를 보냈다. 그녀는 프리메이슨(비밀 공제조합) 회원이던 노비코프가 출판한 수많은 책들은 물론 어린 쥬콥스키에게 풍부한 지적 자양분을 제공하는 작품집들과 잡지들을 수없이 사 모았다. 마리야 그리고리예브나 자신은 외국어를 할 줄 몰랐다. 하지만 쥬콥스키에게는 가정 교사를 붙여 불어와 독일어를 유창하게 읽고 쓰고 말하게 했다(나중에는 영어까지 배우게 했다). 세월이 지난 후 쥬콥스키의 번역을 통해 괴테와 실러의 시 작품들이 러시아에 소개되었는데, 그 번역본들은 지금까지도 걸작으로 평가받고 있다.

쥬콥스키의 예술적 재능은 네 살 때부터 두드러지기 시작했다. 전해지는 이야기에 따르면, 어린 쥬콥스키는 집 안에 걸려 있는 성상화를 보고 마루 바닥 위에 그대로 따라 그렸는데(백묵으로 그렸다고 한다), 그 그림을 본 하녀가 깜짝 놀라 바닥에 무릎을 꿇고는 "기적 같은 일이야!"라고 소리치며 기도를 올렸다고 한다. 신앙심 깊은 마리야 그리고리예브나 역시 같은 생각이었지만, 어린 쥬콥스키는 자신이 그린 것이라며 소리를 질렀다고 한다.

어린 쥬콥스키가 공개적으로 문단에 데뷔하게 된 것은, 툴라 사택에서 플루타크 영웅전을 주제로 한 비극 〈카밀루스, 혹은 해방된 로마〉를 무대에 올리면서부터였다. 열두 살에 불과했던 쥬콥스키는 연출과 연기까지도 도맡았다. 그는 붉은 망토를 어깨에 걸치고, 노란 종이에 타조 깃털을 꽂은 '로마식 투구'를 머리에 쓰고, 커다란 나무칼을 손에 들고 무대에 등장했다.

모든 점에서 연극은 상당한 수준에 올라 있었다. 입장료로는 은화 한 닢을 받았다(자기 할머니로부터는 돈을 받지 않았다). 예상을 뛰어넘는 대성공이었다. 이에 고무된 어린 쥬콥스키는 새 비극을 무대에 올렸다. 하지만 이번에는 실패하고 말았다. 조심성이 많았던 쥬콥스키는 그때의 실패로 인해 자신의 집필 능력을 의심하게 되었다고 회고한 바 있다.

쥬콥스키는 자기 분석적이고 주의가 산만하며 공상에 쉽게 빠져드는 사람으로 성장했다. 쥬콥스키가 여덟 살이 되었을 때 그의 아버지는 유언장도 남기지 않은 채 세상을 떠나고 말았다. 할머니가 만 루블이라는 큰 재산을 물려주었지만, 어린 쥬콥스키는 자신이 불행한 아이라는 생각을 떨쳐 버릴 수가 없었다.

나중에 쥬콥스키는 슬픔에 잠긴 채 그때의 일을 회상했다.

"내게 보여준 호의는 동정심에 불과하다는 생각이 들었다. 나는 방치되지도, 버려지지도, 외톨이로 남지도 않았다. 하지만 아무도 날 사랑하지 않았고, 누구의 사랑도 느낄 수 없었다. 그래서 사랑을 사랑으로 보답할 수 없었다."

과장된 것일까? 그럴지도 모른다. 허세일까? 그렇지는 않은 것 같다.

감상주의 시대는 러시아에 뛰어난 감상주의적 군주 알렉산드르 1세를 탄생시켰다. 그는 예카테리나 2세의 손자이자 황제 파벨 2세(그의 비극적 운명에 관해서는 곧 언급하게 될 것이다)의 아들이기도 하다. 로마노프 혈통을 물려받은 통치자들이 무수히 교체되었지만 그 중에서도 알렉산드르 1세는 어쩌면 가장 수수께끼 같은 인물인지도 모른다. 그의 이름

알렉산드르 1세

은 오늘날까지도 수많은 전설들과 함께 기억되고 있다.

알렉산드르 1세는 행복하게 태어났지만, 게르첸의 말처럼 '왕위에 오른 햄릿'으로 성장했다. 그는 정신분열적이고 정서적으로 불안한 증세를 보였으며 이해하기 힘든 충동적 기질을 가지고 있었다. 그렇지만 알렉산드르의 유년 시절은 아직 미래의 운명을 결정지을 오락가락하는 불행한 행보와 드라마틱한 상황을 예고하는 것은 아니었다.

예카테리나 2세는 영리하고 귀여운 첫 손자를 무척이나 사랑했다. 지난날 엘리자베타 1세가 자신의 아들 파벨을 떼어 놓으려고 했다는 이유 때문에 그녀를 증오했던 예카테리나 2세는 의식적으로든 무의식적으로든 그와 똑같은 방법을 사용했다. 예카테리나 2세가 부모들의 품에서 강제로 떼어 놓은 알렉산드르는 여왕이 아끼는 장난감이 되고 말았다.

유년시절의 알렉산드르와 쥬콥스키의 모습은 놀라울 정도로 닮아 있었다. 미래의 차르와 미래의 시인은 당연히 전혀 다른 조건 속에서 성장했지만, 심리 상태만은 거의 흡사했다. 권위적인 할머니는 어머니를 싫어했고, 자리를 비운 아버지는 고압적이고 신경질적이었다. 그래서 그의 마음 속에는 주변 세계가 불안정하고 위태롭다는 생각이 자리 잡고 있었다.

흥미롭게도 두 소년에게 마음의 위안이 된 것은 연극이었다. 그런데 소년 쥬콥스키는 자신이 창작한 작품을 상연했지만, 여덟 살짜리 소년 알렉산드르는 예카테리나가 창작한 반(反)프리메이슨적 작품 《사기꾼》 공연에 참여하여 그녀를 기쁘게 했다. 두 소년은 뛰어난 배우로 성장했다. 어느 시종은 훗날 알렉산드르 1세가 '정말 매력적인 인물'이라고 말하기도 했다. 그것은 쥬콥스키에 관해서도 똑같이 적용될 수 있을 것이다.

예카테리나 2세가 알렉산드르와 그의 동생 콘스탄틴을 교육시키기 위해 작성했던 교훈서가 남아 있다. 그 속에는 동물을 학대하고 새와 나비와 파리를 살생하지 말 것, 쥐와 거미를 못살게 굴지 말고 개와 말을 보살필 것, 꽃에 물주는 일을 잊지 말 것 등의 내용이 담겨 있다.

지체 높은 집안의 아이들은 체조, 펜싱, 수영을 배웠다. 아이들은 여름에는 까맣게 그을린 피부를 부끄러워하지 않으며, 겨울에는 추위를 두려워하지 않고 또 병에 걸려도 가능하면 약을 복용하지 않고 통증을 참아야 했다. 예카테리나 2세는 "아이들이 남의 이야기를 방해해서도 안 되고, 자기 의견을 먼저 내세워서도 안 된다. 그리고 큰 소리로 고집을 피우거나 목청을 높이지 않고 이야기하는 법을 가르쳐야 할 것이다"라고 지시했다.

이 모든 것이 지극히 정당하고 합리적이며 현명한 말이다. 그렇지만 쥬콥스키와 마찬가지로 알렉산드르는 할머니와의 생활에는 무언가 중요한 삶의 요소가 빠져 있다는 사실을 절감하고 있었다. 그는 "예카테리나는 현명하고 위대한 여인이지만, 러시아 황제로서 진정으로 가르치고 싶었던 것은 페테르부르그 궁정이 다른 곳과 다를 바 없다는 점이었다. 나는 허전했고 내 영혼은 불안한 예감으로 괴로워했다"라고 고백했다.

참혹한 사건에 대한 불안한 예감은 얼마 지나지 않아 현실이 되어 버렸다. 알렉산드르가 스물세 살이 되었을 때, 그는 셰익스피어의 가장 암울한 환상적 스토리에나 비교될 비극의 주인공이 되었다. 비극의 서막은 예카테리나 2세가 아들 파벨 대신 손자 알렉산드르를 왕권의 계승자로 만들려던 계획에서부터 시작되었다. 아버지도 아들도 그 사실을 알고 있었다. 이보다 더 드라마틱한 갈등을 상상이나 할 수 있을까? 예카테리나 2세의 냉혹한 계획은 아버지와 아들 모두에게 큰 상처를 입혔다.

1796년, 예카테리나 2세가 뇌출혈로 쓰러지면서 모든 정치적 계획이 수포로 돌아가자, 당시 42세였던 파벨이 왕위에 올랐다. 데르자빈은 간결하면서도 힘찬 문체로 그 사건을 다음과 같이 묘사했다. "궁중의 모든 모습에 변화가 일어났다. 철거덕거리는 박차를 차고 기병대의 긴 장화를 신고 넙적한 칼로 무장한 병사들은 마치 도시 전체를 점령이라도 하듯 요란한 소리를 내며 방마다 들이닥쳤다."

데르자빈의 견해에 따르면, 새로운 황제의 이해할 수 없는 첫 충동적 작업은 자기 어머니의 불공정한 칙령들을 취소하는 일이었다. 프리메이슨에 대한 박해는 곧 중단되었고, 노비코프는 감옥에서 풀려났으며, 라디쉐프는 시베리아 유형에서 돌아왔다.

그러나 파벨 1세는 성미가 급하고 예민했으며 말보다 행동을 앞세우는 사람이었다. 한 편의 역사가 이를 입증하고 있다. 밀고가 접수되자, 황제는 신랄한 풍자적 코미디 《고자질》을 집필했다는 이유로 저명한 극작가 바실리 카프니스트를 시베리아 유형에 처해 버렸다. 그리고 나서 그 작품을 직접 확인하기 위해 사설 무대를 찾아갔다. 이 가정극의 유일한 관람객은 결국 파벨 1세와 그의 아들 알렉산드르뿐이었다. 제1막이 끝나자 카프니스트를 유형지에서 귀환시키라는 황제의 명령이, 그리고 제2막이

끝나자 작가에게 포상을 내리라
는 황제의 명령이 떨어졌다.

파벨 1세 시대에는 검열의 바
람이 불어닥쳤다. 출판물의 수
가 대폭 감소한 반면에(예카테
리나 시대와 비교했을 때 거의
3분의 1 수준으로 줄어들었다)
금서의 숫자는 엄청나게 늘어났
다. 그리고 금서들 중에는 예카
테리나 2세의 후원하에 출판된
조나단 스위프트의 《걸리버 여
행기》도 포함되어 있었다.

파벨 1세

1789년 프랑스 대혁명의 폭풍은 파벨 1세를 상당한 충격에 빠뜨렸다.
그는 '루이 16세가 조금만 더 강경했더라면, 자신의 목숨도 구하고 또 국
가도 계속 통치할 수 있었을 것이다'라고 생각했다. 그 유명한 1800년의
황제 칙령은 바로 그 때문에 초래된 슬픈 결과였다. 칙령에는 "외국에서
도입된 다양한 서적들이 공민들의 법과 품행 그리고 신앙을 타락시키고
있다. 따라서 법령이 제정되기 전까지는 모든 종류의 책에 대해 국내 반
입을 금지한다"라고 씌어 있었다. 그 결과 바하, 하이든, 모차르트의 악
보가 러시아 반입 과정에서부터 몰수되었다.

크고 작은 반입품들을 규정한 파벨 1세의 칙령이 연쇄적으로 발표되었
다. 그는 연미복, 조끼, 둥근 모자, 더블 칼라를 착용하는 것, 공공장소에
서 안경을 쓰는 것, 이마 위의 머리카락을 빗는 것(머리카락을 뒤로 빗어

넘기는 것), 구레나룻을 기르는 것, 왈츠를 추는 것, 극장에서 환호하는 것을 금지시켰다.

다음날 황제가 무엇을 허용하고 무엇을 금지시킬지, 또 누가 왜 시베리아로 유형을 가고 누가 태형에 처해질지(태형은 천 대에 이를 수도 있었다) 아무도 몰랐다. 모두가 공포에 떨었고 사기가 꺾였다. 분노한 엘리트들은 처음에는 침묵했지만 시간이 흐르면서 파벨 1세가 이성을 잃었다며 목소리를 높이기 시작했다.

훗날 카람진은 이러한 상황을 다음과 같이 정리했다. "러시아인들은 자신들의 군주를 별안간 하늘에서 떨어진 무서운 유성으로 여겼고, 매 순간이 무사히 지나가기만을 고대하면서 그때가 마지막 불행의 순간이기를 초조한 마음으로 기원했다. 마침내 그 순간이 찾아왔고, 마치 해방이라도 된 듯 그 소식이 전국으로 퍼져 나갔다. 그러자 사람들은 부활절이라도 맞은 듯 기쁨에 겨워 눈물을 흘리며 서로 부둥켜안았다.

4년에 걸친 파벨 1세의 통치를 종식시킨 반란, 카람진은 그 반란에 대한 수도 주민들의 반응을 묘사하기도 했다. 1801년 3월 11일 밤, 파벨 1세의 새로운 숙소가 완공된 미하일롭스키 궁으로 무장한 반란군들이 들이닥쳤다. 차르의 근위병들은 그들을 저지하려고 했다. 그때 근위대에 파견되어 있던 시인이자 모험가 세르게이 마린 중위가 갑자기 반란군 편으로 돌아섰다. 그는 장검을 빼 들고 황제의 병사들을 향해 권총을 겨누었다. 병사들은 혼란에 빠지면서 반란군을 통과시켰고, 이로써 파벨 1세의 운명은 결정되고 말았다.

그것은 데르자빈 이후, 성공한 쿠데타에 시인이 직접 참여한 두 번째 사례였다(데르자빈의 표현에 따르면, 그는 예카테리나 2세를 즉위시킨

'1762년 혁명'에 근위병으로 가담했다고 한다).

파벨 1세는 잠옷만 걸친 채 침대에서 뛰쳐나와 반란군을 피해 다녔지만 모두가 부질없는 짓이었다. 그는 반란군의 손에 몰매를 맞았고 나중에는 모자를 덮어씌우는 통에 질식사하고 말았다. 반란군 지휘자인 표트르 팔렌 공작은 예카테리나 2세 시대에 유행한 계몽적 견유학파의 한 사람이었는데, 그는 황제의 후계자인 알렉산드르의 방으로 달려갔다. 그러나 알렉산드르는 반역 음모를 사전에 통고받았지만 자신의 아버지가 피살될 줄은 전혀 몰랐다.

팔렌으로부터 파벨 1세의 사망 소식을 전해 들은 알렉산드르는 탄식하며 바닥에 쓰러졌다.

"아버지가 돌아가시다니! 난 그런 결과를 원하지 않았고, 그런 명령을 내린 적도 없는데!"

팔렌은 알렉산드르가 슬픔에 빠지지 않도록 단호한 어조로 말했다.

"더 이상 어린애처럼 굴지 마십시오. 이서 왕위에 오르셔야 합니다!"

그것은 무례하기 짝이 없는 질책이었다. 그러나 알렉산드르에게는 아침에 어머니(41세의 나이에 갑자기 미망인이 된 어머니)로부터 들은 "축하한다. 이젠 네가 황제가 되었구나"라는 말이 훨씬 더 냉소적으로 들렸을지도 모른다. 그 이야기를 들은 스물세 살의 풋내기 차르는 그대로 기절하고 말았다.

부왕의 죽음은 마음의 상처가 되어 알렉산드르 1세를 평생 괴롭혔으며, 어쩌면 그가 요절하는 원인이 되었는지도 모른다. 물론 그가 자신의 손으로 부왕을 숨지게 한 것은 아니었지만, 주위에서는 황제 살해, 친부 살해의 책임을 알렉산드르 1세에게 전가하고 있었다(혹은 그가 그렇게 느꼈는지도 모른다). 물론 아버지가 질식사한 것에 대한 죄책감과 황제라는 고귀한 인물을 살해한 것에 대한 죄책감 중 어느 것이 더 나쁜 것인지는 분명하지 않다.

첫 번째 경우라면 알렉산드르 1세는 성서의 계율과 인간의 법도를 깨뜨린 것이 되고 두 번째 경우라면 자신이 통치하게 될 국가의 기본 원칙을 무너뜨린 것이 된다. 그것은 '신으로부터 기름 부음 받은 차르는 신성 불가침한 존재'라는 원칙이다. 그것은 서구의 군주들과 달리 군주가 한 번도 국가와 동일시된 적이 없고 또 군주가 국가와 분리되어 그 위에 군림하는 하나의 천상적 존재로서 국가의 통일과 안녕의 인격화된 상징으로 여겨지던 러시아에서는 특히 중요한 문제였다.

당시 눈물을 너무 많이 흘려 충혈된 눈으로 사람들 앞에 나타난 알렉산드르 1세에게, 카람진이 묘사한 페테르부르그 주민들의 환호 소리는 어느 정도 위안이 되었을 것이다. 부르튼 얼굴, 납작코, 쉰 목소리, 작은 키 그리고 곱사등의 파벨 1세와 큰 키, 약간 굽은 등, 푸른 눈, 금발 머리를 가진 미남에다가 사려 깊고 유연한 에티켓까지 갖췄던 아들 사이의 외모상의 극명한 대비도 그런 분위기를 조성하는 데 일조하였다.

카람진은 별책으로 출판된 시집《즉위하신 전 러시아의 전제군주이자, 위대한 황제이신 알렉산드르 1세 폐하께》에서 '우리에겐 봄날입니다/ 우리들은 당신과 함께 하겠습니다!'라며 환호했다. 카람진은 전 러시아 문화 엘리트들의 감정과 희망을 이렇게 표현하기도 했다.

이 뮤즈들은 왕위에 오르시며
검은 상장을 떼어 내시는

당신의 어진 미소를 기대합니다!

알렉산드르 1세도 그런 기대를 정당화하기 위해 서둘렀다. 그는 통치 초기에 부왕으로부터 탄압받은 죄수 만 2천 명을 사면했으며, 외국 출판물의 러시아 수입을 다시 허용했고, 파벨 1세가 포고했던 외국 출입의 규제령을 철폐했다.

알렉산드르 1세는 몇몇 지성계 대표들의 도움을 받아 젊은 친구들(사람들은 그들을 비밀 위원들이라고 불렀다)을 발탁한 후에 그들과 함께 전제권력의 제한과 농노제의 폐지 같은 근원적인 개혁의 가능성을 의논하기 시작했다. 결과적으로 그 문제는 요란한 감정적 논쟁을 벗어나지 못했지만, 궁중의 보수주의자들은 극도로 불안해했다.

게다가 지지부진한 개혁 논의에 구체적인 윤곽을 제시하는 순차적인 계획에 따라 알렉산드르 1세가 공공연한 자유주의자 미하일 스페란스키를 최측근 행정고문관으로 임명했다가 다시 국무 대신으로 승진시키자, 궁중의 보수주의자들은 한층 더 혼란에 빠져 들었다.

알렉산드르 1세의 지그재그식 외교 정책은 가뜩이나 충격에 빠져 있던 러시아 국민 여론을 강타했다. 처음에 알렉산드르 1세는 오스트리아 군과 동맹하여 나폴레옹에 대항했다. 그러나 그 후 유명한 오스트렐리츠 전투에서의 치욕적인 패전을 포함하여 몇 차례 패전을 겪은 후, 알렉산드르 1세는 프랑스 황제 나폴레옹과 틸지트 조약을 맺었다.

나폴레옹과의 연합은 러시아 엘리트 사회에서 매우 평판이 나빴다. 보수 진영의 분노는 극에 달했다. 보수 진영의 비공식 지도자는 알렉산드르 1세의 누이인 아름답고 교양 있고 열정적인 예카테리나 파블로브나 대공녀였다. 사람들은 그녀가 러시아 문화의 보호자가 될 거라고 기대했다. 그래서 64세의 데르자빈은 대공녀를 '러시아어의 연인'이라고 부르며, 그녀에게 환희에 찬 송시들을 헌정했다.

그러나 대공녀가 나폴레옹의 청혼을 거절하고 러시아에 겸손한 태도를 보였던 프러시아 왕자 게오르기 올덴부르그와 결혼하기로 결심하자 러시아의 애국자들은 더욱 열광했다. 대공녀는 올덴부르그 왕자가 트베리 지방의 총독이 되자, 트베리 지방으로 거처를 옮겼다. 그리고 그녀의 살롱은 반란 음모의 중심이 되었다.

카람진은 그곳을 출입하기 시작했다. 그는 대공녀를 신적 존재라고 불렀으며, 반대로 대공녀는 카람진이 반란을 가장 잘 계획할 수 있는 적격자라고 생각했다.

예카테리나 파블로브나 대공녀의 요청에 따라 카람진은 저명한 《고대와 현대 러시아에 관한 메모》를 집필했다. 이 글은 오늘날에도 사람들의 마음을 감동시키는, 뛰어난 문학적 가치를 지닌 정치 선언문이다. 카람진은 이 글을 1811년 3월 대공녀를 통해 알렉산드르 1세에게 전달했다. 그것은 러시아 문화사에 있어서 놀랍고도 상징적인 순간이었다.

카람진은 우아한 감상주의 소설의 저자에서 정력적이고 영향력 있는 정치 기자 경력을 거쳐 러시아의 위대한 작가—역사가로 서서히 그리고 끊임없이 진화해 갔다. 이전의 노비코프처럼 카람진은 계몽주의자로서의 선명한 개성과 타고난 판단력의 소유자였다(그것은 어쩌면 프리메이슨 회원들의 성격이 그랬기 때문일 수도 있고 또는 그만한 재능을 갖춘 사람들이 프리메이슨에 가입했기 때문일 수도 있다).

1802년 카람진은 러시아 최초의 정치 잡지 《유럽 통보》를 운영했다.

이 잡지는 매우 빠른 속도로 인기를 누렸는데, 그 구독자는 1,200명에 이르렀다. 이는 당시로서는 상당한 숫자였다. 카람진은 연봉 3천 루블에 해당하는 봉급을 받는 러시아 최초의 편집장이 되었다. 그런데 그의 봉급은 당시로서는 상당히 의미 있는 봉급이었다.

1803년에 카람진은 알렉산드르 1세가 황태자이던 시절 그에게 러시아 문학을 가르친 바 있는 자신의 오랜 친구이자 프리메이슨 회원이기도 한 시인 미하일 무라비요프를 통해 자신을 공식적인 역사 편찬가로 임명해 달라고 황제에게 청원했다. 그것은 사실 특별한 청원은 아니었다. 당시 러시아 정부는 초기 단계의 씽크 탱크에 해당하는 전문가들에게 현재 진행중인 전쟁과 정치 문제를 연구하도록 했기 때문에 별다른 특권이나 군주의 개입이 필요치 않았다.

카람진은 특별한 총애를 받았다. 알렉산드르 1세는 카람진을 연봉 2천 루블을 받는 러시아 제국사 편찬가로 임명하도록 지시했다. 그것은 원칙적으로 새로운 것이었다. 왜냐하면 특별한 분야를 연구하던 다른 역사 편찬가들과는 달리 카람진에게는 결과물을 제출해야 하는 시간적 제약이 없었기 때문이다. 카람진에게 기대한 것은 그가 언젠가 러시아 최초로 진정한 역사를, 완전히 새로운 역사를 집필하는 것이었다.

카람진은 이처럼 갑자기 황제의 개인적 후원과 보호를 받게 되었다. 그의 어깨에는 특별한 국가적 프로젝트의 중책이 지워졌다. 그 이전에도 러시아 역사를 집필하려는 시도는 있었지만, 그 결과물은 난해했다. 그래서 카람진의 시와 산문을 좋아했던 알렉산드르 1세는 유럽 수준의 역사서, 즉 흥미와 표현의 우아함을 갖추면서도 연구의 진정성과 깊이가 결합된 이야기를 원했다.

알렉산드르 1세는 기대 이상의 결과를 얻었다. 1811년 트베리 지방에 거주하던 누이의 살롱에서 황제는 작가가 직접 낭독하는 《러시아 국가사》 첫 권의 일부 발췌문을 감탄하며 경청했다. 그리고 누이의 살롱을 떠나기 전날 밤, 황제는 카람진의 《고대와 현대 러시아에 관한 메모》를 읽었다. 그리고 알렉산드르 1세는 트베리를 떠나기 전에 비록 공개적인 결별로까지 이어지지는 않았지만 냉랭한 분위기 속에서 카람진과 작별 인사를 나누었다.

황제와 황제의 역사 편찬가 사이에 발생한 뚜렷한 관계 변화의 원인은 어디에 있는 것일까? 알렉산드르 1세가 한밤에 촛불 아래에서 열심히 읽던 텍스트는 국가의 기원부터 1801년까지의 러시아 역사에 대한 짧은 오체르크로 시작되었고, 놀라운 솜씨로 집필된, 진정으로 영감에 가득 찬 산문시였다. 이어서 알렉산드르 1세 통치 초기의 정치적 성과에 대한 평가와 카람진의 실질적인 충고가 뒤따랐다. 이 충고는 오늘날을 사는 우리에게 가장 흥미로운 대목이기도 하지만 황제를 가장 분노하게 만든 대목이기도 하다.

이제까지 러시아 작가 가운데 단 한 사람도 궁중에 접근해서 면전에서 차르를 그토록 신랄하게 비판한 경우는 없었다. 카람진은 황제 스스로 자신을 지켜 나가길 바랐던 것이다.

알렉산드르 1세는 측근들과의 대화에서 전제권력을 제한할 필요성에 대해 언급했으나, 카람진은 반대 입장에서 설득했다. "전제정치는 러시아의 기초를 이루었고, 러시아를 부활시켰다……. 무질서한 일인 독재는 예외지만, 그 무엇이 이 거대한 국가에 통일을 가져올 수 있겠는가?"

아이러니한 상황은 내면적으로는 공화주의자였던 카람진이 오랫동안 러시아 역사를 연구한 후부터는 무정부주의로 흐르는 이 거대한 국가에서 전제적 통치 조직의 필요성과 그 유익함에 합리적으로 접근했다는 점이다. 알렉산드르 1세는 모든 면에서 그와 반대였다. 자유주의적 개혁을 향한 그의 염원은 이성적이었지만, 그는 정신적으로는 언제나 절대군주로 남아 있었다.

어쩌면 그 때문에 알렉산드르 1세는 독재의 충동을 강하게 느꼈는지도 모른다. 1812년 그는 자신의 친구인 자유주의자 스페란스키를 해임한 후 유형을 보냈다. 황제에게 적절한 시기에 전달된 카람진의 《메모》가 극적인 정치적 반전에서 중요한 역할을 했음은 의심할 여지가 없다. 황제와 시인이 서로에게 잊을 수 없는 존재가 된 것은 너무나도 명백한 사실이었다.

그와 동시에 알렉산드르 1세와 나폴레옹(카람진은 자신의 《메모》에서 권력욕과 승리의 화신이라고 부른 바 있다) 사이의 관계는 악화되었다. 땅딸보 나폴레옹은 러시아 황제를 깔봄으로써 알렉산드르 1세를 분노하게 만들었다. 알렉산드르 1세는 "나폴레옹은 내가 한갓 바보에 지나지 않는다고 생각하고 있어. 그자는 마지막에 미소 지을 사람을 비웃고 있는 거지"라고 자신의 총명한 누이인 예카테리나 파블로브나에게 편지를 보냈다. 반대로 나폴레옹은 1811년에 "5년 이내에 나는 세계의 주인이 될 것이다. 러시아 한 나라만 남았지만, 난 러시아를 짓뭉개고 말겠다"라고 말했다.

1812년 6월 11일 나폴레옹이 직접 지휘하는 60만의 프랑스 대군이 러시아를 침공했다. 러시아에서 조국전쟁이라고 부르는 전쟁이 드디어 시작된 것이다. 러시아군의 표트르 바그라티온(그루지아 출신) 장군은 이렇게 기록했다.

"만일 그들이 이미 침공한 것이라면, 우리는 싸울 수밖에 없다. 지금 러시아는 맞서 싸울 수 있고, 민중들도 분연히 일어나고 있다. 이 전쟁은 국가적으로 특별한 전쟁이기 때문이다. 따라서 우리의 명예와 영광을 지켜 내야만 한다."

처음에 전쟁은 러시아 측에 매우 불리하게 전개되었다. 러시아군대는 프랑스군에게 쫓기며 모스크바까지 밀려났다. 전쟁 발발 초기에 알렉산드르 1세는 군대를 직접 지휘했지만 패전에 직면하자, 나이 많고 노련한 미하일 쿠투조프 장군에게 지휘권을 넘겼다. 나폴레옹 군대의 계속되는 진격을 저지하기 위해 쿠투조프 장군은 1812년 8월 26일 보로디노 마을 부근에서 전투를 벌였다.

훗날 레프 톨스토이가 자신의 소설 《전쟁과 평화》에서 생생하게 묘사했던 이 전투에서 양 진영의 사상자는 거의 10만 명에 달했다. 바그라티

1812년 러시아-프랑스 전쟁(조국 전쟁)

온 장군도 전사했다. 그것은 대혼란으로 막을 내린, 군인들의 살육전이었다. 그 결과 양 진영은 저마다 자신들이 승리했다고 주장했다.

보로디노 전투를 회고할 때면, 우리는 톨스토이 소설의 등장인물 피에르 베주호프의 시각을 통해 이 전투를 상상하게 된다. 그러나 양 진영의 대군이 벌인 사생결단의 격전을 직접 관찰한 인물이 있었다. 그는 여러 가지 면에서 피에르 베주호프처럼 고상하고 몽상적이었던 시인 바실리 쥬콥스키였다.

"우리는 적군이 밀려들던 수풀 왼편에 자리 잡고 있었다. 앞이 보이지 않을 만큼 많은 포탄이 우리를 향해 날아왔다. 우리 주변에서는 엄청난 포탄 소리가 들려왔다. 그리고 마치 온 세상에 불이라도 난 것처럼 지평선 전체에 포탄 연기가 피어 오르더니, 마침내 군인들 머리 위로 하늘이 끔찍한 흰 포연으로 뒤덮이고 말았다."

민병대 중위로 참전한 쥬콥스키는 애꾸눈 쿠투조프 장군의 참모부에서 선전 업무를 담당했다. 그는 선전문과 성명서를 작성했을 뿐만 아니라 일일 보고서까지 기록했다. 그 활동을 통해 쥬콥스키의 가장 유명한 작품 중 하나인 〈러시아 병영 속의 시인〉이라는 칸타타 시가 탄생하게 되었다.

이 시는 러시아군의 사기를 고무시킨 강력한 찬가였다.

"불길 앞의 밀랍처럼/ 눈앞의 적군들은 늘어 간다."

쥬콥스키는 수많은 장교들의 이름을 자랑스럽게 거명하며 그들 한 사람 한 사람의 사기를 진작시키는 언어를 구사했다. 그래서 상당히 긴 시임에도 불구하고 이 시의 필사본은 순식간에 러시아 군대에 보급되었다.

1812년, 한 장교가 자신의 일기에 이렇게 기록했다.

"부대에서 우리는 쥬콥스키의 최신작 〈러시아 병영 속의 시인〉을 읽고 토론을 벌였다. 정말 놀라운 시다! 말로 표현할 수 없는 놀라운 재능이 병사들의 영혼을 매혹시키고 있다!"

당시 전국적인 인기를 누리고 있던 작품은 우화시 《개 우리 속의 늑대》였다. 이 작품은 이반 크르일로프(그의 시적 아포리즘은 러시아 문화에 깊이 뿌리내려 사회적 격언으로 기억되고 있다)가 쓴, 보석처럼 빛나는 걸작으로서 전시의 정치 상황을 묘사하고 있다. 이 작품은 보로디노 전투 이후에 나폴레옹이 쿠투조프 장군과 평화 회담을 추진했으나 단호히 거절당했다는 내용을 담고 있다.

크르일로프 우화시에서 늑대(나폴레옹)는 손쉽게 먹이를 구하기 위해 양의 우리로 찾아가지만 실수로 개집(러시아)에 들어가게 된다. 개들에

《개 우리 속의 늑대》의 한 장면

게 포위된 늑대는 위기에서 벗어나기 위해 노련한 개(쿠투조프)와 대화를 시도한다. 그러나 노련한 개는 교활한 늑대의 애원을 단호히 거절해 버린다.

너의 털은 회색이지만, 이 친구야, 나는 백발이란다
그리고 오래전부터 난 늑대의 본성을 잘 알고 있지
그래서 늑대들과는, 그 가죽을 벗겨 낸 다음이 아니면
절대 대화하지 않는
그런 습성을 가졌단다.

크르일로프가 쓴 이 우화시는 날카로운 주제 의식을 바탕으로 치밀하게 구성된 희곡 작품과도 같았다. 나폴레옹 군대를 지치게 하려는 쿠투조프 장군의 전략적 의도를 꿰뚫고 있었던 크르일로프는 대(對)프랑스전에 참전한 인내심이 부족한 젊은 장교들에게 군사 작전의 요점을 설명해 주는 것을 좋아했다고 한다.

목격자들의 회고에 따르면, 크르일로프가 보낸 필사본 원고를 읽다가 쿠투조프 장군은 작가가 강조한 "너의 털은 회색이지만, 이 친구야, 나는 백발이란다"라는 대목에 이르자 갑자기 모자를 벗고는 자신의 백발을 가리켰다. 그리고 곁에 있던 사람들은 그 모습을 보고 기뻐했고 사방에서는 환성이 터져 나왔다. 크르일로프의 짧은 우화시 한 편이 군사 전략에 관한 장황한 설명보다 훨씬 더 효과적이었던 것이다!

오랫동안 구상한 작전이 있었음에도 불구하고 쿠투조프 장군은 고풍스러운 모스크바를 나폴레옹에게 넘겨줄 수밖에 없었다. 국민 여론과 알렉산드르 1세의 생각과는 정반대의 길을 걸었던 쿠투조프 장군은 "모스크바를 잃는다고 해서 러시아를 잃는 것은 아니다……. 모스크바의 양보를 통해 우리는 적군의 패망을 준비하고 있는 것이다"라고 주장했다.

공식적인 포고령이 발표되자 모스크바 시민들 대부분이 서둘러 피난을 떠났고, 나폴레옹은 인적 끊긴 빈 도시에 입성하게 되었다. 모스크바에서 나폴레옹을 맞이한 것은 사나흘 만에 도시의 3분의 2를 불태우며 무서운 기세로 번져 가는 불길뿐이었다.

나폴레옹은 불을 지른 러시아인들을 비난했고, 반대로 러시아인들은 프랑스인들을 비난했다. 그러나 그 불로 인해 숙소와 식량을 확보하지 못한 프랑스군은 모스크바에서 겨울을 날 수가 없었다. 결국 나폴레옹은 '저 끔찍한 나라'와 '저 스키타이 민족'을 저주하며 5주 만에 모스크바를 떠날 수밖에 없었다. 그것은 프랑스 제국의 몰락을 알리는 신호탄이었다.

5장 — 알렉산드르 1세, 쥬콥스키, 젊은 푸쉬킨

1815년 1월 알렉산드르 1세의 군대는 눈에 띄게 줄어든 나폴레옹의 군대를 뒤쫓으며 유럽으로 진격했다. 그리고 얼마 후 쿠투조프 장군이 사망했다. 채 1만 명도 안 되는 병사들과 함께 러시아를 탈출한 나폴레옹은 다시 군대를 조직했다. 그러나 롤러코스트 같은 운명에도 불구하고 그의 천운이 다했다는 것은 부인할 수 없는 사실이었다.

유명한 라이프찌히 대전투가 그 사실을 증명해 주었다. 라이프찌히 전투를 통해 알렉산드르 1세와 동맹군들은 파리로 향하는 길을 확보할 수 있었다. 러시아 군대가 프랑스 수도에 입성하는 날, 알렉산드르 1세는 흡족한 미소를 지으며 예하 장군들 가운데 한 사람에게 이렇게 말했다.

"그래, 페테르부르그에서 사람들은 뭐라고 떠들어 댈까? 사실 말이지, 우리가 가진 거라곤 시간뿐이었거든. 그놈들은 나폴레옹을 칭송하면서 나를 얼간이라고 생각했었지."

나폴레옹으로부터 해방된 유럽에서는 알렉산드르 1세를 일리어드의 주인공 아가멤논에 비유하며 '황제 중의 황제'라고 불렀다. 알렉산드르 1세는 유럽 문화의 후원자가 되었다. 베토벤은 알렉산드르 1세에게 바이

올린 소나타 30번을 헌정했으며, 그로부터 얼마 후 알렉산드르 1세는 쇼팽을 후원하며 그에게 보석 반지를 하사하기도 했다.

러시아에서는 알렉산드르 1세를 신격화했고 심지어 그에게 복자(福者)의 칭호까지 부여하려고 했다. 하지만 그는 당연한 일이라고 생각하면서도 겸허히 사양했다. 1814년 말에는 헌정시 〈알렉산드르 황제 폐하께〉를 쓴 시인 쥬콥스키의 맑고 힘찬 목소리가 근위대 찬가 속에서 다시 울려 퍼졌다.

수줍음 많은 몽환적 서정 시인으로 출발한 쥬콥스키는 많은 사람들의 예상과 달리(어쩌면 자신도 예상치 못한) 최초의 궁정 시인이라는 호칭을 얻게 되었고 이로써 늙은 데르자빈의 역할을 대신할 수 있게 되었다. 〈러시아 군영 속의 시인〉이라는 작품에서 쥬콥스키는 "시인은 지휘관들의 전우/ 시인의 노래는 승리에 생명을 불어넣으리"라고 노래하면서, 문화의 정치적 역할 및 신화 조성 역할에 효과적인 공식을 최초로 완성시켰다. 알렉산드르 1세에게 보내는 서한에서는 쥬콥스키의 새로운 입지를 다지는 데 상당히 중요한 역할을 한 또 다른 아포리즘을 발견할 수 있다. 아시다시피 그것은 젊은 푸쉬킨을 매혹시켰던 '리라 소리는 민중의 목소리'라는 아포리즘이다.

쥬콥스키는 러시아의 축복받은 역사적 순간을 다음과 같이 시로 찬미하기도 했다.

명예, 자유, 위대함, 영광, 평화, 조국, 교회
그 모든 것이 가슴에 달콤하게 느껴질 때
그 모든 것은 오직 차르라는 한 단어로 귀결된다.

그러나 쥬콥스키는 차르를 찬양하는 것에 그치지 않고 용감하면서도 아주 특이한 충언을 하기도 했는데, 후일 그 충언은 쥬콥스키 자신의 생각과 알렉산드르 1세의 운명 그리고 사후 전설에 반영되었다는 점에서 대단히 놀라운 것이었다(이 문제는 차차 다루게 될 것이다).

　　당신의 그 화려한 왕좌에서 잠시 물러나시오
　　차르의 왕좌는 거짓 칭송으로 둘러싸였다오
　　차르의 광채를 가리고, 장식을 벗어 던지고
　　군중 속으로 홀로 나아가 거기서 축복을 받으시오.

　쥬콥스키의 시를 암기하고 있었던 푸쉬킨은 십 년이 지난 후 이렇게 말했다.

　"이것이 러시아 시인이 러시아 황제를 향해 말하는 태도다."

　〈알렉산드르 황제 폐하께〉라는 쥬콥스키의 서한은 궁중으로 들어가는 통행증이 되었고, 안드레이 조린의 말에 따르면, 그 서한은 마침내 그를 "새로운 국가 시인, 러시아 제국의 마지막 국가 시인, 권력과 지식인 사회가 인정한 마지막 국가 시인"으로 바꿔 놓았다.

　러시아 문화와 역사에서 대단히 의미 있고 중요한 과정이 어떻게 시작되었는지 추적하는 작업은 매우 유익한 일이다. 손을 맞잡았던 양측(시인과 궁정)은 각각 서로를 향해 조심스럽게 접촉했고, 행여 상대에게 실수를 저지르지나 않을까, 혹은 허영심 많고 우스꽝스러우며 진지하지 못하고 또 저속한 존재로 비치지 않을까 염려했다.

　쥬콥스키에게 주도적으로 접근했던 쪽은 왕실이었다. 1813년 봄, 파벨

1세의 미망인이었던 마리야 표도로브나는 자신을 기쁘게 한 작품 〈러시아 군영 속의 시인〉을 쓴 쥬콥스키에게 반지를 하사했고, 그의 시를 실은 잡지를 특별판으로 제작하라고 지시했다. 이 특별판에는 저명한 판화가들의 삽화가 실리기도 했다.

알렉산드르 1세 정부에서 법무 장관을 지낸 바 있는 원로 시인 이반 드미트리예프는 쥬콥스키의 시를 출판하는 일을 적극적으로 추진했다. 이처럼 모든 계획은 공식적 승인은 물론, 최고 권력층의 승인하에 이루어졌다.

전시 상황에서, 그것도 거의 즉흥시 형태로 쓰여진 〈러시아 군영 속의 시인〉과 달리 쥬콥스키가 알렉산드르 1세에게 헌정한 편지시는 신중하고 구체적인 계획하에 쓰여진 작품이었다(황제가 수용할 수 있을지 여부를 신중히 고려했다). 쥬콥스키의 표현에 따르면, 알렉산드르 동상에 자신의 이름을 남기려는 의도로 작품을 구상했다고 한다.

이 시는 알렉산드르 1세에게 직접 전달되지 않았다. 쥬콥스키는 과부가 된, 황제의 어머니의 궁중 친구들을 통해 작품을 전달했다. 우리가 기억하고 있는 것처럼 파벨 1세가 모반자들에 의해 살해된 것을 자신의 아들 탓으로 돌렸던, 황제의 어머니와 그 주변 인물들은 이제 문화 분야에서 황제의 조언자 역할을 맡게 되었다.

절차는 한 단계 한 단계 조심스럽게 진행되었다. 마리야 표도로브나는 가까운 친족 모임(대공들과 대공녀들)에서 쥬콥스키의 작품을 처음 접하게 되었다. 한 신하가 큰 소리로 시를 낭송했고 그것을 들은 사람들은 "멋지군! 정말 뛰어난 작품이야! 너무 훌륭해!"라고 찬탄해 마지 않았다. 그리고 '황제 역시 시인의 천재성에 감탄할 수밖에 없을 것이다'라고 판단한 알렉산드르 1세의 한 측근은 쥬콥스키의 편지시 한 부를 황제가 머물고 있던 비엔나로 급히 보냈다.

마리야 표도로브나는 페테르부르그 외곽의 파블롭스크 궁전으로 쥬콥스키를 초대했다. 궁전에서 사흘간 머물렀던 쥬콥스키는 첫날 자신의 발라드를 낭독했고 둘째 날에는 〈러시아 군영 속의 시인〉과 편지시 〈알렉산드르 황제 폐하께〉를 낭송했다.

마리야 표도로브나는 쥬콥스키의 인품과 시 낭송에 매혹되고 말았다. 어느 회고록 작가는 "쥬콥스키를 알고도 그를 사랑하지 않는다는 것은 불가능한 일이다. 그는 어린 아이와 천사가 하나로 합쳐진 사람이다"라고 했다.

결국 쥬콥스키는 '황제 어머니를 위한 낭독자'라는 명예직에 올랐다. 이 모든 일이 말해 주는 것은 문학이라고 하면 권위적인 수녀의 견해에만 의존하던 알렉산드르 1세에게 깊은 인상을 심어 주었다는 점이다. 게다가 그는 쥬콥스키가 나폴레옹 전쟁에 참전한 공로를 인정받아 2등 대위로 승진했다는 사실뿐만 아니라 성(聖)안나 2급 훈장을 받았다는 사실까지도 알고 있었다.

1816년 12월 30일, 알렉산드르 1세는 쥬콥스키가 헌정한 시와 서신에 대한 보답으로 칙령을 공포했다. 황제의 칙령은 다음과 같았다.

"재무 장관에게 고하노라. 저명한 작가이자 2등 대위인 바실리 쥬콥스키의 작품과 재능을 살펴보건대, 그는 뛰어난 작품으로 우리 문학을 풍요롭게 만들었을 뿐 아니라 러시아 군의 영광까지 기렸으니 그 노고에 대한 감사의 표시로 독자적인 창작 활동을 지원하고자 하노라. 재무 장관은 연간 4천 루블의 연금을 쥬콥스키에게 지급토록 하라. 알렉산드르."

그 후 쥬콥스키에 대한 후속 조치들이 마련되었다. 1817년에 쥬콥스키는 니콜라이 대공(장차 황제가 될 니콜라이 1세를 말한다)의 젊은 아내 샤를롯의 러시아어 가정교사로 초빙되었다. 프러시아 공주였던 샤를롯은 정교회 세례를 받은 후 알렉산드라 표도로브나로 이름을 바꿨다. 독일어를 자유자재로 구사했던 쥬콥스키는 러시아어와 문학을 하루에 한 시간씩 황태자비에게 가르쳤고, 나머지 시간은 자유 시간이었다. 하지만 그는 알렉산드르 1세가 지불하는 3천 루블에 대공녀가 지불하는 2천 루블까지 급료로 받았고 심지어 궁정 안에 있는 거처까지 무료로 제공받았다.

쥬콥스키의 경력은 이것이 다가 아니었다. 그의 경력은 로모노소프 황실에서 봉사하는 동안 그 정점에 이르게 되었다. 1826년, 니콜라이 1세는 여덟 살짜리 아들 알렉산드르(장차 황제가 될 알렉산드르 2세를 말한다)의 스승이 되어 달라고 정식으로 요청했다.

그 무렵 쥬콥스키는 이미 로모노소프 황실의 일원이 되어 있었다. 그는 알렉산드라 표도로브나가 아들을 출산할 때에도 그녀와 함께 모스크바로 향했고 그녀의 출산 과정을 편지시로 묘사하기도 했다(특히 이 편지시는 산모와 아들을 바라보는 니콜라이 1세의 감정을 생생히 전달한 것으로 유명하다).

너를 바라보며, 젊은 애비는
겨우 목숨을 건진 네 어미 앞에 무릎을 꿇고
할 말을 잃은 채 뜨거운 애정 속에 흐느낀다…….

쥬콥스키가 귀족 집안의 갓난아이에게 얼마나 훌륭한 선생이 될 수 있을지 니콜라이 1세는 잘 알고 있었다. 그것은 시인 안톤 델비그가 친구인 푸쉬킨에게 보내는 편지 속에 잘 묘사되어 있다.

"쥬콥스키는 이제 시인으로서는 회복이 불가능할 것 같네. 그는 알렉산드르 니콜라예비치 대공에게 러시아어를 가르치기 위해 하루 종일 입문서를 만들고 있다네. 그는 알파벳 한 글자 한 글자를 도형으로 표현하고 있고 또 음절 하나 하나에 그림을 그려 넣고 있어. 그렇다고 해서 그를 비난할 수는 없겠지. 그는 장차 황제가 될 사람을 가르친다는 생각에 벅찬 감격을 느끼고 있을 테니 말이야. 그는 러시아 민중의 이익과 영광을 위해 일한다는 것으로 위안을 삼고 있을 걸세."

쥬콥스키의 친구들은 그를 '어린아이들의 아리스토텔레스'라고 부르기 시작했다. 그는 황태자에게 러시아어와 문학은 물론, 지리, 역사, 산수까지 가르쳤다. 하지만 쥬콥스키는 시를 쓸 시간이 없다고 해서 불만을 갖지는 않았다.

"어린아이의 세계는 곧 나의 세계. 나는 그 세계에서 완전한 행복을 찾을 수 있으리라 믿는다."

로마노프 황실의 폐쇄된 세계 속에서 그리고 호화로운 겨울궁전에서 '완전한 행복'을 찾겠다던 쥬콥스키의 말은 결코 우연이 아니었다. 1823년에 받은 마음의 상처가 죽을 때까지도 치유되지 않았던 것이다.

1805년 스물두 살의 쥬콥스키는 배다른 누나의 열두 살짜리 딸 마리야(마샤 프로타소바)에 대한 사랑의 감정을 일기에 기록했다. 그의 사랑은 육체적 욕망이 아니라 플라토닉한 감정이었다. 마샤와 쥬콥스키는 서로를 사랑했다. 하지만 신앙심 깊은 그녀의 어머니는 두 사람의 결혼을 허락하지 않았다. 1823년 마샤는 다른 남자와 결혼을 했고 그로부터 몇 해 지나지 않아 죽고 말았다(당시 그녀의 나이는 30세였다).

이 슬픈 이야기는 쥬콥스키의 세계관을 종교적이고 신비주의적인 색채로 가득 물들이며 30년 이상 그의 창작을 지배했다. 쥬콥스키와 마샤는 '신의 섭리에 대한 믿음'을 담은 편지를 주고받았다. 〈알렉산드르 황제 폐하께〉라는 쥬콥스키의 편지시 역시 섭리주의적 수사에 기초한 것이었다. 어쩌면 그것이 황제의 내면에 자리잡고 있던 은밀한 감정을 건드렸을지도 모른다(황제는 영적 조언자의 신비주의적 격려를 갈망하고 있었다).

이러한 신비주의적 경향은 알렉산드르 1세와 나폴레옹 사이의 대결 이후에 더욱 심해졌다. 군사 지도자로서 나폴레옹의 명성은 전설적이었으며, 경험이 부족한 러시아 황제가 그에게 승리를 거두었다는 사실은 신의 의지가 실현된 것으로 봐야 한다는 손쉬운 결론에 이르게 했다. 이제 알렉산드르 1세의 탁자 위에는 성경책이 놓이게 되었다. 이제 그는 자신이 신의 섭리를 구현하는 사람이라고 생각했고 그의 목표는 국제 관계에서 기독교 윤리를 강화하는 것이었다.

반 나폴레옹 연합의 지도자였던 알렉산드르 1세는 그와 같은 섭리주의적 사상을 사람들의 생활 속에 반영할 만한 충분한 영향력을 지니고 있었다. 러시아, 오스트리아, 프러시아, 영국이 참여한 승전국들의 비엔나 회의(1814~1815)는 러시아 황제의 주도하에 소위 신성동맹을 결성했다. 알렉산드르 1세가 생각한 신성동맹의 과제는 유럽 전역에 기독교적 윤리관이 뿌리내리도록 하는 것이었다.

아마도 알렉산드르 1세는 '권력욕이 강한 나폴레옹이 항구적인 전쟁으로 세상에 알려졌다면, 독실한 러시아 황제는 기독교적 이상과 영원한 평화를 추구한 사람으로 기억될 것이다'라고 생각했을 것이다. 이와 같은 목표를 이루기 위해 알렉산드르 1세는 원칙적으로 대외 정책에서 많은 양보를 했지만, 자신이 꿈꾸던 '사랑, 진리, 평화의 계명'을 실제 정치 활동에서 실천할 의지를 보이지 않는 서방 동맹국 황제들의 시니컬한 태도에 실망감을 감출 수가 없었다.

나폴레옹 전쟁에서 승리를 거둔 후 얼마 동안 러시아 상류 사회는 거의 광기에 가까운 애국주의 열풍에 휩싸이게 되었다. 하지만 시간이 흐르면서 조금씩 냉정을 되찾게 되었고, 그 중 일부는 황제의 신비주의적 통치 방식에 불만을 터뜨리기 시작했다. 소식을 전해 들은 알렉산드르 1세는 심각한 우울증에 빠지고 말았다.

하지만 쥬콥스키의 신비주의적이고 우울한 발라드가 알렉산드르 1세의 영혼을 위로해 주었다. 쥬콥스키에게 있어 황제는 사색의 대상이었고 또 자기 시의 이상적인 주인공이었다. 황제와 시인이 이토록 긴밀한 관계를 맺는 경우는 러시아 역사에서 좀처럼 찾아보기 힘들 것이다.

그럼 여기서 알렉산드르 1세의 즉위식을 묘사한 유명한 시구들을 살펴보도록 하자. 하나는 그의 유년기를 다룬 〈알렉산드르가 보낸 시절의 아름다운 출발〉이고 다른 하나는 알렉산드르의 만년을 묘사한 풍자적 초상이다(〈알렉산드르가 보낸 시절의 아름다운 출발〉은 작은 아포리즘에 가깝다).

허약하고 교활한 권력자여,
대머리 꾀꼬리여, 노동의 적이여,
영광에 불현듯 몸을 숨긴 채,
그땐 우리들 위에 군림했었지.

이 두 개의 시편은 오늘날까지 역사적 문헌 속에서 끊임없이 인용되면서 알렉산드르 1세의 유산에 대한 양극적인 입장을 보여 주었다. 이 두 시편은 짧고 명확한 비판(언제나 공정한 것은 아니었지만)의 대가였던 푸쉬킨의 작품들이다. 푸쉬킨의 비판은 여러 세대를 거쳐 오는 과정에서 러시아 독자들의 의식과 기억 속에 확실하게 뿌리내렸다.

푸쉬킨만큼 알렉산드르 1세에 대해 악의적이고 모욕적으로 언급한 사람도 없었다. 하지만 푸쉬킨은 황제가 사망하자마자 쥬콥스키에게 편지를 써 보냈다. "황제가 눈을 감는 순간까지 노래를 불러 주었으니, 나는 아무 잘못도 없습니다"라며 자신의 정당성을 주장했던 것이다.

1811년, 특별 교육기관인 리체이가 설립되었다. 리체이는 푸쉬킨과 그의 뛰어난 문학 동료들을 배출해 낸 곳이기도 하다. 리체이가 문을 열기에 앞서 페테르부르그 넵스키 대로에 위치한 카잔 성모 대성당의 헌당식이 열렸다. 로마노프 왕조는 성모 마리아를 국가의 수호신으로 떠받들고 있었다. 헌당식에는 알렉산드르 1세와 황제 일가가 참석했다. 그리고 그날은 황제가 즉위한 지 10주년이 되는 날이기도 했다.

카잔 성당은 페테르부르그 어느 곳에서나 볼 수 있는 건축물이자, 위대한 유럽 국가의 수도 페테르부르그의 위용을 드러내는 건축물 가운데 하나였다. 성당 건축 프로젝트를 맡은 작가는 건축계의 신성(新星) 안드레이 보로니힌[10]이었다. 그는 영향력 있고 부유했던 예술아카데미 원장 알렉산드르 스트로가노프 백작의 사생아였다(페름 출신의 농노가 그의 어머니였다).

---

10) 안드레이 니키포비치 보로니힌(1759~1814)은 러시아 고전주의 시대의 대표적인 화가이자 건축가였다.

카잔 성당

    카잔 성당 건축 콩쿠르에서는 스코틀랜드 출신의 찰스 카메론이 우승했다. 그는 차르스코예 셀로와 페테르부르그 인근의 파블롭스크에 왕궁을 세운 건축가로 명성을 날리고 있었다. 그러나 스트로가노프 백작은 모든 규칙을 위반해 가면서까지 성당 건축 사업을 보로니힌에게 맡겼다. 보로니힌은 1786년에 해방 농노가 되어 있었다(당시 그의 나이는 26세였다).

    카잔 성당이 지금까지도 페테르부르그 건축의 걸작들 중 하나로 꼽히고 있는 것을 보면 불법적 개입이 유익한 결과를 낳을 수도 있는 듯하다. 넵스키 대로 쪽으로 향해 있는 측면 파사드에 증축된 96개의 코린트식 기둥은 성당, 광장, 대로와 어우러지면서 힘찬 날개의 형상을 만들어 냈다. 이로써 카잔 성모 성당은 페테르부르그에서 가장 조화로운 건축물이 되었다.

당초 카잔 성당은 국가의 예술적 역량을 과시할 목적으로 계획된 것이었다. 더구나 외국 사람인 카메론보다 평민 출신의 러시아 사람인 보로니힌을 편애하는 일까지 벌어졌다. 하지만 로마노프 왕가는 '서구에 굽실대는' 왕조라고 알려진 것과는 달리 대체로 러시아 인재들을 보호하는 경향이 강했다(전통적으로 서구의 주요 언어를 자유자재로 구사했던 로마노프 왕족의 개인적 취향은 별개의 문제였다. 그들은 종종 프랑스와 영국의 최신 소설이나 프랑스 광대극 또는 이탈리아 오페라로 여흥을 즐겼다. 그런 의미에서 러시아 귀족 사회의 문화적 관심과는 크게 다르지 않을 수도 있었다).

카잔 성당의 내부 및 외부를 장식하기 위해 알렉산드르 1세는 의식적으로 러시아 장인들을 선발했다. 세례 요한, 안드레이 페르보즈반느이, 루시의 세례자인 블라디미르 공과 알렉산드르 넵스키 공 등의 조각상을 제작하는 일은 러시아 고전주의의 대표자인 이반 마트로스, 스테판 피메노프, 바실리 데무트-말리놉스키에게 맡겨졌다. 그리고 카잔 성당의 밑그림은 당시 페테르부르크 프리메이슨과 밀접한 관계를 맺고 있던 블라디미르 보로비콥스키와 새롭게 등장한 예술아카데미 조교수 알렉세이 예고로프, 바실리 쉐부예프에게 맡겨졌다.

알렉산드르 1세는 스트로가노프 백작의 조언에 따라 예고로프와 쉐부예프에게 '역사화 아카데미 회원' 칭호를 내림과 동시에 보석반지를 하사했다(그 반지는 성(聖)블라디미르 4등 훈장에 준하는 것으로써 이 훈장을 받는다는 것은 곧 개인적 영광과 함께 사회적 특권 및 일상적 특권까지도 보장받게 된다는 것을 의미했다). 그리고 성당 건축 사업에 참여한 다른 사람들에게도 상이 수여되었다.

카잔 성당을 비롯하여 당시 페테르부르그에 건립된 고전주의 양식의 건물, 즉 네바 강변에 위치한 광산연구소(건축가는 역시 보로니힌이었다)와 도시의 상징인 해군성 건물(건축가는 안드레이 자하로프였다)은 오늘날 '러시아 제국'의 양식으로 정의된다. 왜냐하면 자신이 설치한 '위원회'를 통해 수도 건설 사업을 꾸준히 관찰해 온 황제의 개성과 밀접하게 연관되었기 때문이다.

스탈린 시대 이전의 러시아 문화사에서 예술적 조류가 국가 지도자의 개성과 그처럼 완벽하게 일치했던 적은 없었다. 화가 이고리 그라바리는 훗날 알렉산드르 1세의 '예술적 독재'와 관련하여 "알렉산드르 1세는 동시대인들의 취향을 뛰어넘는 이교적 취향과 미적 감각을 소유한 사람이었다"라고 지적했다.

수많은 문화 엘리트들이 황제의 독재를 인식하지 못한 채 그에게 환호했던 이유는 알렉산드르 1세가 주문한 '이교성'에 더욱 매혹되었기 때문일 것이다. 심지어 영원한 이방인이었던 게르첸조차 "사람들의 생각이 권력과 일치하는 시대가 존재한다"라고 마지못해 인정한 바 있다. 비록 러시아에서는 드물게 일어나는 일이긴 했지만 어쨌든 그 시대는 오랫동안 지속되었다.

카잔 성당의 운명은 상징성을 가진 건축물들이 종종 겪게 되는 운명이라는 점에서 대단히 중요한 의미를 갖는다. 1812년에 승리와 패배가 이어지는 상황 속에서 러시아군의 새로운 총사령관 미하일 쿠투조프 장군은 프랑스군이 러시아를 침공한 날로부터 정확히 두 달 후 카잔 성당에서 "나폴레옹 군을 격퇴할 수 있게 해 주십시오"라고 기도를 올린 후 바로 그 다음날 군사 작전에 돌입했다. 또한 1813년에 쿠투조프 장군이 사망한 후에는 쿠투조프 원수의 유해가 성당 내 특별 유해 안치소에 안장되었다 (유해 안치소의 울타리는 보로니힌의 마지막 작품이기도 했다).

알렉산드르 1세의 칙령에 따라 카잔 성당에는 러시아군의 판테온적 기능이 부여되었다. 그곳에는 러시아군이 노획한 프랑스군 깃발 115개와 러시아군이 점령한 유럽 도시들 및 요새들의 지도 94개가 진열되었다(이 지도들은 1813년부터 1815년까지의 기간에 러시아군이 노획한 것이었다).

니콜라이 1세 시대로 접어든 1837년에는 카잔 성당 앞 광장에 쿠투조프 장군과 그의 동료인 미하일 바르클라이 데 톨리 원수의 동상이 세워졌다. 동상 제작자는 농노 출신의 조각가 보리스 오를롭스키였다. 동상을 제작하라는 니콜라이 1세의 명령이 떨어지자마자, 로마에서 기술을 연마하고 있던 오를롭스키는 서둘러 귀국길에 올랐다(그는 예술아카데미로부터 연금을 받고 있었다. 즉 황제가 파견한 예술가였던 것이다).

니콜라이 1세는 오를롭스키에게 편지를 보냈다. 편지에는 쿠투조프 장군과 바르클라이 데 톨리 장군의 동상을 제작할 때 다음과 같은 방법으로 하라는 내용이 담겨 있었다.

"1. 장군들의 동상에 육군 군복을 착용시킬 것. 2. 미적 효과를 위해 망토로 장식을 하고 하의는 신사복 바지나 승마용 바지를 착용시킬 것."

오를롭스키는 동상 제작에 전념하며 몇 해를 보냈다. 하지만 바르클라이 데 톨리의 형상만은 예외적으로 그에게 위임되지 않았다. 니콜라이 1세의 요구 사항에는 정치적 의도가 숨어 있었다. 그는 나폴레옹 군대를 물리친 사람이 쿠투조프 장군 한 사람만이 아니라는 사실을 강조하고 싶었다. 민중의 의식 속에는 쿠투조프 장군이 조국의 구원자로 남아 있었기 때문이었다. 황제는 나폴레옹을 러시아 땅 깊숙한 곳으로 유인하는 작전은 바르클라이가 생각해 냈다는 것 그리고 쿠투조프 장군은 그 작전을 끈기 있게 실행에 옮긴 것뿐이라는 사실을 환기시키고 싶었던 것이다. 그래서 니콜라이 1세는 동상 받침대에 다음과 같은 비문을 새기라고 지시했다. 〈대원수 쿠투조프-스몰렌스키 공. 1812년〉, 〈대원수 바르클라이 데 톨리 공. 1812년, 1813년, 1814년, 1815년〉. 이 비문을 통해 황제는 나폴레옹과의 전쟁에서 바르클라이가 쿠투조프보다 훨씬 더 오랫동안 러시아 군을 지휘했다는 사실을 강조했다.

푸쉬킨이 전쟁과 역사에 대한 니콜라이 1세의 관점을 역설했다는 사실은 참으로 흥미롭다. 결투가 벌어지기 일 년 전인 1836년 3월에 푸쉬킨은 오를롭스키의 아틀리에를 방문했다가 그곳에서 두 장군의 모형을 발견하고는 거기서 받은 인상을 이렇게 표현했다.

조각가여, 나는 슬프고도 즐거운 마음으로 그대의 아틀리에에 들어서노라!
그대는 저 모형에 그대의 생각을 불어넣고, 저 대리석은 그대의 생각에 귀 기울이겠지.
(……)
여기에 개척자 바르클라이가 있고, 여기에 실천가 쿠투조프가 있구나.

언제나 그렇듯 푸쉬킨의 짧은 시적 표현은 두 장군의 청동상보다 더 긴 생명력을 보여준다. 그래서 1812년의 대나폴레옹 전쟁을 회고할 때 우리는 푸쉬킨의 생각을 좇아 바르클라이 데 톨리를 '개척자'로, 쿠투조프를 '실천가'로 부르게 된다.

1837년 12월 5일, 러시아는 나폴레옹 군대 격퇴 25주년을 기념하는 경축 행사를 열었다. 그날 니콜라이 1세는 페테르부르그 주둔군이 카잔 성당 인근에서 퍼레이드를 벌여도 좋다고 승인했다. 새롭게 공개한 쿠투조프 장군과 바르클라이 데 톨리 장군의 동상 옆을 행군하는 용감한 병사들을 바라보면서, 니콜라이 1세는 그들의 스마트한 용모와 뛰어난 태도뿐 아니라, 동상 받침석이 원래 계획했던 대리석보다 반 이상 싼 값으로 완성되었다는 사실에 더 만족스러워했다. 황제는 위대한 선조인 표트르 대제를 흉내 내면서도 문화 부문에서는 푼돈조차 아끼고 싶어 했던 것이다.

그 무렵 카잔 성당의 앙상블은 러시아군 승전의 중요한 국가적 상징물 중 하나로 자리 잡고 있었다. 따라서 신학생 출신이며 러시아 제국사의

니콜라이 1세

숭배자인 볼셰비키 지도자 요시프 스탈린이 이 성당에 적대적인 태도를 보였던 것은 이상한 일이다. 그러나 정치가로서 스탈린의 권력은 군사적 상징과 준종교적 상징을 교묘히 활용한 데서부터 나왔던 것이다. 1929년 스탈린의 명령에 따라 카잔 성당에서의 종교 의식이 금지되었다. 과거와 마찬가지로 외양은 화려했지만 이제 그 건물은 영적 본질을 상실하고 말았다. 다음해인 1930년 공산화된 레

닌그라드에서 젊은 작곡가 드미트리 쇼스타코비치의 풍자 오페라 〈코〉(고골의 작품을 토대로 하였다)가 '고사한' 성당의 낯선 진혼곡으로 상연되기 시작했다. 이 작품 속에는, 주인의 얼굴에서 떨어져 나온 코가 갑자기 카잔 성당에 나타난다는(빳빳하게 세워진 칼라 속에 얼굴을 파묻은 코가 간절하게 기도를 올린다) 고골의 초현실주의적 장면이 간결하고도 아이러니하게 표현되어 있었다. 쇼스타코비치는 강력한 마력을 지닌 막간 합창을 통해 아주 역설적인 방법으로 그 장면을 보여주었던 것이다.

쇼스타코비치는 1927~1928년에 오페라 〈코〉를 작곡했다. 우리는 그 무렵에 쇼스타코비치의 종교관이 어땠는지에 대해서는 관심이 없다. 하지만 스물한 살의 젊은 작곡가가 레닌그라드에서 '페테르부르그 문화'의 정수를 예리하게 인식하고 있었다는 것은 지적하지 않을 수 없다(당시 쇼스타코비치가 살고 있던 페테르부르그는 이미 여러 해 전부터 레닌그라드라는 이름으로 불리고 있었다). 그는 카잔 성당을 페테르부르그 문화의 정수로 간주하고 있었던 것이다.

한편 또 한 명의 페테르부르그 출신 안무가 게오르기 발란치발제의 예를 통해 우리는 어린 시절에 가졌던 신앙이 그 사람의 세계관과 미학을 형성하는 데 중요한 역할을 한다는 것을 알 수 있다. 훗날 세르게이 댜길레프는 그에게 조르쥐 발란친이라는 이름을 지어 주었다. 그리고 1981년 뉴욕에서 나와 만났을 때 발란친은 "1932년에 파리에서 거주할 때 옛 카잔 성당 자리에 '종교사와 무신론' 박물관이 들어섰다는 끔찍한 사실을 알게 되었다"라고 내게 말해 주었다.

스탈린은 이 설익은 정책을 시행하기에 앞서 '과학적—무신론적 세계관의 선전'을 당면 과제로 내세웠다. 스탈린의 방침에 따라 빈 껍데기만

남은 과거의 카잔 성당 따위에는 전혀 관심이 없는 어린 소년단원들과 병영에서 벗어나는 것만으로도 너무나 큰 행복을 느꼈던, 말쑥하게 머리를 깎은 병사들이 반종교적 강연에 동원되었다.

1962년, 조르쥐 발란친이 미국 국무부의 후원으로 동료와 함께 레닌그라드 순회 공연을 하고 있을 때, 발란친의 종교적 감정이 상처받은 줄 미처 몰랐던 소비에트 관계자들은 그에게 박물관을 방문해 달라고 요청했다. 박물관을 방문한 발란친은, 공산당원들 중에서 선발된 평범한 방문객들과 함께 '중세 시대에 이교도들에 대항하기 위해 가톨릭 종교재판에서 사용한 고문 도구들'을 관람해야만 했다. 하지만 화가 난 발란친은 견학을 거부해 버렸다.

1980년대 초반 뉴욕에서 만난 나와 발란친은 페테르부르그의 과거와 미래에 대해 여러 차례 이야기를 나누었다. 하지만 발란친이 내다본 페테르부르그의 미래는 너무나도 암울했다. 그는 카잔 성당의 서글픈 처지에 대해 다음과 같이 지적했다.

"과연 볼셰비키들에게 좋은 결과를 기대할 수 있을까요?"

1991년에 소비에트 정권이 붕괴된 후 카잔 성당에서 예배 의식이 다시 거행되기 시작했다는 소식을 들었을 때 발란친은 분명 반색을 했을 것이다. 1998년에 발란친은 다시 한 번 축성을 받았다. 카잔 성당의 롤러코스트 같은 운명은 이처럼 갈팡질팡하는 러시아 정치사와 맥을 같이 했다.

"그는 파리를 점령했고, 리체이를 설립했다."

푸쉬킨은 자신의 시에서 약 25년에 걸친 알렉산드르 1세의 통치에 대해 이런 결론을 내렸다. 역설적이게도 이 시구에서는 그 유명한 역사적 사건(대나폴레옹 전쟁)이 알렉산드르 1세 통치 시기의 수많은 자유주의적 조치들 가운데 하나인 매우 온건한 교육 프로젝트와 동일한 맥락에서 다루어지고 있다.

1811년 10월 19일, 알렉산드르 1세의 칙령에 따라 차르스코예 셀로에 '황제 학교'가 세워졌다. 황제 학교는 러시아 문화사에 있어 하나의 전설과도 같은 학교였다. 왜냐하면 예카테리나 궁전 4층의 화려하고 커다란 홀에 도열해 있던 서른 명의 리체이 학생들(일학년 학생들) 중에 열두 살의 알렉산드르 푸쉬킨이 제3열에 서 있었기 때문이었다. 그는 모스크바 귀족 집안 출신으로 고수머리와 똘망똘망한 눈을 가진 아주 활달한 소년이었다.

어느 리체이 졸업생의 회고에 따르면, 그들은 당시 알렉산드르 1세를 알현했다고 한다.

"축사가 끝나자 우리를 한 사람씩 호명하기 시작했다. 우리는 한 사람씩 탁자 앞으로 나아가 황제에게 경례를 했다. 황제는 몹시 인자한 눈으로 바라보며 우리의 어색한 경례를 끈기 있게 받아 주었다."

훗날 푸쉬킨은 여러 해에 걸쳐 쓴 자신의 연작시 속에서 10월 19일의 그날을 찬양했다. 그 중에서 가장 유명한 구절은 "우리에게 온 세상은 타국/ 우리에게 조국은 차르스코예 셀로"였다.

알렉산드르 1세는 '국가에 대한 봉사라는 중차대한 역할을 하게 될 젊은이들을 교육시키기 위해' 폐쇄적인 엘리트 기숙학교를 설립할 계획이었다. 처음에는 황제의 동생들인 미하일 대공과 니콜라이 대공(미래의 황제)도 리체이에서 함께 생활하기로 되어 있었다. 하지만 황제의 어머니가 반대를 했다. 그럼에도 불구하고 리체이의 엄청난 운영 비용은 황실에서 부담해 주었다. 그래서 리체이 학생들은 호화로운 숙소와 최고의 교수진이라는 특별한 혜택을 누릴 수 있었다.

하지만 푸쉬킨은 학업에는 별 관심이 없었다. 그는 수학 수업을 들으면서도 눈을 찡그리고 입을 삐죽 내민 채 오직 시 쓰는 일에만 몰두했고 수학 교사는 푸쉬킨의 그런 모습을 보고도 모른 척하고 넘어가 버렸다. 그 교사는 의사(교내에서 학생들을 진료하는 의사)를 조롱하는 푸쉬킨의 경구시가 너무나도 마음에 들었던 것이다(그리고 그 의사는 수학 교사에 대한 푸쉬킨의 조롱이 너무나도 마음에 들었다).

한번은 수학 교사가 푸쉬킨을 칠판 앞으로 불러내 대수 문제를 풀어보라고 한 다음 동정 어린 눈길로 그를 관찰하기 시작했다. 어린 시인은 다리를 꼰 채 칠판 앞에 서서 수학 공식을 죽 써내려 갔다. 참다 못한 수학 교사가 푸쉬킨에게 물었다. "어떤 답이 나왔지? 엑스(X)의 값이 뭐지?" 푸쉬킨은 "제로입니다"라고 대답했다. 그러자 수학 교사는 "푸쉬킨, 자네의 답은 항상 제로로 끝나는군. 어서 자리로 돌아가서 시나 계속 쓰도록 하게"라고 말했다.

나이 어린 신동을 관대하게 봐준 사람은 비단 교사들뿐만이 아니었다. 그것은 리체이의 최고 후원자인 알렉산드르 1세도 마찬가지였다. 푸쉬킨의 동창생 한 명이 조심스럽게 밝힌 것처럼, 리체이 시절의 푸쉬킨은 학교 관계자들이 알아채지 못하게 몰래 '바카스와 비너스에게 바칠 제물'을 가져오곤 했다. 그는 남몰래 술을 마시고 하녀들의 꽁무니를 쫓아다녔던 것이다.

어느 날 푸쉬킨은 왕궁의 어두운 복도에서 알렉산드르 1세 황비의 궁녀 바르바라 볼콘스카야에게 달려들어 키스를 퍼붓고 말았다. 그런데 알고 보니 그 여자는 하녀가 아니라 나이 든 공작부인이었다. 정말이지 프랑스 광대극에나 나올 법한 장면이었다. 푸쉬킨은 푸시시 웃고는 냅다 줄행랑을 쳤지만, 공작부인은 푸쉬킨이 저지른 짓을 황제에게 일러바쳤다. 그러자 황제는 리체이 교장 예고르 엔겔가르트에게 책임을 물었다.

"이게 대체 무슨 일이오? 당신네 학교 학생들이 내 정원에서 잘 익은 사과를 훔쳐가지 않나, 또 황비의 궁녀에게 몹쓸 짓을 하지 않나, 도대체 어떻게 된 일이냔 말이오!"

교장은 푸쉬킨을 두둔하기 시작했다.

"지금 그 가엾은 녀석은 절망에 빠져 있습니다. 전혀 뜻밖에 일어난 일을 너그럽게 용서해 달라는 편지를 공작부인에게 쓸 수 있게 해 달라면서 저를 찾아왔습니다."

알렉산드르 1세는 관용을 베풀었다.

"좋소, 편지를 쓰라고 하시오. 나도 푸쉬킨 입장을 변호해 주겠소. 하지만 이번이 마지막이라고 전해 주시오."

알렉산드르 1세는 이렇게 약속한 후 멀리서 자신을 지켜보고 있던 황비에게로 달려갔다. 그때 그는 기뻐하는 엔겔가르트를 향해 미소지으며 이렇게 귓속말을 남겼다.

"우리끼리 하는 얘기지만 어쨌거나 그 늙은 부인은 젊은이의 착각이 싫지만은 않았을 거요."

황제는 이 사건을 매듭짓겠다고 결론을 내렸음에도 불구하

리체이 시절의 푸쉬킨

고, 리체이 1기 학생들의 졸업을 서두르라고 지시했다.

황실 가족과의 이러한 접촉은 현실적이기도 했고 또 가능하기도 했는데(미래의 황제가 될 니콜라이 1세는 푸쉬킨보다 3살이 많았지만 쉽게 그의 학급 동료가 될 수 있었다), 어쨌거나 그것이 젊은 푸쉬킨의 상상력을 자극했던 것은 분명한 사실이다.

그것은 황홀한 감정이며, 그런 감정의 영향은 강조되어야 한다. 왜냐하면 백 년이 넘는 기간 동안 처음에는 자유주의 학자들이 그리고 나중에는 소비에트 학자들이 젊은 푸쉬킨과 알렉산드르 1세 가족의 접촉이 갖는 의미를 상당히 과소평가했기 때문이다.

푸쉬킨 세대의 젊은이들에게 역사적 인물과 역사적 행위에 대한 숭배는 보편적 현상이었다. 그래서 보잘것없는 혈통의 코르시카 출신 장교로서 영광과 권력의 정상에 올라섰던 16세의 푸쉬킨의 표현에 따르면, '유럽의 엄청난 보수 세력'을 분쇄했던 나폴레옹은 처음에는 낭만주의적인 인물로 구현되었다.

그런데 1812년 나폴레옹 군대와의 교전 초기에 서부 국경 쪽으로 향하던 러시아 근위부대가 우연히 리체이 옆을 지나가게 되었다. 이와 같이 급변하는 전시 상황은 푸쉬킨과 그의 친구들에게 보다 현실적인 영웅상을 제공해 주었다. 이제 푸쉬킨에게 있어 '역사적 인물들'은 생전이든 사후든 명예를 지키고자 하는 러시아의 젊은 장교들로 바뀌게 되었다. 거의 사반세기가 지난 후 푸쉬킨은 죽으러 그 앞을 지나가는 사람들을 질투하며, 당시 공부에만 매달리기가 얼마나 힘들었는지 회고한 바 있다.

푸쉬킨의 머릿속은 명예와 불멸에 대한 꿈으로 가득 차 있었다. 그의 나이와 그가 처해 있던 상황은 그에게 참전의 명예를 얻을 수 있는 기회를 허락하지 않았다. 그 대신 그는 시로써 영예를 누릴 수 있었다. 1815년, 당시 리체이 학생이었던 안톤 델비그는, 자신의 친구 푸쉬킨을 '불멸의 인물'이라고 소개한 시를 잡지 《러시아 뮤지엄》에 발표했다.

동갑내기 친구가 붙여준 '빛나는 호칭'은 선생들과 선배들 그리고 궁정과 황실 가족의 관심과 지지를 얻기에 충분한 것이었다. 앞서 언급한 푸쉬킨의 초기 시 〈차르스코예 셀로에서의 회상〉은 리체이의 알렉산드르 갈리치 선생이 요청한 작품이었고 또 노(老)시인 데르자빈 앞에서 낭송한 작품이었다. 그런가 하면 교육부 장관 라주몹스키 백작도 이 시를 듣고 찬사를 아끼지 않았다고 한다.

예전에는 리체이 감독에 소홀했던 교육부 국장 이반 마르틔노프(그의 아들도 리체이에서 수학했다) 역시 젊은 푸쉬킨에게 송시 〈1815년 파리에서 황제 폐하의 귀국에 부쳐〉를 주문했다. 알렉산드르 1세를 위해 만들어진 이 작품은 푸쉬킨의 편지와 함께 마르틔노프를 통해 라주몹스키 백작에게 전달되었고 라주몹스키 백작은 그것을 황제에게 헌정했다.

젊은 푸쉬킨과 황제 가족 사이의 관계에서 또 한 가지 눈길을 끄는 것은 알렉산드르 1세의 누이동생 안나 파블로브나와 워털루 전투에 참전한 네덜란드 왕위 계승자 윌리엄 오렌지 공(公)의 결혼식을 기리는 시 작품을 푸쉬킨에게 주문한 사실이다.

이 작품의 의뢰는 당시 젊은 푸쉬킨의 후원자를 자처하던 궁중 역사 편찬가 카람진을 통해 이루어졌다. 배경 음악과 함께 낭송된 푸쉬킨의 시는 공식 보도에서 이렇게 묘사되었다.

"양국 국민이 춤을 추며 한데 어우러졌고, 축제의 주빈인 용감한 왕자에 대한 자신들의 애정을 노래로 표현했다. 합창이 끝난 후에는 그 유명한 전투에서 승리를 거둔 왕자의 위대함을 찬미하는 이행시가 낭송되었다.”

결혼식에 참석한 알렉산드르 1세의 어머니, 즉 과부가 된 마리야 표도로브나는 특히 푸쉬킨의 헌정시에 주목했다. 그리고 그녀는 체인이 달린 금시계를 시인에게 하사했다. 어떤 사람들은 푸쉬킨이 그 시계를 곧바로 잃어버렸다고 했고, 또 어떤 사람들은 푸쉬킨이 그 시계를 일부러 짓뭉개 버렸다고 했다.

1817년 6월 9일, 리체이 졸업식에서 6년간의 정규 과정을 마친 29명의 학생들이 알렉산드르 1세 앞에 성적순으로 도열했다. 그때 각자에게 수여된 관등과 함께 금메달 혹은 은메달의 수여 여부가 공지되었다. 푸쉬킨은 스물여섯 번째로 호명되었다. 그의 성적은 러시아문학과 프랑스문학 그리고 펜싱 과목을 제외하면 너무나도 형편이 없었다. 그러니 메달을 수여받는다는 것은 꿈도 꿀 수 없는 일 아니었겠는가?

졸업식에서 푸쉬킨에게 내려진 관등은 10등관이었다. 하지만 푸쉬킨의 급우들 중 17명은 9등관을 받았다(푸쉬킨은 죽기 직전에야 비로소 9등관을 받을 수 있었다). 알렉산드르 1세는 모든 졸업생들에게 인자한 미소를 지어 보였다. 하지만 2년 반 전에 대(大)시인 데르자빈 앞에서 시 낭송의 영예를 누린 바 있는 푸쉬킨에게는 그 졸업식이 너무나도 굴욕적인 것이었다.

알렉산드르 1세는 졸업생들과 대화를 나누던 중 갑자기 누가 수석으로 졸업하느냐고 물었다. 그러자 푸쉬킨이 이렇게 대답했다.

“폐하, 저희 가운데 일등은 없습니다. 저희 모두 이등을 했습니다.”

이 대화를 통해 알 수 있는 것은, 당시에도 일등, 이등, 꼴등으로 나누는 성적 평가 방식이 있었다는 것 그리고 ‘푸쉬킨 10등급’이라는 성적이 공식 문서에 기록되었다는 사실이다.

푸쉬킨은 다른 영역, 즉 시 영역에서 복수를 모색했다. 앞을 내다볼 줄 아는 리체이 교장 엔겔가르트가 푸쉬킨에 대해 "푸쉬킨의 궁극적인 목표는 시를 통해 영예를 누리는 것이다"라고 공식적인 평가 기록을 남긴 것은 우연한 일이 아니었다.

리체이를 졸업한 후 외무부로 발령받은 푸쉬킨은 거의 출근을 하지 않았다. 푸쉬킨에게는 관직이 어울리지 않았고 또 실제로 푸쉬킨이 관료가 된 적도 없었다. 이러한 상황을 고려한다면 푸쉬킨과 로마노프 왕가 사이의 긴장된 관계는 피할 수 없는 일이었는지도 모른다.

표트르 대제 시대 이래로 국가에 대한 봉사는 로마노프 왕조의 핵심 이념이었다. 이 이념은 제국의 목적 달성이라는 미명하에 개인의 이해관계를 부정하는 것이었다. 로마노프 왕조의 모든 구성원들은 그렇게 교육받았고, 그런 인물들에 의해 엘리트 기숙학교인 리체이가 설립된 것이었다. 푸쉬킨을 비롯해서 그의 몇몇 급우들은 알렉산드르 1세와 니콜라이 1세에게 있어 단지 리체이 교육 시스템을 위한 홍보용 학생에 지나지 않았다. 푸쉬킨의 처신에 대해 로마노프 일가가 그토록 분노했던 이유를 설명할 수 있는 근거가 바로 거기에 있는 것이다.

그 무렵 푸쉬킨은 전혀 엉뚱한 생각에 사로잡혀 있었다. 6년 동안의 폐쇄된 생활을 마치고 리체이에서 돌아온 그는 극장 방문, 새로운 친구들과의 술자리 등 페테르부르그의 생활을 마음껏 즐기기 시작했다. 한 친구에게 보내는 편지에서 푸쉬킨은 1819년 당시의 상황에 대해 다음과 같이 이야기하고 있다.

"모든 일이 매일같이 반복된다네. 다행히 샴페인의 질은 아주 훌륭하고 또 여배우들도 있다네. 술을 마시고, 여배우들과 즐기고. 아멘, 아멘, 아멘. 그렇게 해야만 한다네."

그의 편지는 이렇게 유쾌하게 끝을 맺는다.

"……. 자네를 사랑하네, 하지만 폭정은 증오하지. 안녕, 사랑하는 친구여!"

스무 살의 젊은 푸쉬킨의 머릿속에는 여배우들, 샴페인, 카드놀이, 차르에 대한 증오심이 뒤섞여 있었다. 그와 어울리는 동료들 사이에서는 자유사상이 유행하고 있었다. 그들 사이에서 인기를 끌려면 비판적인 시를 써야만 했다.

당시 불만에 가득 차 있던 한 젊은 러시아 외교관의 일기에서 설득력 있는 부분을 인용해 보자.

"사람들이 내게 나날이 발전해 가는 푸쉬킨의 재능에 대해 다시 글을 써 보냈다. 아아, 사람들은 그가 하루 속히 자유주의에 물들기를 바라며 그의 첫 번째 시는 눈물이 아닌 자유의 노래가 되어야 한다고 생각한다."

그의 일기 속에는 쥬콥스키에 관한 언급도 있었다.

"그는 시인이다. 하지만 그에게 진실을 말해 주겠다. 만일 그가 모든 자유주의자들에게 재능을 바치지 않는다면 그의 재능은 사라져 버릴 것이다. 이제는 그런 시들만이 불멸의 영광을 누릴 수 있을 것이다."

반체제적 분위기에 젖어 있던 페테르부르그 엘리트들의 사회적 요청에 대해 열여덟 살의 젊은 푸쉬킨은 송시 〈자유〉로 응답했다. 이 시는 다른 많은 정치 시들 중에서도 특히 걸작으로 꼽히는 시로서, 당시에는 다루면 안 되었던 주제, 즉 알렉산드르 1세의 아버지 파벨 1세 피살 사건 (1801년)을 다루고 있다.

러시아 역사에서 유난히 끔찍한 사건으로 기록된 파벨 1세 피살 사건. 당시에는 사건을 둘러싼 소문만 무성했다. 그런데 어느 날 갑자기 과감한 시 작품이 등장한 것이다. 송시 〈자유〉가 지하 출판물이 되었다는 것은 전혀 놀라운 일이 아니다. 사람들은 그것을 열심히 베껴 쓰고, 손에서 손으로 전달하고, 암기하고, 낭송했다.

푸쉬킨의 이 시는 결국 알렉산드르 1세의 손에 들어갔다. 아다시피 알렉산드르 1세에게 아버지의 피살은 결코 치유되지 않는 정신적 상처로 남아 있었다. 따라서 알렉산드르 1세가 이 시를 어떻게 받아들였을지 충분히 상상할 수 있을 것이다.

오, 수치스러워라! 오, 이 시대의 참화여!
근위병들이 짐승처럼 달려들었구나!

파벨 1세 시해 사건

굴욕적인 몰매가 가해지니…….

왕관을 쓴 악당은 숨이 끊겼도다.

이 시로 인해 푸쉬킨은 칼날 위에 서게 된 것이나 다름없었다. 한편으로는 파벨 1세를 '왕관을 쓴 악당'이라 불렀고, 다른 한편으로는 그의 피살을 궁중 모반자들인 '근위병들'에 의해 자행된 '이 시대의 참화'라고 했으니 말이다. 물론 알렉산드르 1세는 아버지의 피살에 동의하지 않았다. 하지만 그 역시 이 끔찍한 범죄 행위에 대해 무거운 도덕적 책임감을 느끼고 있었을 것이라는 점에는 의심의 여지가 없다. 하지만 동시대인들의 증언에 따르면, 알렉산드르 1세는 송시 〈자유〉를 읽고 난 후에도 시를 쓴 사람을 벌할 근거를 찾지 못했다고 한다.

1824년 12월(황제가 사망하기 1년 전)에 푸쉬킨이 구상해 두었던 미완성 원고 〈알렉산드르 1세와의 가상 대화〉가 현재까지도 보존되어 있다. 이 원고에서 푸쉬킨은 황제로부터 듣고 싶었던 말, 즉 송시 〈자유〉에 대한 칭찬을 황제가 직접 하도록 하고 있다.

"……. 송시 〈자유〉에는 아주 멋진 세 개의 연(聯)이 있소. 당신이 너무나도 경솔하게 행동한 것은 맞지만 그래도 국민이 보기에 전혀 근거 없는 소문을 퍼뜨려서 나를 비방하려 들지는 않았소. 물론 당신이 허무맹랑한 생각을 할 수도 있겠지만, 어쨌든 황제의 개인적 명예와 진실을 존중한다는 것을 나는 잘 알고 있소."

이 텍스트는 시인 푸쉬킨과 등장인물 알렉산드르 1세 사이의 현실과 상상을 오가는 대화가 푸쉬킨의 마음속에서 얼마나 중요한 위치를 차지하고 있었는가를 말해 주고 있다. 이 대화의 중요성은 젊은 푸쉬킨의 또 다른 정치 시들을 통해 확인할 수 있다. 가령 송시 〈자유〉와 대중적 인기를 다투었던 비가(悲歌) 〈농촌〉(1819)이 그 좋은 예가 되겠다.

〈자유〉에서 푸쉬킨은 러시아에는 법이라는 희망의 울타리가 필요하다고 말하고 있다. 그리고 〈농촌〉에서는 농노제라는 또 다른 긴박한 주제로 전환하며 이렇게 노래한다.

"오, 벗들이여, 억압에서 벗어난 민중과/ 황제의 손짓 하나로 농노제가 폐지되는 것을 난 볼 수 있으려나."

푸쉬킨은 농노제 폐지를 위해 다양한 방안을 연구하고 있던 황제의 마음을 다시 한번 움직일 수 있었다. 푸쉬킨의 시 〈농촌〉을 읽은 황제는 '그 시가 일깨워 준 선의의 감정'에 대해 자신의 이름으로 푸쉬킨에게 사의를 전하라고 지시했다. 알렉산드르 1세의 이 말은 푸쉬킨의 뇌리에서 오래도록 사라지지 않았다. 숨을 거두기 얼마 전, 푸쉬킨은 호라티우스의 시 〈나는 기념비를 세웠노라〉의 변주시인 〈기념비〉에서 그 말을 인용했다 (〈기념비〉는 푸쉬킨의 유훈시였다).

나는 오랫동안 민중의 사랑을 받으리라,
현금으로 선의의 감정을 일깨웠기에…….

푸쉬킨을 아는 사람들은 긍지에 넘치고 독립적이며 다혈질인 그의 성품을 회고했다. 푸쉬킨의 이와 같은 성품들 중 일부는 그의 아프리카 혈통과 관련이 있다. 푸쉬킨의 외할아버지 한니발은 아비시니아(에티오피아의 옛 이름) 출신이었다. 최근에 몇몇 연구자들은 그가 현재의 카메룬 지역 출신일 것이라고 추정하고 있다.

아브람 한니발은 표트르 대제의 총애를 받은 사람이었고 또 엘리자베타 1세 시절에는 장군까지 지낸 사람이었다. 그리고 푸쉬킨의 어머니는 낙천적이고 쾌활한 성격을 지닌 아름다운 혼혈 여인이었다. 푸쉬킨의 고수머리와 까무잡잡한 피부는 어머니로부터 물려받은 것이었다. 뱌젬스키 공(公)의 회고에 의하면, 푸쉬킨의 동생 레프는 '하얀 피부의 흑인'을 닮았다고 한다.

아프리카의 뜨거운 피와 러시아 귀족의 자부심(푸쉬킨의 부계는 알렉산드르 넵스키 시대, 즉 18세기경에 형성되었다)은 위험한 결합이었다. 그렇다고 해서 그의 유전자 혹은 혈통으로 인해 로마노프 왕가와의 복잡하고 긴장된 관계가 형성되었다는 것은 물론 아니다.

푸쉬킨은 '러시아에서 시인과 권력'이라는 이름으로 중요한 문화적 실험을 할 운명과 신의 섭리를 부여받기에 적합한 인물이었다. 푸쉬킨에게는 러시아에서 가장 중요한 문화적 신화의 하나인 상징적 우화 속에 중요한 역할이 주어졌다. 그리고 그에게는 그런 중요한 역할을 맡을 자격이 충분히 있었다. 러시아 역사에서 절대 퇴색하지 않을 푸쉬킨의 의미는 매혹적인 시뿐만 아니라 그런 측면에서도 찾을 수 있다.

물론 푸쉬킨 이전의 러시아 시인들 또한 로마노프 왕가와 대등한 입장에 서려고 의식적으로 노력했다. 가령 로모노소프나 데르자빈의 경우를 예로 들 수 있다(그들도 호라티우스 송시의 변주시를 남겼다). 아다시피 푸쉬킨은 두 시인의 입장을 기꺼이 그리고 열심히 수용했다. 더구나 선배 시인인 카람진과 쥬콥스키의 최근 경험까지도 그에게는 중요한 것이었다. 하지만 결국에는 푸쉬킨이 가장 전설적이고 영향력 있는 인물이 되었고, 여러 세대의 러시아 문화 엘리트들에게 모범이 되었다.

20세기 후반의 젊은 모스크바 시인들이 푸쉬킨과 유사한 자유주의적 발언을 했던 문제에 대해 요시프 브로드스키가 사용한 표현을 빌린다면, 송시 〈자유〉와 〈마을〉을 쓴 푸쉬킨은 기본적으로 '허용된 범위 내에서' 돌을 던졌다고 할 수 있다. 최근의 연구자들, 특히 소비에트 연구자들은 푸쉬킨의 시 작품들에 대한 알렉산드르 1세의 호의적인 반응에 대해서는 침묵하면서도, 그 작품들을 대단히 '혁명적인' 것으로 간주했다.

　한편 알렉산드르 1세의 반응은 상당히 예언적이었다. 〈자유〉에서 푸쉬킨은 러시아에서의 준법 확립을 위해 투쟁했다. 그러나 이 분야에서 알렉산드르 1세의 견해는 대단히 진보적이었다. 그의 견해는 명성을 날리던 푸쉬킨이나 드미트리 블루도프 백작의 유명한 아포리즘에 부응하는 것이었다. 드미트리 블루도프 백작은 "전제군주는 절대권력으로 법률을 개정할 수는 있으나, 법률 개정이나 폐지 이전에는 법률을 준수해야 한다"라며 전제군주와 독재자 사이의 차이점을 부각시켰다.

　시인과 황제가 농노제에 대한 부정적 공감대를 형성했다는 것은 이미 언급한 바 있다. 만일 그 사실을 기억한다면, 러시아 내에서 지하 혁명 조직이 결성되고 있다는 보고를 받기 시작했을 무렵 황제가 아무 조치도 취하지 않았다는, 수수께끼 같은 일을 이해할 수 있을 것이다. 알렉산드르 1세는 그런 보고서 가운데 하나를 벽난로에 집어 던지며 모반자들(데카브리스트들)의 공화주의 사상을 이렇게 평했다.

　"나도 한때는 이런 환상에 공감했고 또 그것을 지지했었지. 그러니까 그들을 처벌하지는 않겠어."

　사망하기 3주 전에 황제는 사적인 대화 속에서 한숨을 내쉬며, "나에 대해서 뭐라고 떠들어 대든, 나는 공화주의자로 살았고 또 그렇게 죽겠어"라며 자신이 공화주의자임을 시인했다.

러시아 전제정권이 위협받던 시기에 알렉산드르 1세는 이 같은 자신의 이중적 태도를 과시했다. 나폴레옹 전쟁에서의 승리는 국제사회에 급격한 변화를 가져왔을 뿐 아니라, 러시아 국내에도 중대한 변화를 가져왔다. 이 전쟁의 시대는 러시아 엘리트 사회, 특히 젊은이들에게 활력을 불어넣었지만, 반대로 알렉산드르 1세를 피곤하게 만들고 환멸을 느끼게 만들었다.

황제는 머리가 하얗게 세고 몸집이 불어났다. 그리고 갑자기 늙어 버린 모습으로 유럽에서 귀국했다. 그는 회피하거나 분노하는 일이 점점 많아졌고, 사람들은 그가 어떤 반응을 보일지 도저히 예측할 수가 없었다. 그는 대단히 독실하고 보수적이며 조심스러운 인물로 변해 버렸다.

그러나 이와는 반대로, 유럽에서 혁명 사상을 습득해 온 러시아의 젊은 장교들은 무분별하게 급진주의자가 되어 버렸다. 그들 가운데 많은 사람들은 푸쉬킨의 친구들이나 지인들이었다. 그들은 푸쉬킨이 여러 가지 면에서 자신들의 견해에 공감하기 시작했다는 사실을 알고 있었지만, 푸쉬킨을 자신들의 지하 조직에 끌어들이는 일은 자제했다. 한 모반자의 표현에 따르면, 그의 도발적인 성격, 절망적인 부류들과의 접촉이 그들을 당황하게 만들었다고 한다.

'푸쉬킨이 탄압을 받을 수도 있었기 때문에 천재를 보호하기 위해 모반자들은 그를 자신들의 음모에 적극적으로 참여시키지 않은 것'이라는 아름다운 전설이 전해지고 있다. 그러나 모반자들을 잘 이해하고 있었던 뱌젬스키 공은 모반자들 중에 자신이 문학적 잠재력 면에서 푸쉬킨에 뒤지지 않는다고 생각하는 시인들이 있다는 것을 잘 알고 있었다. 다만 모반자들은 푸쉬킨을 신뢰할 수 없었던 것뿐이다. 그들의 견해에 따르면 푸쉬킨은 젊은이들의 술자리에 함께하는 아이올로스[11]의 하프에 불과하며 또한 그는 자신을 향해 불어오는 바람, 즉 주위 사람들의 목소리에 반응했던 것뿐이라는 것이다.

더구나 혁명가들은 전략적 목적을 위해 푸쉬킨을 활용하는 일을 서슴지 않았다. 그 중 한 사람인 근위 대령 표도르 글린카(그는 시인이기도 했다)는 알렉산드르 1세를 폐위시키고 황후 엘리자베타 알렉세예브나를 즉위시키려는 생각에 골몰해 있었다. 그 무렵에 황후는 황제의 은총을 입지 못하고 있었다(황제에게는 모든 사람이 알고 있는 '공식적인' 연인 마리야 나리쉬키나가 있었다).

잡지 《계몽과 자선의 경쟁자》를 운영했던 글린카는 알렉산드르 1세의 부인에 대한 찬사를 쏟아 내며 사회 여론을 조성했다. 그리고 그는 자신의 정치 선전에 푸쉬킨을 끌어들였다. 그는 푸쉬킨에게 〈엘리자베타 알렉세예브나 황후 폐하를 기리는 시편 창작 요청에 대한 응답〉이라는 제목으로 송시를 써 달라고 했고 그 시를 자신의 잡지에 실었다.

젊은 푸쉬킨이 쓴 이 작품은 만약 출판과 동시에 큰 인기를 얻은, 감동적인 마지막 연("매수되지 않은 나의 목소리는/ 러시아 민중의 메아리였노라")이 아니었다면, 지금쯤 데르자빈이나 쥬콥스키 스타일의 전통적인 궁중 송시("나는 겸손한 아름다움을 갖춘/ 제위(帝位)의 미덕을 노래했다")쯤으로 받아들여졌을 것이다. 이 시를 통해 푸쉬킨은 알렉산드르 1세의 정치적 반대 세력의 대변인 역할을 자임하기 시작했다.

---

11) 그리스 신화의 주인공으로 아이올리아 섬의 왕인 히포타스의 아들. 제우스 신은 남풍을 제외한 모든 바람을 동굴에 가둔 후 동굴 안의 바람을 관장하는 역할을 아이올로스에게 맡겼다.

황제는 비밀 혁명조직이 결성되고 있다는 보고를 애서 외면했던 것처럼 정치시들이 쏟아 내는 '은근한 비난'도 충분히 회피할 수 있었을 것이다. 그러나 자존심이 매우 강하고 화를 잘 내는 알렉산드르 1세는 황제를 개인적으로 모욕하는 푸쉬킨의 신랄한 풍자시들에 대한 모든 정보를 무시하고 싶지 않았거나 무시할 수 없었다.

푸쉬킨의 풍자시에 등장하는, 유럽에서 돌아온 알렉산드르 1세(푸쉬킨은 그를 '떠돌이 폭군'이라고 불렀다)는 이렇게 말한다.

오, 기뻐하라, 국민들이여, 짐은 잘 먹고 있고, 건강하고, 살도 쪘도다,
신문에서는 짐을 이렇게 찬양했더구나,
짐은 먹고 마시고 약속했노라고,
그리고 국사(國事) 따위로 괴로워하지 않았다고.

푸쉬킨은 자신의 예지가 이끄는 대로 자유롭게 시를 썼으며, 알렉산드르 1세를 날카롭게 비판한 그의 시들은 순식간에 페테르부르그 전역으로 퍼져 나갔다. 그리고 그 시들 중에는 특히 큰 인기를 얻은 시 한 편이 있었다. 한번은 차르스코예 셀로의 궁정 안 공원에서 황제가 지켜보는 가운데 어린 곰 한 마리를 사슬에서 풀어 주고는 그 가엾은 곰을 사냥한 일이 있었다. 이 사건을 놓고 푸쉬킨은 "어느 착한 사내가 있었고, 착한 곰도 있었다!"라고 비판했다.

화가 난 알렉산드르 1세는 페테르부르그 총사령관 미하일 밀로라도비치 공작에게 푸쉬킨에 관한 보고서를 작성하라고 지시했다. 아다시피 황제의 상황 인식은 다음과 같았다.

"푸쉬킨은 시베리아로 유형을 보내야 해. 그자는 사람들을 선동하는 시로 러시아를 익사시키고 있어. 모든 젊은이들이 그자의 시를 암송하고 있단 말이야."

밀로라도비치 공작은 푸쉬킨을 소환했다. 푸쉬킨은 사전에 조언을 구한 친구 표도르 글린카와 함께 배석했다. 글린카는 밀로라도비치 소속 부대에 특별히 파견된 관리였다. 밀로라도비치는 푸쉬킨에게 "아파트로 경찰을 보내서 모든 원고를 압수하겠다"라고 말했다. 그러자 푸쉬킨이 재치 있게 대답했다. "공작님! 제 시는 모두 불태웠습니다. 제 아파트에는 아무 것도 남아 있지 않습니다. 하지만 괜찮으시다면, 모든 원고를 이 자리에서 직접 전해드릴 수 있습니다"라며 손가락으로 자기 머리를 가리켰다. "제게 펜과 종이를 주신다면, 여기서 모두 적어 드리겠습니다."

그리고 푸쉬킨은 책상에 앉아 공책 한 권을 메워 나갔다. 즉석에서 벌어진 이 광경에 감동한 밀로라도비치 공작은 푸쉬킨의 손을 잡으며 "아, 진정한 기사야!"하고 탄성을 질렀다. 다음날 밀로라도비치 공작은 알렉산드르 1세에게 푸쉬킨의 원고와 함께 보고서를 올렸다. 그러면서 "대중들에게 뿌렸던 원고가 전부 여기에 있습니다. 하지만 폐하, 그 원고들은 읽지 않으시는 편이 좋을 듯합니다"라고 조언했다.

밀로라도비치 공작으로부터 자세히 설명을 들은 황제는 그에게 이렇게 물었다. "자넨 그 작자와 무슨 짓을 한 건가?" 황제의 이름으로 푸쉬킨을 사면해 달라는 밀로라도비치의 요청에 알렉산드르 1세는 불만스러운 듯 인상을 찌푸리며 "그건 너무 이르지 않나?"라고 대답했다. 황제는 여전히 푸쉬킨을 시베리아로 내쫓고 싶었으나, 푸쉬킨이 문책당한다는 소식을 들은 카람진과 외무 장관 이반 카포디스트리아도 그의 사면을 요청했다.

결국 여러 가지 상황을 고려한 알렉산드르 1세는 푸쉬킨을 시베리아로 유형 보내지 않고 페테르부르그에서 추방하여 남러시아로 파견시키는 솔로몬의 해법을 제시했다. 동시대인들의 증언에 따르면 페테르부르그 상류 사회는 황제의 이런 조치가 잠재적인 반정부 세력의 위협을 뿌리 뽑기 위해 '자유주의에 선전 포고'를 한 것으로 이해했다. 이런 조치에 대한 반응은 충분히 예견되었다. "자유주의에 무슨 일이 벌어진 것인가? 자유주의는 마치 지하로 몸을 숨긴 듯 사라져 버렸다. 모든 것이 침묵에 빠져들었다. 하지만 자유주의가 위험에 직면하기 시작한 것도 바로 그때부터였다."

푸쉬킨이 알렉산드르 1세의 좌충우돌식 내치의 첫 번째 희생자가 된 것은 신의 섭리였는지도 모른다(한 측근에 따르면, 푸쉬킨은 '당시의 유일한 순교자'였다). 나폴레옹의 지배로부터 유럽을 해방시키고 또 얼마 전까지만 해도 만민의 사랑을 받았던 황제는 마치 어린 시절의 악몽처럼 다시 한 번 외로움을 느끼며, 사람들이 자신을 오해하고 있고 또 기만하고 있다는 생각을 품게 되었다.

황제의 진정성 있는 아이디어 가운데 어느 하나도(러시아에서의 입헌군주제의 개혁이나 농노제의 폐지나 또 그가 꿈꾸던 유럽 군주들의 범기독교 연맹도) 제대로 실현된 것이 없었다. 알렉산드르 1세는 유행이 지나듯 사람들이 자신의 존재를 잊었다는 생각에 괴로워했고, 할아버지와 아버지의 경우처럼 모반자들의 손에 피살당할 것을 두려워했다. 그래서 비장한 마음으로 이런 이야기를 되풀이하곤 했다.

"나는 사람들의 감사한 마음과 충성심에 대해 더 이상 어떤 환상도 품고 있지 않다. 그래서 나의 모든 생각을 하느님께 의지하게 되었다."

프리드리히 쉴러의 작품에서나 가능할 이런 극단적인 낭만주의 연극의 결말은 빠른 속도로 다가왔다. 수많은 동시대인들의 견해에 따르면, 그것은 너무도 빨리 또 갑작스럽게 다가왔다는 것이 오히려 의문이었다. 모든 사람의 예상을 깨고 알렉산드르 1세는 사랑하지 않는 병약한 아내 엘리자베타 알렉세예브나를 남러시아의 벽지 타간로그로 데려가 치료해주겠다고 선언했다(35년 후 작가 안톤 체홉이 바로 이 타간로그에서 태어났다).

이 시골 소도시의 초라한 단층 건물에서 두 달이 넘는 기간 동안 황제와 황비는 함께 지내며 영적 대화와 기도, 평화로운 가정의 상호 배려가 충만한 삶을 살았다. 사람들의 눈에 비친 모습도 평화로운 가정에서의 상호 배려에 다름 아니었다. 그러나 대단히 건강한 사람으로 알려진 알렉산드르 1세는 마흔여덟 번째 생일을 앞두고 감기에 걸렸고, 놀랍게도 그 병은 치명적인 열병으로 빠르게 악화되었다.

1825년 11월 19일에 황제는 수도와 궁정은 물론 자신이 애정을 보였던 군부대에서 멀지 않은 곳에서 숨을 거두고 말았다(황비 역시 그로부터 6개월 만에 돌연 사망하고 말았다). 누구도 예상하지 못한 가운데 제국의 변방에서 황제가 사망하자, 동시대인들은 충격에 빠졌고, 그로 인해 수많은 풍문과 전설이 만들어졌다.

오늘날까지도 잦아들지 않는 수많은 풍문들 중 하나에 따르면, 알렉산드르 1세가 타간로그에 간 것은 우연이 아니라, 자신의 죽음을 위장하기 위해서였다. 어쩌면 그는 측근들에게조차 알리지 않은 자신의 꿈을 실현하기 위해, 늘 무거운 짐으로만 여겨졌던 왕위와 권력을 버리고 평범한

한 개인으로 돌아가고 싶었던 것인지도 모른다.

이러한 견해를 지지하는 사람들은, 1826년 3월 황제의 옷을 입은 다른 사람이 무덤 속에 안장되었다는 논거를 내세운다. 추도식에 입회한 몇몇 증인들은 "관 속에 누워 있는 사람이 황제와는 조금도 닮지 않은 사람이기 때문에 정교회 관습과 다르게 관을 완전히 밀폐시킨 것이다"라고 주장한다.

사실 황제의 병과 죽음에 대한 공식적인 결론을 내리려고 했다면 수많은 의문들을 규명할 수 있었을 것이고 또 타간로그에서 페테르부르그로 황제의 시신을 이송하는 도중에 마치 고딕 소설의 한 장면처럼 비밀리에 조사할 수도 있었을 것이다.

황제가 사망한 지 십 년이 지났을 때의 일이었다. 시베리아에 표도르 쿠즈미치라는 한 장로가 나타났는데 일부 사가(史家)들은 바로 그 장로가 '평화로운 삶을 보내다가 모습을 드러낸' 황제였을지도 모른다는 의혹을 제기했다.

표도르 쿠즈미치

베일에 싸여 있던 표도르 쿠즈미치는 자신에 관해 아무런 언급도 하지 않았고, 결국 그는 1864년에 시베리아에 안장되고 말았다. 장로를 목격한 사람들의 이야기에 따르면, 그는 알렉산드르 1세와 놀랄 만큼 닮아 있었다(황제만큼 키가 컸고 허리는 약간 구부정했으며 눈은 푸른색이었다)고 한다. 게다가 몇 개 국어를 구사할 수 있었다고 하니, 그가 한때 상류층에 속했던 사람이라는 것을 가히 짐작할 수 있을 것이다.

표도르 쿠즈미치 장로가 알렉산드르 1세라는 이야기는 궁정에서는 물론 로마노프 일가 사이에서도 진지하게 수용되고 논의되었다. 니콜라이 알렉산드로비치 대공(미래의 황제 니콜라이 2세)이 1891년 일본 여행을 마치고 돌아오는 길에 톰스크 지방의 한 수도원에 있는 표도르 쿠즈미치의 무덤을 방문했다는 것은 널리 알려진 사실이다.

하지만 불멸의 전설을 환기시킨 최고의 묘비는 바로 톨스토이의 중편 소설 《표도르 쿠즈미치 장로의 마지막 메모》이다. 이 작품은 1905년에 집 필되었지만, 작가가 사망한 후, 즉 1912년에야 비로소 출판될 수 있었다 (그 이유는 황제의 강력한 검열 정책 때문이었다).

처음에 톨스토이는 알렉산드르 1세를 대단히 회의적으로 묘사하려고 했다. 그는 특히 1812년의 대나폴레옹 전쟁에 관한 소설 《전쟁과 평화》를 통해 이를 증명하려고 했다. 그러나 톨스토이는 권력과 영광을 스스로 포기하고 '민중 속으로 도피'한 이 수도승의 전설에 매우 흥미를 느꼈고, 이 주제는 작가 자신의 삶과 긴밀한 연관성을 갖게 되었다.

1905년에 톨스토이는 표도르 쿠즈미치에 관한 중편 소설을 쓰면서 자신의 일기에 다음과 같은 기록을 남겼다.

"수많은 사람들, 그들 모두가 화려한 옷을 입은 채 먹고 마시고 손을 벌린다. 하인들은 뛰어다니며 시중을 든다. 거기에 동참하여 침묵하는 것이 내게는 너무나도 괴롭고 힘든 일이다. 스스로 안주하는 모습과 주위 사람들의 요구가 점점 더 고통스럽게만 느껴진다."

알렉산드르 1세를 모델로 한 《표도르 쿠즈미치 장로의 마지막 메모》에서 톨스토이는 마음속에 품고 있던 생각과 감정을 황제에게 토로했다.

　　"난 태어나서 47년 동안 가장 끔찍한 유혹 속에 빠져 있었지만 그걸 이겨 내려고도 하지 않았소. 오히려 그 유혹들을 마음껏 즐겼다오. 스스로 타락했고 또 다른 사람들을 타락시켰으며, 스스로 죄를 짓고 또 다른 사람들이 죄를 짓게 만들었소. 하지만 하느님께서 나를 지켜보고 계셨던 것이오. 나 자신을 정당화하기 위해 남에게 전가할 수밖에 없었던 추악한 삶, 그 모든 끔찍한 광경을 내게 보여 주셨단 말이오."

　　톨스토이 작품 속의 알렉산드르 1세는, 1905년 톨스토이가 자신의 영지 야스나야 폴랴나를 떠나려 할 때 품었던 생각을 그대로 토로하고 있다.

　　"나는 오래전부터 하고자 했던 일을 실행에 옮겨야만 한다. 그것은 바로 모든 것을 버리고 사라져 버리는 것이다."

　　톨스토이는 철저한 자기 반성을 가상의 알렉산드르 1세에게 투영시켰고, 말년에 극단적으로 관계가 악화된 부인 소피아 안드레예브나에게조차 자비를 베풀지 않았다.

　　"내게는 한 가지 끔찍한 것이 있다. 그런데 그보다 더 끔찍한 것은 아내와 함께하는 일이었다. 그녀는 안목이 좁고, 거짓말을 잘하며, 변덕스럽고, 심술궂으며, 병적이고, 가식적이어서 내 삶의 가장 큰 골칫거리였다."

　　1829년에 푸쉬킨은 '알렉산드르 1세는 외모나 생활 방식에 있어서 마치 어릿광대와도 같았다'라고 말했다. 의심 많은 합리주의자였던 푸쉬킨은 황제의 괴벽이나 추측성 참회를 믿지 않았다. 그러나 그로부터 75년이 지난 후에 도덕적 딜레마로 괴로워하던 톨스토이는, 참회를 통해 모든 것을 포기하고 숙명적인 잠행을 감행한 알렉산드르 1세의 신념을 믿었다. 그래서 결과적으로는 톨스토이 역시 '허영심이나 인간적 명예욕 때문이 아니라, 자기 자신을 위해서 그리고 하느님을 위해서' 가출을 했던 것이다(1910년).

푸쉬킨은 레프 톨스토이의 그런 열정을 이해했을까? 그는 알렉산드르 1세를 결코 용서하지 않았다. 반면에 톨스토이는 그런 점에서 시인 쥬콥스키와 생각이 같았다. 그들은 각각 19세기 초의 신비주의자(쥬콥스키)와 20세기 초의 기독교적 무정부주의자(톨스토이)였지만, 한 사람은 황제를 개인적으로 잘 알고 있었고, 다른 한 사람은 황제가 사망한 지 수십 년이 지난 후에 그의 수수께끼에 주목했던 사람이다.

6장 _ 니콜라이 1세와 푸쉬킨

니콜라이 1세는 1825년 12월 14일을 '숙명의 날'이라고 불렀다. 러시아 역사상 가장 유명했던 그날, 훗날 '데카브리스트들'[1 2]이라 불리게 될 3천여 명의 반란군(군인들, 선원들, 그들을 지휘했던 수십 명의 장교들)이 페테르부르그 원로원 광장으로 모여들었다. 알렉산드르 1세가 세상을 떠난 지 채 한 달도 되지 않은 상황에서 그의 동생 니콜라이가 새로운 군주로 즉위하려는 시도를 저지하기 위해서였다.

데카브리스트(12월 당원)들의 반란은 마치 날벼락과도 같이 전혀 예기치 못한 충격적인 사건이었으며, 이는 제국의 멸망을 초래할 수도 있는 일이었다. 알렉산드르 1세도 부분적으로는 그 환란에 책임이 있었다. 그는 예견된 모반 관련 보고서를 무시했으며, 왕위 계승에 대해서도 지극히 모호한 지시를 내렸던 것이다(사람들은 서열상 연장자였던 그의 형 콘스탄틴이 알렉산드르 1세를 계승하여 새로운 황제가 될 것이라고 생각했다. 측근 중 몇몇 사람들만이 니콜라이를 후계자로 삼으려던 알렉산드르 1세의 의중을 알고 있었다).

---

1 2)   러시아어로 데카브리(декабрь)는 12월을 뜻한다.

데카브리스트들은 이러한 혼란을 이용했다. 그들은 병사들이 충성을 맹세할 사람은 콘스탄틴이며, 그들의 궁극적인 목표는 입헌군주제를 도입하고 농노제를 폐지하는 것이라고 선언했다. 원로원 광장에 모인 병사들은 '콘스티투치야(헌법)'가 콘스탄틴의 아내를 의미하는 것으로 오해하여 "콘스티투치야, 만세!"라고 외쳤다.

대부분의 데카브리스트들은 신분이 고귀하고 용감한 사람들이었다. 그러나 혁명 당일 그들은 어리석게 행동했다. 표트르 1세의 유명한 청동 기마상 주변에 정렬한 혁명군들은 우왕좌왕했다. 지휘관들은 주저했고 계획도 일관성이 없었다. 반대로 니콜라이는 결연하고 확고한 입장을 보였다. 그는 충성심이 강한 군대를 보내 반란군들을 포위했다.

니콜라이 1세도 반란 초기에는 유혈 진압을 피하려고 했다. 그러나 항복을 종용하자 반란군들은 총격으로 응수했다. 광장에서는 밀로라도비치 백작이 말을 타고 광장을 누비며 반란군들을 설득하고 있었다. 그는 비록 외모는 험상궂었지만 한때 알렉산드르 1세 앞에서 푸쉬킨을 두둔한 선량한 장군이었다. 표트르 카홉스키라는 데카브리스트가 총격을 가해 장군에게 치명상을 입혔다.

날이 어두워지기 시작했다. 훗날 니콜라이 1세는 "신속한 결정을 내리지 않을 수 없었다. 그렇지 않으면 반란이 민중들에게까지 확산될 수도 있었다"라고 회상했다. 니콜라이 1세의 충성스러운 장군은 프랑스어로 이렇게 간언했다.

"폐하, 일각이라도 지체해서는 안 됩니다. 어쩔 수 없습니다. 발포해야 합니다!"

니콜라이는 여전히 망설였다.

"자네는 대관식 첫날부터 과인의 수하들이 피를 흘리길 바라는가?"

"폐하의 제국을 구하기 위해서입니다."

장군의 이 말 한마디에 황제는 정신을 차렸고 포병대에 명령을 내렸다.

"발포하라!"

근위대의 첫 번째 사격이 끝나자 반란군들은 "자유여, 영원하라!"라고 외쳤다. 그러나 두 번째, 세 번째 사격이 이어지자 모두 달아나 버렸다. 모든 상황은 15분 만에 종료되었다. 희생자 수와 관련해서는 아직도 논란의 여지가 많다. 공식적으로는 백 명 미만이었지만 비공식적으로는 천 명이 넘는 것으로 알려져 있다. 비록 황제 개인의 운명과 로마노프 가문의 미래가 일촉즉발의 위기 상황을 맞이하기는 했지만 어쨌든 니콜라이 1세는 승리를 거두었다.

그날 저녁, 당국에 의해 체포된 데카브리스트들은 두 팔을 뒤로 결박당한 채 새로운 차르가 머물고 있던 겨울궁전의 홀로 이송되었다. 니콜

데카브리스트 반란

라이 1세의 표현에 따르면, 그 홀은 마치 전투를 지휘하는 최고 사령부 같았다. 니콜라이 1세는 이른 아침부터 장검을 차고 3색 견장의 군복을 갖춰 입고는 심문 장소에 참석했다. 그 과정에서 그는 타고난 배우적 기질을 과시했다. 고대 그리스의 조각상 같은 옆모습에 큰 키와 균형 잡힌 체격의 황제는 상대의 의중을 꿰뚫어보는 위엄 있는 회색 눈으로 반란군의 얼굴을 하나하나 둘러보았다. 그의 얼굴은 다정하면서도 준엄했고 분노하면서도 관대했다. 일부 데카브리스트들은 당당하게 자신의 의지를 천명했고, 일부 데카브리스트들은 황제의 발아래 쓰러져 눈물로 용서를 구했다.

흥분과 충격을 감춘 채 니콜라이 1세는 실패로 끝난 반란의 근원지와 규모를 신속히 밝히려고 애썼다. 황제는 "포로들의 진술이 시시각각 바뀌고 그 진술이 너무 장황하고 복잡해서 혼란에 빠지지 않으려면 단단히 정신을 차려야 했다"라고 회상했다.

새 황제는 한 가지 중요한 문제에 주목하게 되었다. 취조를 받는 데카브리스트들이 자신의 신념을 밝힐 때마다 자유주의를 주창한 푸쉬킨의 시를 인용했던 것이다. 이로 인해 니콜라이 1세는 푸쉬킨의 존재를 각별히 기억하게 되었다.

그 무렵 푸쉬킨은 벌써 16개월째 프스코프현(縣) 미하일롭스코예 마을의 가족 영지에 유배되어 있었다. 그는 알렉산드르 1세의 지시에 따라 그곳으로 추방되어 지방 총독부의 감시를 받고 있었던 것이다. 1824년, 황제가 푸쉬킨의 직위를 박탈했는데 그것은 푸쉬킨 본인이 원한 것이기도 했다. 하지만 시인은 시골의 한적한 생활에 적응하지 못했다. 그는 페테르부르크로 돌아가거나 유럽으로 출국하고 싶어했다. 그러나 푸쉬킨의 불손한 태도에 화가 난 알렉산드르 1세는 그를 계속 미하일롭스코예 영지에 남겨 두었다.

흥미롭게도 푸쉬킨과 그의 친구들은 그 조치를 잔인하고 비정상적인 형벌로 이해했다. 뱌젬스키 공작은 격분하여 "어떻게 한 인간을 그토록 가혹한 절망에 빠뜨리고 조롱할 수 있는가! 누가 열정적이고 피 끓는 젊은이를 러시아 시골에 유폐시키는 그런 비인간적인 살인을 획책했단 말인가? 그런 고문을 견디려면 엄청난 정신력이 필요하다. 푸쉬킨이 너무 걱정스럽다"라고 했다.

알렉산드르 1세의 갑작스러운 죽음은, 시골에서 벗어나기 위해 안간힘을 쓰고 있던 푸쉬킨에게 운명을 바꿀 수 있는 기회를 제공했다. 그 무렵 12월 14일의 폭동에 관한 첫 번째 소식이 페테르부르그로부터 날아왔다. 혁명이 실패했다는 소식을 전해 듣자 푸쉬킨은 정신적 공황 상태에 빠지고 말았다. 훗날 푸쉬킨은 뱌젬스키 공작에게 이렇게 말했다.

"나는 반란과 혁명을 좋아하지 않습니다. 그것은 분명한 사실입니다. 그러나 나는 거의 대부분의 주모자들과 친분이 있고 또 많은 가담자들과 편지도 주고받았습니다. 마치 모든 선정적인 시들이 바르코프의 작품과 관련이 있는 것처럼, 모든 선동시가 내 이름으로 유포되고 있습니다."

푸쉬킨은 자신의 동지이자 지지자인 카람진과 쥬콥스키의 도움을 기대했다. 당시 두 사람은 새 황제가 통치하는 궁정에서 특권을 누리고 있었다. 쥬콥스키는 조사위원회가 푸쉬킨과 데카브리스트들의 직접적인 연루 가능성에 초점을 맞추고 있다는 사실을 알고 있었다. 페테르부르그에서 그는 미하일롭스코예에 있는 푸쉬킨에게 다음과 같은 편지를 보냈다.

"자네는 어떤 일에도 연루되지 않았네. 그것은 진실이야. 그러나 주동자들의 조서 속에서 자네의 시가 발견되고 있다네. 당국과 접촉하기가 곤란한 상황이야."

위원회의 조사가 끝난 후 사건은 최고 형사법원으로 넘어갔다. 푸쉬킨은 한 친구에게 이런 편지를 보냈다.

"죄수들의 운명이 결정되기를 초조하게 기다린다네. 젊은 차르의 관용을 진심으로 기대하고 있네."

그러나 니콜라이 1세의 측근들은 반란군을 엄벌에 처해야 한다고 주장했다. 니콜라이 1세는 '강경파' 인사 중 한 사람에게 데카브리스트들에게 내려진 판결이 너무 가혹한 것 아니냐고 근심스러운 어조로 물었다. 그러자 그는 "정반대입니다, 폐하! 오히려 폐하께서 너무 관대하신 듯하여 걱정입니다"라고 대답했다. 그러자 니콜라이 1세는 이렇게 반박했다. "모두 틀렸어. 나는 본때를 보여 줘야 한다고 생각해. 다만 군주의 최고 권리인 사면과 감형 쪽으로 내 마음이 기울지 않기를 바랄 뿐이야."

니콜라이의 말은 가식이었을까? 아니면, 그는 진실로 자신이 관대한 사람이라고 여겼던 것일까? 어쨌든 다섯 명의 반란 주동자들에게 고통스러운 참형이 선고되자 니콜라이 1세는 교수형으로 감형하라고 지시했고, 몇몇 죄수들의 교수형은 무기징역형으로 감형하도록 지시했다.

알렉산드르 푸쉬킨

그리고 120명 이상이 시베리아로 추방되었다. 푸쉬킨과 그의 친구들은 전율을 금할 수가 없었다.

뱌젬스키 공작은 아내에게 편지를 보냈다.

"사형을 집행하는 과정이 얼마나 가혹했는지 아시오? 반란군 가운데 릴레예프, 무라비요프, 카홉스키 세 사람은 교수대에서 구덩이로 떨어져 뼈가 부러졌지만 숨은 겨우 붙어 있었소. 그러자 다시 한번 그들을 교수대로 끌어올렸소. 사람들은 신께서 그들의 사형을 바라지 않는 것 같으니 형 집행을 중단해야 한다고 소리쳤소. 하지만 사람들의 목소리가 북소리에 묻혀 버리는 바람에 사형은 계속 집행되고 말았다오."

사형수들을 개인적으로 알고 있었던 푸쉬킨은 소설 《예브게니 오네긴》 원고에 다섯 명의 사형수가 교수대에 매달려 있는 삽화를 그려 넣은 다음 그 아래에 "나도 이렇게 될 수 있었을 것이다"라는 글을 덧붙였다.

미하일롭스코예에서 유배 생활을 하고 있던 푸쉬킨은 페테르부르그의 쥬콥스키에게 편지를 보냈다.

"아마도 폐하께서는 내 생각과 상관없이 내 운명을 얼마든지 바꾸실 수 있겠지요. 나도 내 나름의 정치적, 종교적 신념을 지킬 것이며, 사회 질서나 정의를 분별없이 위반하지는 않을 생각입니다."

쥬콥스키는 외국으로 떠났고 카람진은 세상을 떠났다. 고위층 인사들 중에는 푸쉬킨을 대변해 줄 수 있는 사람이 아무도 없었다. 이제 새로운 차르에 의해 시인의 운명이 좌우될 수밖에 없었던 것이다. 하지만 푸쉬킨은 이 한판 승부에서 승리를 거두고 말았다.

30세의 니콜라이 1세는 권위적이고 결단력도 있지만 남에게 구속당하는 것은 참지 못하는 인물이었다. 그는 카람진과 쥬콥스키를 높이 평가했고 진심으로 그들을 아꼈던 것으로 보인다. 그러나 니콜라이 1세의 관점에서 볼 때 그들은 친형 '알렉산드르 1세의 사람들'이었다. 게다가 그는 늘 형 알렉산드르 1세에게 각별한 애정을 표하면서도 질투심을 느끼고 있었다.

러시아 역사상 새 군주가 전 군주의 정책을 부정하고 그 대신 훨씬 과거의 인물을 모델로 삼는 것은 흔한 일이었다. 표트르 1세나 엘리자베타 1세도 마찬가지였으며, 그 후 예카테리나 2세, 파벨 1세, 알렉산드르 1세도 마찬가지였다. 모든 군주는 가능한 한 빠른 시간 내에 전 군주의 공적을 지워 버리고 깨끗한 백지 상태에서 자신의 통치를 시작하고 싶어했다.

그런 점에서는 니콜라이 1세도 예외가 아니었다. 그는 알렉산드르 1세가 아니라 표트르 대제를 추종했다(이에 대한 많은 증거가 있다). 친형과 마찬가지로 니콜라이 1세도 뛰어난 연기자였다. 그러나 알렉산드르 1세와 달리 그는 배우의 가면(또는 가면들)을 훨씬 더 편안하게 생각했다. 그는 권력을 부담스러워하기보다는 오히려 그것을 즐겼다.

니콜라이 1세는 주로 군사서, 지리서, 역사서 그리고 문학 작품 등 많은 책을 읽었는데, 그 중에서도 특히 외국 문학을 즐겨 읽었다. 니콜라이 1세가 좋아했던 작가 중 한 사람은 대공 시절(1816년) 영국 여행을 하던 도중에 만났던 월터 스콧이었다. 월터 스콧은 니콜라이 1세에게 "당신은 러시아 차르가 될 것입니다"라고 예언했다(그 무렵 러시아에서는 그런 말을 하는 사람이 아무도 없었다). 그리고 그는 당황한 니콜라이에게 "다행히 시인들은 예언자가 아닙니다"라고 말했다.

1826년경에 니콜라이는 푸쉬킨을 잘 알지 못했다. 당시 대공이던 젊은 니콜라이가 알렉산드르 1세와 나눈 대화를 기초로 만든 이야기가 하나 있다. 황제 알렉산드르 1세는 푸쉬킨을 '재능이 뛰어난 난봉꾼'이라고 불렀다. 그 무렵 니콜라이는 국가적 과업의 성취 과정에서 시인의 효용성을 냉소적으로 평가하고 있었다. 말하자면 시인들이란 '유토피아와 위험한 사상들'에 경도된 사람들이라고 생각했던 것이다. 알렉산드르 1세는 니콜라이의 평가에 대해 이렇게 반박했다.

"기억해 둬, 시는 민중에게 군대의 군악 같은 역할을 하는 거야. 결국 시는 고귀한 이념을 강화시키고 심장을 뜨겁게 달구며 가난으로 슬픔에 빠진 사람들을 위로하게 되지."

백 년이 지난 후 미래파 시인 블라디미르 마야콥스키는 뜻밖에도 황제의 이런 생각에 다음과 같이 호응했다("만일 군악대가 행진곡을 연주하지 않는다면/ 전 소비에트는 군대를 동원하지 못할 것이다.")

알렉산드르 1세의 자상한 설교는 니콜라이의 뇌리에 깊이 새겨졌다. 그것은 분명 니콜라이의 자존심을 건드렸을 것이다. 알렉산드르 1세는 동생에게 문화의 정치적 의의를 설명하면서 시를 군악에 비교할 필요성을 느꼈다. 아마 그는 군사 문제에만 심취해 있는 동생을 달리 깨우쳐 줄 방법이 없다고 생각했을 것이다.

황제가 된 니콜라이 1세에게 문학은 죽은 형과 경쟁해야 할 또 다른 무대였다. 뛰어난 재능을 지닌 시인을 감금하고 추방했던 형과 달리 그는 현명하게도 푸쉬킨에게 명예를 회복할 기회를 주었다.

1826년 늦가을 니콜라이 1세는 모스크바에서 성대한 대관식을 치른 후 곧바로 푸쉬킨을 모스크바로 송환하라는 지시를 내렸다. 황제는 그때야말로 효과적이고도 상징적인 제스처를 취할 수 있는 절호의 기회라고 생각했다. 그는 그런 식으로 교육을 받았고 또 그런 방식은 그의 성격에도 잘 어울렸다.

'탱고를 추려면 두 사람이 필요하다'는 말처럼, 역사의 무대를 펼치려면 니콜라이 1세에게는 파트너가 필요했다. 고집 세고 당돌하며 다혈질이었던 푸쉬킨이 과연 그런 파트너가 될 수 있었을까?

푸쉬킨은 황제와 대화할 준비가 되어 있었다. 그의 입장 변화에는 여러 가지 환경적 요인이 작용했다. 정치적 상황 변화와 친구들의 조언이 있었고 이제 제법 나이도 들었던 것이다. 그러나 가장 중요한 이유는 심혈을 기울인 비극《보리스 고두노프》가 니콜라이 1세가 호출하기 십 개월 전에 이미 완성되었기 때문이었다. 그 작품을 각별하게 여겼던 푸쉬킨은 자부심 넘치는 목소리로 한 친구에게 농담을 던졌다.

"이젠 내게도 비극은 끝났다네. 내가 작품을 낭독하자, 어떤 사람은 박수를 치며 '멋지게 해냈군, 푸쉬킨, 괴물 같은 녀석!'하고 소리치더군."

푸쉬킨은 17세기 초의 드라마틱한 역사적 사건을 비극의 소재로 삼았다. 왕위를 찬탈한 대귀족 보리스 고두노프는 1605년에 폐위되었고 연이어 일어난 동란의 시대는 1613년에 로마노프 왕조의 시조 미하일이 차르로 즉위하면서 막을 내렸던 것이다.

푸쉬킨이《보리스 고두노프》를 집필하게 된 것은 카람진의《러시아 국가사》10권과 11권 때문이었다. 이 기념비적인 저술은 1818년에 출판되자마자 문학적으로나 정치적으로 일대 센세이션을 일으켰다. 푸쉬킨은 카람진을 '러시아 최초의 역사학자이며 마지막 연대기 작가'라고 불렀다. 푸쉬킨이 내린 정의는 이처럼 늘 간결하고 명확했다.

쥬콥스키와의 우정이 그러했듯 카람진과의 우정 역시 푸쉬킨의 생애에서 가장 중요한 부분을 차지하고 있었다. 리체이 시절부터 푸쉬킨은 차르스코예 셀로에 살던 카람진 가족에게 마음이 끌렸다. 젊은 시인에게 카람진의 집은 평생 느껴 보지 못한 부모님의 품처럼 편안하기만 했다.

큰 키에 창백하고 세련된 얼굴을 가졌던 카람진은 푸쉬킨보다 서른세 살이나 많았고 또 여러 가지 면에서 아버지 같은 존재였다. 그는 다정하고 신중하고 선량하고 온화한 성품의 소유자였다. 그러나 초기의 아름다운 관계가 지속되었다면 어떻게 천하의 푸쉬킨이라 할 수 있겠는가? 그는 자신보다 스무 살이나 연상인 카람진의 아내(뱌젬스키 공작의 배다른 누이)에게 연정을 품었다. 일부 푸쉬킨 연구자들은 쉽게 사랑에 빠지고 마는 바람둥이 푸쉬킨에게 있어 그녀는 일생일대의 '소중한 사랑'이었다고 말한다.

푸쉬킨은 이런 상황을 수수께끼 같은 말로 해명했다.

"카람진은 나를 멀리했고 나의 명예와 충정을 모독했다. 그런 생각을 하고 있으면 도저히 평정심을 유지할 수가 없다."

그러나 실제로 공격적인 사람은 언제나 푸쉬킨이었다.

심지어 푸쉬킨은 점잖은 카람진을 모욕하려고 한 적도 있었다.

"언젠가 한번은 카람진이 자신만의 궤변을 늘어놓기 시작했다. 그래서 나는 '그래서 당신은 자유보다 예속을 더 좋아하시는군요'라고 반박했다. 그러자 그는 '중상모략자'라며 화를 내고 말았다."

1818년, 《러시아 국가사》의 전반부 여덟 권(루시의 기원에서 1560년까지의 역사를 다룬 부분)이 출판되었을 때 푸쉬킨은 열심히 그 책을 탐독했다(후반부 세 권은 17세기 초반까지의 역사를 다루고 있는데 특히 마지막 12권의 경우 원래 미하일 로마노프의 차르 등극을 다루기로 되어 있었지만 카람진이 60세를 채우지 못하고 세상을 떠나자 작업이 중단되고 말

있다).

푸쉬킨은 "미국을 발견한 사람이 콜럼버스라면 고대 러시아를 발견한 사람은 카람진이다"라며 찬사를 아끼지 않았다. 그는 《보리스 고두노프》의 소재와 많은 디테일을 카람진의 저서로부터 차용했지만 그런 사실을 숨기지는 않았다. 그는 존경심과 감사의 마음을 담아 자신의 비극을 카람진에게 헌정했다. 그리고 고대 러시아 연대기와 셰익스피어도 작품 창작의 또 다른 기원이었다는 사실을 잊지 않고 언급했다.

'셰익스피어'풍의 실험작인 푸쉬킨의 비극이 완전한 성공을 거두었다고는 할 수 없다. 《보리스 고두노프》는 한 번도 연극 공연 목록에 오르지 못했으며 훗날 서구에서 모데스트 무소르그스키의 오페라 해석을 통해 더 유명해졌을 뿐이다. 그러나 권력의 비극을 다룬 에세이 《보리스 고두노프》는 오늘날에도 이를 능가할 작품이 없을 정도로 뛰어난 작품이다. 그리고 이 작품의 많은 구절이 정치적 경구로 인용되기도 했다("대중은 살아 있는 권력을 증오한다. 그들은 오직 죽은 자만을 사랑한다." "헤롯왕을 위해 기도하지 마라. 성모 마리아께서 허락하신 바 없다." 등). 푸쉬킨은 위정자가 느끼는 권력의 중압감을 왕관에 비유했는데, 그 구절은 거의 2백 년이 지난 지금까지도 꾸준히 인용되고 있다("모노마흐[13]의 왕관은 너무나 무겁구나!").

"드라마 작가에게 필요한 것은 무엇일까? 철학, 냉정함, 역사가로서의 국가관이다. 교양 있는 관객들의 관심을 집중시키는 것은 무엇일까? 위대한 국가적 사변 같은 것이 아니겠는가? 거기서 무대화된 역사가 만들어지는 것이다"라고 푸쉬킨은 생각했다.

---

13) 비잔틴 황제 콘스탄틴 9세와 키예프 왕국의 대공 블라디미르 브세볼로도비치의 별칭.

국가적 사변, 국가관은 드라마의 토대다. 푸쉬킨은 카람진의 《국가사》를 학습한 후 《보리스 고두노프》를 집필하는 것이 '국민적' 작가가 되는 길이며, 그러면 군주와 상류 사회도 작가의 말에 귀를 기울일 것이라고 확신했다. 카람진의 《국가사》를 통해 푸쉬킨은 가문의 먼 조상들이 1613년 로마노프 왕조의 첫 차르 미하일을 황제로 추대하는 일에 동참했다는 사실을 알게 되었다. 이제 푸쉬킨에게는 알렉산드르 1세를 향해, 동시에 전 로마노프 가문을 향해 분노할 명분이 하나 더 생긴 셈이었다. "은혜를 모르는 인간들! 우리 푸쉬킨 가문에서 여섯 분의 선조들이 차르 선출 칙서에 서명을 했어. 그리고 글을 모르는 선조 두 분은 손도장으로 서명을 대신했지. 그런데 나는, 그분들의 후손인 '교양 있는' 나는 대체 뭐지? 나는 대체 어디에 있는 거지?"

뱌젬스키는 푸쉬킨의 판단이 정확하고 직관적이며 합리적이라고 생각했다. 니콜라이 1세가 데카브리스트 반란을 진압하자 푸쉬킨은 《보리스 고두노프》를 집필했는데, 그때 그는 군주제의 보호 아래에서만 '국민적' 작가의 사명을 완수할 수 있다는 사실을 깨달았다.

결국 1826년 9월 8일 모스크바에서 니콜라이 1세와 푸쉬킨의 회동이 이루어졌다. 8월 28일(대관식이 끝난 지 6일째 되는 날) 황제는 미하일롭스코예에서 유형 생활 중이던 푸쉬킨을 급히 호출했다. 두 사람의 행동은 분명히 즉흥적이었지만, 그들의 회동은 마치 사전에 리허설이라도 한 것 같았다. 엄격하지만 공정하고 자애로운 황제와 독립적이고 성급하지만 정직하고 진심으로 조국에 봉사하려는 천재 시인, 이 두 배우는 자신의 배역에 너무 충실했고 그들의 회동은 성공적으로 끝났다.

니콜라이 1세가 무대에서 말했다.

"형제여, 고인이 된 황제께서는 당신을 추방하여 시골에서 머물게 했지만, 나는 당신의 형벌을 사면하겠소. 단, 한 가지 조건이 있소. 더 이상 국가에 적대적인 글은 쓰지 마시오."

푸쉬킨이 대답했다.

"황제 폐하, 이미 오래전부터 저는 국가에 적대적인 글은 절대 쓰지 않습니다."

그러자 황제가 '의미심장한' 질문을 던진다.

"만일 12월 14일에 당신이 페테르부르그에 있었다면, 무슨 일을 했겠소?" "저도 반란군들과 함께 했을 겁니다."

아마도 이 솔직한 고백이야말로 역사적 대화의 결정적인 순간이었을 것이다. 데카브리스트들을 심문한 니콜라이 1세는 죄인들이 자신의 결백을 입증하려고 변명하는 순간에는 그들을 증오했지만, 그들의 정직함과 솔직함에 대해서는 존경심을 표한다는 글을 회고록에 남겼다.

이와 마찬가지로 푸쉬킨의 솔직함도 니콜라이 1세에게 깊은 인상을 남겼을 것이다. 황제는 "만일 내가 사면시켜 준다면, 앞으로는 달리 처신하겠느냐고 푸쉬킨에게 물었다. 그랬더니 푸쉬킨은 한참을 망설이더니 오랜 침묵 끝에 내게 손을 내밀며 앞으로는 태도를 바꾸겠다고 약속했다"라고 회고했다.

크레믈린에서의 회동은 한 시간 이상 계속되었다(몇몇 기록에 따르면 두 시간 동안 계속되었다고 한다). 군주의 바쁜 일정을 고려한다면 믿기 어려울 정도로 긴 회동이었다. 아마도 황제와 시인은 각자의 상징적인 무대가 어떻게 결말을 맺어야 서로에게 도움이 될 것인지에 대해 숙고했을 것이다. 니콜라이 1세와 함께 황제의 집무실에서 나왔을 때 푸쉬킨의 눈에는 눈물이 맺혀 있었다. 하지만 그는 활기차고 명랑하고 행복해 보였다. 황제도 푸쉬킨을 정답게 가리키며 신하들에게 이렇게 큰 소리로 말했다.

"여러분, 이제 푸쉬킨은 내 사람이오!"

그날 저녁 황제는 한 신하에게 "오늘 러시아에서 가장 현명한 사람과 오랫동안 이야기를 나눴다"라고 고백했다.

전례 없는 이 연극의 실제 결말은 푸쉬킨이 검열에서 완전히 해방되는 것으로 막을 내렸다. 그리고 그 후로 황제는 푸쉬킨의 '개인' 검열관이 되었다. 그러나 그보다 더욱 중요한 사실은 두 사람의 모스크바 회동이 불러일으킨 엄청난 사회적 반향이었다. 이런 사실은 유명한 폴란드 시인 아담 미츠게비치의 비망록에 잘 나타나 있다.

"그것은 전대미문의 사건이었다! 왜냐하면 프랑스에서라면 프롤레타리아로 불렸을 인물이 황제와 직접 면담한 전례는 없기 때문이다. 그것도 우리 폴란드 프롤레타리아보다 훨씬 더 의미 없는 러시아 프롤레타리아와 말이다. 푸쉬킨이 귀족 출신이긴 해도 관료 사회에서는 아무 지위도 없는 사람이 아닌가!"

명석한 평론가 미츠게비치는 황제와 시인의 크레믈린 회동이 갖는 본질적 의미를 정확히 꿰뚫어보았다. 니콜라이 1세와 푸쉬킨의 회동 전후로 황제가 푸쉬킨에게 할애했던 시간보다 더 많은 시간을 러시아 통치자들이 당대의 작가들에게 할애한 사실을 우리는 알고 있다. 그러나 18세기 예카테리나 2세와 데르자빈 사이의 교류나 20세기 요시프 스탈린과 막심 고리키 사이의 오랜 교류는 어째서 동시대 사람들에게 그런 강렬한 인상을 주지 못했던 것일까?

그것은 위에서 언급한 통치자들의 경우엔 문화적 상징의 가능성을 깊이 이해하고 또 사회적 담론을 주도하는 능력도 뛰어났지만, 그들은 니콜라이 1세와 푸쉬킨 사이의 회동처럼 효과적인 극적 연출이나 퍼포먼스를 원하지 않았다는(또는 그렇게 하지 못했다는) 데에서 그 답을 찾을 수 있다. 게다가 그들의 잠재적 파트너들(데르자빈과 고리키) 역시 유연하고 인상적이며(본인이 동의한다면 고개도 숙일 줄 아는) 융통성 있고 매력적인 푸쉬킨의 상대가 되지 못했다는 점도 중요한 요인으로 꼽힌다.

물론 다른 이유도 있다. 1826년에 니콜라이 1세가 푸쉬킨과 회동한 이후로 그들의 관계가 개선된 점은 러시아 문화의 선례가 되기도 했다. 니콜라이 1세의 통치는 러시아 전제정치의 정점이었고 많은 분야에서 러시아적 권위주의의 통치 모델이었다. 소비에트의 독재자 스탈린은 특히 니콜라이 1세로부터 많은 것을 배웠다. 그러나 그는 이런 사실을 철저히 숨긴 채 자신은 다른 차르들(이반 뇌제와 표트르 대제)과 대등한 존재라고 생각했다.

푸쉬킨 역시 상징적인 인물이 되었다. 그는 새로운 러시아 문학의 '아버지'이며 오늘날에도 가장 인기 있고 널리 알려진 작가일 뿐만 아니라 러시아 최초의 직업적 작가이기도 했다. (본인도 인정했듯이 다소 냉소적이지만 늘 멋진) 푸쉬킨의 두 가지 신념 가운데 하나는 산문적이고 다른 하나는 시적인데, 오늘날에도 많은 작가들은 그의 신념을 자신의 신조로 삼고 있다("글은 내 자신을 위해서 쓰는 것이지만, 출판은 돈을 벌기 위한 것이다.", "영감은 팔 수 없지만, 원고는 팔 수 있다.").

푸쉬킨은 저작권, 검열, 원고료, 출판 업무에 관심이 많았으며 저널리스트와 편집자로 일하기도 했다. 그러나 이런 일들에 대한 그의 태도는 이중적이었다. 푸쉬킨은 분명 대중적인 성공을 원했다. 하지만 거기에는 그 나름의 조건이 있었다. 자존심이나 귀족으로서의 명예와 품위에 대한 푸쉬킨의 인식은 변덕스러운 대중의 취향과 비위에 순응하는 것을 용납하지 않았다. 반면에 푸쉬킨의 몇몇 동료 작가들(미하일 자고스킨, 이반 라제치니고프, 오십 센콥스키, 파제이 불가린)은 이를 잘 소화하면서 생전에 판매 부수와 수입에서 푸쉬킨보다 앞서 나갔다.

물론 젊은 푸쉬킨은 독자들 사이에서 상당한 인기를 누렸다. 1820년 카프카즈와 크림반도를 방문한 후에 바이런을 모방하여 쓴 푸쉬킨의 이국적이고 '낭만적인' 장시들 〈카프카즈의 포로〉와 〈바흐치사라이의 분수〉, 그 후의 작품인 〈집시들〉은 독자들을 감동시켰다. 〈바흐치사라이의 분수〉가 처음 출판되었을 때 서적상들은 푸쉬킨에게 3천 루블을 지불했고, 2판이 출간되자 다시 만 루블을 지불했다.

데카브리스트 반란이 일어나기 2주 전에 페테르부르그에서 출간된 얇고 우아한 《알렉산드르 푸쉬킨 시집》은 열광적인 호응을 얻었고, 시집은 10루블에 팔렸다(당시 중간층 관료의 월급은 60루블이었다). 1,200권의 시집이 순식간에 다 팔려 버렸고 푸쉬킨은 8,000루블의 원고료를 지급받았다.

센세이션을 일으킨 작품은 《예브게니 오네긴》이었다. 푸쉬킨은 이 작품을 1825년부터 부분적으로 출판하기 시작했다. 대중은 '운문 소설'이라는 새로운 장르, 특별하고 자유로운 서술 형식, 그 시적 매력에 흥미를 보였다. 《오네긴》의 첫 장은 재판을 찍으며 2,400부나 발행되었다. 시 작품 치고는 엄청난 발행 부수가 아닐 수 없었다

편집자는 푸쉬킨에게 보내는 편지에서 《예브게니 오네긴》이 '가치를

따질 수 없을 정도의 소중한 금궤'라고 부르며 "당신의 상상력이 너무 손쉽게 이 엄청난 돈다발을 만들다니, 이런 작품은 예전에도 없었지만 앞으로도 없을 것입니다"라며 기뻐했다.

《모스크바 소식》(1828)에 따르면 남녀노소는 물론 상류층 귀부인과 젊은 처녀들과 그 연인들은 《예브게니 오네긴》의 첫 장과 그 주인공들에 대해 "타냐는 어떤 사람이고, 올랴는 어떤 사람이며, 또 렌스키는 어떤 사람이다"라며 열띤 토론을 벌였다고 한다. 그러나 그 다음 장들이 출판되자 대중의 관심이 줄어들기 시작했다.

《예브게니 오네긴》의 매우 단순한 주제와 작품의 전반적인 특성은 오늘날 모든 러시아 학생들에게 잘 알려져 있다. 페테르부르그의 신사 예브게니 오네긴은 시골에 머무는 동안 시골 처녀 타티아나의 순박한 고백을 거절하고, 타티아나의 언니 올가를 연모한 젊은 시인이자 자신의 가장 친한 친구인 렌스키를 결투 끝에 죽이게 된다. 그리고 한동안 종적을 감추었다가 다시 페테르부르그로 돌아온 오네긴은 그곳에서 상류층 귀족 부인이 된 타티아나를 다시 만나게 된다. 그때 오네긴은 그녀의 발아래 무릎을 꿇고 사랑을 고백하지만 타티아나는 남편인 장군의 정숙한 아내로 남는다.

《예브게니 오네긴》의 마법은 간결한 스토리에 있는 것이 아니라 주제로부터 잠시 벗어나는, 작가의 수많은 서정적 일탈에 있었다. 우수에 젖고 정겹고 철학적이며 쾌활하면서도 조소적인 그의 서정적 일탈은 시인과 친근하게 대화를 나누는 것 같은 착각에 빠지게 만들었다. 작가 고유의 서정적 일탈은 훗날 대중적 잠언의 보고가 되었다. 실제로 푸쉬킨은 새로운 러시아 문학어를 정립했다.

그러나 동시대의 독자들(그 중에서도 푸쉬킨의 친구들과 당대의 주요 비평가들)은 시간이 흐를수록 점점 더 많은 불만을 쏟아냈다. 독자들은 "엄밀히 말해 푸쉬킨의 작품은 구성의 완성도가 떨어지고 내용의 통일성도 전무하며 서술의 조화도 없고 비평이 요구하는 소설의 모든 예술적 조건마저 외면하고 있다"라고 비판했다.

이와 같은 독자들의 인식 변화는 당시 러시아와 전 유럽에서 엄청난 인기를 끌었던 월터 스콧의 역사 소설에 상당 부분 기인하고 있었다. 심지어 푸쉬킨도 페테르부르그에 사는 동생에게 월터 스콧의 신간 서적을 보내 달라고 부탁하면서 "월터 스콧! 그는 우리 영혼의 양식이야"라고 인정했다.

푸쉬킨은 스콧의 영향을 받으며 역사 소설의 집필을 시도했다. 푸쉬킨의 흑인 선조에 관한 미완성작《표트르 대제의 노예》, 위대한 스코틀랜드 작가 스콧의《람머무어의 신부》를 참고한 것으로 밝혀진 지체 높은 악당에 관한 미완성작《두브롭스키》, 그리고 예카테리나 2세 통치 시기에 카자크인(人) 에밀리얀 푸가쵸프의 반란 중에 어느 젊은 장교의 경험을 바탕으로 한 체험담《대위의 딸》등은 분명히 '스코틀랜드식' 소설을 모델로 한 작품들이었다.

푸쉬킨은 "시는 선택받은 소수가 즐기는 것이지만, 중편과 장편 소설은 모든 사람이 어디서나 읽는 것이다"라며 자신의 역사 소설이 변덕 심한 대중의 관심을 끌 것이라는 커다란 희망을 가지게 되었다. 그러나 종종 그렇듯이 그를 추월하는 경쟁자들이 등장하고 말았다. 그들은 푸쉬킨과는 비교가 안 될 정도로 재능이 부족했지만 대중들이 원하는 바를 더 잘 감지한 작가들이었다.

불가린의 《이반 븨지긴》은 러시아적 주제로 쓰여진 첫 번째 '윤리─풍자 소설'인데 출판되자마자 마치 따끈한 파이처럼 3주 만에 4천부나 팔렸다. 자고스킨의 《유리 밀로슬랍스키, 1612년의 러시아인들》도 가격은 비록 2십 루블에 지나지 않았지만 불티나게 팔려 나갔다. '사랑방에서도, 작업실에서도, 서민층이나 최상류층에서도' 그의 작품이 읽혔고, 심지어 니콜라이 1세는 보석 반지를 작가에게 하사하기도 했다.

푸쉬킨은 19세기 러시아뿐만 아니라 전 세계적으로도 소설의 자부심이라 할 위대한 산문 《장의사》, 《역참지기》, 《스페이드 여왕》을 썼다. 푸쉬킨의 이 소설들은 고골의 《외투》와 도스토옙스키의 《가난한 사람들》, 《도박사》의 전신이었다. 그러나 동시대의 언론과 독자들은 푸쉬킨의 이 작품들을 냉대했다.

푸쉬킨의 생각에 자신은 '단순하고, 간결하고, 명확하게' 그리고 상당히 유쾌하게 글을 쓰는데 반해, 독자들은 줄거리가 급변하면서 무섭고 자극적인 비밀들이 효과적으로 뒤얽힌 화려한 통속 소설을 원하는 것 같았다.

푸쉬킨은 잔인한 현실과 직면했다. 그는 독자들의 우상이 되기를 거부했고 그것은 푸쉬킨을 심적으로 고통스럽게 만들었다. 당시 푸쉬킨의 심정은 그가 존경하고 호감을 가졌던 위대한 시인이자 푸쉬킨의 동시대인인 예브게니 바라틴스키에 관한 수필 속에 잘 드러나 있다.

"다이아몬드의 단면처럼 바라틴스키의 시들은 섬세하고 함축적이다. 비록 서구에서는 거의 알려지지 않았지만 러시아에서는 많은 사람들이 그를 숭배하고 있다. 요시프 브로드스키는 내게 자신의 시적 모델이 바라틴스키라고 여러 차례 밝힌 바 있다."

푸쉬킨도 바라틴스키에 관해 이야기할 때면 "그는 결코 편협한 지배적 취향이나 순간적 유행에 순응하지 않았고, 작품에 과도한 효과를 내려고 허풍이나 과장을 일삼지도 않았다. 그러나 유감스럽게도 고마움을 모르는 독자들은 자신이 좋아했던 작가의 완성도가 더 높은 신작들을 무시하고 냉대한다"라며 마치 자신의 이야기를 하듯 한탄했다.

푸쉬킨의 이러한 고뇌는 지루한 숫자로도 확인할 수 있다. 푸쉬킨은 전성기에조차 시 한 편당 십 루블을 받았지만, 당시 대단한 인기를 누리던 크르일로프는 출판사로부터 짧은 우화 한 편당 만 루블을 받았다.

만족할 만한 안정된 수입(직업 작가이자 '자유로운 예술가'로서 독립적인 생활을 누릴 수 있는 수입)을 보장받으려는 푸쉬킨의 끈질긴 시도는 무산되고 말았다. 《현대인》을 출판하여 윤택하게 생활하려던 나머지 계획도 마찬가지였다.

푸쉬킨에게는 니콜라이 1세의 호의 덕에 갑자기 가능해진 한 가지 방법이 남아 있었다. 그것은 국민 시인 쥬콥스키의 빈 자리를 차지하거나 국가적 역사학자인 카람진의 자리를 차지하는 것이었다. 카람진은 세상을 떠났고, 쥬콥스키는 병들어 비탄에 잠겨 있었다. 하지만 《보리스 고두노프》의 집필 경험으로 고무되어 있던 푸쉬킨은 자신에게는 그 두 사람을 대체할 힘이 있다고 느꼈다. 더구나 푸쉬킨은 카람진과 쥬콥스키가 자신을 합법적이고 바람직한 후계자로 여겼다고 판단할 충분한 근거를 가지고 있었다.

푸쉬킨이 '황제의 고문관' 자리를 바랐던 것이 단지 이해관계나 명예욕 때문이라고 추론한다면 이는 말도 안 되는 억측이며 명백한 착각이다(1934년에는 드미트리 스뱌토폴크–미르스키 공작처럼 푸쉬킨을 높이 평가했던 저명 인사들조차 푸쉬킨을 '노예 근성'을 가진 '기회주의적 속물'이라고 비난했다). 푸쉬킨은 생애의 마지막 순간까지 '영감은 팔 수 있는 것이 아니다'라고 믿었다.

뱌젬스키 공작의 말에 따르면 푸쉬킨의 창작관과 정치관이 기이하게 변화하는 과정과 현실 속의 문화 상황에 대한 냉철한 분석이 푸쉬킨을 '자유주의적 보수주의자'로 만들었다고 한다.

푸쉬킨은 자신과 귀족 엘리트들을 위한 정신적, 창작적 독립의 전제조건으로 무엇보다 자유를 추구했다. 그는 농노제 폐지가 불가피하다고 여겼지만 혁명적 방법을 사용하는 것은 원치 않았다.

"가장 훌륭하고 확실한 변화는 인류를 위협하는 정치적, 폭력적 소요가 아닌 도덕성의 고취에서 비롯된다."

푸쉬킨은 보편 교육을 통해 이러한 '도덕성 고취'에 이를 수 있고, 그것을 러시아에 정착시킬 수 있는 것은 오직 최고 권력뿐이라고 생각했다. "……. 로마노프 왕조가 권좌에 오른 이래 우리 정부는 늘 교육의 최전선에 서 있었다. 민중은 항상 게으름을 피우며 또 가끔은 마지못해 그 뒤를 따라갔다. 그것이 바로 우리 전제주의의 저력이다"라고 푸쉬킨은 의미심장한 말을 던졌다.

성숙한 푸쉬킨은 프랑스식 교육을 받았고 또 사해동포주의적 경향을 띠고 있었지만 역설적이게도 애국자, 심지어 민족주의자라고까지 부를 수 있었다.

"나는 충심을 다해 군주에게 봉사하지만, 나를 둘러싸고 있는 사람들에게 감동을 느끼지는 않는다. 문학가로서 나는 화가 나기도 하고 또 평범한 인간으로서 모욕감을 느끼기도 한다. 그러나 명예를 걸고 맹세컨대

나는 결코 조국을 버리거나 신이 우리에게 부여한 우리 선조의 역사를 다른 역사로 바꾸고 싶지는 않다.”

이런 세계관을 가진 푸쉬킨을 니콜라이 1세는 '나의 푸쉬킨'이라고 불렀다. 황제 역시 농노제를 급진적으로 개혁해야 한다고 생각했다. 황제도 민족주의자였으며 또 계몽의 효용성을 확신했다. 그러나 본질적으로 니콜라이 1세와 푸쉬킨의 관점은 전혀 일치하지 않았고, 일치할 수도 없었다. 황제는 거대한 제국의 통치자였고, 푸쉬킨은 비록 천재적 재능을 지니긴 했지만 어쨌든 5천만 국민 중의 한 사람일 뿐이었다.

니콜라이 1세와 푸쉬킨 사이의 결정적인 신분의 차이를 후대의 평론가들은 종종 잊고 있는 듯하다. 특히 소비에트 시대에 두 사람의 관계를 설명할 때면, 평론가들은 마치 니콜라이 1세 통치의 유일한 목적이 푸쉬킨의 삶과 창작에 가장 이상적인 조건을 만들어주는 것인 것처럼 기술했다.

그러나 니콜라이 1세는 사랑하는 리하르트 바그너의 모든 소망을 들어주려 했던 바바리아 왕 류드비히 2세가 아니었다(그는 동성애자였다). 러시아 황제는 엄격한 사람이었고, 인재들을 평가할 때 법과 질서에 대한 복종을 가장 중요시했다.

그런 점에서 니콜라이 1세가 본보기로 삼은 사람은 그의 선조 표트르 대제였다. 그는 러시아 역사상 최초로 황제에서 농노에 이르기까지 모든 개인의 활동을 평가할 때 국가에 대한 봉사를 중요한 기준으로 삼았다. 표트르 대제와 마찬가지로 니콜라이 1세에게 이런 모델이 된 것이 바로 군대였다.

“그곳에서 나는 완벽한 지식이나 모순에 대한 복종이 아니라, 질서를, 즉 법에 대한 준엄하고 절대적인 복종을 추구한다. 나는 인생이란 모두가 복무하는 군대라고 생각한다.”

니콜라이 1세가 이념적으로 표트르 대제를 지향했다는 사실은 많은 동시대인들은 물론 1826년 니콜라이 1세에게 바치는 송시 〈스타스〉(“영예와 선의를 바라며…….”)를 쓴 푸쉬킨도 잘 알고 있었다. 그 시에서 푸쉬킨은 니콜라이 황제와 표트르 대제를 직접 비교하면서 황제에게 전설적인 선조를 본받으라고 호소한다.

“대담하게 ‘계몽의 씨앗’을 뿌리고, 그분처럼 지치지 않고 강인하며/ 기억 속의 그분처럼 선량하시오.”

마지막 구절은 시베리아로 추방된 데카브리스트들에게 니콜라이 1세가 자비를 베풀어야 한다는 직접적인 암시다.

이 시는 니콜라이 1세의 승인을 받아 출판되었지만 그로 인해 푸쉬킨은 값비싼 대가를 치러야 했다. 이전에 쌓아 올린 반체제 시인으로서의 명성은 단숨에 무너지고 말았다. 푸쉬킨의 많은 친구들은 갑자기 그를 외면하고 말았다. 지난날 카람진과 쥬콥스키에게 그랬듯이 사람들은 푸쉬킨 등 뒤에서 ‘황실의 아첨꾼’이라고 수군거렸다.

시베리아에서 고통스럽게 지내던 데카브리스트들도 황제에게 자신들의 사면을 청원하는 푸쉬킨의 시를 전혀 달가워하지 않았다. 오히려 그들은 그것을 ‘몹시 수치스러운’ 행위라고 여겼다.

이를 변명하기 위해 푸쉬킨은 〈친구들에게〉라는 시를 썼다. (“아니다. 나는 아첨꾼이 아니라, 황제에게 / 자유를 찬미했을 뿐…….”). 그러나 가끔 그렇듯이 혁명 동지들에게 보내는 변명 대신에 니콜라이 1세에게 바치는 열정적인 송시가 이어졌다.

나는 그를 순수하게 사랑했다.
그분은 선량하고, 정직하게 우리를 다스린다.
그분은 러시아를 단숨에 소생시켰다
전쟁으로, 희망으로, 과업으로.

황제는 푸쉬킨이 '대단히 만족스러웠지만', 예상한 것처럼 반대자들은 분노로 이성을 잃을 지경이었다. 푸쉬킨에게 아주 호의적이었던 재능 있는 젊은 시인 니콜라이 야지코프(푸쉬킨은 그를 '영감의 야지코프'라고 불렀다)는 푸쉬킨의 이 새로운 작품을 "그냥 쓰레기다. 이 따위 시로는 아무도 찬양할 수 없고, 어느 누구에게도 아첨할 수 없을 것이다"라고 말했다.

푸쉬킨은 '자유 애호가'로서의 명성을 회복하기 위해 필사적으로 노력하면서 시베리아의 데카브리스트들에게 시를 써 보냈다. 그 시에서는 근거 없는 낙관주의가 최고조에 달해 있었다.

옥죄이던 족쇄가 벗겨지고
감옥이 무너진다. 그리고 자유가
그대들을 반갑게 맞이할 것이다, 문 앞에서
그리고 형제들은 그대에게 칼을 건네리라.

지나치게 성의를 보인 푸쉬킨의 시는 데카브리스트들에게 아무런 인상도 남기지 못했다. 그들은 '순식간에 극단적으로 변절한 수많은 사실들'에 대한 책임을 푸쉬킨에게 물었고, 황실의 '측근'이 되기 위해 귀족 사회와 궁정 집회에 참여하려는 푸쉬킨의 모습을 보면서 그를 불신하는 데에는 그만한 이유가 있다고 생각했다.

푸쉬킨의 비극은 자유주의 진영과 단절된 후 보수주의자들과도 어울리지 못했다는 데 있다. 데카브리스트들의 의혹과는 달리 궁정에서는 아무도 푸쉬킨을 '자기 사람'으로 인정하지 않았다. 혁명가들과 마찬가지로 니콜라이 1세도 푸쉬킨을 신뢰하지 않았다.

모스크바 대학 대표단에게 "나는 학자들을 존경하고 학식을 높이 평가합니다. 하지만 내가 더 높게 평가하는 것은 도덕성입니다. 그것이 없다면 지식은 무익할 뿐만 아니라 해악을 끼칠 수도 있지요. 도덕성의 근간은 바로 신성한 믿음입니다"라고 주장했던 군주가 어떻게 변덕스럽고 자기 중심적이며 국교인 그리스 정교와 끊임없이 마찰을 일으킨 푸쉬킨을 신뢰할 수 있었겠는가?

1826년 9월 8일 크레믈린에서 이루어진 푸쉬킨과 니콜라이 1세의 첫 회동은 서로가 호감을 느낄 수 있었던 최고의 순간이었다. 그 후로는 내리막길뿐이었으며 다른 길은 없었다. 푸쉬킨 역시 자신에 대한 정부의 태도가 '매 순간 비가 왔다가 해가 떴다가 하는 식'이라며 불만을 늘어놓았다.

니콜라이 1세는 푸쉬킨에게 신뢰의 표시로서 민중 계몽에 관한 특별 비망록을 써 달라고 주문하면서 "《예브게니 오네긴》을 읽는 것은 큰 즐거움이다"라고 말하기도 했고, 비극 《보리스 고두노프》를 월터 스콧처럼 역사 중편이나 장편 소설로 다시 쓸 것을 권하기도 했으며, 시인의 가장 위대한 서사시 〈청동 기마상〉을 근본적으로 '다듬어야' 한다고 제안하기도 했다(하지만 푸쉬킨은 자유와 독립성을 내세우며 군주의 제안을 거절하고 말았다). 황제는 푸쉬킨에게 호의적이고 다정하게 대하면서도 한편으로는 그를 따갑게 '질책'하기도 했다.

전통적으로 평론가들은 니콜라이 1세의 이와 같은 이중적 행동이 그의 치밀한 교활함과 위선적인 기질에서 비롯된 것이라고 보는 경향이 있다. 그들은 크레믈린에서 푸쉬킨과 황제가 나눈 대화는 일종의 '계약'인데 니콜라이 1세가 그 계약을 깨뜨리고 시인을 '기만했다'고 평가한다.

그러나 푸쉬킨은 절대 니콜라이 1세와 동등한 '위대한 담판 상대'가 될 수 없었다. 푸쉬킨은 니콜라이 1세와의 관계가 전혀 다른 패러다임에 속한다고 생각했다. 두 사람의 관계는 엄격하고 공정한 교사와 재능은 있지만 게으른 제자의 관계, 혹은 엄격한 부친과 장난꾸러기 아들의 관계와도 같았다(훗날 혁명 지도자 블라디미르 레닌과 작가 막심 고리키의 관계가 그런 식으로 형성된다).

니콜라이 1세의 관점에서 볼 때 푸쉬킨의 행동은 행운을 빌어 주고 싶은 생각을 종종 사라지게 만들었을 것이다. 술판, 카드놀이, 여자(소비에트 시대에는 이런 것들을 '도덕적 타락'이라고 불렀다)에 신성모독적인 시까지 문제가 되었다(동정녀의 수태에 관한 성서 이야기를 경박하게 풍자한 푸쉬킨의 악명 높은 시 〈가브릴리아다〉).

니콜라이 1세의 이러한 태도에 얼마든지 분노할 수도 있겠지만 그렇다고 달라지는 게 있을까? 푸쉬킨 연구자들은 황제의 교활함을 강하게 비판한다. 하지만 그들이 시인의 입장이 아닌 니콜라이 1세의 입장을 이해하려고 한 적이 있는가?

푸쉬킨 시대의 저명한 연구자 유리 로트만조차도 니콜라이 1세를 다음과 같이 묘사했다.

"……. 타고난 재능도 없고 교양도 없고 재치도 없는……. 의심 많고 자신의 평범함과 우유부단함으로 괴로워하는, 똑똑하고 생기 넘치며 성공 가도를 달리는 사람들을 시기하는……."

로트만이 묘사한 니콜라이 1세는 정권의 성스러운 탄생을 확신하는 러시아의 군주라기보다는 오히려 소비에트 시대에 로트만의 보스였던 타투 대학 총장에 가까운 것처럼 보였다.

푸쉬킨의 천재성을 절대적으로 인정하고 니콜라이 1세의 인성과 정치적 업적을 냉철하게 평가하면서 우리가 잊지 말아야 할 것은, 이상하게 뒤얽힌 매우 불균형적인 관계 속에서 시인과 황제가 대립할 수밖에 없었던 주요 원인이 바로 '국가관'에 대한 두 사람의 견해 차이에 있었다는 사실이다.

이러한 차이는 아마 푸쉬킨의 가장 위대한 작품이자 가장 짧지만(총 481행) 가장 복잡한 서사시 〈청동 기마상〉에서 명확하게 드러나고 있을 것이다. 〈청동 기마상〉의 주제는 가난한 관리 예브게니(푸쉬킨은 초고에서 그를 시인으로 설정했던 것으로 보이나 그 후에 생각을 바꾸었다)와 페테르부르그 원로원 광장에 세워진 유명한 팔코네의 작품 표트르 1세의 청동 기마상 사이의 충돌이다. 현실도 아니고 잠꼬대도 아닌 환상 속의 이 충돌은 1824년 페테르부르그에서 발생한 처참한 홍수를 배경으로 하고 있으며 지금도 절대 권력을 가진 국가와 방어력이 없는 개인 사이의 대립을 보여주는 가장 강력한 상징으로 남아 있다.

홍수는 예브게니의 약혼녀의 목숨을 앗아 갔고 그는 슬픔을 견디다 못해 미쳐 가면서 그녀의 죽음을 표트르 1세의 탓으로 돌린다. 항상 수해에 취약했던 그곳에 새로운 수도를 멋대로 세웠던 사람이 바로 표트르였기 때문이다. 예브게니는 '이를 악물고 주먹을 불끈 쥐고' 표트르 1세의 기마상을 향해 "좋다! 기적의 건설자여! 곧 그 대가를 치르게 될 것이다!"라고 협박한다.

그러자 갑자기 황제의 기마상이 살아난다. 격노한 표트르 1세는 '둔탁한 발굽소리'를 울리며 가엾은 미치광이 예브게니를 추격한다. 예브게니는 죽고, 황제가 건설한 도시는 '부동의 러시아처럼' 여전히 그렇게 서 있다. 그리고 청동 기마상은 예전처럼 도시의 한복판에서 통치를 이어간다.

푸쉬킨은 '예브게니와 황제의 충돌'과 관련해서 두 사람 모두 정당하다는 입장을 보였다. 누가 더 정당한지는 독자들이 판단할 몫이다. 푸쉬킨의 이러한 철학적 양면성은 〈청동 기마상〉의 첫 독자였던 니콜라이 1세를 당황하게 했고 심지어 분노하게 만들었다. 황제는 국가의 현신인 군주가 절대적으로 정당하다는 신념을 가지고 있었다. 위대한 나라를 만들기 위해서라면 황제는 어떠한 인간적 희생도 개의치 않아야 한다. 민중은 그에게 복종, 즉 '복무'해야만 한다. 그것이 신의 뜻이라고 본 것이다.

〈청동 기마상〉을 주의 깊게 읽으면서 니콜라이 1세는 원고 이곳저곳에 밑줄을 긋거나 지워 나갔다. 특히 황제를 격분시켰던 것은 예브게니가 표트르 1세를 협박하는 장면이었다. 니콜라이 1세로부터 서사시를 다시 쓰라는 제안을 받은 푸쉬킨은 여러 가지 방법으로 수정하기 시작했다. 그러나 "좋다! 기적의 건설자여! 곧 그 대가를 치르게 될 것이다!"라는 대목에 이르러서는 마치 땅에 박힌 철심처럼 꿈쩍도 하지 않았다.

푸쉬킨에게 이 부분은 서사시의 극적 중심이었다(아마 니콜라이 1세도 직관적으로 이해했을 것이다). 푸쉬킨은 〈청동 기마상〉을 자신의 책상 서랍에 보관하는 쪽을 택했다. 그래서 이 작품은 그가 사망할 때까지 서랍 속에 보관되어 있다가 1837년 4월에 가서야 비로소 수정본으로 출간 되었다. 그때부터 오늘날까지 〈청동 기마상〉은 국가의 권력과 위상 그리 고 개인의 권리와 행복 사이에서 무엇이 더 중요한가라는 문제를 논의함 에 있어 항상 그 중심에 자리 잡게 되었다. 국가 지도자의 상대적 공헌과 국민 시인의 역할은 어떻게 평가할 수 있을까? 또 그들 가운데 역사와 국 민 의식에 더 중요한 의미를 갖는 인물은 누구일까?

푸쉬킨은 카람진의 《러시아 국가사》를 '위대한 작가를 탄생시켰을 뿐 만 아니라, 그것은 정직한 한 인간이 이뤄낸 업적'이라고 평가했다. 푸쉬 킨에게 카람진은 국가를 위해 봉사하는 시인의 모델이었다.

'정직한 인간'이라는 말은 물론 국가에 협력을 다짐하는 푸쉬킨 자신의 선언이었고, 자신의 자존감과 명예는 국가 체제 속에서 위협받지 않을 것이라는 점을 강조한 것이었다. 푸쉬킨은 "정직한 사람은 자신을 교수 대로 내몰지 않는다"라는 카람진의 격언을 좋아했다.

카람진은 한때 어느 정도 성과를 거둔 사람이었다. 하지만 그는 다른 시대에 속한 사람이었다. 그는 재능을 지니고 있었고 또 푸쉬킨보다 좀 더 겸허한 성격을 가지고 있었다. 푸쉬킨도 처음에는 카람진의 길을 따 라가려고 애썼다. 1831년 그는 황실 제3청의 책임자이자 푸쉬킨과 황제 의 회동을 조정했던 알렉산드르 베켄도르프에게 보내는 편지에서 "국가 문서국과 도서관에서 역사를 연구하고 싶습니다. 카람진 이래로 나 자신 은 스스로 역사학자라는 칭호를 감히 사용할 수도 없고 바라지도 않습니 다. 그러나 차후 표트르 대제와 그 후손들의 역사를 쓰려는 나의 오랜 염 원을 이룰 수 있을 것입니다."라고 썼다.

얼마 전까지만 해도 니콜라이 1세는 시인을 정치적으로 바람직하지 못한 인물이라고 생각했지만, 패기 있는 푸쉬킨의 요청을 신뢰하여 진지하게 받아들였다. 얼마 후 푸쉬킨은 친구에게 보내는 편지에서 "황제는 내게 국고를 지원했고 표트르 대제의 역사 집필을 위해 문서국에서 연구할 수 있도록 윤허하셨네. 황제 폐하의 건강을 위하여!"라고 말할 수 있었다.

황제에게 약속한 《표트르 대제의 역사》를 뒤로 미룬 채, 푸쉬킨은 갑자기 외무성 고문서국의 기밀 자료로 《푸가쵸프 농민 전쟁사》를 집필했다.

이 작품의 주제는 매우 첨예하고 위험한 것이었다. 예카테리나 2세의 통치기에 에밀리안 푸가쵸프의 지휘하에 러시아 전역을 뒤흔들던 카자크인들과 농민들의 유혈 폭동과 그 잔혹한 진압 시간으로부터 채 60년도 지나지 않았고 반란의 목격자들은 여전히 생존해 있었다. 그래서 푸쉬킨은 자신이 준비한 원고를 니콜라이 1세가 검토할 때 다소 불안감에 휩싸일 수밖에 없었다.

기대와 달리 황제는 잠재적 가능성이 있는 그 선물을 매우 호의적으로 받아들였고, 통독하고 난 후 최소한의 수정만 가했다(푸쉬킨조차도 수정 사항들이 '매우 효율적이었다'고 말했다). 그리고 원고의 제목을 《푸가쵸프 반란사》로 지었다.

니콜라이 1세가 《푸가쵸프 반란사》를 국가 인쇄소에서 국고로 출판하도록 지시하자 푸쉬킨은 자신이 5만 루블이라는 거금을 벌어들일 수 있을 것이라고 예상했다. 그는 이제 '호화롭게 살 수 있을 것'이라고 기대했다(하지만 푸쉬킨의 소망은 이루어지지 않았다).

푸쉬킨은 생의 마지막 순간까지 《표트르 대제의 역사》를 집필했지만, 결국 우리에게 전해진 것은 겨우 10페이지 분량의 메모와 다양한 문서 및 자료들에서 발췌한 참고 자료들뿐이다. 니콜라이 1세도 원고를 읽었지만 그때는 이미 시인이 사망한 후였다. 황제는 처음에는 출판을 원하지 않았지만 결국 쥬콥스키의 설득으로 출판에 동의했다. 그러나 당시에는 확실한 이익이 보장되지 않는 프로젝트를 떠맡으려고 하는 출판업자가 없었다. 그래서 푸쉬킨의 원고는 미망인에게 전해졌고, 황제는 표트르 1세에 관한 역사서 집필을 전문 역사가들에게 맡겼다.

푸쉬킨은 니콜라이 1세가 문서국 출입을 허락하고 1824년 알렉산드르 1세가 형식상 해고했던 외무성의 직책으로 복귀하게 된 점을 진심으로 기뻐했다. 그것은 푸쉬킨이 친구들에게 보낸 공개 서한을 통해 확인할 수 있다. 그러나 이때 다른 문제가 발생했다.

1824년에 푸쉬킨은 외무성 참사관 자리에서 해고되고 말았다(그 자리는 전체 14등관 중 10등관에 해당한다). 마찬가지로 1851년에 복직했을 때는 명목상 참사관의 직위를 받아서 9등관으로 승진했다.

이처럼 초라한 관직은 분명 푸쉬킨의 자존감을 충족시키지 못했고, 국가적 역사학자라는 푸쉬킨의 비공식적 지위에도 어울리지 않았다(굳이 비교하자면 카람진은 정식 국가 참사관, 즉 장군급인 4등관이었다.) 그러나 형식상으로는 니콜라이 1세가 전적으로 옳았다. 법을 위반하지 않고서는 푸쉬킨을 더 높은 자리에 앉힐 수가 없었던 것이다.

푸쉬킨이 속해 있던 외무성의 네셀로데 장관은 황제가 푸쉬킨에게 지급하는 5천 루블의 봉급을 매우 못마땅하게 여겼다. 네셀로데의 눈에는 푸쉬킨이 '아무 일도 하지 않으면서' 봉급만 챙기는 것으로 비쳤던 것이다.

물론 푸쉬킨은 상관의 태도가 마음에 들지 않았다. 그러나 그 불만은 푸쉬킨의 낮은 관등과는 별개로 황제의 개인적인 보호와 '특별 대우'로 보상받았다.

1831년에 푸쉬킨은, 한때 아주 부유했으나 파산한 가문 출신의 모스크바 미녀 나탈리야 곤차로바와 결혼했다. 황제는 그 결혼을 '긍정적으로' 받아들였고, 자신의 푸쉬킨이 '점잖아졌다'며 흐뭇해했다. 푸쉬킨은 여러모로 행복한 시간을 보냈다. 1832년부터 1836년까지의 기간에 두 아들과 두 딸이 태어났다. 그 결혼이 시인을 비극적인 죽음으로 내모는 사건의 단초가 되리라는 암시도 전혀 없었다.

아마 러시아 문화사에서 푸쉬킨의 결혼, 결투 그리고 죽음에 관련된 스토리보다 더 유명한 전설은 없을 것이다. 그에 관한 책만 해도 한두 권으로 그치지 않으며, 수많은 연구서와 논문들은 그 사건의 표면적 과정과 심리적 동향에 대해 저마다 가정과 해설을 제시하기도 한다. 그러나 우리가 그 사건들에 대해 더 많이 알면 알수록 더욱 설명이 불가능한 미궁으로 빠져들게 된다.

간단히 말해서, 결혼은 수입보다 지출이 더 많은 푸쉬킨의 절망적이고 만성적인 경제적 궁핍을 더욱 악화시켰다(게다가 그는 광적인 노름꾼이었다).

푸쉬킨은 잡지 《현대인》을 출판함으로써 사업을 일으키려고 했다. 그는 폭넓은 독자층을 가진 문학 잡지가 이윤을 남기는 기업이 된다는 사실을 알고 있었다. 당시에 월간지 《독서 도서관》은 7천 명의 구독자를 보유하고 있었고, 5십 루블의 연간 구독료는 편집자 센콥스키에게 상당한 수익을 올려주고 있었다.

푸쉬킨은 《현대인》을 4호까지 발간할 수 있었다. 그것은 훌륭한 잡지였다. 그러나 푸쉬킨의 독자들에게는 너무 진지한 것이었다. 경쟁자들은 《현대인》이 엘리트주의에 빠져 있다고 비난했다. 판매 부수가 계속 줄어들자 재정난에서 벗어날 수 있다는 푸쉬킨의 환상도 무너지고 말았다.

푸쉬킨은 가능한 한 그 상황에서 벗어나려고 몸부림쳤다. 그의 가장 큰 채권자는 니콜라이 1세였다(황제는 시인에게 총 5만 루블의 돈을 국고에서 대출해 주었던 것이다). 말년에 이르러 푸쉬킨은 여러 채권자들에게 14만 루블의 큰 빚을 지게 되었다.

이 모든 상황은 푸쉬킨의 입지를 매우 어렵게 만들었다. 1833년 말, 니콜라이 1세는 푸쉬킨에게 시종보라는 직책을 내리면서 궁정 의식과 무도회에 의무적으로 참석하게 만들었다. 비록 궁정에서 가장 낮은 관직이긴 했지만(외형상으로는 푸쉬킨의 관등에 정확히 일치했다) 어쨌든 그것은 황제가 보인 호의의 표시였음에 틀림없다. 그러나 자존심이 강한 시인은 격분했다.

쥬콥스키는 다혈질의 푸쉬킨이 니콜라이 1세에게 무례한 말을 꺼내지 못하도록 했다(비유가 아니라 실제로 푸쉬킨에게 찬물을 끼얹었다). 아이러니하게도 사회적 지위와 공헌도에 전혀 걸맞지 않는, 너무나도 모욕적이라고 확신했던 그 초라한 직책을 자초한 사람은 바로 푸쉬킨 자신이었다.

어느 날, 외무 장관 네셀로데의 아내가 푸쉬킨 몰래 나탈리아를 궁정 파티에 데리고 갔다. 거기서 그녀는 황후의 마음에 쏙 들었다. 화가 난 푸쉬킨은 "내가 출입하지 않는 곳에 내 아내가 드나드는 것을 원치 않는다"라고 선언했다. 동시대인들은 "그 말 한마디 때문에 푸쉬킨은 시종보가 되고 말았다"라고 증언했다.

푸쉬킨은 사직서를 내려고 했지만 그의 희망은 니콜라이 1세의 원칙, 즉 모든 국민의 '복무'라는 의무에 위배되는 것이었다. 의무를 회피하는 것은 사상적으로 불온하게 보일 위험이 있었다. 황제는 푸쉬킨의 봉급을 더 이상 지급하지 않을 뿐만 아니라 고문서국 출입도 금지시키겠다고 협박했다. 그렇게 되면 국가적 역사학자로서의 푸쉬킨의 향후 작업도 불가능해지고 또 앞으로의 수입에도 문제가 생길 수 있었다. 푸쉬킨은 물러설 수밖에 없었다.

여기에는 중요한 사실이 하나 더 있다. 푸쉬킨은 나탈리야가 너무 아름답고 매력적이어서 그녀 앞에서는 황제도 어쩔 수 없을 것이라고 생각했다(혹은 그렇게 생각하고 싶었다). 시종보라는 직책도 니콜라이 1세가 나탈리야를 궁정 무도회에서 만나기 위해 억지로 떠맡긴 것이라고 푸쉬킨은 생각했다.

이에 관해서는 많은 증거들이 있다. 1833년 10월 11일자 편지에서 푸쉬킨은 아내에게 "황제 앞에서 아양을 떨지 말라"라고 경고했다. 또 몇 주 후에는 그녀에게 "당신은 마치 수캐가 꼬리를 위로 쳐들고 암캐를 따라다니듯 사람들이 당신 엉덩이를 킁킁대며 따라다니는 것을 기뻐하고 있소. 퍽이나 기쁘겠구려! 모든 교태의 비밀이 거기에 있소. 먹이통이 있으니 돼지들도 꼬이지 않겠소."라고 말했다.

푸쉬킨은 한 친구에게 "니콜라이 1세가 저녁 무도회에서 푸쉬킨이 왜 장교 놈들처럼 아내 뒤를 졸졸 쫓아다니는지, 아침에는 몇 번이나 아내의 창문 옆을 지나 다니는지, 그녀의 거실 커튼이 왜 항상 드리워져 있는지에 대해 묻는다"라며 불만을 늘어놓았다. 그것만으로는 누가 누구를 자극했는지 알 수가 없다. 사실 푸쉬킨은 그런 사실들을 나탈리야의 입을 통해서만 알 수 있었다. 그녀는 그런 식으로 남편의 질투심을 유발하려 했던 것일까? 푸쉬킨 시대와 인간 심리의 위대한 연구자였던 안나 아흐마토바는 "나탈리야가 푸쉬킨 앞에서 자신의 승리를 과시하려고 한 것이 잘못이었고 바로 그것이 이후에 닥쳐올 파국에 상당한 영향을 미치게 되었다"라고 지적했다.

그러나 이 모든 이야기의 가장 본질적인 부분은 바로 갑작스럽고 가히 충격적이라고도 할 수 있는 니콜라이 1세의 증언이었다. 동시대인들의 기록에 따르면, 푸쉬킨이 죽은 지 11년이 되던 해, 즉 1848년에 황제는 점심식사 시간에 사람들과 대화를 나누던 중에 "푸쉬킨이 숨을 거두기 사흘 전에 내게 '솔직하게 고백하건대, 저는 폐하께서 제 아내를 쫓아다니는 줄 알았습니다'라고 털어놓았다"라고 회고했다.

푸쉬킨은 질투심이 많은 사람이었지만 그리 유별난 성격의 소유자는 아니었다. 그렇다면 푸쉬킨은 니콜라이 1세의 불순한 의도를 의심할 만한 근거가 있었던 것일까? 이 질문에 대해 소비에트 시대의 많은 역사학자들은 그렇다고 대답했는데 사실 이것은 유독 황제의 '음란한 색욕'에만 초점을 맞추었기 때문일 것이다(의구심 많았던 동시대인들조차 푸쉬킨의 아내와 황제의 관계는 가벼운 연애에 불과한 것이라고 생각했다).

푸쉬킨의 비극적 최후가 니콜라이 1세의 잘못 때문은 아니었지만(비록 역사학자들과 비평가들은 그의 탓으로 돌리기도 하지만) 그리고 그가 원했던 바도 아니었지만, 어쨌든 황제가 비극의 무대를 조성하는 데 일조했다는 것만은 분명한 사실이었다. 사실 페테르부르그의 무도회는 수많은 연애 사건이 일어나고 또 그것이 상류층의 스캔들로 이어져 엄청난 참극으로 끝나는 그런 장소였다.

1835년 또는 1836년 초, 한 무도회에서 나탈리야 푸쉬키나를 알게 된 근위대 기병 조르주 단테스는 주체할 수 없이 그녀를 사랑하게 되었다.

그는 네덜란드 공사 루이-보르하르트 게케른 남작의 양아들로서 프랑스에서 망명한 인물이었다. 큰 키에 금발의 미남이었던 단테스는 멋진 근위 장교의 화신이었고 단번에 상류 사회에서도 주목받는 인물이 되었다. 나탈리야를 향한 그의 구애는 많은 관심을 끌었다. 그것이 나탈리야를 우쭐하게 만들었고 그녀는 기꺼이 남편에게 그 사실을 자랑하곤 했다.

그것은 그녀의 실수였다. 푸쉬킨은 일상적인 흥분 상태에서도 마치 폭발하기 일보 직전의 탄약고 같은 존재였다. 그리고 그 불꽃을 당긴 것은 푸쉬킨과 그의 친구들이 받은 편지였다. 편지에는 나탈리야가 단테스의 유혹에 넘어갔다는 암시가 들어 있었다. 그것은 '부정한 아내의 남편'이라는 낙인에 다름 아니었다(하지만 남편은 그럴 리가 없다고 확신했다).

격분한 푸쉬킨은 단테스에게 결투를 신청했다. 깜짝 놀란 쥬콥스키는 사건을 조율하기 시작했다. 그는 니콜라이 1세에게 모든 사실을 보고했고, 황제는 푸쉬킨을 초대해서 직접 알현할 수 있도록 하는 파격적인 제스처를 취했다. 1826년 9월 8일 크레믈린에서 이루어진 황제와 시인의 역사적 회동과는 달리 이번 접견 내용은 그리 많이 알려지진 않았다. 대화의 주제가 너무 민감했던 것이다. 요점은 다음과 같았다. 니콜라이 1세는 푸쉬킨으로부터 결투를 하지 않겠다는 다짐을 받았다. 푸쉬킨은 만일 새로운 문제가 생기게 되면 황제에게 먼저 보고하겠다고 약속했다.

푸쉬킨은 귀족 출신이며 신의를 소중하게 여기는 자신을 항상 자랑스럽게 여겼다. 그러나 그는 니콜라이 1세와의 약속을 지킬 수 없었다. 푸쉬킨 스스로가 문제를 악화시킨 것인지, 아니면 단지 불가피한 상황에 휘말린 것인지는 알 수 없다. 그러나 1837년 1월 25일 그는 게케른 남작에게 모욕적인 편지를 써 보냈다. 그것은 남작의 양아들 게케른 단테스

와의 결투를 다시 도발하기 위
해서였다.

푸쉬킨의 아내 나탈리야 푸쉬키나

1월 27일 오후 5시, 페테르부
르그 교외에서 결투가 벌어졌
다. 단테스는 푸쉬킨에게 치명
상을 입혔고, 그로부터 이틀 후
37세의 나이에 시인은 성찬식
을 받은 후 고통스럽게 숨을 거
두고 말았다. 그가 마지막으로
남긴 말은 "숨쉬기가 힘들다. 숨
이 막힌다"였다.

결투가 벌어진 날 밤에 푸쉬킨은 주치의를 통해 약속을 성실히 지키지
못하고 단테스와 결투를 벌인 점에 대해 용서를 구한다는 뜻을 니콜라이
1세에게 전했다. 황제는 푸쉬킨에게 메모를 보냈다.

"만일 신께서 이 세상에서의 우리의 만남을 더 이상 허락하시지 않는
다면, 나의 관용과 마지막 조언을 당신에게 전하는 바요. 기독교인으로
서 죽음을 맞이하기를 바라오. 아내와 아이들 걱정은 하지 마시오. 내가
책임지고 돌봐 주겠소."

실제로 니콜라이 1세는 죽은 시인의 빚을 모두 갚아 주었다. 그리고 미
망인과 딸들에게는 연금을, 아들들에게는 장학금을 지급했다. 그리고 고
인의 가족을 위해 국고로 푸쉬킨의 작품집을 출판하도록 지시했다.

이 모든 조치는 동시대인들을 놀라게 한 특별한 총애의 표시였다(니콜
라이 1세가 궁중 역사 편찬가 카람진의 사후에 그의 가족에게 베풀었던

시혜와 유사했다). 신하들 중 한 사람은 "엄청난 혜택이다. 하지만 너무 과하다"라고 기록하기도 했다.

그러나 내부 인사들은 관대한 재정적 지원과 함께 황제의 특별 칙서를 내려 달라는 쥬콥스키의 요청을 니콜라이 1세가 거부했다는 사실을 알고 있었다. 카람진이 죽었을 때는 그와 유사한 칙서가 내려진 바 있었다. 쥬콥스키는 죽은 시인이 국가를 위해 세운 위대한 공로를 공식적으로 승인해야 한다고 역설했던 것이다. 황제는 쥬콥스키에게 "잘 들으시오, 형제여, 푸쉬킨을 위해 내가 할 수 있는 일은 모두 하겠소. 그러나 카람진에게 내렸던 그런 칙서만은 내리지 않겠소. 푸쉬킨은 기독교인으로서 죽음을 누릴 수 있게 했지만, 그에 비해 카람진은 천사처럼 살다가 죽지 않았소"라고 했다.

푸쉬킨과 단테스의 결투

푸쉬킨의 죽음은 뜻밖에도 페테르부르그의 모든 사람들에게 민족적 감정을 불러일으켰다. 페테르부르그에 있던 푸쉬킨의 아파트 주변으로 군중이 모여들었다. 쥬콥스키의 증언에 따르면 거의 만 명에 가까운 추모객이 시인의 관이 안치된 곳을 찾았다고 한다(만 명의 추모객은 당시로서는 엄청나게 많은 인원이었다). 외국 대사들은 본국으로 전보를 보내면서 새로운 '러시아 정당'이 정치 무대에 출현했으며 '외국인들을 처단하자'는 구호가 수도에 울려 퍼지고 있다고 보고했다.

사건의 추이를 살피고 있던 니콜라이 1세는 외국 대사들 못지않게 놀라며 우려를 표했다. 그는 푸쉬킨의 장례식이 정치적 시위로 확대되지 않도록 모든 조치를 취했다. 아마도 그는 1825년 데카브리스트 반란의 악몽에서 벗어날 수 없었을 것이다.

이삭 대성당에서 치러질 예정이었던 푸쉬킨의 장례식은 작은 교회에서 치르는 것으로 변경되었다. 푸쉬킨의 관은 한밤중에 헌병대의 호위를 받으며 그곳으로 이송되었다. 그리고 나서 시인의 주검은 다시 한 번 푸쉬킨 가족의 영지인 프스코프현(縣) 미하일롭스키 마을 부근의 스뱌토고르스키 수도원으로 옮겨졌다.

페테르부르그의 한 신문에는 푸쉬킨을 추도하는 글이 게재되었다.

"우리 시의 태양이 졌도다! 푸쉬킨은 시대의 빛 속에서, 위대한 자신의 무대 한복판에서 영면했도다!"

그리고 다음 날, 해당 신문의 편집장은 페테르부르그 검열 위원장에게 불려가 호되게 훈계를 들어야 했다.

"무슨 의도로 이런 기사를 쓴 것이오? 무슨 이유로 그런 영광을 부여한 것이오? 푸쉬킨이 무슨 장군, 장관, 정치가라도 된단 말이오? 시 나부

랭이나 쓴 것이 위대한 인생 여정을 보낸 것은 아니잖소."

편집장은 이러한 지적이 교육부 장관 세르게이 우바로프로부터 나왔다는 이야기를 들을 수 있었다. 그러나 장관의 준엄한 질책 뒤에는 다름 아닌 니콜라이 1세의 위풍당당한 그림자가 드리워져 있었다.

3부

7장
레르몬토프와 브률로프

푸쉬킨의 신화는 이미 그의 생전에 만들어지기 시작했다. 1833년 가을, 푸쉬킨은 가족 영지 볼지노에서 페테르부르그에 있는 아내에게 다음과 같은 편지를 썼다. "이웃 현에서 뭐라고 이야기하는지 아시오? 내가 하는 일을 이렇게 묘사하고 있다오. '푸쉬킨이 시를 쓰고 있다. 그의 앞엔 최고급 과실주가 놓여 있다. 그가 한 잔을 들이켠다. 한 잔, 두 잔, 세 잔, 그리고 그가 펜을 들기 시작하면! 그야말로 멋진 장관이 펼쳐지지.'"

시인은 술주정뱅이, 건달, 난봉꾼이나 다름없었다. 그것은 바르코프 전통에서 비롯된 당시 창작가들의 가장 대중적인 이미지 중 하나였다. 흥미로운 사실은 푸쉬킨을 바라보는 이런 시선이 대중들 사이에서뿐만 아니라 상류 사회에서도 고착되어 있었다는 점이다. 푸쉬킨에 대해 잘 알고 있던 리체이 동창생이자 니콜라이 1세의 총신이었던 모데스트 코르프 공작은 푸쉬킨을 이렇게 묘사했다.

"무일푼이었던 그는 늘 빚더미에 눌려 있었다. 때로는 단정한 연미복조차 없었고, 잦은 결투에다 끊임없이 구설수를 몰고 다니고, 선술집의 주정뱅이들, 부랑자들, 매춘부들과 가깝게 어울렸다. 푸쉬킨은 가장 추악한 방탕아의 전형이었다."

이와 같은 신랄한 비난이 카람진이나 쥬콥스키에게 쏟아진다는 것은 상상조차 할 수 없는 일이었다. 그들은 '천사들'이었고 이 또한 신화였다. 비록 상반된 성격의 신화라 할지라도 어쨌든 그것은 다른 신화들과 마찬가지로 사람들이 만들어 낸 것이었다. 카람진에 대한 사후 전설을 만들었던 작가 중의 한 사람이 바로 쥬콥스키였다. 니콜라이 1세의 칙령에 따라 특별 계획을 수립한 사람이 쥬콥스키였으며 황제는 칙령을 통해 카람진의 국가적 권위를 승인했다.

쥬콥스키는 이제 푸쉬킨 전설을 창조하기로 마음먹었다. 그럴 목적으로 그는 푸쉬킨에 관해 두 통의 편지를 썼다. 하나는 1837년 2월 15일에 69세인 푸쉬킨의 아버지에게 보낸 것이었지만 사실 그것은 외부에 널리 퍼트리기 위한 것이었다. 얼마 후 편지는 잡지 《현대인》에 게재되었다.

그 무렵에 쓴 또 한 통의 편지는 푸쉬킨 사후에 기념비의 초석이 되었다. 편지의 수신자는 니콜라이 1세의 지시에 따라 푸쉬킨을 감시하던 헌병대 대장이었다. 그러나 쥬콥스키가 그 편지를 실제로 발송했는지 여부는 알려지지 않았다. 사실 그 편지는 그가 후손들을 향해 쓴 것이었다.

편지에서 쥬콥스키는 푸쉬킨의 이미지를 완전히 바꿔 놓았다. 건달, 방탕아, 자유분방한 이미지는 지워 버려야 했다. 그 대신 푸쉬킨에 대한 새로운 이미지를 제시했다. 그것은 국가적 천재, 황제에 충성한 참된 기독교인으로서의 이미지였다. 임종의 순간에 시인은 황제에게 유언을 남겼다.

"……. 죽는다는 것이 유감스럽습니다. 저는 온전히 폐하의 것입니다."

푸쉬킨에 관한 쥬콥스키의 서신들은 최고의 문학 작품으로 꼽힌다. 쥬콥스키는 푸쉬킨과 관련된 사회적 이미지를 아래에서 위로 끌어올리는 가장 어려운 임무를 완벽하게 수행했으며 놀랄 만큼 적절한 표현을 골라 썼다. 그의 푸쉬킨은 '평온한 얼굴 표정'과 '명료한 정신'으로 임종의 고통을 참아 냈고 비탄에 잠긴 사람들에 둘러싸여 마지막 숨을 거둘 때는 거의 성자 같은 모습을 하고 있었다.

"……. 사람들의 움직임 속에서도 미동조차 하지 않는 그의 모습에서는 경이로움마저 느낄 수 있었고, 소음 속에 나지막하고 규칙적으로 들리는 기도 소리는 신비롭고도 감동적이었다."

쥬콥스키가 푸쉬킨의 새로운 이미지, 즉 기독교인으로서의 이미지를 만든 데에는 그 나름의 근거가 있었다. 그것은 황제의 지시에 따라 (헌병 대장의 입회하에서) 고문서를 철저히 검증한 후 죽은 시인의 초고를 바탕으로 만들어졌다. 쥬콥스키는 〈청동 기마상〉의 비공개본뿐만 아니라 유서-선언문이라 할 수 있는 푸쉬킨의 〈기념비〉를 찾아냈다. 그러나 그때까지 아무에게도 알려지지 않은, 성서를 주제로 한 일련의 작품들 중에서도 특히 쥬콥스키의 관심을 끌었던 것은 성(聖)에프렘 시린의 〈주여, 내 생명의 참 주인이시여〉라는 대제 기간의 기도문을 시로 재구성한 작품이었다.

내 시간의 주인이시여! 음울하고 공허한 내 영혼이
비밀스럽고 음흉한 뱀처럼 권력을 탐하는 이 영혼이
무의미한 말들을 비켜가게 하소서.
오, 하느님, 저희가 저희 죄를 깨닫게 하소서.

또한 내 형제를 비난하지 않게 하소서.

겸손과 인내와 사랑의 영혼을

내 심장의 순결을 일깨우소서.

푸쉬킨이 죽기 몇 달 전에 쓴 이 시는 쥬콥스키를 놀라게 했다. 그리고 이 시를 니콜라이 1세에게 보여 주자 그 역시 아주 강한 인상을 받았다. 황후가 푸쉬킨의 기도문 원고를 기념품으로 요청한 것은 널리 알려진 사실이기도 하다.

'새롭고 진보한' 국가의 충복이자 기독교인으로서의 푸쉬킨의 이미지는 쥬콥스키의 소장 자료를 바탕으로 만들어져서 1917년 혁명까지 80년 동안 비공식적으로 전해져 왔다. 하지만 소비에트 시대에는 푸쉬킨의 이런 이미지가 완전히 뒤집혀 전혀 다른 이미지로 변하고 말았다. 푸쉬킨은 무신론자이자 혁명가였다. 그러나 푸쉬킨은 전설의 불새 피닉스처럼 잿더미 속에서도 다시 살아났다. 1991년 소비에트 권력이 무너지자 푸쉬킨의 시들은 쥬콥스키의 최고작들보다 더욱 영원한 작품이 되었다.

니콜라이 1세에게도 쥬콥스키가 만든 푸쉬킨의 이미지, 즉 왕정주의자이며 그리스 정교적 국민 시인의 이미지가 더욱 매력적으로 다가왔다. 왜냐하면 영악한 교육부 장관 세르게이 우바로프가 국가 이념으로 창안하여 1853년 군주의 승인을 받은 '정교, 전제주의, 국민정신'의 3원칙에 부합했기 때문이었다.

역사학자들은 우바로프의 3원칙이 나폴레옹 전쟁 시기의 '신앙과 황제와 조국을 위하여!'라는 러시아 군대의 슬로건을 활용하여 프랑스 혁명의 유명한 슬로건 '자유—평등—박애'에 논리적으로 대응한 것이라고 지적한다(젊은 시절 자유주의자였고 푸쉬킨의 친구이기도 했던 우바로프는 니콜라이 1세의 통치 시대에 적절히 노선을 바꾸며 눈부신 행정 경력을 쌓았다).

우바로프 장관은 학식 있는 냉소주의자였다. 1835년 우바로프의 부하는 자신의 일기에 우바로프가 공개적으로 선포한 정치·문화적 신조를 이렇게 기록했다.

"우리 19세기 사람들은 어려운 상황에 처해 있다. 우리는 정치적 풍랑과 격동 속에서 살고 있다. 민중은 자신의 생활 양식을 바꾸고, 쇄신하고, 동요하며, 전진한다. 이제 어느 누구도 자신의 규칙을 강요할 수는 없다. 그러나 러시아는 아직 젊고, 순결하며, 적어도 아직까지는 피로 얼룩지는 소요를 겪어서는 안 된다. 젊음을 연장해야 하며 동시에 러시아를 계몽시켜야 한다."

니콜라이 1세의 정책은 이러한 문화적 순수성을 좀 더 오랫동안 유지하는 데 초점이 맞춰져 있었다. 어느 순간 황제는 푸쉬킨을 잘 이용할 수 있을 것이라고 판단했을 것이다. 푸쉬킨은 이미 고인이 되었으므로 문화적 조작을 하기에 더할 나위 없이 편리했을 것이다. 따라서 비록 몇 가지 조건을 내세우기는 했지만 황제는 쥬콥스키가 푸쉬킨의 전설을 만들도록 허락했다. 그러나 그 전설 속에는 파괴적 요소들도 내포되어 있었다.

기존의 이미지와는 상반되는 푸쉬킨 사후의 이미지는 영악한 쥬콥스키가 만든 것이며, 베겐도르프에게 보낸 그의 편지 속에는 "'러시아 최고의 시인'이 '외국 탕아의 희생양'이 되었고, 정부와 경찰은 민중의 분노로부터 그를 보호하고 있다"라고 적혀 있다.

상류 사회의 파렴치와 음모로 희생된 위대한 작가 푸쉬킨의 이미지를 만든 쥬콥스키는 근위 기병으로서 당시 무명에 가까웠던 22세의 미하일 레르몬토프의 시 초고를 러시아 전역으로 전파하는 데 직접적으로 영향을 끼쳤다.

레르몬토프의 시 〈시인의 죽음〉은, 어느 날 잠에서 깨어 보니 유명해져 있는 젊은 천재에 대한 상투적 표현의 실증적 예이다. 부유한 할머니의 손에 양육된 레르몬토프는 14세에 글을 쓰기 시작했고 16세에는 이런 글을 쓰기도 했다.

"나 또는 신 이외에는 아무도 없다!"

〈시인의 죽음〉 이전까지 레르몬토프는 약 300편에 달하는 시를 썼다. 그리고 1837년 한 편의 시와 서사시를 발표했을 때에도 별다른 주목을 받지 못했다.

그러나 〈시인의 죽음〉은 동시대인들을 놀라게 했다. 어느 동시대인은 훗날 이렇게 회상했다.

"차후에 모든 사람들로부터 이처럼 엄청난 관심과 공감을 불러일으킬 수 있는 시가 러시아에 다시 등장할 수 있을까?"

정열과 혈기, 열정과 에너지가 넘치는 레르몬토프의 시, 푸쉬킨의 박해자들을 향한 그의 신랄한 비판은 독자들로 하여금 격정에 휩싸이게 만들었다.

당신들, 왕좌 주변의 탐욕적인 무리들,
자유, 천재성과 영광을 죽이는 사형 집행인들!
당신들은 법의 그늘에 숨어 있고
정의와 진리는 여전히 침묵한다!

이 시는 푸쉬킨의 결투 소식이 전해진 후 레르몬토프가 쓰기 시작한 것으로 푸쉬킨이 채 숨을 거두기도 전에 첫 56행이 완성되었다. 사실 레르몬토프는 푸쉬킨이 죽기 전에 미리 자신의 감정을 쏟아 냈던 것이다.

역사학자들에 따르면, 〈시인의 죽음〉은 레르몬토프의 '비문'인 동시에 '왕좌 즉위 선언문'이었다. 그 시는 순식간에 손에서 손으로 전해졌고 수천 장의 사본이 페테르부르그 전역에 유포되었다. 레르몬토프는 '푸쉬킨의 계승자'로 칭송을 받았고 감동적 반향을 불러일으켰다. 흥분한 레르몬토프는 일시에 쏟아진 찬사에 힘입어 마지막 16행을 단숨에 써내려 갔고, 러시아인이라면 누구나 알고 있는 다음의 구절로 끝을 맺었다.

그리고 당신들의 검은 피로는
시인의 진실한 피를 씻어 내지 못하리라

누군가가 레르몬토프의 이 시에 〈혁명 호소문〉이라는 표제를 붙였고, 그 소식은 니콜라이 1세에게도 전해졌다. 비슷한 시간에 황제는 근위대장 베켄도르프로부터 〈시인의 죽음〉에 관한 보고를 받았다.

"이 시의 도입부는 무례하며, 마지막 부분은 범죄를 넘어서는 파렴치한 자유사상입니다."

니콜라이 1세는 분노하여 명령을 내렸다.

"유쾌한 시로군, 더 이상 할 말이 없어. 우선 나는 근위대 선임 의사에게 명령을 내려서 이 신사를 찾아가 그가 정신병자가 아닌지 확인하도록 하겠소. 그런 다음 법에 따라 그를 처리할 것이오."

이 '선동적인' 시에 대한 징벌로 레르몬토프는 카프카즈로 유배되었다.

미하일 레르몬토프

카프카즈는 불굴의 산악 민족들과 전쟁을 치르던 곳이었다. 그러나 레르몬토프는 곧 페테르부르그로 돌아올 수 있었는데, 그것은 영향력 있는 할머니의 노력과 황제에게 선처를 호소한 베켄도르프의 도움 덕분이었다.

푸쉬킨의 화신이라는 레르몬토프의 명성은 더욱 높아졌다. 세상을 경멸하고, 우수와 어두운 정열에 사로잡힌 급진적 낭만주의자, 개인주의자, 유아론자로서의 그의 창작적 신념은 분명히 안티 푸쉬킨적이었다.

그런데 놀랍게도 호의적인 관심을 받던 레르몬토프의 몇몇 작품들 중에서 정교적 관점에서 볼 때 신성모독적이며 시인의 생존 시에는 출판되지 않았던 서사시 〈악마〉(타락한 천사 헤루빔의 한 여인을 향한 사랑과 그녀의 영혼을 구원하기 위해 신과 맞서 싸우는 숙명적 사랑 이야기)가 니콜라이 1세의 아내, 알렉산드라 표도로브나 황후의 살롱에서 발견되기도 했다(후일 안톤 루빈쉬타인은 〈악마〉를 소재로 한 오페라를 썼다).

신앙심 깊은 황후가 아버지의 죽음을 접한 후 자신의 비밀 일기장에 레르몬토프의 〈기도〉에 나오는 감동적인 구절을 메모한 이유를 우리는 어느 정도 이해할 수 있을 것이다.

삶의 어려운 순간

슬픔이 가슴을 덮칠 때

경이로운 기도 하나를

나는 반복해서 암송한다.

시인의 증언에 따르면, 니콜라이 1세는 레르몬토프가 사관학교에 다닐 때부터 그가 시를 쓴다는 사실을 알고 있었고 또 그의 작품을 계속 주시했다고 한다. 황제는 〈악마〉에 대해 이런 반응을 보였다.

"서사시는 두말할 나위 없이 좋으나 소재가 그다지 유쾌하지는 않아. 레르몬토프는 왜 〈보로디노〉나 〈이반 바실리예비치 황제에게 바치는 송시〉를 쓰지 않는 거지?"

니콜라이 1세는 문학 전문가가 아니었다. 하지만 그의 미학적 감각은 빗나가지 않았다. 수십 년 후 20세기의 가장 통찰력 있는 비평가 스뱌토폴크-미르스키 공작도 〈악마〉보다는 이반 뇌제 시대의 역사 발라드 〈황제 이반 바실리예비치, 젊은 오프리치니크와 용감한 상인 칼라쉬니코프에 관한 노래〉와 보로디노 전투 25주년 기념시 〈보로디노〉 그리고 그 영향으로 탄생한 레프 톨스토이의 대서사시 《전쟁과 평화》를 더 선호했을지도 모른다.

알다시피 니콜라이 1세는 문화 유산의 가치를 존중했다. 자기 자신을 책임감 있고 도덕심 강한 지도자로 여겼던 황제는 문화의 교육적이고 교훈적인 면을 강조했던 것이 분명하다. 특히 레르몬토프의 〈보로디노〉가 황제의 마음에 들었던 것은 그 작품이 애국심을 고취했기 때문이었다.

이런 점을 고려한다면 우리는 1840년 페테르부르그에서 별쇄본으로 출간된 러시아 산문의 위대한 업적 중 하나인 레르몬토프의 걸작 《우리 시대의 영웅》에 대한 니콜라이 1세의 유명한 비평을 좀 더 객관적으로 이해할 수 있을 것이다.

레르몬토프의 이 소설은 회의론자이며 냉소주의자인 장교 페초린에 의해 전개되는 그리 길지 않은 연작 중편 소설이다. 페초린은 자신의 비도덕성을 과시하는 냉정한 관찰자의 입장을 가진 회의주의자이며 냉소주의자다. 그는 오네긴의 문학사적 아우이며, 많은 '잉여 인간'의 선배이자 러시아 문학의 전형적 인물이다. 레르몬토프에게 뻬초린은 '우리 시대의 영웅'이었다. 그러나 니콜라이 1세의 관심을 끈 등장인물이 한 사람 더 있었다. 그는 카프카즈 전투에 참전한 퇴역 군인이며 고상한 인품을 갖춘 회색 콧수염의 막심 막시므이치 대위였다.

1840년 니콜라이 1세는 독일에서 러시아로 향하는 여객선 갑판 위에서 《우리 시대의 영웅》을 읽었다. 그는 도중에 요양차 독일에 남게 된 황후에게 편지를 썼다. 아내에게 보내는 철학적 편지는 레르몬토프의 소설에 관한 것이었는데 여기서 황제는 그 소설이 '걸작'이긴 하지만 미학적 측면에서 비판을 받아 마땅하다고 지적했다(이 편지의 원본은 프랑스어로 쓰여졌다고 한다).

"이런 류의 소설은 사람들의 도덕심을 저해하고 성격을 잔인하게 만든다오. 마치 고양이가 웅얼거리는 것 같은 이 작품을 혐오하면서 읽을 수도 있을 것이오 하지만 결국에는 병적인 행동을 하고 말 거요. 왜냐하면 세상이 이런 부류의 사람들로만 이루어져 있다고 믿게 될 것이고 또 이런 사람들의 행동이 겉으로는 훌륭하게 보일지 모르지만 알고 보면 파렴치하고 추악한 충동에 의해 일어나는 것이기 때문이오. 그것이 어떤 결과를 초래하겠소? 인간에 대한 경멸이나 증오겠지요! 어찌 그것을 우리가 이 땅에 존재하는 이유라 할 수 있겠소? 그렇지 않아도 과도한 우울증 환자나 인간 혐오주의자들이 생겨날 판에 무엇 때문에 이런 글로 그런 성향을 부추기고 양성한단 말이오!"

도덕심 강한 니콜라이 1세의 눈에는 자기 중심적인 냉소주의자 페초린보다는 막심 막시므이치가 훨씬 더 고상한 인물로 비쳐졌다.

"대위의 성격 묘사는 성공적이었소. 소설 도입부에서 나는 그의 등장에 기뻐했고 그가 우리 시대의 영웅이기를 기대했다오. 왜냐하면 온갖 미사여구로 장식된 인물보다는 이런 유형의 인물 속에서 훨씬 더 진실한 인간을 만날 수 있기 때문이오. 그런데 소설 속에서 희망으로 등장하고 있는 대위(막심)는 실현되지 않은 희망이었고, 레르몬토프는 이 고귀하고 순수한 인물을 제대로 그려 내지 못하고 말았소."

니콜라이 1세의 사견(私見)은 1840년대 당시 레르몬토프를 공격했던 일부 문학 비평가들의 비판과 맥을 같이하는 것이었다. 이를테면 《우리 시대의 영웅》에서 레르몬토프가 '모든 세대'를 모욕했다"라는 주장이나 "'신앙심도 국민성도 없는' '혐오스럽고 추악한' 등장인물들 사이에서 유일한 빛이 되는 것은 희망적이고 정직한 막심 막시므이치 대위뿐이다"라는 주장이 좋은 예가 될 것이다.

역설적이게도 니콜라이 1세의 이러한 관점은 스탈린 시대에 빛을 보게 되었다. 국민 작가로 추앙받던 레르몬토프가 갑자기 '막심 막시므이치의 인간적 면모와 순수함에 대비되는 페초린의 이기적 성격과 편협한 개인주의를 비판한' 작가로 변해 버린 것이다. 니콜라이 1세는 백여 년이 지난 후 소비에트 시대의 레르몬토프 연구자들과 이렇게 손을 잡았다. 그러나

이와 동시에 연구자들은 황제가 사적으로 시인의 박해를 주도했으며 그를 죽음으로 내몬 것이나 다름없다고 비판했다.

레르몬토프는 추남이었다. 그는 키가 작고 다리는 휘었으며(브로드스키는 자신의 시에서 그를 '안짱다리 소년'이라고 불렀다), 커다란 머리에 인상적인 작은 눈을 가졌다. 게다가 병적으로 자기애가 강했고 상상을 초월할 만큼 다혈질이었다. 통제 불능의 푸쉬킨조차 레르몬토프 앞에서는 성인군자로 보였을 것이다. 폭탄 같은 그의 성격은 재난의 전조였다.

아마도 레르몬토프는 모든 문제를 결투로 해결하려는 전형적인 군인 기질이 몸에 배어 있었을 것이다. 그는 늘 '위험한 생활'을 추구했다. 그것은 그의 기질, 진정한 낭만주의 시인의 이미지에 대한 신념 그리고 그의 미학관에 그대로 부합하는 것이었다. 여자 문제로 페테르부르그 주재 프랑스 대사의 아들과 결투를 벌인 일 때문에 니콜라이 1세는 레르몬토프를 카프카즈로 추방해 버렸다. 그리고 그곳에서 레르몬토프는 학교 동창이었던 근위 장교와 결투를 벌였고 결국 그 자리에서 숨을 거두고 말았다(1841년).

레르몬토프는 13년 동안 작가 생활을 하면서 많은 것을 이루어 놓았다. 그리고 26세의 젊은 시인의 죽음은 러시아 지식인 사회를 충격으로 몰아넣었다. 회고록 작가들이 전하는 바에 따르면, 모든 사람이 애통해하는 가운데 니콜라이 1세는 시인의 죽음에 대해 거칠고 짤막한 평가를 내렸다고 한다. "개한테는 개 같은 죽음이지!"(또 하나의 좀 더 완곡한 표현 역시 자극적이기는 마찬가지였다. 그것은 바로 "거참, 꼴 좋군"이었다).

니콜라이 1세가 위대한 시인의 죽음 앞에서 보인 반응은 소비에트 시대에 끊임없이 과장되었고, 레르몬토프의 전설을 만드는 필수 요소가 되었다. 사실 회고록 작가들의 정보를 얼마나 신뢰할 수 있겠는가? 그들 중 어느 누구도 황제의 품위 없는 발언을 직접 듣지 못했으며 모두가 입에서 입으로 전해진 것들뿐이었다(1854년에 출간된 《우리 시대의 영웅》 영어판 서문에 소개된 '니콜라이 1세의 발언'이 이 모든 이야기의 기초가 되었다).

아니 땐 굴뚝에서는 연기가 나지 않는다. 1911년 역사학자 표트르 바르체네프가 쓴 좀 더 깊이 있는 논평은 그 에피소드를 이해하는 데 도움을 준다. 바르체네프에 따르면, 니콜라이 1세는 측근들과 차를 마시던 중에 숙명적 결투 소식을 들었고 바로 그때 그런 표현을 입에 올렸다가 누나 마리야로부터 '따끔한 질책'을 받았다고 한다. 가족으로부터 핀잔을 들은 황제는 신하들 앞에서 전혀 다른 이야기를 꺼냈다. "여러분, 소식이 왔습니다. 푸쉬킨을 대신했던 그가 숨졌다고 합니다."

마지막 학설에는 심리학적 논거가 있다. 레르몬토프는 푸쉬킨에 버금가는 훌륭한 시인이지만 인간적으로는 몹쓸 사람(부하로서는 더더욱 형편없는 사람)이고 군인의 직선적인 기질로 한 순간에 그런 사고를 칠 수 있는 인물이었다고 니콜라이 1세는 친지들 앞에서 평가했을 수 있다. 그러나 황제는 신하들 앞에서만큼은 정치가, 국가의 수장, 국민의 아버지로서 레르몬토프를 평가했을 것이다.

개인적으로 니콜라이 1세는 레르몬토프의 어처구니없고 불명예스러운 죽음에 대해 격노했을 수도 있다. 더구나 결투는 황제가 엄격히 금하고 통제하던 것이었다. 그러나 니콜라이 1세는 레르몬토프의 죽음이 4년 전 푸쉬킨의 죽음과 마찬가지로 그의 치세에 아무런 영광도 안겨 주지 않는다는 사실을 잘 알고 있었다. 황제의 레르몬토프에 대한 마지막 평가는 미국인들이 흔히 말하는 '데미지 컨트롤'이었다.

황후의 반응은 비록 단순하긴 했지만 훨씬 더 인간적이고 순수한 것이었다. 황후는 자신의 친구에게 보낸 편지에서 "레르몬토프는 러시아문학의 위대한 별이 될 수 있었다. 사라져 버린 그의 시적 재능이 안타깝다"라고 썼다.

숙명적 결투가 벌어지기 전 페테르부르그에서 카프카즈로 향하던 레르몬토프는 친구와 함께 페테르부르그에 사는 독일계 여자 점쟁이를 찾아갔다. 당시 그녀는 푸쉬킨이 여자 문제로 인해 한 사내, 즉 키가 크고 금발의 곱슬머리를 가진 사내의 손에 죽게 될 것이라고 예언을 했다. 예언이 적중했다는 이야기를 전해 들은 레르몬토프는 점쟁이에게 자신의 운명에 대해 물었다(황제가 자신을 퇴역시키려 하는지, 자신이 페테르부르그로 다시 돌아올 수 있는지에 대해 물었던 것이다).

알려진 바에 따르면, 그는 "페테르부르그로 돌아오지 못할 것이고, 퇴역당하는 일도 없을 것이며, 다른 유형의 퇴역이 기다리고 있다"라는 답변을 들었다고 한다.

오래전부터 역사가들의 관심은 그 모든 예언이 전설인지 아니면 사실인지를 밝히는 데 있었다. 오늘날의 관점에서 본다면, 그것은 비록 거짓이라 해도 위대한 시인들을 둘러싼 여러 가지 상황을 잘 보여주는 것이라고 할 수 있다. 푸쉬킨과 레르몬토프는 세상을 떠나자마자 전설, 전조, 소문과 유언비어의 소용돌이 속에서 신화를 창조하는 낭만적 인물이 되었다. 낭만적 주인공들은 낭만적인 외모를 가져야만 했다. 레르몬토프의 눈은 '최면을 거는 듯한' 갈색 눈동자가 인상적이었고 흥분하면 그의 눈동자는 마치 짐승의 눈동자처럼 빠르게 움직였다. 그런 레르몬토프를 정확하게 묘사할 수 있는 사람은 오직 위대한 화가 카를 브륄로프뿐이었다. 왜냐하면 그는 초상화가 아니라 시선(브륄로프의 표현에 따르면 '눈빛')을 그렸기 때문이다.

브륄로프는 당대에 가장 명망 있는 화가였고, 1833년에 완성한 걸작 〈폼페이 최후의 날〉로 유럽에서도 명성을 얻으며 성공가도를 달리던 유일한 화가였다. 브륄로프도 레르몬토프처럼 키가 작고 머리가 크고 어깨는 넓었지만 아름다운 구레나룻을 기르고 있었다.

그는 레르몬토프처럼 낭만적이고 전설적인 인물이었다. 브륄로프는, 말년의 삶을 광적으로 마감한 시인 콘스탄틴 바추쉬코프가 추구했던 '당신이 표현한 대로 살고, 살고 있는 대로 표현하라'라는 신념을 구현하려고 했다.

브륄로프는 여인들을 유혹할 때 이런 말을 했다.

"정말 모르겠소? 모든 인간은 한 편의 소설입니다. 문제는 어떤 소설이냐 하는 것이지요! 당신이 내 소설을 들여다보는 것을 신께서 허락하지 않으시길. 손이 더러워질 만큼 때 묻은 페이지들도 있겠지요. 그러나 아름다운 페이지들도 있습니다. 그 한 장면, 그 한 순간만으로도 전 생애가 가치 있는 것입니다."

브륄로프가 자신의 작품 〈폼페이 최후의 날〉을 페테르부르그 예술아카데미에 전시했을 때, 오페라 멜로드라마 형식으로 펼쳐진 대자연의 거대한 재앙, 고대 로마의 도시가 용암에 의해 삼켜지는 인상적인 장면이 그려진 거대한 화폭은 평민에서 황제에 이르기까지 북방의 수도 전체를 충격에 빠뜨렸다.

그림을 주문한 사람은 당시 유럽에 살던 러시아 부호 아나톨리 데미도프였다. 그는 4만 프랑크에 〈폼페이 최후의 날〉을 구입한 후 니콜라이 1세에게 작품을 헌정했다. 황제는 그림을 호의적으로 받아들였고 브률로프에게 성(聖)안나 3급 훈장을 하사했다. 황제는 브률로프를 페테르부르그로 초대해서 예술아카데미 교수로 임명했다. 그리고 그 후 니콜라이 1세와 브률로프 사이에는 특별한 관계가 형성되었다.

황실 예술아카데미는 니콜라이 1세의 철저한 감독하에 있었다. 그는 교수들을 직접 임명하고 해임했을 뿐만 아니라, 커리큘럼에서부터 그림 주문까지 모든 것을 관리했다. 게다가 그는 화가들의 작품 활동을 감시하고 그림, 조각, 혹은 건축 설계에서 무엇을 어떻게 바꾸고 수정해야 하는지 '조언'하는 것을 즐겼다(말하자면 그것은 명령이었다). 니콜라이 1세는 자신이 전쟁화나 역사화 방면에서 특별한 권위자라고 생각했다(황제 자신도 그림이나 스케치를 제법 그렸다).

니콜라이 1세는 1757년에 엘리자베타 여제가 설립한 예술아카데미를 황실 부속실로 옮겼다. 그러나 그 이전에 그는 아카데미를 엄격한 관등 서열과 준엄한 행정적 제재가 작동하는 행정기관으로 바꿔 놓았다. 화가들은 군대에 준하는 규율과 치밀한 상벌 제도를 따라야 하는 관료나 다름없었다.

처음에는 그런 규율 속에서도 진보적 요소를 찾을 수 있었다. 러시아 예술가들을 존중받는 사회 구성원으로 변모시켰고 그들의 계급적 서열을 상승시킬 수 있는 체계를 마련했다. 물론 그 속에는 적지 않은 위험 요소가 도사리고 있었으며, 그것은 곧 현실로 드러나게 되었다. 창작 성과에 따라 금빛 자수와 훈장으로 장식된 제복을 입게 된 예술가들은 스스로를 관료로 여기기 시작했다. 팔레트와 붓을 손에 든 순종적이고 조심스러운 관료들 사이에서 브률로프는 마치 페테르부르그의 회색빛 마천루 위에서 빛나는 〈무법의 혜성〉과도 같은 존재가 되었다.

니콜라이 1세는 재능을 소중히 여겼으나, 질서와 규율과 열정을 더 높이 평가했다. 동시대인들의 회고에 따르면 러시아 화가들이 무엇보다 황제를 언짢게 만든 것은 게으름, 음주, 방만함이었다. 그렇다면 기분에 따라 작품 활동을 했던 카를 브률로프는 아카데미 교수로 근무하면서 주기적으로 술주정을 부렸고 또 모든 공식 석상에 제복을 입지 않고 나타났던 만큼 니콜라이 1세의 심기를 불편하게 만들지 않았을까? 아니, 그렇지 않다. 〈위대한 카를〉에 매혹된 니콜라이 1세는 다른 사람들은 상상조차 할 수 없었던 낭만적 행보를 브률로프에게 허용했다.

직위와 상관없이 모든 러시아인은 니콜라이 1세의 호의적인 관심을 얻으려고 했지만, 브률로프만은 그렇지 않았다. 그런 점에서 그는 이따금씩 황제에게 사자의 발톱을 드러냈던 푸쉬킨보다는 좀 더 독립적이었다고 할 수 있다.

카를 브률로프의 당돌함을 보여주는 예들은 아주 많다. 그는 다른 사람들보다 언변이 좋았다. 니콜라이 1세가 불시에 브률로프의 작업실을 방문해도 그는 건강이 좋지 않다며 위대한 방문객을 맞으러 나오지 않았다. 니콜라이 1세가 브률로프에게 근위대 열병식을 묘사한 작품을 써 달라고 주문하면 그는 열병식은 그리지도 못하고 또 그리지도 않겠다고 선언했다. 브률로프는 황제가 요청한 역사화(카잔 정복기에 이반 뇌제가 아내와 함께 오두막에서 기도를 드리는 장면) 역시 그리지 못하겠다고 거절했다.

그 후로도 그런 식의 거절은 계속됐다. 당대의 가장 영광스러운 주문,

즉 니콜라이 1세와 그 가족의 초상화를 그리는 일을 거절하기 위해 브률로프는 온갖 방법을 동원했다. 1837년 여름, 니콜라이 1세는 페테르고프 여름 궁전으로 브률로프를 초대했고, 거기서 그는 왕비와 공주의 승마 초상화를 그리기 시작했다. 화가는 정원 누각의 창가에 앉아 작업을 했고 말을 탄 고귀한 여성 기수들은 야외에서 포즈를 취하고 있었다.

폭우가 쏟아졌다. 의사는 황후의 건강을 염려하여 작업을 중단시키려고 했다. 그러나 황후는 "그가 작업하는 동안에는 방해하지 마라!"라고 말했다. 황비와 공주는 비를 흠뻑 뒤집어쓰고 말았다. 브률로프는 무아지경에서 천재 화가의 임무를 다했지만 그 초상화는 결국 완성되지 못했다.

또 한 번은 황제의 딸의 초상화를 그리기 위해 겨울궁전으로 호출된 일이 있었다. 작업 중에 들어온 니콜라이 1세가 평소 습관대로 화가에게 충고를 하려고 했다. 그러자 그는 붓을 내려놓으며 말했다. "더 이상 계속할 수가 없습니다. 두려워서 손이 떨립니다." 이러한 브률로프의 조소적인 반응을 기록한 한 동시대인은 "화가들이라면 그의 말을 이해했겠지만, 황제가 그의 말을 이해했는지는 알 수가 없다"라고 털어놓았다.

물론 황제도 그의 말을 이해했지만 애써 내색하지는 않았다. 아마도 〈위대한 카를〉의 화폭 위에 오르는 것이 위대한 황제가 갖추어야 할 필수조건이라고 생각했을 것이다. 그러나 니콜라이 1세 자신의 초상화 작업은 틀어지고 말았다.

차르는 포즈를 취하러 작업실로 가겠다고 브률로프에게 통보했지만 결국 20분 정도 지각하고 말았다. 마침내 작업실에 도착했을 때 니콜라이 1세를 맞이한 사람은 브률로프의 제자뿐이었다. 새파랗게 질린 제자는 "스승님께서는 폐하를 기다리셨습니다. 하지만 폐하께서는 결코 지각하실 분이 아니라고 말하시면서, 아마 다른 일이 생겨서 오지 못하시는 것 같다고 하셨습니다"라고 변명했다.

잔뜩 화가 난 니콜라이 1세는 브륄로프의 작업실을 떠나면서 이렇게 말했다. "정말 참을성 없는 사내 같으니라고!" 그래서 황제의 초상화 작업은 시작도 하지 못했다.

브륄로프는 철저히 낭만적이고 자유로운 입장을 취했다. 동시대인들은 "그에게는 황제의 화를 돋우는 일이 황제의 초상화를 그리는 일보다 훨씬 더 쉬웠다"라고 지적했다. 그러나 차르와 화가의 취향이 일치하는 분야도 있었다. 바로 에로 예술erotic art이었다.

니콜라이 1세는 통통하고 화려하게 묘사된 여인들을 좋아했다. 그 장르에서 브륄로프는 전문가였다. 가슴을 드러낸 미녀를 그린 브륄로프의 초기 작 〈이탈리아의 아침〉은 황실의 개인 컬렉션으로 소장되었다. 그 작품은 니콜라이 1세의 마음에 들어서 황제는 그에게 같은 유형의 작품

이탈리아의 아침

이탈리아의 정오

을 세트로 주문했다. 그래서 에로틱한 면은 조금 부족해도 상당히 매혹적인 그림 〈이탈리아의 정오〉가 탄생하게 되었다.

니콜라이 1세는 자신이 매우 도덕적인 인물이라고 생각했고 자신의 아내에게는 기사도를 강조했다(잘 알려진 것처럼 그녀는 니콜라이 1세의 첫사랑이었다). 그러나 그것은 황제가 에로틱한 소장품들을 즐기는 데 아무런 장애가 되지 않았다. 그리고 전문가들은 황제를 위해 유럽 곳곳에서 에로틱 컬렉션을 사들였다. 게다가 황제는 중세의 정조대 컬렉션을 상당량 수집하기도 했다.

니콜라이 1세가 소장한 브률로프의 작품 〈바크하날리야(Bacchanalia, 酒宴)〉는 특별히 보관되었다. 이 작품은 특별 액자에 끼우고 석판으로 덮은 다음 자물쇠로 잠가 놓았다. 석판을 열면 브률로프의 작품이 나타났다. 사티로스[14]와 당나귀들, 박카스 신녀들의 애정 행각이 묘사된 그림이었다(이 모티브는 고대 로마 작가 아풀레이의 에로 소설 《황금 나귀》에 사용된 것으로 알려져 있다).

바로 이 지점에서 니콜라이 1세가 브률로프에게 관대했던 이유 가운데 하나가 드러난다. 황제에게 교육과 예절과 기독교 윤리는 엄격한 행동을 강요했다. 하지만 황제는 화가와의 교류를 통해 매혹적인 다른 세상으로 통하는 창을 열 수 있었다.

예술가들의 유행을 부르는 애정 행각에 대해 페테르부르그 전체가 수군거렸다. 푸쉬킨의 초상화(1827)를 가장 잘 그린 것으로 유명한 오레스트 키프렌스키라는 화가는 미하일 대공(니콜라이 1세의 동생)에게 그림

---

14) 그리스 신화의 사티로스. 주신(酒神 Bacchus)을 섬기는 반인반수(半人半獸)의 숲의 신으로 술과 여자를 몹시 좋아함. 호색가, 색마.

을 가르쳤다. 풍문에 따르면, 그는 모델이었던 정부를 살해한 것으로 알려져 있다. 콘스탄틴 대공의 총애를 받던 당대의 또 다른 유명 화가 알렉산드르 오를롭스키(그는 폴란드인이었다) 역시 여인들과의 애정 행각과 염문설이 오랫동안 따라다녔다. 그는 젊은 시절 예카테리나 2세에 항거하여 폴란드 혁명에 참여했고 이탈리아 서커스단과 함께 유럽을 떠돌면서 술과 방탕한 삶에 빠져 살았다.

오를롭스키는 프랑스인 아내와 함께 페테르부르그에 정착하여 동물원 소유주가 되었다. 그는 석판화 전문가였으며 인기 있는 데생 화가였다(그는 러시아에 석판화 기술을 최초로 도입한 것에 자부심을 느꼈다).

오를롭스키의 친구였던 푸쉬킨은 자신의 초기 작품 《루슬란과 류드밀라》(1820)에서 그에 대해 특별히 언급했다. "너의 매끈한 연필을 잡고는/그려라, 오를롭스키여, 밤을, 그리고, 전투를!" 그러나 푸쉬킨은 대체 어떤 '밤의 전투'를 생각했던 것일까?

비교적 최근에 러시아에서는 1810년에서 1821년까지의 오를롭스키 에로 작품집이 최초로 출간되었다(남근을 끌고 다니는 매혹적인 숙녀의 산책, 관료의 얼굴 대신 남근을 그려 넣은 풍자화 등등). 그 후로 오를롭스키의 불미스러웠던 평판들에 대한 속사정은 사람들에게 좀 더 잘 이해되었다.

브률로프의 애정 행각에 대해서도 많은 소문이 돌았다(가령 그를 사랑했던 프랑스 여인이 티베르강에 몸을 던졌다는 소문). 무엇보다 가장 많이 회자된 소문은 페테르부르그 전체를 들썩이게 한 브률로프의 가정사였다. 브률로프는 39세의 나이에 18세의 어린 미녀 에밀리야 팀과 결혼했는데, 결혼식 전날 약혼녀로부터 친아버지와 근친 관계였다는 고백을 듣고 말았다. 게다가 화가의 말에 따르면 교회에서 결혼식을 올린 후에도 에밀리야는 아버지와 근친 관계를 유지했다고 한다.

브률로프는 페테르부르그 종무원에 이혼 서류를 제출했다. 니콜라이 1세도 관심을 표명한다는 사실을 알게 된 브률로프는 베켄도르프 헌병대장에게 편지를 써서 이렇게 해명했다.

"아내의 부모와 그 친구들이 공개적으로 저를 모함하고 있습니다. 샴페인 한 병을 마시고 장인과 다투었다는 이유로 알코올 중독자라는 누명을 씌우고 또 근거 없는 상황을 만들어 내서 이혼의 원인이 전혀 다른 데 있다고 주장합니다."

이 부분에 대해서는 부연 설명이 필요 없음을 밝힌다. 브률로프가 애주가인 것은 페테르부르그가 다 아는 사실이다. 브률로프의 열혈 팬이었던 고골조차도 친구에게 보내는 편지에서 화가를 '소문난 주정뱅이'라고 부르는 경우가 종종 있었다.

페테르부르그에서 알코올 중독은 대수로운 일이 아니었다. 로모노소프와 바르코프의 전설적인 시대에도 주벽은 암암리에 창작가의 이미지를 만드는 필수 요소였다. 그러나 근친상간은 전혀 다른 문제였으며, 그런 모티브는 브률로프의 이혼 사건으로 특별히 덧칠되어 하나의 스토리로 바뀌었다.

레르몬토프는 페테르부르그 상류 사회의 삶을 그린 자신의 미완성 소설《리곱스카야 공작부인》에서 무엇이 위협적인 것인가에 대해 설명했다.

"오! 우리의 루머라는 것은 끔찍합니다. 당신이 고매하게 행동하든 천박하게 행동하든, 그것이 진실이든 아니든, 피할 수 있든 없든, 이제 당신의 명성은 루머에 연루되었습니다. 어쨌든 당신은 모든 것을 잃게 됩니다. 사회적 지위와 명성, 친구들의 존경……. 루머에 엮이는 것보다 더 끔찍한 일은 없습니다. 그 루머가 어떻게 끝나든지 간에!"

게다가 페테르부르그에서는 브률로프의 아내와 니콜라이 1세 사이의 염문설이 돌고 있었다. 황제의 연애사는 지금까지도 커다란 수수께끼로 남아 있다. 러시아의 통치자이자 사람들의 눈길을 사로잡는 매력남이었던 황제는 수많은 여인들의 선망의 대상이었으면서도 그 여인들의 자존심은 물론 그 남편들의 자존심까지 세워 주면서 불장난을 마다하지 않았다.

황제의 애정 행각은 얼마나 도를 넘었을까? 이에 대해 동시대인들과 후대의 역사가들은 단지 짐작만 할 뿐이다. 그러나 푸쉬킨이나 브률로프 같은 감성적 인물들이 니콜라이 1세 때문에 아내에게 질투심을 느꼈다는 것은 이미 널리 알려져 있는 사실이다. 이 부분에 대해 선입견을 가졌던 위대한 인간 심리 연구가 레프 톨스토이는 자신의 역사 소설《하지-무라트》에서 니콜라이 1세를 '난봉꾼'이라고 불렀다.

톨스토이와 절친한 사이였던 니콜라이 레스코프(1831-1895)는 러시아 장인들과 의인들에 관한 우화를 써서 칭송을 받았다(《왼손잡이》, 《봉인된 천사》와《매혹적인 방랑자》는 작곡가 라지온 쉐드린의 두 작품을 바탕으로 했고, 젊은 쇼스타코비치는 레스코프의《므첸스키현(縣)의 맥베드 부인》이라는 작품을 토대로 자신의 오페라를 작곡했다). 그리고 1890년에는《사탄의 인형들》이라는 소설을 출간함으로써 브률로프와 그의 아내 그리고 니콜라이 1세의 관계를 밝힘과 동시에 '푸쉬킨의 죽음에 관한 세부 사항과 그 원인'을 밝히려고 했다.

해박한 지식의 소유자였던 레스코프는 항상 금지된 테마로부터 영감을 얻었는데, 그는 페테르부르그 상류 사회의 '사탄의 인형들'(레스코프는 그들을 '매음부'라고 부르기도 했다)이 황제 앞에서 쓰러지는 니콜라이 시대의 〈방탕 시리즈〉를 쓰고 싶다고 편집자에게 말했다. 애석하게도 소설의 출판은 취소되었다. 검열 때문이었을까? 아니면 자기 검열 때문이었을까? 그 일에 관한 정확한 진실은 결코 알 수 없을지도 모른다.

확신할 수 있는 것은 푸쉬킨 아내에 대한 니콜라이 1세의 태도가 매우 특별했다는 사실이다. 시인이 생존해 있을 때도 그랬고 또 사후에도 마찬가지였다. 궁정 무도회에서 그녀는 황제가 가장 총애하는 댄스 파트너였다. 많은 이들의 증언에 따르면, 1844년 그녀에게 표트르 렌스키 장군과의 재혼을 주선한 사람도 바로 황제였다고 한다. 그리고 니콜라이 1세는 두 사람 사이에서 태어난 첫 아이의 대부가 되었다.

니콜라이 1세가 사적으로 브률로프의 이혼에 관심을 가졌다는 것은 잘 알려져 있는 사실이다. 당시 이혼 서류를 심사했던 종무원은 이혼 결정을 1년 이상 보류할 수도 있었다. 가령 1841년 봄에 처리되었어야 할 작곡가 글린카의 이혼이 1846년 말까지 보류된 것이 좋은 예가 되겠다.

하지만 종무원은 지체하지 않고 이혼 결정을 내렸고 이때 "두 사람의 혼인 관계가 지극히 비극적이며 교회에서의 회개나 몇 달간의 별거로는 도저히 화해에 이르지 못할 것이다"라고 판결했다.

니콜라이 1세는 상류 사회의 남편들의 질투심을 불러일으켰을 뿐만 아니라 자기 자신도 질투의 화신이 되었다. 푸쉬킨, 브률로프의 이름과 더불어 갑자기 레르몬토프의 이름이 등장했다. 엠마 게르쉬테인은 니콜라이 1세의 아내 알렉산드라 표도로브나의 편지와 일기를 출판했는데, 그 자료들을 통해 짐작할 수 있는 것은 아마도 황후가 레르몬토프를 흠모했을 것이라는 점이다. 게르쉬테인은 그것이 어떤 형태로든 젊은 시인의 비극적 최후에 영향을 주었을 것이라고 추론했다. 어쨌든 그것은 레르몬토프에게 보인 황제의 노골적이고 직접적인 반감을 설명하는 데 참고가 된다.

궁중의 음모나 스캔들과 더불어 거미줄처럼 복잡하게 얽힌 애정사에 주목한다면 우리는 당시의 온실처럼 답답한 분위기를 좀 더 잘 이해하게 될 것이다. 왜냐하면 바로 그 속에 니콜라이 1세와 문화계 주요 인사들 사이의 구체적인 관계가 심도 있게 드러나 있기 때문이다. 유감스럽게도 기묘한 모자이크의 중요한 퍼즐들은 어쩌면 영원히 소실되었을지도 모른다. 하지만 남아 있는 퍼즐들만으로도 충분히 당대의 문화와 권력의 고유한 상관관계를 파악할 수 있다. 그 이전에도 또 그 이후에도 이처럼 긴밀하면서도 원초적인 관계가 형성된 적은 없었다.

냉혹한 니콜라이 시대의 문화 현상 속에서 흥미로운 사실 중 하나는 갑자기 '에로시(詩)'가 널리 유행했다는 점이다. 에로시는 19세기 러시아의 에로틱한 그림들과 마찬가지로 불모지에서 탄생한 것이 아니라, 다양한 루복(나무껍질 채색화)과 프랑스 에로시 그리고 석판화에서부터 출발한 것이었다.

여기서 시인 이반 바르코프의 주인공들을 상기할 필요가 있다. 에로시의 위대한 거장인 푸쉬킨은 많은 음란한 송시, 발라드, 서문으로 유명한 바르코프의 작품들에 관심을 보였다. 러시아에서 이 테마는 거의 1991년까지 비밀에 부쳐졌으며 심지어 지금까지도 이에 대한 언급을 삼가고 있다. 왜냐하면 많은 사람들이 그 문제를 다루는 것은 가장 위대한 국민시인의 신성함을 심각하게 훼손하는 것이라고 생각하기 때문이다.

어쨌든 에로 문학의 계보는 푸쉬킨에게는 항상 중요한 것이었다. 오늘날 학교에서 가르치고 있는, 푸쉬킨의 명예를 드높였던 《루슬란과 류드밀라》가 한때 음란하다는 이유로 많은 비평가들로부터 비난을 받았다는 사실을 우리는 잊고 있다. "시의 목적은 우리의 영혼을 고양시키는 것이다. 달콤한 정열의 장면은 조악한 감정을 강요한다." 보리스 아사피예프는 글린카의 오페라 《루슬란과 류드밀라》를 '에로스에게 바치는 슬라브적 예배'라고 불렀다.

외설적인 발라드 〈바르코프의 그림자〉에 관해 무슨 말을 할 수 있을까? 오늘날 전문가들은 거의 한 목소리로 그것이 푸쉬킨의 작품이라는 것을 인정하고 있다. 이 작품이 러시아에서 처음으로 출판된 것은 1991년, 즉 소비에트 정권이 붕괴된 이후였다. 파문당한 사제 예바코프 앞에 나타난 바르코프의 유령은 자신을 찬미하겠다는 약속을 얻어 내자 그 대가로 예바코프에게 환상적인 성적 능력을 선물한다.

〈바르코프의 그림자〉는 바르코프풍과 다르면서도 우아했고, 비록 점잖지 못한 농담이었으나 그 작품은 모순적이고 자연스러움을 외면하는 푸쉬킨 시의 적대자들에게 독설을 날렸다.

흘러내린 바지에
손엔 두툼한 음경을 움켜쥐고
불알을 늘어뜨린 채…….

위대한 장인 정신과 자제력, 직업적 용기가 필요한 이 위험한 장르에 푸쉬킨의 친척들 가운데 바르코프보다 훨씬 더 가까운 스승이 있었다. 그의 삼촌 바실리 푸쉬킨(1766~1850)은 모스크바 매음굴에서의 소동을 다룬 유쾌한 시 〈위험한 이웃〉이라는 걸작의 작가였다.

바실리 푸쉬킨의 작품에 등장하는 두 명의 통통한 매춘부들은 매음굴에서 손님을 기다리는 동안 문학적 라이벌의 작품에 심취해 있었다. "진정한 천재라니 어디에나 숭배자들이 있겠지!" 〈위험한 이웃〉에 나오는 이 풍자 구절은 필사본으로 널리 유포되어 인기 있는 서문이 되었다(소비에트 시대에 접어들자 〈위험한 이웃〉은 〈바르코프의 그림자〉보다 더 큰 행운을 얻게 되었다. 이 작품은 여러 차례 출판된 바 있는데, 그것은 바실리 푸쉬킨의 시 한 구절을 레닌이 자신의 논문에 직접 인용했기 때문일 것이다).

젊은 푸쉬킨의 외설적 걸작은 1821년 그가 22세 되던 해에 썼던 시 〈가브릴리아다〉였다. 작품 속에는 음담패설적인 요소가 전혀 들어 있지 않았는데 어쩌면 그 때문에 더욱 매혹적일 수 있었는지도 모른다. 동정녀 마리아가 하루 사이에 악마와 대천사와 신에게 유혹당한다는 신성모독적 테마와 성서에 대한 패러디 덕분에 〈가브릴리아다〉는 특별한 재치로 가득 넘치게 되었다.

〈가브릴리아다〉는 유사한 다른 작품들과 마찬가지로 '익명의 지하 출판물'로 러시아 전역에 보급되었다. 그러나 신성모독적이고 에로틱한 패러디는 특별한 '금단의 열매'였다. 1828년 한 퇴역 장교 집의 농노들이 페테르부르그의 대주교를 찾아가 자신들의 주인이 신성모독적인 시를 읽어 주었다고 고하면서부터 사건이 불거지기 시작했다. 그 시가 바로 〈가브릴리아다〉였다.

사건은 더욱 큰 파장을 불러일으키며 마침내 니콜라이 1세의 귀에까지 들어갔고, 황제는 그토록 끔찍한 시를 쓴 작가가 푸쉬킨이 아닐까 하고 의심하기 시작했다.

푸쉬킨은 세상 밖으로 나오기를 꺼려 하면서, 자신이 쓴 어느 작품에도 신심을 잃어버리거나 종교를 모독한 대목이 없다는 것을 증명하려고 했다.

하지만 시인은 2년 전 크레믈린에서 니콜라이 1세와 역사적 회동을 가졌을 때 사용했던 방법을 다시 쓸 수밖에 없었다. 그는 사적인 편지를 군주에게 보내 자신이 그 시를 썼다는 사실을 고백했다. 그러자 니콜라이 1세는 조용히 명령을 내려 〈가브릴리아다〉에 관한 조사를 중지시켰다.

"과인은 이 사건에 대해 소상히 알고 있으므로, 이 사건은 이제 완전히 종결된 것이다."

여기서 우리는 페테르부르크 주재 프랑스 대사가 니콜라이 1세에 대해 언급한 말을 기억할 필요가 있다.

"그는 자신을 신뢰하는 사람에게 고마워했고, 자신을 믿지 않는 사람에게는 노여워했다. 그는 주변 사람들에게 두려움과 존경심을 동시에 불러일으켰다. 바람직한 친구였던 동시에 그 상냥함이 종종 로맨틱한 젊은 여인의 상냥함 같기도 했지만, 때로는 아주 작은 실수조차 용납하지 않는 무정함과 냉혹함을 보이기도 했다."

이러한 양면성과 변덕 때문에 니콜라이 1세의 행동(훗날의 스탈린의 행동처럼)은 도무지 예측할 수가 없었다. 1826년 9월 8일, 황제와 푸쉬킨이 만났다. 이 회동에서 차르는 유배 중이던 시인을 완전히 사면하고 그를 '러시아에서 가장 현명한 인물'이라고 칭송했다. 그런데 니콜라이 1세는 푸쉬킨과 회동하기 불과 한 달여 전에 모스크바에서 다른 한 시인을 잔인하게 심문하여 비극적인 최후를 맞이하게 한 적이 있었다.

모스크바대학을 갓 졸업한 젊은 시인 알렉산드르 폴레자예프의 시 〈사쉬카〉가 7월 28일 밤 황제의 궁전에 전달되었다. 〈사쉬카〉는 얼마 전에 출판된 푸쉬킨의 〈예브게니 오네긴〉 1장을 음란하게 모방한 풍자작이었다. 한밤의 호출(실제로는 체포)은 니콜라이 1세에게 전해진 밀고 때문이었는데, 그 내용은 "모스크바대학 학생들이 전대미문의 폭음과 방탕 그리고 위험한 자유주의 사상에 빠져 있다"라는 것이었다(그 증거로 〈사쉬카〉 복사본이 첨부되었다).

지금도 부분적으로 생략된 채 출판되는 폴레자예프의 이 작품은 러시아 낭만주의 문학에서도 가장 기이한 작품 가운데 하나로 손꼽히며, 작품 속에는 정치적 독설("사슬에 묶여 고통 받는 이성이여, 나의 어리석은 조국이여")과 대담한 욕설("날아가라, 슬픔이여, 비애여, / 붙어 먹을 어미의 음부를 향해! 오랫동안, 오랫동안 우린 섹스하지 못했네 / 이렇게 신성한 곳에서!")이 기묘하게 결합되어 있다.

폴레자예프의 시들과 그의 짧고 끔찍한 생애는 러시아인들이 모든 낭만 사상을 극단화시켜서 그것을 반드시 생활 속에 실현시키려 한다는 아폴론 그리고리예프의 지적과 연관된다. 그리고리예프는 폴레자예프나 레르몬토프의 경우처럼 '자신의 삶을 전소시키거나 모든 상황에 삶을 내어 놓는' 풍토를 안타깝게 생각했다.

1826년 니콜라이 1세의 모스크바 궁전에서 폴레자예프의 인생은 비참하게 농락당하고 말았다. 황제는 시인에게 〈사쉬카〉를 큰 소리로 읽도록 명령했다. "대학에서 젊은이들이 무엇을 배우고 있는지 당신이 직접 들어 보시오." 황제는 두려움에 사로잡힌 교육부장관을 바라보며 말했다.

폴레자예프가 욕설이 뒤섞인 시의 낭독을 마치자 니콜라이 1세는 다시

장관을 바라보며 "자, 무슨 말을 하시겠소? 이제 이와 같은 타락상에 종지부를 찍고, 그 뿌리를 뽑고 말겠소!"라고 말한 다음 폴레자예프를 쳐다보면서 이렇게 말했다. "너를 단죄하여 다른 사람들의 본보기로 삼겠다."

결국 폴레자예프는 카프카즈로 유배되고 말았다. 하지만 그는 체첸과 다게스탄 지역에서 약 4년 동안 시를 쓰며 용감히 투쟁했다. 그의 작품 중에서 가장 뛰어난 것은 아마도 유명한 자전시 〈포로 이로쿼이의 노래〉일 것이다.

나는 죽으리라! 도살자가 치욕을 느끼게
무방비 상태로 몸뚱이를 넘겨주리라!
그러나 수백 년 묵은 참나무가
화살에 꿈쩍하지 않듯이
나는 동요하지 않고 용감히
운명의 순간을 맞이하리라!

1837년 황제와 만난 '운명의 순간'으로부터 약 11년이 지난 후 폴레자예프는 심한 폐병과 알코올 중독에 시달리다가 모스크바의 한 군병원에서 숨을 거두고 말았다. 알렉산드르 게르첸은 자신의 위대한 비망록 《과거와 사상》에서 고인의 시신을 처리하는 문제와 관련해서 다음과 같이 기록했다.

"그의 친구들 가운데 한 사람이 찾아가 시신을 매장할 수 있게 해 달라고 부탁했지만 시신이 어디에 있는지 아무도 몰랐다. 당시 군병원에서는 죽은 사람의 시신을 거래하고 있었다. 대학이나 의학아카데미에 시신을 팔아 넘겼고 또 뼈를 추출하기도 했다. 그 친구는 지하실 한쪽 구석에서 가엾은 폴레자예프의 시신을 발견했다. 그의 시신은 다른 사람들의 시신과 뒤섞여 있었고 또 쥐들이 갉아먹은 한쪽 다리는 형체를 알아볼 수가 없었다."

폴레자예프의 〈사쉬카〉와 그 밖의 음란시들은 군대에서, 그 중에서도 특히 군사학교에서 큰 인기를 얻었다. 러시아에서 군대는 별정의 하위 조직이었지만 군복무와 예비 교육 과정은 러시아 엘리트들의 가치관에서 중심적인 위치를 차지하고 있었고, 군대 복무, 특히 근위대 복무는 가장 명예로운 일로 손꼽히고 있었다.

그렇지만 군대에서 음주, 호색, 도박, 거칠고 잔인한 승부, 폭력은 일상화되고 숭배되어 하나의 의식 절차가 되어 버렸다. 그런 의식 절차에 불가피한 요소가 바로 외설 시들이었으며 그 시들은 비밀 노트로 은밀히 전해지고 있었다. 레르몬토프도 폴레자예프의 〈사쉬카〉를 다른 외설 시들과 함께 개인적으로 소장하고 있었다.

레르몬토프가 직접 그런 시들을 창작하기 시작했다는 것은 놀라운 일이 아니었다. 이른바 레르몬토프의 '장교들의 시' 혹은 '경기병들의 시'라고 일컬어지는 경박한 시들(〈페테르고프의 명절〉, 〈울란샤〉)은 그가 다닌 사관학교와 그 후 미하일 대공이 대장으로 근무한 근위대에서 엄청난 인기를 끌었다.

〈울란샤〉는 분별없고 장난스러운 분위기에서 일어나는 집단 강간을 묘사한 시였다. 1856년, 레르몬토프의 한 친구는 "사관생도들이 이 시를 좋아했다. 그리고 그 귀중한 비밀 노트는 당시 사관학교 내에서 손에서 손으로 전달되었다"라고 회고했다. 의심할 여지 없이 미하일 대공 역시 그 시에 대해 잘 알고 있었을 것이다. 레르몬토프도 미하일 대공을 통해 형 니콜라이 1세가 그 시를 잘 알고 있을 것이라고 추측했다. 그러나 레르몬토프는 어떤 처벌도 받지 않았다.

그것은 폴레자예프의 작품과 달리 레르몬토프의 외설 시들은 정치성을 띠지 않았고 또 근위대 의식에 적절했다는 점으로 설명할 수 있다. 레르몬토프의 음란성이 '자신들의' 집단 내에서 농담으로 받아들여졌지만 반면에 폴레자예프는 아웃사이더였다. 주피터에게는 허용되어도 황소에게는 허용되지 않는 법이다(quod liced Jovi, non liced bovi).

하지만 레르몬토프의 음란 시들을(바르코프나 푸쉬킨의 작품들과 마찬가지로) 공식 문화로 볼 수는 없었다. 위대한 시인들의 '불법적' 작품들은 여가 시간에, 그것도 코웃음을 치며 읽을 법한 것들이었다(니콜라이 1세 시절에 황족이 소장했던 에로틱한 그림들을 떠올려 보자). 어쨌거나 로마노프 황족은 그 작가들에 대해 부정적인 인상을 받게 되었다.

미하일 대공 역시 레르몬토프의 〈울란샤〉를 연상하면서 〈악마〉에 대해 이렇게 말했다.

"이탈리아의 바알제불, 영국의 루시퍼, 독일의 메피스토펠리스가 존재했으나, 이제 러시아 악마가 탄생했다. 즉, 사악한 마력을 가진 악마가 등장한 것이다. 나는 이해할 수 없는 점이 있다. 누가 누구를 창조한 것인가? 레르몬토프가 악마를 창조한 것인가, 아니면 악마가 레르몬토프를 창조한 것인가?"

8장
고골, 이바노프, 츄체프, 니콜라이 1세 시대의 종말

835년 봄, 당시 러시아문학 비평계의 떠오르는 별이었던 비사리온 벨린스키가 모스크바 잡지 《망원경》의 7호와 8호에 게재한 논문은 문학적 센세이션을 불러일으켰다. 그것은 〈러시아 중편 소설과 고골의 중편 소설에 관하여〉라는 논문이었다. 그리고 그것은 26세에 불과한 작가가 최근에 출판한 두 작품집에 대한 극찬이었다. 두 작품집에는 고골의 《광인 일기》, 《넵스키 거리》 그리고 《타라스 불바》가 실려 있었다.

벨린스키는 상당히 격앙된 어조로 논문을 끝맺었다.

"우리 문학에서 고골의 의미는 무엇인가? 문단에서 그의 자리는 어디인가? (······) 현재 그는 문학의 영도자이며, 시인들의 지도자이다. 그는 푸쉬킨이 남기고 간 자리를 차지할 것이다."

이러한 선동적 선언으로 벨린스키는 두 가지 목적을 달성했다(훗날 그는 자신의 사회평론적 비평으로 인해 〈광란의 비사리온〉으로 불렸다). 그는 홀로 사방에서 공격을 받고 있던 젊은 고골에게 대관식을 올려 주었고 푸쉬킨은 왕좌로부터 끌어내렸다.

벨린스키는 푸쉬킨 생존 시에도 작가로서의 그를 여러 번 매장시켰고, 그 후로도 특히 그 일에 열정을 쏟다가 자신이 러시아 비평의 아이콘이 되자 점차 침묵으로 돌아섰다. 벨린스키는 1830년부터 "푸쉬킨의 시대는 끝났다. 아니, 갑자기 무너졌다. 왜냐하면 푸쉬킨 자신이 사망했기 때문이며, 이와 동시에 그의 영향력도……."라고 썼다. 그리고 건강한 푸쉬킨에 대해서는 더욱 자극적인 말을 내뱉었다. "……. 그는 사망했거나 아니면 일시적인 실신 상태에 있다."

물론 그것은 과장된 말이었다. 1930년 이후 〈청동 기마상〉과 〈가을〉, 〈신이여, 나를 미치게 하지 마소서〉, 〈때가 왔도다, 친구여, 때가……〉 같은 걸작들을 썼던 푸쉬킨이 그런 악의에 찬 비난의 글을 읽었을 때 그 심경이 어땠을까? 개인적으로 내가 아는 어떤 작가라도 당시에 살았더라면 벨린스키에게 결투를 신청했거나, 아니면 그의 면상을 쥐어박았을 것이다.

그러나 우리도 알다시피 푸쉬킨은 화를 내지 않았고 단지 자신의 잡지 《현대인》에 익명의 글을 실어 조심스럽게 벨린스키를 꾸짖었다. "만일 그의 자유로운 생각과 재기에 좀 더 많은 지식과 학식이 겸비되고, 좀 더 충심 어린 존중과 통찰력이 있었다면, 요컨대 좀 더 성숙했더라면 우리는 그에게서 정말 훌륭한 비평을 얻을 수 있었을 것이다".

야망으로 가득 찬 고골은 벨린스키의 칭찬에 분명 기분이 들떴을 것이다. 그러나 동시에 그 칭찬은 고골을 매우 난처하게 만들기도 했다. 사실 고골은 처음부터, 자신이 푸쉬킨의 가장 충실한 제자라고 자처했다. 고골은 자신의 우상을 생매장시키는 일에 공개적으로 동조할 수 없었다. 무덤 속에 생매장되지 않을까 하는 예감으로 고골이 두려움에 떨었다는 것을 밝혀 두겠다. 1845년에 쓰여진 그 유명한 〈유언〉은 다음과 같은 섬뜩한 말로 시작된다.

니콜라이 고골

"유언을 하건대, 내가 죽은 후 부패하는 뚜렷한 조짐이 보이기 전에는 내 몸을 매장하지 마라."

고골의 작품들이 그러하듯 그의 이 기괴한 요구는 문자 그대로 해석할 수 있을 뿐만 아니라 상징적으로도 해석할 수 있다. 고골은 '모든 일에 있어서 우리의 비상식적인 조급함 때문에 일어나는 수많은 비극적 사건들의 목격자'라고 설명하면서, 자신의 유언이 사람들에게 통찰력에 대해 상기시켜 주기를 바랐다. 그런데 그 단어는 1836년 푸쉬킨이 벨린스키를 꾸짖을 때 사용했던 말이기도 하다.

1862년 미하일 미켄신의 프로젝트로 노브고로드에 건립된 〈러시아 천년 기념비〉에 새겨진 중요한 역사적 인물들 중에는 성스럽고 천사 같은 모습을 한 푸쉬킨과 그에게 기댄 채 슬픈 얼굴을 하고 있는 고골도 있었다(역사적 인물의 명단은 알렉산드르 1세가 직접 작성했다).

많은 사람들에게 알려진 것처럼 이반 투르게네프, 표도르 도스토옙스키 그리고 레프 톨스토이는 완곡히 표현해서 서로 사이가 좋은 편이 아니었다. 그러나 푸쉬킨과 고골의 특별한 친분 관계에 대해서는 확실한 전설이 존재한다. 사실 푸쉬킨은 우크라이나에서 온 젊은 천재를 진심으로 환영했고 그의 풍자적이고 전원적인 작품들에 포복절도하고 감탄했으며 또한 고골에게 코미디 《감찰관》과 서사시 《죽은 혼》의 소재를 선물했다. 그러나 실제로 푸쉬킨과 고골의 관계는 그렇게 이상적이었을까?

그런 전설을 만들어낸 사람은 바로 고골이었다. 그것은 고골의 위대한 창작물이었다. 1831년 봄 페테르부르그에서 푸쉬킨과 알게 된 후 고골은 곧바로 푸쉬킨에 관한 논문을 쓰기 시작했다. 그 논문에서 고골은 푸쉬킨을 위대한 국민 시인이라고 선언하고, "푸쉬킨은 러시아 영혼의 위대한 존재, 아니 유일한 존재일 것이다. 이 러시아인은 더욱 성장하여 아마 2백 년이 지난 후에도 여전히 존재하게 될 것이다"라고 덧붙였다.

그것은 물론 투박한 아첨이었지만 매우 재치가 있어서 그 후로도 경구로 널리 회자되어 오늘날까지 러시아에서 유명하다. 분명한 것은 설마 했던 고골의 예언의 시대가 이미 도래했다는 사실이다.

스물두 살의 괴상하고 특이한 옷차림의 키 작은 시골뜨기 고골이 서른두 살의 푸쉬킨의 마음에 들었다는 사실에는 의심의 여지가 없었다. 뾰족한 코에 길고 윤기 나는 금발머리 그리고 교활한 눈빛을 가진 이 인물은 우크라이나의 이국적인 매력으로 충만했고 사적인 대화에서도 흥미로운 이야기로 사람들을 웃기는 능력을 지니고 있었다(고골은 음담패설에도 능했는데 사람들은 그런 그를 '귀족 나리의 굵은 소금으로 절인 우크라이나 돼지 비계였다'라고 평했다).

푸쉬킨은 잡지 《현대인》의 창간 작업에 고골을 끌어들였다. 그에게는 날카롭고 충직한 '필력가들'이 필요했다. 그러나 바로 이때부터 그들의 심각한 다툼이 시작되었다. 푸쉬킨은 고골에게 《현대인》 창간호의 서문을 써 달라고 했다. 그런데 바로 그 서문이 고골 특유의 격렬함과 날카로움으로 많은 독자들을 격분시키고 말았다. 부득이하게 푸쉬킨은 세 번째 발간 작업에서 고골을 제외시킬 수밖에 없었고, 그로 인해 극도로 자존심이 강했던 젊은 작가는 깊은 상처를 입고 말았다.

푸쉬킨이 고골에게 그렇게 '복수했다'고 말할 수도 있을 것이다. 사실 고골은 푸쉬킨이 직접 쓰려고 했던 작품의 소재(지방 도시에 나타난 한 사기꾼을 수도로부터 비밀리에 파견된 감찰관으로 오해한다는 소재)를 가로챈 적이 있었다. 그때 푸쉬킨은 웃으면서 아내에게 말했다. "이 우크라이나인을 상대하려면 정신을 바짝 차려야 해. 왜냐하면 소리칠 틈도 주지 않고 낚아채 버리거든."

푸쉬킨의 테마에 기초한 코미디를 빠른 속도로 완성시킨 고골은 곧바로 수도의 영향력 있는 상류층 문학 살롱에서 낭독을 하기 시작했다(그리고 빠른 시일 내에 무대에서 상연될 수 있기를 바랐다).

회고록 작가의 말을 빌리자면, 고골은 어린 시절부터 '실생활의 경험들, 영혼의 투시력, 상대를 끄는 다정함, 분노 위장'의 비법을 소유한 위대한 조작자였다고 한다.

고골의 《감찰관》은 쥬콥스키를 통해 니콜라이 1세의 관심을 끌 수 있었다. 고골의 코미디를 황제에게 낭독해 준 사람은 뛰어난 예술 수호자 미하일 비엘고르스키 백작이었다. 코미디는 니콜라이 1세의 '마음에 쏙 들었다'. 그리고 그때부터 안전등이 켜졌다. 코미디는 순식간에 모든 검열의 암초를 통과했고 알렉산드르 황실극장 상연이 결정되었다. 필사본(1835년 12월 4일)에서 출발한 《감찰관》은 불과 4개월 반 만에 국내 주요 무대에서 상연되기 시작했고(1836년 4월 19일) 그로부터 한 달 후에 모스크바에서도 상연되었다.

흥미로운 점은 다음과 같다. 알렉산드르극장에서 고골이 참석한 가운데 《감찰관》의 리허설이 진행되고 있을 때, 극장 로비에서는 작곡가 글린카가 자신의 새 오페라 〈황제 폐하께 바친 목숨〉의 총연습을 진행하고 있었다(그 무렵 오페라 극장은 수리 중이었다).

로마노프 왕조의 치세를 찬양하는 애국적인 그랜드-오페라는 러시아 관료주의의 기형적 실상에 대한 신랄하고 공격적인 풍자로 황제 니콜라이 1세의 지지를 받았고 황실극장의 무대에서도 상연될 수 있었다. 그것은 황제가 채택한 '정교, 전제주의, 국민정신'이라는 이데올로기가 그의 의식 속에서 의외로 매우 폭넓은 것이었음을 입증해 준다(덧붙이자면 니콜라이 1세는 검열관조차 놀라게 한 다른 두 편의 위대한 러시아 코미디, 알렉산드르 그리보예도프의 《지혜의 슬픔》과 알렉산드르 오스트롭스키의 《자신의 썰매가 아니면 타지 마라》를 좋아했다).

알렉산드르극장에서 《감찰관》이 초연되었을 때 니콜라이 1세는 향후 자신의 후계자가 될 알렉산드르 2세와 함께 특별석에 앉아 마음껏 웃고 소리를 질렀다. 그리고 과시하듯 박수를 침으로써 홀을 가득 메운 귀족들에 박수를 치도록 유도했다(귀족들은 황제의 관람 사실을 사전에 알고 있었다).

상류층 인사들, 특히 장관들은 이렇게 속삭였다. "이 멍청한 광대극을 관람할 가치가 있을까? 러시아에 그런 도시가 있기나 한 걸까? 정직하고 올바른 사람이 단 한 사람도 없다는 게 말이 되냔 말이야."

그러나 황제의 지지가 있었기 때문에 그들은 《감찰관》에 대한 분노를 속으로 삭일 수밖에 없었다. 많은 황실 귀족들은 어째서 니콜라이 1세가 '권력을 과감하게 비웃는' 희곡에 그토록 찬사를 보내는 것인지 납득을 할 수가 없었다.

공연이 끝난 후 배우들은 황제가 극장을 떠나면서 하는 이야기를 들었다. "여기 있는 모든 관객들이 감동을 받았소. 물론 나도 감동을 받았지!" 주연 배우들의 월급이 인상되었고, 황제가 하사하는 보석반지가 지급되었다. 고골에게는《감찰관》저작료로 2천5백 루블이 지급되었고, 그것으로도 모자라 니콜라이 1세에게 헌정한《감찰관》최신판에 대한 답례로 황제의 선물까지 받았다.

그것은 황실이 지급한 재정 보조금의 첫 사례였고, 그날 이후로 고골은 죽는 날까지 황실 보조금을 받았다. 니콜라이 1세가 푸쉬킨에게 지급한 재정 보조금은 지극히 볼품없는 액수였고, 그것도 마지못해 지급한 것이었다. 하지만 고골은 더할 나위 없이 실리적인 사람이었고 그런 부분에서는 상당한 재주가 있어서 자기가 원하는 것을 반드시 얻어 내고야 말았다(무엇보다 영향력 있는 쥬콥스키의 도움을 받았다).

푸쉬킨은 자신이 약속했던 것과 달리《감찰관》초연에 나타나지 않았다. 도둑맞은 소재에 대한 불만의 표출이었을까? 중요하고 자세한 내막은 다음과 같다. 초연이 있기 3개월 전, 쥬콥스키의 집에서 고골이《감찰관》을 낭독했을 때 푸쉬킨은 포복절도할 정도로 웃었다고 한다. 그러나 푸쉬킨은 감찰관 행세를 하는 젊은 주인공 흘레스타코프가 수도 문학계에서 쌓은 친분을 사람들에게 과시하는 대목을 듣게 되었다.

"푸쉬킨이 글을 쓰는 모습은 얼마나 특이한지요. 한번 상상해 보십시오. 푸쉬킨 앞에 놓인 럼주는 오스트리아 황제를 위해 아껴 두었을 법한, 한 병에 100루블이나 하는 최고급 럼주지요. 그런 다음 그가 펜을 잡고 쓰기 시작하면 단숨에 쓱쓱……"

그것은 푸쉬킨이 2년여 전에 아내에게 쓴 개인적인 편지(이에 관해서는 앞에서 이미 언급한 바 있다)의 에피소드를 거의 그대로 인용한 것이었다. 아마도 고골은 이 반어적인 에피소드를 푸쉬킨에게서 직접 들었을 것이다. 하지만 푸쉬킨은 고골이 그것을 그토록 거리낌 없이 이야깃거리로 이용하리라고 짐작이나 했을까? 사기꾼 흘레스타코프의 입에서 흘러나온 그 에피소드는 모욕적이면서도 조소적인 뉘앙스를 풍겼다.

푸쉬킨이 더욱 모욕감을 느꼈던 것은 풋내기 흘레스타코프의 독백이었다. 흘레스타코프의 입을 통해 고골은 푸쉬킨의 〈작은 비극〉, 〈역병이 돌던 시기의 연회〉를 패러디하려 했던 것이 분명하다.

"최근에 그(푸쉬킨)는 《콜레라 약》이라는 희곡을 하나 썼습니다. 한마디로 머리카락이 곤두설 만한 것이었지요. 내가 아는 한 관리는 그 작품을 다 읽고 난 후에 머리가 돌아 버렸고 결국 병원으로 실려 가고 말았어요."

이러한 사실들로 미루어 볼 때, 푸쉬킨이 고골에게 분개하고 있었음을 충분히 짐작할 수 있다. 모나지 않은 사람이었기 때문에 겉으로 내색하지는 않았지만 푸쉬킨이 고골을 갑자기 멀리했던 것은 사실이다(고골이 《감찰관》 최종본에서 그 에피소드를 삭제한 것도 그런 이유에서였다). 젊은 작가 고골에게 우정 어린 지지가 필요했던 것도 바로 그 시기였다.

《감찰관》 초연 후에 고골은 패닉 상태에 빠졌다.

"모두가 나의 적이야. 나이 든 관리들이나 고관들도 내게 신성함이 없다고 소리치잖아. 경찰들도 나의 적들이고, 상인들도, 문학가들도 모두 나의 적이야. 만일 황제의 보호가 없었다면 내 희곡은 절대 무대에 오를 수 없었을 거야. 벌써부터 상연을 금지시키려고 안달인 사람들이 모여들고 있어. 이제야 나는 코미디 작가라는 게 무언지 알 것 같아. 아주 작은 진실만 보여 줘도 저렇게들 적대적이잖아. 한두 사람도 아니고 모든 계층의 사람들이 말이야."

이런 상황에서 푸쉬킨이 고골에게 보인 냉담한 태도는 고골에게 깊은 배신감과 참담함을 안겨 주었다. 《감찰관》 초연이 있은 후 한 달 반이 지났을 무렵(1836년 6월), 고골은 친구에게 편지 한 통을 남기고 유럽으로 도망치듯 떠나 버렸다.

"현대 작가, 코미디 작가, 양심의 작가는 자신의 고국에서 멀리 떨어져 지내야만 한다네. 예언자에게 고국에서의 영광이란 없는 법이지."

함부르크에서 쥬콥스키에게 보낸 편지에서 고골은 이렇게 불평을 늘어놓았다.

"심지어 푸쉬킨과도 작별 인사를 하지 못했습니다. 그러나 그것은 그의 잘못입니다."

이런 쓸쓸한 분위기 속에서 고골과 푸쉬킨의 개인적 교류는 영원히 단절되고 말았다.

고골은 푸쉬킨이 결투로 사망했다는 소식을 유럽에서 전해 들었다. 그 순간 고골은 마치 푸쉬킨에게서 느꼈던 예전의 서운함을 모두 잊은 듯했다. 그는 즉각 푸쉬킨의 사후 이미지를 수집하여 그에 대한 신화를 만들기 시작했다. 로마에서 친구들에게 보낸 편지 속에서 고골은 이렇게 언급했다.

"누구보다도 나의 상실감은 크다네. 내 생명, 나의 고귀한 즐거움이 그와 함께 죽고 말았네. 그의 조언이 없었다면 난 아무 것도 성취하지 못하고, 쓰지도 못했을 거야. 내가 가진 장점은 모두가 푸쉬킨 덕분이라고 해야 하겠지."

흥미로운 사실은 고골이 로마에 정착하자마자 이교(異敎) 생활을 청산했다는 것이었다. 반대로 그는 《감찰관》의 극단적인 풍자성에서 빠르게 벗어났고, 니콜라이 1세와 우바로프의 3원칙 '정교, 전제주의, 국민정신'을 진심으로 받아들였다. 그는 이 원칙을 무조건 수용한 첫 번째 러시아 작가라고 할 수 있다(두 번째는 도스토옙스키이다).

많은 점을 고려했을 때 고골이 이런 방향으로 전환한 것은 그의 진심에서 우러나온 일이었다. 그 길은 어느 정도는 후기 푸쉬킨이 개척한 길이었지만 고골은 그 길을 따라 훨씬 더 멀리 나아갔다. 그렇다면 정교와 관련해서 고골이 어떤 언급을 했는지 살펴보자.

"……. 이성은 인간이 진보를 향해 매진할 수 있는 가능성을 제시하지 못한다. 그 가능성을 최대한 높여주는 것은 바로 지혜이며, 그것은 오직 그리스도 한 분에게만 가능한 것이다. (…….) 러시아에서 무슨 일이 벌어지더라도 시인은 어느 누구보다 더 강렬하게 신의 손길을 느낄 수 있고, 다른 국가가 출현하는 것을 직감할 수 있다. 따라서 시인의 목소리는 성서적이다."

고골은 마치 자신이 푸쉬킨으로부터 직접 들은 것처럼 시인의 말을 인용했다.

"전제 군주가 없는 국가는 한낱 기계에 불과하다. 최선의 경우라면 미국이 성취한 만큼 이룰 수 있을 것이다. 그렇다면 미국이라는 나라는 대체 어떤 나라인가? 썩은 고기에 지나지 않는다. 그곳에서 인간은 깨진 계란만큼도 가치가 없고 또 지칠 대로 지쳐 버린다. 전제 군주 없는 국가는 지휘자 없는 오케스트라와 다를 바 없다."

흥미로운 사실은 고골이 이와 관련하여 글린카의 오페라 〈황제 폐하께 바친 목숨〉의 전설적 주인공인 농민 이반 수사닌에 대해 언급했다는 점이다.

"어떤 왕조도 로마노프 가문의 탄생처럼 특별한 경우는 없었다. 왕조의 시작은 이미 사랑의 완성이었다. 한 나라의 가장 비천하고 낮은 신분에 속한 국민이 황제를 지키기 위해 자신의 생명을 바쳤고, 그 순수한 희생으로 군주와 신하는 불가분의 관계를 형성하게 된 것이다. 그리고 그 사랑이 우리 피 속으로 스며들어 황제와의 혈맹 관계를 가능하게 만들었다."

고골이 가장 힘들어 했던 점은 로마에 머물면서 민중성과 러시아의 민족정신에 대해 논하는 일이었다. 그렇지만 고골은 나름대로 설득력 있는 (미묘한 솔제니친적 함축성을 갖는) 변명을 찾아냈다.

"내가 떠나는 것은 타국 생활을 즐기기 위해서가 아니라 오히려 많은 경험을 쌓기 위해서이다. 더 정확히 말하자면 러시아 밖에서, 아주 멀리 떨어진 곳에서 러시아의 소중함과 애국심을 체감할 수 있을 거라는 기대감 때문이다."

러시아의 서구 자유주의자들은 그 모든 것을 위선과 가식 그리고 황제의 앞잡이가 늘어놓는 변명으로밖에 여기지 않았다. 그것은 1847년 초 페테르부르그에서 출간된 《친구들과의 서신 교환》이라는 고골의 책을 바라보는 사람들의 시선이었고, 위에 언급되어 있는 내용은 대부분 그 책에서 인용한 것들이다.

36세의 벨린스키는 폐결핵을 심하게 앓고 있었고 그 당시 유럽에서 요양 중이었다. 벨린스키는 《친구들과의 서신 교환》에 분노하여 자신의 정치적 신념을 드러내는 장문의 편지를 고골에게 보냈다. 그리고 반정부주의자 게르첸은 그 편지를 벨린스키의 유언이라 부르며 자신이 런던에서 발간하던 반정부 문예 작품집 《북방의 별》에 처음으로 수록했다.

고골과 벨린스키, 이 두 사람과 친분을 맺고 있던 파벨 안넨코프의 회고에 따르면 죽음을 목전에 둔 위대한 비평가는 앙상하게 마른 체구에 핏기 없는 창백한 노인의 안색으로 고골에게 보내는 편지 앞에 앉아 가느다란 목소리로 그에게 속삭였다고 한다.

"어쩌겠소? 비록 광기에 사로잡힌 자가 호머라고 해도, 모든 수단을 강구해서 그 미치광이로부터 사람들을 보호해야 하지 않겠소?"

벨린스키의 편지를 받은 고골의 심정을 상상해 보자. 한때 자신의 옹호자였던 벨린스키는 고골에게 이렇게 편지를 썼다.

"압제의 전도사, 무지의 사도, 몽매함과 미개함의 변호인, 타타르 정신의 선동자여, 도대체 당신은 무슨 짓을 하고 있는 거요? 당신 발 밑을 내려다보시오! 당신은 나락의 끝에 서 있소. 그리스 정교를 근거로 내세우며 그 따위 가르침을 퍼뜨리는 것은 이해할 수 있소. 하지만 그리스도는 왜 끌어들이는 것이오?"

안넨코프의 말에 따르면, 고골은 《친구들과의 서신 교환》을 출간하면서 "내가 궁극적으로 바랐던 것은 방탕한 러시아적 삶에 위대한 규칙과 견고한 공리적 규범을 제시하고 이를 통해 러시아가 타민족들에게 모범이 될 만한 고유한 내면 세계를 구축하는 데 도움이 되는 것이었다"라고 말했다. 그 책 속에는 고골의 진본 편지(물론 수정 보완된)와 특별히 수록된 수필, 가령 《러시아의 지주》, 《궁극적으로 러시아 시의 본질과 특징은 어디에서 유래하는가》, 《빛나는 일요일》 같은 것들이 포함되어 있었다.

그 책에서 고골은 예상 밖으로 엄청난 능력을 갖춘 의인으로 변신해 있었다. 그리고 그 서신들 속에는 번역하기 어려운, 그러나 가장 뛰어난 고골의 산문들이 수록되어 있었다. 그 산문들은 감동적이고 회화적이며 음악적인 리듬, 즉 고골 특유의 경쾌한 리듬과 러시아에 대한 염려와 열정을 담고 있었다. 거기서 고골은 러시아의 구원이 기독교적 자아 완성에 있다고 보았다.

벨린스키에게 있어 작품의 문학적 가치는 그의 이념적 방향보다는 덜 중요한 것이었으므로 고골의 견해에 단호히 반대했다.

"러시아를 구원하는 길은 신비주의나 무신론에 있는 것이 아니며, 루터파의 경건주의에 있는 것도 아니다. 구원은 문명화와 계몽, 인문주의 속에 있다. 러시아에 필요한 것은 설교가 아니고(설교는 충분히 들었다), 기도도 아니며(기도도 충분히 되풀이했다), 수세기 동안 진흙과 거름 속에 묻혀 있던 인간의 존엄성을 민중에게 일깨우는 데 있다."

죽는 순간까지 극단주의자의 입장을 고수했던 벨린스키는 니콜라이 1세와 우바로프, 고골의 이데올로기 3원칙을 비판했고, 동시에 푸쉬킨을 부당하게 공격했다. 그는 고골에게 "러시아에서 정교와 전제주의 그리고 국민정신을 옹호하며 진심으로 혹은 가식적으로 자신을 헌신하는 재능 있는 자들의 인기는 떨어질 것이다. 그리고 그 분명한 예가 겨우 두세 편의 충성스러운 시 작품으로 황실 시종보의 제복을 걸칠 수는 있었지만 결국 민중으로부터 버림받고 만 푸쉬킨이다"라고 단언했다.

물론 푸쉬킨은 '민중의' 사랑을 잃어버린 적이 없었다. 문제는 비록 대단하지는 않지만 어쨌든 영향력 있는 진보적 지식인 그룹 내에서 푸쉬킨에 대한 평가가 이루어졌는데 그 그룹의 대변인이 벨린스키였다는 점이다.

급진주의자들의 시각에서 본다면, 다양하고 민속적인 《디칸카 근교의 야화》에서 출발하여 비극적 신비주의 중편 소설 《페테르부르그 이야기》(〈넵스키 거리〉, 〈광인 일기〉, 〈코〉, 〈외투〉)와 강렬하고 신랄한 풍자를 보여주는 《감찰관》 그리고 《죽은 혼》 1권의 진화 과정을 거치고 《친구들과의 서신 교환》에서 기독교적 타협으로 돌변하는 고골의 변화는 전혀 예상치 못한 것이었을 뿐만 아니라 불쾌하고 모욕적인 배신 행위와도 같은 것이었다.

그래서 급진주의자들은 자신들의 지도자인 벨린스키와 마찬가지로 고골을 정신 이상을 일으킨 사람으로 보거나 또는 재정적 지원을 아끼지 않았던 니콜라이 1세에게 아부하는 사람쯤으로 보았다. 고골이 친구들 앞에서 니콜라이 1세의 재정적 지원에 대해 자랑 삼아 이야기한 것은 사실이다. 하지만 비난의 대상이 된 고골의 변화는 그의 초기작들을 주의 깊게 읽어 보면 얼마든지 예측할 수 있는 것이었다.

고골의 사상적 변화를 이해하기 위해서는 예술가들에 대해 쓴 고골의 수필 두 편을 비교해 볼 필요가 있다. 1834년에 쓴 수필 《폼페이 최후의 날》은 당시 페테르부르그에서 전시된 브륄로프의 동명의 그림으로부터 받은 인상을 기록한 것이었다. 그리고 1846년에 발표한 《이바노프의 역사화》라는 작품은 자신의 벗 알렉산드르 이바노프와 함께 완성한 〈민중 앞에 나타난 그리스도〉(1837~1858년)라는 위대한 그림에 대해 쓴 글이었다. 오늘날까지도 그 그림은 19세기 러시아 회화의 가장 위대한 업적으로 평가받고 있다.

고골 스스로도 인정하는 것처럼 그에겐 항상 '회화에 대한 열정'이 있었다. 그는 예술아카데미의 미술 수업에 참석하기도 했고 교회와 사원들, 폐허 같은 '건축물의 풍경'을 즐겨 그리기도 했다. 그런 예술적 경향

고골, 이바노프의 〈민중 앞에 나타난 그리스도〉

속에서 고골이 추구했던 것은, 17세기에 〈성자전〉과 몇몇 작품을 그림으로 그렸던 아바쿰 대주교 이래의 유구한 러시아적 전통이었다.

로모노소프는 모자이크 예술가로 유명했다. 쥬콥스키의 풍경화나 레르몬토프의 전쟁화도 전문적인 예술 작품으로 정평이 나 있다. 그러나 작가 출신의 가장 흥미롭고 인상적인 화가는 단연 푸쉬킨이었다. 그가 원고 위에 그렸던 연필화들(약 1500여 점)은 그 시대의 가장 진실한 초상이었다고 말할 수 있다. 여러 해에 걸쳐 그린 푸쉬킨의 자화상 시리즈는 특히 가치가 있다. 60여 편의 그림들 중에 몇몇 작품은 걸작이라고 불리기에 전혀 손색이 없기도 하다.

낭만주의자 브률로프는 25세의 아마추어 화가 고골을 매료시켰다. 이국적인 인물, 서구에서도 알아주는 거장 브률로프의 회화 기법(효과적인 구성법과 선명한 대비, 대범한 명암, 강렬한 색채)은 고골의 초기 작품들과 닮은 점이 있었다.

고골은 자신의 수필에서 브륄로프의 〈폼페이 최후의 날〉을 오페라에 비유했다. 그러나 당시 고골은 조형예술에서 '오페라 효과'의 가치에 대해 처음으로 의문을 품었다. "진정한 천재의 손길 속에서 오페라 효과는 진실되며 인간을 거인으로 변화시킨다. 그러나 거짓 천재의 손길이라면 진실한 감상자들에게 혐오감만 줄 뿐이다."

고골의 내면에서는 새로운 영적 경지에 이르려는 열렬한 갈망, 모든 '외형적인 것'을 거부하고 그가 놓쳤던 '내면적인 것'(즉, 좀 더 가치 있고 고결한 삶의 표상)을 얻으려는 열망이 갈수록 무르익었고, 그것은 1838년 당시 로마에 살고 있던 32세의 이바노프와 친해지는 계기가 되었다.

이바노프는 고골과 마찬가지로 대단히 특이하고 수수께끼 같은 인물

브륄로프의 〈폼페이 최후의 날〉

이었다(친러파 시인 라이너 마리아 릴케의 근래 표현에 따르자면 그는 무력하고, 우유부단하고, 가슴으로 생각하는 부류였다고 한다). 이바노프는 화려하고 자신만만한 에피쿠로스주의자(향락주의자)인 브륧로프와는 완전히 상반된 인물이었다.

페테르부르그 시절 고골이 브륧로프에게서 발견한 것은 낭만주의 화가의 이상적 화신으로서의 모습만은 아니었다. 그 외에도 고골은 브륧로프와 황제(또는 상류 귀족층)의 친밀한 관계를 부러워했다. 그것은 시골뜨기 고골에게는 너무나도 매력적이고 범접할 수 없는 일이었다. 브륧로프는 고골을 사랑했지만 그를 얕잡아 본 것이 분명했다. 반면 로마에 도착했을 때 고골은 이미 대가가 되어 있었고 또 미숙하고 순진한 이바노프에게는 스승이자 보호자의 위치에 있었기 때문에 상황은 전혀 달랐다.

로마에서 고골과 이바노프 두 사람은 일생일대의 기념비적 작품에 몰두해 있었다. 고골은 《죽은 혼》을 집필하고 있었고, 이바노프는 〈민중 앞에 나타난 그리스도〉를 그리고 있었다. 시간이 흐를수록 두 사람은 자신의 작품을 러시아 국가 이데올로기에 바치는 '종교적 의식'으로 인식하기 시작했다.

역설적이게도 고골과 이바노프는 그 힘든 작업을 러시아에서 멀리 떨어진 곳, 즉 매혹적이고 아름다운 로마의 중심부에서 수행하고 있었다. 로마에서 고골과 이바노프는 당시 황실 예술아카데미의 장학생으로 이탈리아에 거주하고 있던 러시아 예술가 집단의 중심 인물이었다.

키가 작은 이바노프는 당시 상당히 뚱뚱한 남자였고, 둥그스름하고 아름다운 턱수염에 유난히 영민한 눈동자를 가진 전형적인 슬라브인의 이미지를 가지고 있었다. 당시 고골은 여전히 친구들과의 모임에서 맛있게 먹고 마시며 농담하고 웃고 떠들기를 좋아했다. 그는 치즈 가루를 뿌린 이탈리아 파스타와 팔레른산(産) 적포도주의 애호가였다. 고골은 버찌가 들어간 크로스타타(바삭바삭한 파이)도 좋아했다. 또 고골은 염소젖에 럼을 넣어 끓이는 요리법을 배웠다. 고골은 그 음료를 고골-모골이라 불렀고 늘 "고골은 고골-모골을 즐긴다"라고 말하곤 했다.

그러나 고골의 건강이 점차 악화되기 시작했다. 그는 두통과 복통, 신경성 발작과 실신 증세를 호소했다. 그의 얼굴에서는 밝은 빛을 찾아보기 어려웠고, 시간이 흐를수록 침울하고 무뚝뚝하고 변덕스럽게 변해갔다. 즐겨 찾던 로마 선술집에서 고골은 자신이 주문한 요리를 두세 번씩 퇴짜를 놓으며 까다롭게 굴었다. 그래서 종업원들은 고골에게 "시뇨르 니콜로, 당신의 비위를 맞춰 드릴 수 없습니다. 주인은 당신이 퇴짜 놓은 요리를 우리에게 변상하라고 할 겁니다"라며 시중들기를 거부했다.

이상한 것은 고골의 경우와 마찬가지로 로마에서 가장 가까운 친구였던 이바노프 역시 건강이 악화되었다는 사실이다. 이바노프도 창백하고 수척해졌으며 사람들과의 교제를 꺼렸다. 심지어 로마에 머무는 동안 투르게네프는 "이바노프의 정신이 좀 이상해진 것 같다. 아마도 25년간의 외로움이 그를 그렇게 만들었을 것이다"라고 생각했다. 투르게네프는 친구 안넨코프에게 보낸 비밀 편지에서 "창백한 얼굴의 이바노프가 억지웃음을 터뜨리며 '나는 서서히 독살당하고 있기 때문에 밥을 굶는 일이 종종 있다'라고 확신에 찬 목소리로 말했다"라고 전했다. 이제 이바노프는 선술집에서 물 한 잔 마시는 것조차 두려워했고 심지어 집에서 먹는 물까지 직접 길러 다니곤 했다.

이바노프에 관한 고골의 위대한 수필은 《친구들과의 서신 교환》에 수록되어 있는데, 고골은 이바노프를 레오나르도 다 빈치나 라파엘에 비유했다. 그는 "이바노프가 자신의 일은 버려둔 채 세상 사람들을 위해 생을 바쳤다"라며 찬사를 보냈다. 고골에게 있어 그의 삶은 진정한 예술적 삶의 모범이 되었다.

그 수필에서 고골은 자신의 유명한 소설《초상화》(2판, 1842년)의 주제를 발전시키며 두 예술가를 대비시켰다. 상류층 사람들의 초상화를 그리는 데 자신의 재능을 낭비하던 젊은 화가(브률로프?)와 대비되면서 열정적으로 자신의 작업에 몰두하는 천재-은둔자가 바로 이바노프임을 우리는 쉽사리 눈치 챌 수 있다. 사교적이지 못한 성격에 대한 구설수나 상류사회의 예절을 지키지 않는다는 지적, 구차하고 남루한 옷차림이 예술가의 명성에 먹칠을 한다는 사람들의 이야기 따위는 그의 관심사가 아니었다. 그는 전혀 개의치 않았고, 모든 것을 예술에 바쳤다.

고골과 이바노프의 창작 여정이 얼마나 서로 뒤얽혀 있는지 놀라울 따름이다. 이미 언급한 대로 두 사람은 어느 순간부터 자신들의 숙명적 프로젝트를 수행하는 데 집중했다. 그런데 고골은 자신의《죽은 혼》을, 이바노프는〈민중 앞에 나타난 그리스도〉를 결국 완성하지 못했다. 하지만 미완성작들임에도 불구하고 두 기념비적 작품은 19세기 문화적 파노라마의 중심을 차지하고 있다.

주목할 만한 사실은《죽은 혼》에서는 강렬하고 묘사적이며 회화적인 기저가 두드러지고, 이바노프의 그림에서는 서사적이고 종교적인 이념이 지배적이라는 점이다. 러시아 문화에 상당한 조예를 가진 릴케는 이바노프에 대해 "그의 내면에 존재하는 간절한 신앙심, 러시아적인 깊은 신앙심이 그림 속에 구현되어 있다"라고 썼다.

고골과 이바노프는 러시아 정부와 갈등 관계에 있었지만, 니콜라이 1세는 여전히 두 예술가를 지지했다. 우리는 황제가 고골의 코미디 《감찰관》을 옹호했던 사실을 기억한다. 1845년 국무 수행차 로마를 방문한 황제는 친히 이바노프의 작업실을 찾아갔다. 황제의 측근들은 "화가가 '광적인 신비주의자'이니 경계해야 합니다"라고 주의를 주었지만, 황제는 〈민중 앞에 나타난 그리스도〉를 높이 평가했다(미래의 알렉산드르 2세 또한 그 작품을 좋아했다). 황실의 재정적 지원은 이바노프의 로마 생활을 수월하게 만들어 주었다.

이바노프를 칭송하는 수필이 수록된 고골의 《친구들과의 서신 교환》이 러시아에서 출판되었을 때 고골은 나폴리에 살고 있었다. 로마에 있던 이바노프는 고골에게 편지를 보냈다. 그는 고골이 도와준 덕분에 페테르부르그 예술 아카데미로부터 재정적 지원을 받을 수 있었다고 전했다.

"이곳에 게르첸이 와 있습니다. 그는 최근 출판된 당신의 책에 대해 엄청난 반감을 드러내고 있습니다. 제가 직접 읽어 보지 못한 것이 유감입니다."

고골은 이바노프에게 헌정한 찬양 수필을 당사자가 미처 읽지 못했다는 사실에 적잖이 놀랐다.

"만일 당신이 그 책에 관심이 있다면, 책을 뜯어서라도 보내 드리겠습니다. 책 한 권을 통째로 받으신다면 나머지로는 뒤를 닦으셔도 됩니다."

이 편지에서 고골은, 자신의 삶을 통해 적절한 관찰과 경험 그리고 지혜의 결실을 얻었다고 말했다. 고골의 표현 속에는 기독교 사상과 경건함, 엄청난 자부심이 기묘하게 혼합되어 있었다.

"내가 이 작품을 완성할 수 있을지 아니면 집필 도중에 죽음을 맞이할지에 대해서는 관심이 없습니다. 나는 마지막 순간까지 작업을 해야 합니다. 만약 내 작품이 사라지거나 내 눈 앞에서 불타 버린다 해도, 나는 마치 그것이 그대로 존재하고 있는 것처럼 평정심을 유지해야 합니다. 왜냐하면 나는 한 순간도 소홀한 적 없이 일했기 때문입니다. 주님께서 작품이 불타도록 허락하셨다면, 그것은 그분의 뜻이겠지요. 주님께서는 무엇이 필요한지, 왜 필요한지, 나보다 더 잘 알고 계십니다. 이렇게 생각하다 보면 나는 이 모든 일 사이에서 평온을 유지하게 됩니다."

겉으로는 평온해 보이지만 실제로는 몹시 우울하고 독선적이었던 고골의 선언은 그의 비극적 삶을 이해하는 단서들 가운데 하나였다. 그 비극의 결말은 세계 문학에서 특별한 위치를 차지하고 있는, 1835년부터 집필하기 시작한 고골의 대표작 《죽은 혼》과 관련이 있다. 고골은 항상 "《감찰관》과 마찬가지로 《죽은 혼》의 소재 역시 푸쉬킨이 선물한 것이다"라고 말했다. 최근까지도 이 말은 러시아에서 정설로 받아들여져 왔다. 왜냐하면 그것이야말로 고골이 푸쉬킨의 합법적인 후계자라는 사실을 공고히 해주는 것이고 또한 두 거장 사이의 특별한 친분 관계에 신화를 제공해 주는 것이기 때문이다.

하지만 《죽은 혼》의 소재가 푸쉬킨으로부터 나왔다는 증거는 고골의 주장 외에는 그 어디에도 존재하지 않는다는 지적이 나오고 있다. 작품 속에서뿐만 아니라 실제 삶 속에서도 고골이 엄청난 몽상가였다는 사실은 이미 잘 알려져 있다. 그는 자기 자신을 《감찰관》의 주인공인 흘레스타코프에 비유하곤 했다. 그런 고골이 푸쉬킨을 《죽은 혼》의 대부로 설정한 것은 자신의 작품을 푸쉬킨의 〈신성한 유언〉과 같은 위치에 올려놓음으로써 작품의 위상을 미리 격상시키려는 의도에서였다.

더구나 《죽은 혼》의 소재는 정말이지 단순하기 짝이 없다. 사기꾼 치치코프는 러시아 지방 도시들을 돌아다니면서 지주 소유의 농노들, 즉 산 자가 아닌 죽은 자들을 사들인다. 죽은 농노들은 공식 문서에는 '농노'로 기록되어 있지만 조세 명부에서는 아직 삭제되지 않은 농부들이었다. 따라서 치치코프는 농노들을 담보로 국고에서 대출을 받아 큰 돈벌이를 할 계획이었다.

그것은 전통적인 사기꾼 소설들에서는 평범한 소재에 불과한 것이다. 그리고 《죽은 혼》에서는 본질적으로 특별하다고 할 만한 사건이 전혀 일어나지 않는다. 치치코프는 단지 이곳저곳을 돌아다니면서 새로운 지주들을 만날 뿐이다. '죽은 농노들'을 소유한 평범하고 어리석고 탐욕스러운 지주들은 고골의 필력 아래에서 잊을 수 없는 기념비적 인물들로 변신한다. 그들의 이름 역시 러시아에서 하나의 상징이 되며, 《죽은 혼》도 상징적인 제목이 된다.

고골의 머릿속에서 《죽은 혼》의 소재와 의의는 점점 더 커져 갔고, 이제 그는 단테의 《신곡》이나 심지어 호머의 《오디세이》 같은 작품들을 떠올렸다(훗날 러시아의 고골 숭배자들은 호머와 고골을 즐겨 비교하곤 했다). 고골은 자신의 작품을 '소설'이 아닌 '서사시'로 부르기로 결정했다. 이로써 푸쉬킨과의 관계가 다시 강조되었다. "현재의 내 작품은 푸쉬킨의 창조물이다. 푸쉬킨은 집필을 권유했고, 내게서 다짐도 받았었다."

1842년, 고골은 황실의 도움으로 본격적인 검열을 피해 《죽은 혼》 1권을 발간할 수 있었다. 모스크바의 한 친구가 고골에게 전하기를 "문학가들, 기자들, 서적상들을 비롯한 각계각층의 사람들이, 오랫동안 문단에서 이런 엄청난 소란은 없었다고 말하네. 왜냐하면 한편에서는 욕설들이 난무하고 있고, 다른 한편에서는 칭찬 일색이기 때문이지"라고 했다.

훗날 표도르 도스토옙스키는 "그 무렵 젊은이들 사이에서는 두세 명만 모여도 '여러분, 고골을 읽는 것이 어떻겠소!'하고는 자리에 앉아 밤을 꼬박 새우곤 했다"라고 증언했다. 그러나 고골은 이에 만족하지 않았다. 그는 조국에서 추방당한 예언자로서 자신의 위상을 세우기 시작했고, 언어의 힘으로 러시아의 내적, 외적 삶을 모두 변화시키고 싶어했다. 그는 침묵하는 수도사처럼 이 세상에 살고 있었지만, 그런 세계에 속해 있었던 것은 아니다. 그의 순결한 영혼이 할 수 있었던 것은 오직 신과의 대화뿐이었다.

고골이 그리는 이상적인 작가가 러시아를 향해 호소하면 그 결과는 훌륭하고 확실해질 것이다. "그의 말은 불모지에 떨어지지 않고 모든 영혼의 가슴을 파고들 것이다. 천사의 슬픔처럼 우리의 시는 불타올라 모든 러시아인의 심금을 울리며, 거친 영혼에 신성함을 불어넣을 것이다."

고골의 말에 따르면, 그때 러시아의 삶은 개조될 것이고 모든 사람이 한 목소리로 이렇게 말하게 될 것이라고 한다. "이것이 우리의 러시아다. 그 속에서 우리는 편안하고 안락하게 지낸다. 그리고 우리는 타향이 아닌 내 고향의 지붕 아래, 즉 진정한 자신의 고향에서 살고 있는 것이다." 훗날 알렉산드르 솔제니친이 품게 될 작가적 희망과 포부도 이와 유사했다.

고골은 《죽은 혼》 2권을 통해서 러시아인과 국가의 관계에 기적 같은 혁명을 불러일으키려고 했으나 믿을 수 없을 만큼 과중한 작업 때문에 마지막 남은 힘까지 완전히 소진시키고 말았다(유감스럽게도 그의 바램은 지금까지도 실현되지 않고 있다).

1851년 여름, 고골은 마침내 자신의 친구들에게 서사시 2권을 완성했다며 새로운 장을 읽어주기 시작했다. 그는 단테의 《신곡》이 〈지옥편〉, 〈연옥편〉, 〈천국편〉의 3권으로 이루어져 있듯이 자신의 《죽은 혼》도 3권으로 나눠서 발표할 계획이었다. 고골은 사람들의 진정 어린 찬사를 들으면서도 《친구들과의 서신 교환》의 실패로 인해 받은 상처 때문에 그들의 찬사를 병적인 의구심 속에 받아들였다.

그는 평생을 심한 우울증에 시달리며 살았다. 고골의 신경쇠약증은 1848년 러시아로 귀국하면서부터 악화되기 시작했다. 러시아의 기후와 풍경, 음식, 상부 기관 등 이 모든 것들이 그의 우울증을 극도로 악화시켰다.

"러시아에서 우리가 느낀 것은 형제들의 따뜻한 환대가 아니었다. 그것은 마치 눈보라에 뒤덮인 역사(驛舍)의 역참지기가 모든 사람에게 냉담하고 무심한 태도로 '말(馬)은 없소!'라고 냉정하게 대답하는 것 같았다."

고골은 모스크바에서 친구 알렉산드르 톨스토이 백작 집에 머물렀다. 고골은 글 쓰는 것을 중단하고 종교 서적들만 읽었으며, 교회에 열심히 다니고 기도로 밤을 지새우며 금식으로 몸이 쇠약해졌다. 그는 하루에 한 끼의 식사만 했는데 그것도 물에 탄 귀리죽 한두 술과 소금에 절인 양배추만 입에 댔을 뿐이다. 그는 다른 음식들은 '속이 뒤집힌다'며 거부했다.

1852년 2월 10일 일요일, 고골은 알렉산드르 톨스토이 백작에게 《죽은 혼》 2권의 원고를 보관해 달라면서 이렇게 말했다.

"언젠가 이것을 불사르고 싶은 순간이 올 겁니다. 그러나 차마 내 손으로 하는 것은 후회를 낳겠죠. 그 속엔 좋은 면도 있을 테니까요."

백작은 고골의 청을 거절했다. 그는 고골의 우울증을 악화시키고 싶지 않았던 것이다.

이틀 후 화요일 아침, 백작은 고골의 방에 들렀다가 벽난로 옆에서 울고 있는 그의 모습을 발견했다. 벽난로 안에서는 원고 뭉치가 희미하게 타 들어가고 있었다.

"내가 한 짓입니다. 오래전부터 원고 일부를 태워 버리고 싶었는데, 이제야 다 태워 버렸습니다! 강력하고 사악한 힘이 나를 부추겼습니다! 이제 모든 것이 끝장나고 말았습니다."

알렉산드르 톨스토이 백작은 고골이 《죽은 혼》 2권을 태워 버렸다는 얘기를 듣고는 그를 위로하려고 했다. "당신은 모든 내용을 기억해 낼 수 있지 않소?" 그러자 고골은 울음을 그치며, "그래요, 할 수 있어요, 할 수 있어. 내 머리 속에 모두 들어 있습니다." 고골이 2권의 각 장을 친구들 앞에서 암송했다는 것은 널리 알려진 사실이다.

그러나 고골에게는 글을 쓸 힘도, 삶의 의지도 남아 있지 않았다. 그는 더 이상 자신의 방에서 나오지 않았고, 묵주를 손에 들고 눈을 감은 채 소파에 누워 물과 음식을 거부했으며 주위 사람들에게도 일체 대응을 하지 않았다.

그렇게 일주일이 지나갔다. 백작은 고골을 위해 모스크바 최고의 의사를 불렀다. 마침내 권위 있는 의사들이 그를 진찰하기 위해 모여들었다. 여섯 명의 의사가 환자를 살피고 진찰을 했다. 그의 배는 탄력이 없고 푹 꺼져서 등뼈가 만져질 정도였다. 의사들은 사혈로 고골을 치료할 생각이었다. 고골을 진정시킨 후 의사들은 여섯 마리의 거대한 거머리를 환자 앞에 내려놓았다.

고골은 신음을 하며 "날 건드리지마! 날 내버려두란 말이야!" 하고 비명을 질렀다. 그러나 사람들은 그가 거머리를 떼어 내지 못하도록 팔을 붙잡았다. 그리고 다리에는 겨자 고약을 붙이고 이마에는 얼음을 얹고 입 속에는 탕약을 집어넣었다. 그렇게 고통스러운 며칠이 지난 후 고골은 "죽음이 너무나 달콤하구나"라는 말을 남기고 숨을 거두고 말았다.

고골의 죽음(그는 43세를 넘기지 못했다)은 러시아 엘리트 지식인들에게는 대참사와도 같은 것이었다. 당시 33세였던 투르게네프는《모스크바 소식지》부고란에 이런 글을 올렸다.

"이제 우리는 죽음을 맞이한 그 사람을, 우리 문학사에 족적을 남긴 그 사람을 위인이라고 부를 수 있는 권리, 가슴 아파할 권리를 부여받았습니다."

시인이자 슬라브주의자였던 이반 악사코프(그는 투르게네프의 친구였다)도 그 무렵 투르게네프에게 다음과 같은 편지를 썼다.

"고골의 고통스러운 문학 활동, 그의 존재,《죽은 혼》의 집필, 작품의 소실, 작가의 죽음 등 이 모든 것이 숨이 막힐 정도로 큰 의미를 지닌 거대한 역사적 사건입니다."

그리고 얼마 후 고골의 노트 속에서는《죽은 혼》2권 5장의 또 다른 초고가 발견되었고 그로부터 3년 반이 지난 후 그 초고가 출간되면서부터 상반된 반응들이 나오기 시작했다.

황실은 당혹감에 빠졌다. 고골의 죽음에 어떻게 반응해야 할 것인가? 15년 전에 니콜라이 1세는 결투로 인한 푸쉬킨의 사망을 기독교인의 순교로 만드는 데 전력을 기울였었다. 그런데 왜 니콜라이 1세는 '정교, 전제주의, 국민정신'이라는 3원칙의 가장 열렬한 지지자였던 고골의 죽음을 정권 홍보에 이용하지 않았던 것일까? 실제로 이반 악사코프도 고골이 '기독교인, 고행자, 수도사'로 죽음을 맞이했다고 언급하지 않았던가? 고골의 사후 재산 목록에 명시된 전 재산은 43루블 88 코페이카에 지나지 않았다.

이 문제에 대해서는 이렇게 답변할 수 있다. 고골의 삶과 죽음, 그의 광신적인 기독교 신앙과 군주에 대한 무한한 충성심에는 무언가 지나치고 극단적이며 위험한 요소가 있었다. 러시아 권력층은 국가의 이상에 대해 광적인 충성심을 요구하면서도 진정한 광신자들은 전혀 신뢰하지 않고 오히려 두려워했다. 정부가 필요로 했던 것은 이상적인 지지자가 아니라 단지 열성적인 운동가였다.

권력층은 고골의 죽음에 대해 평하는 것을 금지시켰다. 황제는 고골의 부고를 쓴 투르게네프를 한 달간 감금했다가 오룔현(縣)의 영지에 유폐시켰다. 감금 기간 동안 투르게네프는 유명한 반농노 소설 《무무》를 썼다. 그것은 잔인한 여지주의 명령에 따라 사랑하는 개를 물에 수장시켜야 했던 한 귀머거리 농노에 관한 드라마다.

슬라브주의자들은 영향력 있고 독립적인 모스크바 인텔리겐챠 집단으로서 서구와는 다른 러시아만의 독특한 문화적, 정치적 노선이 필요하다는 사실을 입증하려고 노력했다. 니콜라이 1세와 정부는 슬라브주의자들의 '직무를 넘어서는', 통제 불능의 이념적 적극성을 두려워했고, 그것은 그들이 슬라브주의자들을 왜 싫어하는지 설명하는 근거가 되기도 했다.

슬라브주의자들도 '정교, 전제주의, 국민정신'이라는 공리를 중요하게 여겼다. 그러나 그들에게 있어 이러한 공리는 전제주의 국가의 원칙이 아니라 국민 문화의 원대한 철학적 근간이었다. 따라서 그들은 자신들의 관점에서 현대 러시아 국가의 수많은 비효율적이고 부당한 일면들을 날카롭게 비판할 수 있었다. 슬라브주의자들은 자유롭고 민족 지향적인 러시아 문화를 외치면서 공식 노선과 논쟁을 벌였고, 동시에 벨린스키나 게르첸 같은 급진적 반전제주의 서구주의자들과도 대립했다.

위대한 시인이자 슬라브주의자였던 알렉세이 호먀코프는 고골, 이바노프 그리고 글린카를 진정한 슬라브주의 예술의 '신성한 삼인방'으로 꼽았다.

"그들은 자신들의 안위는 돌보지 않는, 강인하고 훌륭한 인물들이었다. 기괴한 역사 발전의 무게에 억눌린 우리 러시아인들, 우리 모두는 그들을 통해 자신의 감정과 생각을 쏟아낸다."

1852년에 이반 악사코프는 슬라브주의적 경향의 《모스크바 작품집》에 감상적인 고골 추도문을 기고하며 이렇게 외쳤다.

"《죽은 혼》 1권의 결말을 회상해 봅시다. 현대 사회의 비열함과 천박함 때문에 병든 시인의 영혼에서는 신음이 터져 나옵니다. 시인은 루시라는 이 불가사의한 나라 앞에 닥쳐올 거대한 운명을 예감하면서 이렇게 소리칩니다. '러시아여, 대답하라, 너는 어디로 가느냐? 아무 대답이 없구나.' 루시는 시인에게 응답하지 않았고, 시인도 우리에게 답을 주지 않았습니다. 평생 기다리고 기도하고 진리를 간구했음에도 불구하고 말입니다."

전형적인 슬라브주의자의 비장한 선언에 대해 중앙 검열국 관료의 반응 또한 그에 못지않게 유별났다.

"……. 누가 이 기고문을 쓴 사람에게 현대 사회에 비열함과 천박함이라는 낙인을 찍을 권리를 부여했으며, 마치 그 때문에 고골의 영혼으로부터 고통의 신음 소리가 터져 나오는 것처럼 떠들 수 있단 말인가? 《죽은 혼》의 주인공들을 근거로 러시아 사회 전체를 판단하는 것은 그 누구에게도 허용될 수 없는 지극히 부당한 일이다."

주도면밀한 검열관은 "악사코프의 추도문을 객관적으로 분석해 보면 마치 고골이 러시아의 안위에 불만을 품고 있는 어떤 정파의 지도자이자 조국에 새로운 정치적 현실과 향방을 제시하려고 꿈꾸었던 인물이며, 러시아의 개혁자가 되려고 갈망했던 사람인 것처럼 묘사되어 있다"라고 지적했다.

그러나 러시아 제국에서 유일한 개혁자는 오직 니콜라이 1세뿐이어야만 했다. 그 어느 부서의 그 어떤 관료여서도 안 되며, 더구나 14등관에 불과했던 고골이 그렇게 된다는 것은 더더욱 불가능한 일이었다. 《모스크바 작품집》은 '폭로적이고 파괴적인 선동'이라는 이유로 즉시 폐간되었다.

이와 마찬가지로 당국은 알렉산드르 이바노프에 대해서도 불편함을 느꼈다. 화가가 이탈리아에서 약 30년의 세월을 보낸 후 1858년 페테르부르그로 돌아왔을 때 정부는 '슬라브 민족'의 메시아적 소명 의식을 설파하는 이 광신적 신비주의자를 어떻게 다루어야 할지 잘 몰랐다.

이바노프는 공무에는 부적합한 인물이었으며 공식 위임장도 받지 못했다. 평생을 민족주의 사상을 위해 헌신했다고 생각한 화가는 자신이 러시아에 불필요한 존재임을 깨닫자 심히 당황하고 의기소침해질 수밖에 없었다. 이바노프는 고국으로 돌아온 지 두 달 만에 52세의 나이로 숨을 거두고 말았다.

1844년 여름, 니콜라이 1세는 뮌헨에서 발행된 프랑스어판 소책자를 읽었다. 그 책자는 유럽에서 러시아가 차지하는 현대 지정학적 역할에 대한 과감한 내용을 담고 있었다. 익명의 필자는 러시아가 나폴레옹 전쟁에서 승리를 거둠으로써 서유럽(카를 대제의 유럽)과 동유럽(표트르 대제의 유럽)이 인접하게 되었으며, 러시아는 항상 동유럽의 영혼이었고, 동유럽은 비잔틴의 법적 계승자로서 터키를 전복하고 근동에서의 헤게모니를 장악한 후 또 한 번의 지정학적인 도약을 해야 한다고 주장하고 있었다.

니콜라이는 베켄도르프 백작과 근위 대장 그리고 고문관에게 지시하여 그 소책자에 황제가 생각하는 '모든 사상'이 들어 있으니 소책자를 쓴 익명의 필자를 알아 오라고 명했다. 만사를 꿰뚫고 있던 베켄도르프가 이 일을 모를 리 없었다. 소책자를 출판한 사람은 다름 아닌 시인 표도르 츄체프였다. 그는 뮌헨과 토리노에서 근무한, 40세의 외교관이었고 벌써 22년째 외국에서 살고 있는 아마추어 시인이었다.

츄체프는 예브게니 바라틴스키와 아파나시니 페트와 함께 서구에서 그리 유명하지는 않았지만 러시아 지식인들 사이에서는 사랑받던 러시아의 위대한 시인 삼인방 가운데 한 사람이었다. 레프 톨스토이가 츄체프를 푸쉬킨보다 더 높이 평가한 것은 이미 잘 알려진 사실이다. 마찬가지로 츄체프에게 훨씬 냉담했던 요시프 브로드스키는 가끔 바라틴스키를 더 높이 평가했다.

레프 톨스토이는 츄체프의 시를 손님들 앞에서 낭독할 때마다 눈물을 흘리곤 했다. 철학적이고 원시 상징주의적인 짧은 시 작품들 속에서 츄체프는 가장 섬세하고 감성적인 뉘앙스를 포착했다. 츄체프는 열 살에 시를 쓰기 시작하여, 서른세 살이 되던 해(1836년)에는 스물네 편의 시를 푸쉬킨의 잡지 《현대인》에 발표했다.

츄체프는 자신의 시를 '종이 낭비'라고 불렀고, 종잇조각에 자신의 시를 휘갈겨 쓰곤 했는데, 나중에 그의 아내가 그것을 모아 두었다. 하지만 그는 많은 시를 쓰지는 않았다. 69년을 사는 동안 그가 쓴 시는 총 400편 정도였다. 물론 그 중에는 우연하게 쓴 시나, 헌정시, 제사시 등도 포함되어 있었다.

표도르 츄체프

츄체프가 첫 번째 시집을 발간한 것은 50세가 넘어서였다. 그의 친구였던 투르게네프가 시집을 출판하라고 설득했고 직접 편집도 해 주었다. 츄체프는 자신의 진정한 소명은 시가 아니라 정치와 정치적 출판물이라고 생각했다. 그의 능력을 알아본 니콜라이 1세는 그를 높이 평가했다.

니콜라이 1세는 국가 노선을 지지하는 그의 정치시에 대해 어떤 반대도 하지 않았다. 1831년 니콜라이 1세는 러시아의 지배에서 벗어나려는 폴란드 해방 운동을 억압했다. 푸쉬킨과 쥬콥스키는 이 일과 관련해서 극단적인 애국시들을 썼고 황제는 군부대 인쇄소에 지시하여 즉시 그 시들을 소책자로 찍어 내도록 했다.

서구에서는 폴란드를 지지하고 있었다. 특히 서구의 의회주의자들과 저널리스트들은 분노했다. 푸쉬킨의 시 〈보로딘 기념일〉과 〈러시아의 음모자들에게〉는 러시아의 정당성을 적극적으로 입증한 작품들이었다. 푸쉬킨은 자신의 반서구적 시를 파리 언론사에 보내려고 했지만 계획은 성사되지 않았다. 푸쉬킨에게는 서구에 마땅한 지인도 없었고 또 자신의 시를 유럽 언론을 통해 소개하는 메커니즘도 이해하지 못했다.

츄체프가 유럽 지성인들과 폭넓은 관계를 유지한 전문 외교관이라는 사실은 전혀 다른 문제였다. 그는 철학가 프리드리히 쉘링과 시인 하인리히 하이네와도 친분이 있었고 그들의 심리에 대한 이해도 깊었다. 러시아를 서구에 선전할 때 그런 인물을 활용하지 않은 것은 분명 실책이었을 것이다. 더구나 츄체프도 그런 분야에서 자신을 과시하고 싶어했다.

황제는 츄체프를 러시아 외무부로 복귀시켰다. 그러나 그는 괴팍한 관료였다. 키가 작았던 츄체프는 매끈하게 면도를 한 창백한 얼굴에 백발을 휘날리며 아무렇게나 옷을 입고 다니는 사람이었고 또 소심하고 게으르고 산만한 인물이었다. 츄체프는 상류층 사람들이 드나드는 페테르부르그 살롱에서 대부분의 시간을 보냈다.

역설적이게도 츄체프는 러시아어보다 프랑스어를 더 잘했고, 외교와 관련된 주제로 대화를 이끌면서 모든 파티의 중심 인물이 되었다. 그의 논리는 정확하고 재치가 넘쳤다.

무심한 즉흥시처럼 보이는 츄체프의 정치적 아포리즘과 기지 넘치는 표현은 단숨에 사람들의 마음을 사로잡았고 수도 전역에 퍼졌으며 페테르부르그 주재 외국 대사들에게도 정기적으로 전달되었다. 츄체프의 멋지고 세련된 정치 논평은 감동이 커지면 커질수록 러시아 당국의 조악한 공식 선언과는 점점 간극이 벌어졌다. 한 통찰력 있는 평론가의 표현에 따르면 그런 유형의 '즉흥적' 토론이 츄체프의 '진정한 직무'였다고 한다.

당시에 츄체프는 황제가 지시한 특별 업무를 수행하고 있었다. 1848년 혁명의 발발로 프랑스가 공화국으로 선포되자 니콜라이 1세는 충격에 빠졌다. 황제는 유럽의 헌병, 유럽의 수호자 역할을 자처하고 있었다. 츄체프는 프랑스어로 쓴 방대한 논문 〈러시아와 혁명〉을 통해 러시아적 '기독교 대국'이야 말로 혁명을 막을 수 있는 유일한 토대라는 견해를 피력했다.

니콜라이 1세는 츄체프의 논문을 필사본으로 읽은 다음 그것을 서구에서 출판하라고 명했다. 열두 부의 한정판으로 프랑스에서 발간된 〈2월혁명 후 니콜라이 황제에게 한 러시아 외무 고위 관료가 바치는 보고서〉라는 논문은 공화정 대통령인 루이 나폴레옹 보나파르트를 비롯해 프랑스의 정치 지도자들에게 특별한 경로를 통해 발송되었다. 프랑스인들은 츄체프의 논문을 '준공식 문서'로 생각했고 그런 맥락에서 그의 주장은 유럽 언론에서 폭넓게 인용되었다.

당시의 국제 정세는 러시아에 극히 불리한 방향으로 전개되고 있었다. 프랑스는 1812-1815년 나폴레옹 전쟁에서 참패한 후 러시아에 보복을 꿈꾸고 있었고, 전쟁의 결과로 러시아가 유럽에서 쟁취한 심판자적 역할을 빼앗고 싶어했다. 영국도 러시아의 외교적 영향력을 통제하려고 했다. 러시아의 터키 압박도 영국과 프랑스에게는 눈에 거슬리는 일이었다.

니콜라이 1세는 터키를 '유럽의 환자'라고 부르면서 수백만의 그리스 정교 슬라브인들을 지배하는 터키가 발칸 반도에서 축출되어야 한다고 생각했다. 영국은 러시아가 발칸 반도를 차지하게 될 경우 전 유럽이 위험에 처할 수도 있다고 판단하고 러시아를 경계하기 시작했다. 반(反)러시아적 슬로건이 유럽 언론에 널리 확산되었고, 사회적 경향의 저널리스트들 중에서는 특히 젊은 칼 맑스가 이 일에 앞장섰다.

러시아적 관점을 견지하고 있던 슬라브주의자들은 니콜라이 1세의 범슬라브주의적 야망을 추진하려고 애썼으며 그런 점에서 츄체프와 공감했다. 1849년에 츄체프는 〈여명〉이라는 시를 발표했다.

일어나라, 루시여! 이제 시간이 되었다.
일어나라, 그리스도의 사명을 위해!
이제 때가 아니더냐? 성호를 그으며
차르그라드의 종을 쳐야 할 그 때가.

그러나 츄체프와 그의 지지자들은 차르그라드(러시아인들은 콘스탄티노플을 그렇게 불렀다)를 장악하는 데 그치지 않았다. '러시아 제국'의 국경을 묘사하며 츄체프는 〈러시아의 지리〉라는 시를 썼다. "나일강에서 네바강까지, 엘바강에서 중국까지, 볼가강에서 유프라테스강까지, 강그에서 두나이까지."

중립적 가치를 상실한 이런 지리적 욕망은 니콜라이 1세에게도 지나치다고 생각되었다. 그래서 츄체프의 시는 출판되지 못한 채 필사본으로 남게 되었다. 좀 더 시간이 지난 후 황제는 잡지 《현대인》에서 츄체프의 〈예언〉이라는 시를 읽었다. 그 시에서 시인은 니콜라이 1세가 '전 슬라브의 차르'로서 콘스탄티노플의 소피아 성당에 승리자로 입성하게 될 것이라고 예언했다. 그러나 황제는 그 대목에 직접 밑줄을 그으며 "이 구절은 뺄 것이다"라고 덧붙였다. 니콜라이 1세의 결정은 특별 문서로 외무부 장관에게 전달되었다. 그러나 니콜라이 1세는 츄체프의 정치적 극단성에도 불구하고 그를 노련하고 '영향력 있는 외교관'으로 높이 평가했다. 1853년 터키와의 무력 충돌 전야에 츄체프는 터키 편을 들던 프랑스 기자들을 '다독이는' 특별 임무를 띠고 프랑스로 출발했다. 이에 페테르부르그 주재 프랑스 대사는 본국 정부에 "츄체프를 주시해야 한다"라고 보고했다(파리 경찰은 이를 실행에 옮겼다).

러시아 주재 영국 대사 또한 츄체프의 프랑스 출장에 대해 보고하면서 이렇게 덧붙였다. "현재 러시아 정부는 외국 여론에 영향력을 행사하기 위해 갖은 노력을 기울이고 있는 것 같다. 알려진 바에 따르면 그 일에 상당한 비용도 지출했다고 한다."

황제로부터 보조금을 지급받은 츄체프는 파리에서 모든 수단을 동원했다. 그러나 주지하는 바와 같이, 모든 일은 '너무 미흡하고 너무 늦은' 감이 있었다. 러시아 정부의 어떤 선동도 터키와의 전쟁을 사전에 막을 수 없었고, 유럽과 근동에서 러시아의 영향력을 최소화하기 위해 결집한 영국과 프랑스가 터키 편에 서는 것도 막을 수 없었다.

1854년 9월, 6만 명의 영국–프랑스 연합군이 크림에 도착하여 터키 군대와 함께 러시아의 주요 해군 기지인 흑해의 세바스토폴을 포위했다. 전쟁은 초반부터 니콜라이 1세가 원하는 방향으로 전개되지 않았다. 황제가 러시아의 군사력을 과신했다는 것이 입증되는 순간이었다. 한때 니콜라이 1세는 자신이 30년 동안 러시아를 통치하면서 형 알렉산드르 1세보다 더 큰 성공을 거두었으며, 결과적으로 러시아를 난공불락의 대국으로 만들어 놓았다고 확신했었다. 그러나 그 대국은 한 순간에 종이 호랑이로 전락하고 말았다.

니콜라이 1세 휘하에는 백만 명의 병사들이 전투 태세를 갖추고 있었다. 그러나 러시아 병사들은 구식 권총과 대포를 사용하고 있었고 군대 보급품도 매우 형편없었으며 러시아와 세바스토폴을 이어 주는 도로도 전무한 상태였다. 러시아 함대는 영국과 프랑스의 증기선 함대의 적수가 되지 못했다. 전쟁은 기술전이었고 더 나아가 경제전이었다. 농노제의 후진국 러시아가 서구의 선진국들에게 패배하는 것은 불을 보듯 뻔한 일이었다. 러시아 병사들의 용기와 희생으로도 불리한 군사적, 경제적 상황을 극복할 수는 없었다.

세바스토폴에서 들려온 소식은 준엄하고 자존심 강한 니콜라이 1세를 심한 우울증에 빠뜨렸다. 목격자들의 증언에 따르면, 고참 장교들도 벌벌 떨 만큼 쩌렁쩌렁하고 위압적인 목소리에 당당한 체구를 가진 58세의 거인은 이제 크림으로부터 패전 전보를 받을 때마다 '아이처럼' 눈물을 흘렸으며, 밤마다 페테르부르그 겨울궁전의 성상화 앞에서 절망적으로 큰절을 올렸다고 한다. 러시아의 군사력에 대한 믿음과 함께 한때 강철 같았던 황제의 건강도 무너지고 말았다.

니콜라이 1세는 며칠 동안 고열에 시달리다가 1855년 2월 18일 사망했다. 공식적인 보고에 따르면 사망 원인은 폐렴이었다. 이는 전혀 예기치 못한 일이었기 때문에 페테르부르그에서는 황제가 독약을 마시고 자살했다는 소문이 돌기 시작했다.

너무나도 전형적인 이 음모론은 니콜라이 1세의 갑작스러운 죽음, 그 죽음이 크림에서의 패전 소식과 시기를 같이 한다는 점 그리고 황제의 마지막 병세와 공식적 보도 사이의 모순이라는 미심쩍은 정황에 기초해서 만들어졌다.

겨울궁전의 평범한 침대에 누운 채 담요 대신 군복 외투를 덮고 죽음을 기다리던 니콜라이 1세는 후계자 알렉산드르 황태자에게 쉰 목소리로 유언을 남겼다. "격식도 갖추지 못하고 이렇게 자리에 누운 채로 너에게 많은 근심거리와 통치권을 물려주게 되었구나."

임종 직전에 내뱉은 니콜라이 1세의 유언은 정치·군사적 측면에서 옳았고, 그것은 그가 진심으로 걱정했던 부분이었다. 크림 전쟁에서의 패배를 통해 황제는 서구에 비해 낙후한 경제와 낙후한 기술이라는 러시아 제국의 결정적인 약점을 직시할 수 있었다.

그때 니콜라이 1세는 '젊은이들'이라는 또 하나의 유산, 즉 장차 19세기 러시아 문화의 긍지와 영광이 될 '국민'도 함께 물려주었다는 사실을 잊고 있었다. 그들은 바로 이반 투르게네프(36세), 아파나시 페트(34세), 표도르 도스토옙스키(33세)와 니콜라이 네크라소프(33세), 알렉산드르 오스트롭스키(31세), 그리고 레프 톨스토이(26세)였다.

이 젊은 천재들은 모두 니콜라이 시대에 배출된 개성 있는 작가들이었다. 니콜라이 1세의 동시대인이었던 반정부주의자 알렉산드르 게르첸은 "러시아 지식인들은 쇠사슬이 감긴 쇠공을 다리에 차고 모욕적인 침묵 속에서 비극적인 삶을 살아갔다"라고 말했다.

니콜라이 1세 시대의 러시아 문화를 지성의 발전이 없는 불모의 시기로 본 게르첸의 논쟁적인 평가는 소비에트 선동가들에 의해 채택되어 75년 동안이나 지속되었고 거의 역사적 진리가 되어 버렸다. 그럼에도 불구하고 니콜라이 1세 시대는 러시아 문화의 전성기였을 뿐만 아니라(인간 생물학의 기형적 현상으로 볼 수도 있겠으나), 그 과정 자체도 황제의 개인적 감독과 참여하에 이루어졌다.

푸쉬킨, 고골, 글린카, 화가 알렉산드르 이바노프와 같은 문화적 거장들의 경우를 상기해 보자. 물론, 예카테리나 2세는 폰비진이나 데르자빈과 긴밀히 교류했고, 알렉산드르 1세는 카람진이나 쥬콥스키와 교류했다. 그러나 그것은 전혀 다른 상황이었다. 당시 러시아 엘리트들은 소수

집단이었고 그 구성원들은 자연히 친황실 그룹에 속했다.

니콜라이 1세 시대의 상황은 이미 변해 있었다. 글린카도 고골도 이바노프도 황제의 주변 서클에 들어가지 못했다. 그들의 군주관은 궁정에서의 자신들의 특별한 입지 때문이 아니라, 전적으로 그들에 대한 황제의 능수능란한 처신 때문에 형성된 것이었다.

처음에는 거침없는 조롱가였고, 나중에는 가차없는 풍자가가 된 고골은 이렇게 말했다.

"……. 군주는 신의 형상이었다. 우리의 땅은 본능적으로 이를 인정하는 듯하다."

이바노프도 고골의 견해에 공감하며 모스크바 사원의 거대한 벽화 중앙에 니콜라이 1세를 메시아의 형상으로 구현하고자 했다(이 프로젝트를 준비하면서 이바노프는 250여 개의 밑그림을 그렸는데, 많은 평론가들은 그것을 그의 최고의 업적으로 평가한다).

편향적인 동시대인들이 자신의 정치적 신념에 따라 그와는 반대 입장을 견지한 니콜라이 1세를 비판했다는 것은 결코 놀라운 일이 아니다. 보수주의 작가이자 비평가인 콘스탄틴 레온티예프의 견해에 따르면, 니콜라이 1세는 역사상 유례없는 이상적인 전제 군주였다. 그런가 하면 급진적 자유주의자였던 게르첸은 "니콜라이 1세는 러시아의 불행이었다. 그는 시민적인 모든 것, 인간적인 모든 것을 말살시켰다. 그는 식견이 좁고 자비심이라고는 전혀 없는 군 지휘자였다"라고 지적했다.

저명한 시인 아폴론 마이코프는 선풍적인 인기를 끌었던 시 〈콜랴스카〉(1854)에서 군복 차림의 니콜라이 1세가 마차를 타고 페테르부르그 거리를 지나가는 모습을 찬양했다.

영혼의 짐을 짊어지고 고요한 슬픔에 젖어 있는 그분,
매 순간마다 그분의 마음속에는 전제 군주의 모습이 있다,
지도자이자 심판자이자 러시아의 사상가이며
그리고 자신의 민중을 위한 첫 번째 일꾼이라는…….

이 시의 필사본을 읽은 니콜라이 1세는 다음과 같은 명령을 내렸다.

"작가에게 전해라. 그의 애국심에 감사한다고. 그러나 아직 이 시를 출판하기에는 이르다."

당시에 〈콜랴스카〉는 '지하 출판물'로 널리 유포되었지만 얼마 못 가 자유주의자들의 악의적 반응을 불러일으켰다. 그 중에는 투르게네프와 네크라소프가 함께 지은 즉흥시도 있었다.

"마이코프 아폴론이여, 썩은 미소를 지으며/ 요즘 비열해졌구나, 물론, 실수가 아니겠지……."

니콜라이 1세에 대한 역사적 평가는 '크림전쟁에서의 굴욕적인 패배'라는 명백한 사실로 인해 여지없이 훼손되고 말았다. 심지어 민족주의자이자 군주주의자였던 튜체프조차 세바스토폴에서의 패배 이후에 니콜라이 1세에게 실망하여 자신의 우상을 향해 잔인한 비문을 썼다. 그는 비슷한 시기에 레프 톨스토이조차 감동시킨 "오, 너는 마지막 사랑, 너는 행복 그리고 절망"과 같은 슬프고 시적인 경구들과 서구를 향한 분노와 질타의 시 〈러시아의 세계적 운명을, 결코, 너희들은 막지 못하리라!〉를 썼다.

당신은 신을 섬긴 것도 러시아를 섬긴 것도 아니고

자신의 사소한 일에만 충실했구려

좋은 일이든 나쁜 일이든 당신이 행한 모든 일은

그 모든 것은 마음속의 거짓이었고, 그 모든 것은 빈 허상이었나?

당신은 황제가 아니라, 위선자.

니콜라이 1세는 전제 국가를 규정하는 범주와 주된 토대가 군사력이었고 그런 엄중한 비판이 논리적이고 타당한 것임을 인정해야 했다. 역설적이게도 니콜라이 1세의 비호 아래 만들어진 이데올로기 3원칙 '정교, 전제, 국민정신'은 훨씬 더 견고해졌다. 그 3원칙은 이따금 문화의 지평에서 한동안 사라졌다가도 결국 성공적으로 오늘날까지 이어지고 있다. 3원칙을 이용하려는 여러 시도들이 있었다. 물론 변화하는 정치적 요구와 방향에 따라 수정되고 보완된 형식을 통해 그것은 알렉산드르 2세와 3세, 니콜라이 2세, 요시프 스탈린, 레오니드 브레즈네프와 블라디미르 푸틴의 시대에도 끊임없이 시도되었다.

4부

9장 — 알렉산드르 2세, 투르게네프와 도스토옙스키

알렉산드르 2세는 니콜라이 1세의 아들로서 1855년 2월 19일 러시아 황제의 권좌에 올랐으며, 선대나 후대와는 다른 군주 교육을 받았다. 그것은 스승이었던 시인 쥬콥스키가 깊은 숙고와 철저한 검토 끝에 준비한 교육 시스템의 결과였다.

쥬콥스키는 1826년부터 1838년까지 12년 동안 황태자 교육을 맡았다. 그 기간 동안 황태자 교육은 쥬콥스키의 치밀한 계획에 따라 황제 니콜라이 1세의 승인하에 진행되었다.

쥬콥스키는 니콜라이 1세의 동의 아래 진취적이고 활기찬 전제 군주로 양성할 목표를 세웠기 때문에 매우 엄격한 일정을 짜야만 했다. 아침 6시 기상, 밤 10시 취침, 기도와 아침 식사 후에 오전 수업 5시간, 낮 2시에 점심 식사(식사 전후로 산책과 휴식), 저녁 5시부터 7시까지 다시 수업, 그 후에는 운동과 저녁 식사, 취침 전에 반성과 일기 쓰기로 짜여진 과정을 쥬콥스키는 필수적이라고 생각했다. 니콜라이 1세는, 군인 정신으로 무장하지 않으면 도태될 수밖에 없는 것이 로마노프 가문의 황태자에게 부여된 운명이라고 여겼다. 하지만 쥬콥스키는 "군인에 대한 동경은 황태자의 영혼을 구속할 뿐만 아니라, 백성을 군인으로 여기고 조국을 병영으로 여기게 만들 것입니다"라며 니콜라이 1세의 의견에 반기를 들었다.

쥬콥스키의 계획에 따라 아직 청소년이었던 알렉산드르 2세는 호머의 《일리아드》, 《돈키호테》, 《걸리버 여행기》를 읽었고, 국내 문학 중에서는 카람진의 작품과 데니스 폰비진의 《미성년》, 푸쉬킨의 서사시 《폴타바》를 읽었다. 유명한 우화 작가 크르일로프와 쥬콥스키는 자신의 작품들을 황태자 알렉산드르에게 직접 읽어주고 설명까지 해 주었다. 그리고 푸쉬킨은 황태자가 참석한 자리에서 자신의 극단적 애국시 〈러시아의 음모자들에게〉를 낭독했다.

젊은 후계자는 사격과 펜싱을 배웠다. 그리고 그는 승마에 재주가 있었을 뿐만 아니라 우아하고 매력적인 춤꾼이기도 했다. 그는 아버지처럼 그림 그리기(특히 새로운 군복을 스케치하는 것)와 오페라 감상하기를 좋아했다(그는 로시니와 글린카를 좋아했고, 특히 〈황제 폐하께 바친 목숨〉을 좋아했다). 알렉산드르 황태자와 두 명의 친구가 발간한 어린이 잡지 《개미집》은 니콜라이 1세가 친히 검열을 했다.

쥬콥스키를 비롯한 여러 명의 스승들은 알렉산드르를 매우 폭넓고 다양하게 사고하는 유럽적 시각을 가진 사람으로 교육시켰다(그는 영어, 프랑스어, 독일어, 폴란드어를 구사했다). 황태자는 냉엄한 아버지보다 훨씬 더 부드러웠고 또 동정심도 많았다. 쥬콥스키는 낭만적 리얼리즘에 어울리는 눈물을 좋아했고 자신의 제자에게도 눈물을 부끄러워하지 않도록 가르쳤다. 쥬콥스키는 알렉산드르를 자비로운 군주로 만들려고 했다. 쥬콥스키는 자신의 노예들을 해방시켰다. 이것은 푸쉬킨도 선뜻 실천에 옮기지 못한 보기 드문 결단이었다. 그는 농노제는 악이라는 생각을 황태자에게도 심어 주려고 했다.

니콜라이 1세가 이에 반대하지 않은 것이 흥미롭다. 니콜라이는 농노들을 해방시킬 방법에 대해 수년 동안 고민했지만 결국에는 용단을 내리지 못했다. 농노 해방이 제국의 붕괴를 초래할지도 모른다는 우려 때문이었다. 자비심도 마찬가지였다. 니콜라이 1세는 쥬콥스키를 비롯한 여러 사람의 청원에도 불구하고 시베리아 유형에 처해진 데카브리스트 역도들의 사면을 허락하지 않았다. 1837년 알렉산드르는 쥬콥스키와 자신의 수행원들을 거느리고 러시아를 시찰하기 시작했다. 그리고 바로 그 무렵, 머나먼 시베리아 땅에서 데카브리스트들을 만난 황태자는 "그들의 고통을 조금이라도 덜어주는 것이 어떻겠습니까"라며 아버지에게 청원을 했다. 그러나 니콜라이는 반대했다(훗날 권좌에 오른 알렉산드르 2세는 무엇보다 먼저 데카브리스트들의 사면을 단행했다).

쥬콥스키는 황태자를 가르친 일이 자신의 인생에서 가장 큰 공훈이며 자신의 가장 훌륭한 걸작이라고 생각했다. 1841년 스승의 자리에서 물러난 그는 낭만적인 소녀를 아내로 맞이했고 이후 독일에 정착해서 살았다. 쥬콥스키는 그녀보다 거의 두 배나 나이가 많았다. 행복이 손에 닿을 만큼 가까이 있는 것 같았다. 그러나 그의 아내는 두 명의 아이를 낳은 후 심한 우울증에 빠지고 말았다(유전적인 병이었다). 아내는 몇 주 동안 침대에만 누워 있었다. 그야말로 지옥이 따로 없었다. 당시 절망에 빠져 있던 쥬콥스키는 "가엾은 아내는 뼈만 앙상하게 남았다. 하지만 나는 그녀의 고통을 덜어줄 수가 없다. 그녀의 부정적인 생각에 맞서 싸울 힘이 내게는 없기 때문이다!"라며 자신의 심정을 글로 남겼다.

쥬콥스키는 눈이 침침해지기 시작했다. 하지만 자신이 만든 장치를 이용해 가면서 그는 계속해서 시를 써 나갔다. 바덴바덴에서 숨을 거두었을 때 그의 나이는 69세였다. 페테르부르그로 옮겨진 그의 유골은 알렉산드르–넵스키 대수도원의 카람진 무덤 옆에 매장되었다.

그들이 나란히 안치된 것은 대단히 상징적인 일이었다. 만일 푸쉬킨이 기적처럼 등장하지 않았다면, '러시아 문학의 아버지'라는 타이틀은 쥬콥스키와 카람진에게 돌아갔을 것이다. 카람진은 산문의 아버지로서 그리고 쥬콥스키는 서사시의 아버지로서 말이다.

쥬콥스키는 한 친구에게 편지를 썼다.

"말하자면, 내 영혼 속에는 카람진이라 불리는 특별하고 선량한 감성이 들어 있다. 나의 내면에 존재한 모든 선량함이 거기에 응집되어 있다."

카람진도 쥬콥스키에게 영혼의 동질감을 느끼며 이렇게 말했다.

"세상에는 선량한 사람들이 존재한다!"

뛰어난 재능과 고귀함 그리고 선량함이 하나의 인물 속에 응집되는 경우는 매우 드문 일로서 어쩌면 체홉이 등장하기 전까지는 전혀 없었다고 해도 과언이 아닐 것이다.

러시아에서는 황제와 예술가의 관계가 항상 일차적인 역할을 했다. 고골에 따르면 카람진은 모든 사람에게 두루 존경받는 모습을 보여줌으로써 새로운 시대의 모델을 만들었다고 한다. 국가적 역사학자로서 카람진이 보여준 모습은 푸쉬킨에게도 본보기가 되었다. 푸쉬킨은 쥬콥스키에게 다음과 같이 썼다.

"카람진 이상으로 시적 영감의 목소리 – 민중의 소리를 언급할 권리를 가진 사람은 없습니다."

카람진의 《러시아 국가사》가 없었다면 푸쉬킨의 《보리스 고두노프》는 창작이 불가능했을 것이다. 톨스토이 또한 자신의 소설 《전쟁과 평화》에서 '개성과 숙명적 섭리가 역사 속에서 씨실과 날실로 엮이게 된다'는 카람진의 사상을 차용했다. 쥬콥스키가 번역한 호머의 《오디세이》는 오늘날까지 최고의 번역 작품으로 남아 있다. 카람진과 쥬콥스키라는 두 거장은 여전히 러시아 문화를 지탱하는 자양분의 원천이 되고 있다.

1856년 2월 6일, 작가 드미트리 그리고로비치는 당시로서는 최고의 러시아 잡지라고 할 수 있는 《현대인》에 전원 생활을 소재로 한 중편 소설 《안톤 고믜카》를 발표하여 세상을 떠들썩하게 만들었다. 그는 잡지사 편집부의 오찬에 참석하기 위해 길을 나섰다. 보통 잡지 정기 발간 일정에 맞춰 잡지의 편집장이자 위대한 시인이었던 니콜라이 네크라소프가 오찬을 주관했는데 그것은 잡지 《현대인》의 전통이었다(1836년 푸쉬킨이 만든 《현대인》은 그 무렵 훨씬 더 급진적이며 대중적인 간행물이 되었다).

그리고로비치가 잡지사 편집부에 갈 때 그와 동행한 작가가 있었다. 그는 《현대인》의 새로운 작가로서 굼뜨고 못생기고 소심하면서도 공격적인 레프 톨스토이 백작이었다. 27세의 백작은 이미 그 무렵에 《현대인》을 통해 몇몇 훌륭한 작품들(중편 소설 《어린 시절》, 《청년 시절》 그리고 그가 참전한 크림전쟁에 대한 수필)을 발표했지만 잡지사에는 아는 사람이 아무도 없었다.

잡지사로 가는 도중에 상냥하고 예의 바른 그리고로비치는 무뚝뚝한 톨스토이에게 《현대인》 오찬에서 어떻게 처신해야 하는지에 대해 가르쳐 주었다. 그것은 상류 사회의 에티켓이 아니라 정치적 중립성에 관한 것이었다(《현대인》 오찬은 완전히 민주적인 모임이었고, 에티켓 문제에는 특별한 관심을 보이지 않았다). 그리고로비치는 《현대인》 작가들 중에서 유일하게 군복을 입고 다니는 그 젊은 백작이 직설적으로 말을 내뱉는 위험한 기질이 있다는 것을 알고 있었다. 가령 "셰익스피어는 실속 없는 허풍쟁이이며 평범한 장인이다"라는 충격적인 이야기를 공개적으로 입 밖에 내는 식이었다.

그리고로비치는 톨스토이에게 조르주 상드(러시아에서는 잔드라는 이름으로도 불렸다)에 대해서는 언급하지 말 것을 특별히 당부했다. 왜냐하면 톨스토이 백작이 예전에 유명한 프랑스 낭만주의자이자 여성 인권 옹호자였던 그녀에 대해 거친 비난을 쏟아내는 것을 여러 차례 들었기 때문이었다. 그런데 《현대인》에서 네크라소프와 그의 가까운 동료인 급진주의 비평가 니콜라이 체르니쉐프스키, 자유주의자 이반 투르게네프는 조르주 상드를 광적으로 숭배하고 있었다.

훗날 그리고로비치는 "오찬은 성공적으로 진행되었다. 톨스토이는 침묵을 잘 지키고 있었다. 그러나 오찬이 끝나 갈 무렵 조르주 상드의 새 소설을 칭찬하는 분위기가 되자 톨스토이는 더 이상 참을 수가 없었다. 그는 자신이 조르주 상드를 증오하는 사람이라고 단호히 밝힌 후에 만약에 그녀 소설의 주인공들이 현실에 존재한다면, 교화시키기 위해 그들을 죄수용 수송 마차에 묶어 온 페테르부르그를 돌면서 웃음거리로 만들어야 한다고 주장했다"라고 회상했다.

네크라소프는 모욕감을 느꼈고 다음날 톨스토이의 무례한 언행에 대해 한 친구에게 다음과 같이 편지를 썼다.

"친구여, 어제 오찬에서 톨스토이가 얼마나 해괴한 말을 했는지 아시오? 대체 그 인간의 머릿속에는 뭐가 들어 있는지 모르겠소! 그는 멍청하고 추잡한 말을 수도 없이 지껄여댔소. 유감스럽게도 귀족과 장교로서의 기품이 마음에 자리 잡지 못했으니 뛰어난 재주도 부질없지 않겠소!"

투르게네프 역시 분노했다.

"난 톨스토이와 거의 싸울 뻔했소. 친구여, 어쨌든 미개함은 감춰지는 게 아닌가 보오. 네크라소프와의 세 번째 오찬이 있던 날 톨스토이가 조르주 상드에 대해 얼마나 비열하고 무례한 말을 했는지 차마 입에 담을 수가 없소."

당시 전 유럽의 진보적 지성인들이 조르주 상드의 소설들(그녀는 거의 60편의 소설을 썼다)을 즐겨 읽었던 것처럼 오늘날 일부 독자들이 그녀의 자전적 소설들을 들여다보는 목적은 독립적이고 유별난 여류 작가와 쇼팽, 알프레도 데 뮈세, 프로스페르 메리메와의 떠들썩했던 애정 관계에 대한 자세한 묘사나 미묘한 심리 상태에 대해 알 수 있기 때문이다. 그러나 19세기 중반 조르주 상드의 작품들은 단순히 '열쇠 소설'이나 초(超)낭만주의 서사(敍事)가 아니라 삶의 지침서로 인식되었다.

조르주 상드

러시아에서 조르주 상드의 유행은 영향력 있는 비평가 벨린스키에 의해 이루어졌다. 표도르 도스토옙스키는 "당시 조르주 상드는 인류의 급진적 사회적 부흥을 위한 범세계적 운동의 유력한 지도자로 여겨질 정도였다"라고 회상했다. 러시아에서 유독 조르주 상드를 열정적으로 추종한 까닭을 도스토옙스키는 이렇게 설명하고 있다.

"……. 모든 사상, 특히 프랑스로부터 유입되는 거의 모든 것이 엄격하게 금지되었지만, 유일하게 허용된 것이 바로 소설이었다."

도스토옙스키의 설명에 따르면, 조르주 상드 작품의 출판을 허용함으로써 러시아 검열은 큰 실책을 범하고 말았다. 도스토옙스키가 맨 처음 조르주 상드의 작품을 접했을 때 그의 나이는 16세였다. 그리고 그 책을 읽은 후 밤새도록 흥분을 가라앉히지 못했다.

투르게네프는 '조르주 상드 숭배자 그룹'에서 특별한 위치를 차지했다. 그는 그들 중 가장 열렬한 서구주의자였다. 투르게네프가 아주 어린 시절부터 셰익스피어, 바이런, 쉴러의 작품들을 원어로 읽은 것은 그의 서구 지향성에 어떤 영향을 주었을까? 훗날 투르게네프는 페테르부르그에서 네크라소프와 《현대인》 동료들에게 "푸쉬킨과 레르몬토프조차도 '엄밀히 따지면' 그저 셰익스피어나 바이런과 같은 유럽 천재들의 모방자에 불과하다"라고 주장하곤 했다.

네크라소프는 "러시아인들에게는 나름의 셰익스피어가 존재하는데 그가 바로 고골이다"라며 소극적으로 맞섰다. 투르게네프는 관대한 어조로 "자네는 극단적인 예를 들고 있는 걸세. 엄청난 차이점을 생각해 보게. 셰익스피어는 전 지구의 모든 교양 있는 민족들이 읽고 있지만, 고골은 단지 러시아인들 몇 만 명만 읽고 있지 않은가, 유럽은 고골의 존재조차도 모를 걸세!"라며 반박했다.

일찍부터 투르게네프는 서구 문학에 적응한 인물이었고 작가로서도 서구를 지향한 인물이었다. 목격자들의 회상에 따르면, "아닐세, 나는 영혼 깊은 곳에서부터 유럽인이고, 삶에 대한 욕구도 유럽적이라네! 기회만 주어진다면 나는 주저 없이 이곳에서 도망칠 테니, 내 흔적조차도 보지 못하게 될 거야!"라고 그는 단언했다.

투르게네프의 유럽적 야망은 그가 출입하던 페테르부르크 사해동포주의 엘리트 모임에서도 평범하지 않았다. 자신의 유럽적 야망을 실현하기 위해서 그는 서구에서의 발판이 필요했다. 투르게네프의 이 비밀스런 꿈의 실현은 조르주 상드와 불가사의하게 연결되어 있었다.

1842년, 파리의 독자들은 동요하고 있었다. 얼마 전에 만들어진 급진적 좌경 잡지 《독립 리뷰 La Revue Independant》에서 조르주 상드의 소설 《콘수엘로》를 출판함으로써 새로운 파문이 일어났던 것이다. 《콘수엘로》는 18세기 베네치아를 배경으로 위대한 여가수의 생애를 다룬 흥미진진한 이야기였다. 조르주 상드의 이 작품이 성공할 수 있었던 것은 《콘수엘로》가 '열쇠 소설'이었기 때문이다. 독자들은 여주인공의 모습에서 여류 작가의 가까운 친구였던 폴리나 가르시아 비아르도의 모습을 쉽사리 포착할 수 있었다.

폴리나 비아르도의 삶은 실제로 소설이나 동화와 유사했다. 스페인의 가수 집안에서 태어나(그녀의 언니는 유명한 마리야 말리브란이었다) 1838년 프랑스 파리에서 데뷔한 것이 불과 열일곱 살 때였고, 자신의 천부적인 음성(2옥타브 반!)과 비범한 음악성으로 대중을 놀라게 했다.

폴리나는 아름답지 않았다. 큰 코와 입, 튀어나온 눈과 두꺼운 허벅지에 몸집이 작았다. 그녀의 재능과 영리함에 매료된 낭만파 시인 알프레드 데 뮤세가 그녀에게 청혼을 했다. 그녀는 알프레드 데 뮤세의 아내가 되지 않고, 조르주 상드의 조언에 따라 결국 유명한 극장주이며 자유주의적 저널리스트인 동시에 번역가였던 루이 비아르도와 결혼하였다(도스토옙스키는 《돈키호테》를 루이의 프랑스어 번역본으로 처음 읽었다). 루이비아르도는 폴리나보다 약 열두 살 연상이었다. 비아르도 부부의 살롱에는 파리의 지성인들이 모여들었다. 폴리나는 살롱의 중심 인물이었다.

《독립 리뷰》는 프랑스와 유럽의 영향력 있는 잡지로서 사회주의 이념을 표방한 소식지였다. 가장 놀라운 것은 이 잡지가 페테르부르크의 진보적 모임에서 열정적으로 읽혀졌다는 사실이다. 러시아의 교양 있는 엘리트들이 조르주 상드를 숭배했다는 사실을 고려한다면, 투르게네프를 위시한 많은 사람들이 폴리나 비아르도-콘수엘로의 파란만장한 운명에 대해 얼마나 열렬히 토론했는지 쉽게 상상할 수 있을 것이다.

그 무렵 투르게네프는 시인으로서 명성을 누리고 있었다. 가끔 우리는 그가 시로 데뷔했었다는 사실을 망각하곤 한다. 그는 키가 크고, 어깨가 넓고, 잘생겼으며 옷을 잘 입는 멋쟁이였다(다양한 색상의 조끼와 외알 안경까지). 투르게네프는 부유한 상속자였으나, 엄격한 어머니는 자신의 눈에 경솔해 보이는 아들을 엄격하게 통제하고 있었다.

투르게네프의 사생활은 복잡했다. 그는 훗날 유명한 무정부

투르게네프

주의자 바쿠닌의 누이와 연애를 하면서도(누이 동생에 대한 바쿠닌의 애정은 아주 각별한 것이었다) 어머니 소유의 농노 세탁부 펠라게야를 임신시켰다. 게다가 투르게네프는 펠라게야의 딸이 자신의 딸임을 부인하지 않았다. 아마도 너무나도 빼닮은 외모 때문에 부인하기 어려웠을 것이다.

1845년 가을, 폴리나 비아르도가 페테르부르그에서 순회 공연을 하면서 투르게네프의 인생은 단숨에 뒤바뀌었다. 그녀가 러시아의 수도를 방문하게 된 것은 니콜라이 1세가 궁정에 이탈리아 오페라를 창단하고 싶어 했기 때문이었다. 황제는 직접 노래를 부르고 플룻과 트롬본을 연주했으며 음악, 특히 이탈리아 오페라를 좋아했다. 그의 지시에 따라 유럽에서 천문학적인 보수를 받고 최고의 가수들이 초빙되었다. 페테르부르그로서는 엄청난 문화 혁명이었다. 대중은 이탈리아 오페라에 심취하여 오페라에 대해 글을 쓰고 논쟁하며 수군거렸다.

남편과 함께 도착한 비아르도는 단숨에 페테르부르그의 음악광들을 사로잡았다. 목격자들의 증언에 따르면, 청중은 감동의 탄성을 지르며 경청했다고 한다. 그때까지 음악광 축에는 끼지도 못했던 투르게네프가 놀랍게도 유명한 여가수를 향해 갑작스럽고 적극적인 애정 공세를 펼쳤다. 투르게네프는 우선 페테르부르그 근교의 사냥터에서 자신처럼 사냥광이던 루이 비아르도와의 만남을 주선했다. 그 다음 비아르도의 공연(로시니의 〈세빌리아의 이발사〉)을 관람한 후 마침내 그녀를 소개받았다. 이 모든 것이 단 며칠 만에 이루어졌다.

투르게네프와의 첫 만남에 대해 노년의 비아르도는 미소를 지으며 이렇게 회상했다.

"제게 그를 데려와 소개시키면서 '이 사람은 러시아 지주이자, 멋진 사냥꾼이고, 재미있는 논객이며, 또 형편없는 시인입니다'라고 말하더군요."

투르게네프는 마치 포로라도 된 듯 그녀에게 빠져들었고, 당시 어느 누구도 그 만남이 40년 동안이나 지속될 것이라고 짐작하지 못했다.

아브도치야 파나예바(네크라소프의 내연의 처)는 비난하는 투로 이렇게 회고했다.

"투르게네프처럼 유난스럽게 사랑에 빠지는 사람도 없을 거예요. 그는 큰 목소리로 어디서든 누구에게든 비아르도를 향한 자신의 사랑을 떠들고 다녔어요. 동료들과의 모임에서도 온통 비아르도에 관한 이야기뿐이었지요."

심지어 투르게네프에게 호의적이었던 벨린스키조차 화를 참지 못하고 투르게네프에게 면박을 주었다.

"당신의 그 요란스러운 사랑을 과연 믿을 수 있을까요?"

그러나 점차 모든 사람들이 믿기 시작했다. 중요한 것은 바로 비아르도와 그녀의 남편이었다. 신비롭고 이상한 삼각관계가 형성된 것이다(투

폴리나 비아르도

르게네프 측 사람들은 순수한 플라토닉 사랑으로, 루이 비아르도 측 사람들은 동성애적 뉘앙스를 배제할 수 없다고 생각했다). 그 결합은 더할 나위 없이 견고한 것이었다. 험담가들은 "투르게네프가 적지 않은 유산을 물려받았고 또 유명한 작

가가 되었기 때문이 아니겠느냐"며 수군거렸다.

실제로 투르게네프는 빠른 속도로 명성을 얻어 갔다. 1852년 별쇄본으로 출판된 《사냥꾼의 수기》가 큰 반향을 불러일으켰고, 《루진》, 《아샤》, 《첫사랑》, 《귀족의 둥지》, 《전야》, 《아버지와 아들》 등이 그 뒤를 이었다. 투르게네프의 모든 작품은 러시아에서 엄청난 논쟁을 불러일으켰고, 그는 공식적인 '러시아 산문의 지도자'가 되었다. 그러나 그의 삶은 영원히 비아르도 부부와 연결되어 있었다. 그들 부부가 있는 곳이면 어디든 투르게네프가 있었다. 처음에는 프랑스, 그 다음은 바덴바덴 그리고 그 후에는 파리였다. 투르게네프는 루이 비아르도가 죽고 얼마 지나지 않아 파리에서 멀지 않은 곳에 위치한 비아르도의 여름 별장에서 1883년 숨을 거두었다.

그들의 운명적인 결합은 돈독했고 조르주 상드의 비호를 받았다. 조르주 상드는 작가로서 그리고 한 인간으로서 투르게네프에게 감동했고 진심으로 호감을 느꼈다. 그녀는 투르게네프를 밝고 순수하고 겸손한 사람이라고 생각했다("내가 그에게 '당신은 위대한 예술가이며 대시인입니다'라고 말하자, 그는 정말 놀란 듯했다").

그 기록을 1856년 레프 톨스토이의 비망록에 묘사된 투르게네프의 모습과 비교해 보는 것은 매우 흥미로운 일이다. 톨스토이는 "투르게네프는 마치 연기를 하듯 인생을 살고 있다"며 그를 못마땅하게 여겼다. 실제로 투르게네프를 지켜본 많은 러시아인들은 투르게네프를 변덕스럽고, 무책임하며, 공명심이 강한 인물로 묘사했다. 반대로 외국인들은 하나같이 그에게 매료되어 '동화 속의 인물, 러시아의 백발 거인(투르게네프는 40세가 채 되기도 전에 머리가 하얗게 세어 버렸다), 마법사, 매력적인 이야기꾼'으로 평가했다.

보리스 에이헨바움은 상황에 따라 변하는 투르게네프의 위선적 행동을 '작가의 특별한 예술적 기교'라고 평하며 독설을 퍼부었다. 많은 러시아인들을 불쾌하게 만들었던 악명 높은 '예술적 기교'는 실제로 투르게네프가 추구하는 서구적 사고와 행동 양식을 표방하고 있었다. 그는 유럽 문화의 거장들과 친분을 유지하면서 자유롭고 우아하며 편안한 삶을 영위하고자 했다.

그때까지 투르게네프처럼 살았던 러시아 작가는 아무도 없었다. 투르게네프는 비아르도 집안과의 친분 덕분에 자신이 그리던 이상적 삶을 살 수 있었다. 이미 언급한 바와 같이 비아르도의 살롱은 유럽의 유명 인사들을 자석처럼 끌어들였다. 비아르도의 만찬에 초대받은 한 러시아 여성은 구스타프 플로베르, 저명한 바이올리니스트 파블로 사라사테, 작곡가 샤를 구노, 그리고 카미유 생상스가 만찬장에 도착하는 모습을 바라보면서 진심으로 감동하여 이렇게 묘사했다.

"빛나는 비단으로 둘레를 장식한 반짝이는 하얀 가구들은 방 한가운데에 여유 있게 배치되어 있었다. 피아노 왼편으로 연결되는 두 계단은 화랑으로 꾸며져 있었다. 거기에 오르간이 놓여 있었고, 몇 점의 귀한 그림들이 걸려 있었다. 비아르도 부인이 홀 중앙으로 걸어 나왔다. 그녀는 베르디의 오페라 맥베드 부인의 아리아를 불렀고 이어서 생상스의 반주에 맞춰 슈베르트의 〈에르쿼니히〉를 불렀다."

투르게네프는 매달 열리는 소위 플로베르의 만찬에 흔쾌히 참석했다. 파리 레스토랑 특별실의 고상한 식탁 주위에 다섯 명의 명망 있는 작가들이 모였다. 가까운 친구 사이였던 플로베르와 투르게네프, 졸라, 알퐁스 도데 그리고 에드몽 콩쿠르였다. 도데의 회상에 따르면 그들은 서로의 작품들(매번 만찬이 열릴 때마다 그들 중에 누군가가 자신의 신간을 가져왔다)이나 여성들에 대해 또는 자신들의 여가 생활에 대해 이야기를 나누었고, '사슬에 묶인 유형수처럼 무거운 몸의, 예를 들면 마흔을 넘긴 사내들의 서글픈 고백들!'도 있었다. 투르게네프는 그 당시 캐비어에 푹 빠져 있었다.

대가들은 저녁 일곱 시에 술과 안주를 먹기 시작했고 새벽 두 시를 넘겨도 파티는 여전히 계속되었다. 플로베르가 열변을 토하면서 자켓을 벗으면 다른 사람들도 그를 따라 했다. 통풍으로 고생했던 투르게네프는 소파에 누워 있었다.

그 순간 투르게네프는 자신이 세계 문화의 운명을 지배하는 한 사람으로서 문학의 올림푸스에 올라 있다고 생각했다. 나는 브로드스키가 네 명의 노벨상 수상자, 즉 체슬랍 미로쉬, 옥타비오 파스, 드렉 월코드와 함께 뉴욕에 등장했을 때 시인의 얼굴 표정에서 비슷한 감정을 읽을 수 있었다.

투르게네프가 쓴 모든 작품은 단숨에 여러 언어로 번역되었다. 투르게네프는 마치 백 년 후의 브로드스키처럼 자신이 새로운 러시아 문학의 전문가이자 판정가, 즉 어떤 작품이 왜 어떤 점에서 외국인들의 마음에 들었는지를 판정하는 사람이라고 생각했다.

투르게네프는 레프 톨스토이를 그다지 높이 평가하지 않았다.

"외국인들은 그를 높이 평가하지 않는다. (…….) 《어린 시절》과 《청년 시절》은 영어로 번역되기는 했지만 호평을 받지는 못했다. 디킨스의 아류로 간주되었던 것이다. 내가 직접 《전쟁과 평화》를 프랑스어로 번역하고 싶지만, 모든 관념적인 부분은 생략해야 한다. 왜냐하면 내가 프랑스인들을 잘 아는데, 그들은 지루하고 우스꽝스러운 것은 별로 좋아하지 않기 때문이다."

이러한 과격한 소견에 톨스토이가 반발하자 투르게네프는 《전쟁과 평화》를 번역하지 않기로 결정하고 한 지인에게 이렇게 말했다.

"다른 누군가가 번역을 완료하긴 했지만, 아마도 프랑스인들은 읽으려 하지 않을 것입니다."

투르게네프는 늘 자신이 매우 훌륭한 편집자라고 여겼다. 특히 불행하게 살아생전에 책을 출간하지 못한 두 명의 위대한 시인, 츄체프와 아파나시이 페트의 작품집 발간에 본인이 참여했다는 데 자부심을 느꼈다.

1856년 투르게네프의 페테르부르그 방문을 기념하기 위해 친구들이 마련한 만찬에서 자신을 위해 건배하는 수많은 축사를 들은 후, 투르게네프는 즉흥적으로 다음의 짧은 시를 읊었다.

이 모든 찬사들이 설마 나를 향한 것이겠습니까?
그렇지만 그대들이 인정해야 할 한 가지가 있습니다.
나는 츄체프가 단추를 풀어 젖히도록 했고
페트의 바지를 깨끗이 빨아주었소이다.

만찬에 참석한 문학가들은 이미 샴페인에 거나하게 취해서 그의 자작 풍자시에 감탄과 호탕한 웃음을 연발하며 환호했다. 투르게네프는 상류사회의 정치적 음모에 휘말려 정작 자신의 시 작품들에는 무관심했던 츄체프에게 책을 발간하도록 설득했다. 그것을 투르게네프와 네크라소프가 꼼꼼히 교정했다는 사실은 모든 사람이 다 알고 있었다.

페트는 자신의 시집을 투르게네프가 마음대로 하도록 승낙했는데, 투르게네프의 편집은 너무나 자의적이어서 1855년 시집이 출판되었을 때 페트는 자신의 시가 너무나 다듬어지고 지나치게 왜곡되어 있다는 것을 알게 되었다. 투르게네프는 운율과 화음에 맞춘다는 구실로 자신의 잣대에 맞춰 재단을 했다(그는 바라틴스키의 시 작품들 또한 '물 흐르듯 자연스럽지 못하다'며 못마땅하게 여겼다). 츄체프도 자신의 작품을 교정한 투르게네프의 편집본을 살펴본 후 "투르게네프가 수정한 많은 부분이 원본을 훼손한 것 같다"라고 말했다.[15]

투르게네프는 모든 사람들과 친분이 있었지만 한때는 네크라소프, 페트, 《오블로모프》의 작가 이반 곤차로프 그리고 도스토옙스키, 톨스토이 모두와 다투기도 했다. 본질적으로 그것은 뼛속까지 서구주의와 민족주의에 물든 작가들 사이의 갈등이었다. 의심 많은 페트는 투르게네프가 비아르도 부인의 영향을 받아 서구주의자가 되었다고 생각했다. 유순했던 투르게네프는 "나는 내 인생에서 마담 비아르도의 조언 없이는 어떤 결정도 내리지 않았습니다"라고 기꺼이 수긍했다.

투르게네프의 러시아 지인들은 "쓸데없이 이 나라 저 나라 돌아다니지 말고 모국으로 돌아와서 살도록 하라"며 수시로 투르게네프에게 조언했다. 투르게네프는 러시아가 너무 그립다고 대답하면서도 형편상 러시아로 돌아가는 것이 절대 불가능하다는 등 항상 핑계 거리를 찾았다. 그러던 어느 날 투르게네프는 진정한 '자기 사람'은 러시아인들이 아니라 비아르도 가족이라고 고백했다. "나의 사람들과 멀리 떨어져 산다는 것은

---

15) А. Л. Осповат. "Как слово наше отзовётся……." О первеом сборнике Тютчева. М. 1980. С. 46.

너무 힘들다오. 그들이 내일 고약한 도시 코펜하겐으로 간다고 하니 나도 그들을 따라갈 생각이오."

투르게네프를 자석처럼 끌어들인 사람은 물론 폴리나 비아르도였지만 그것이 그녀의 천부적인 성악 재능 때문만은 아니었다. 그녀는 뛰어난 피아니스트였고 작곡가였고 뛰어난 화가였으며, 5개 국어를 구사했고 러시아어도 잘 이해했으며, 예술과 문학에도 조예가 깊었다. 한번은 비아르도가 러시아 지인에게 "투르게네프는 오래전부터 글을 내게 보여주지 않고는 단 한 줄의 문장도 출판하지 않고 있어요. 투르게네프가 글을 쓰고 작품 활동을 하면서 나에게 얼마나 큰 빚을 졌는지 모를 겁니다"라고 말했다.

심지어 자기 딸(펠라게야와의 사이에서 태어난 딸 이름을 폴리나라고 지었다. 누구를 위해 그렇게 했는지 가히 짐작할 수 있는 부분이다)을 교육시키는 일도 비아르도 가족에게 일임했다. 프랑스를 방문한 시인 페트는 15살의 폴리나가 몰리에르의 시를 멋지게 낭송하는 모습을 보고 정말 놀랐다. 하지만 마치 치마 입은 젊은 투르게네프인 듯 사랑스러운 구석이라곤 전혀 찾아볼 수가 없었다. 게다가 폴리나는 러시아어도 완전히 잊어버린 상태였다.

흥미로운 사실은 투르게네프의 딸을 교육시키는 문제가 하마터면 레프 톨스토이와의 결투로 이어질 뻔할 만큼 엄청난 갈등의 원인이 되었다는 점이다.

투르게네프는 톨스토이의 면전에서 자신의 딸 폴리나가 가난한 사람들의 옷을 수선해 주는 착한 일을 한다며 자랑을 늘어놓기 시작했다. 바른말하기를 좋아하는 톨스토이는 "옷을 곱게 차려 입은 아가씨가 자신의 무릎

위에 더럽고 냄새나는 헝겊 조각을 올려 놓은 모습은 뭔가 가식적이고 부자연스러운 장면을 연출한 것이다"라며 비꼬는 투로 반박했다(투르게네프는 고지식하고 격의 없는 톨스토이를 '미개인'이라고 불렀다).

이 일로 톨스토이와 투르게네프는 얼굴을 붉히며 심한 언쟁을 벌였고, 비록 혈투를 피하기는 했지만 이후 20년 동안 절교하며 지냈다. 갈등의 진짜 원

레프 톨스토이

인은 한 가지였다. 기독교적 무정부주의자인 톨스토이에게 투르게네프의 자유주의적 서구주의는 정말이지 혐오스러운 것이었다. 그것은 투르게네프도 마찬가지였다. 뿐만 아니라 여성의 사회적 역할에 대한 두 사람의 견해 차이도 갈등의 일부가 되었다.

투르게네프에게 있어 이상적인 여성상은 현실의 폴리나 비아르도와 조르주 상드의 소설에 반영된 그녀의 형상, 《예브게니 오네긴》 속 타티아나의 여러 장점이 기묘하게 결합된 것이었다. '투르게네프의 여성들'은 동명의 소설에 등장하는 주인공 아샤, 《귀족의 둥지》의 리자 칼리치나, 《전날 밤》의 옐레나, 《처녀지》의 아리안나였다. 투르게네프의 남자들은 대부분 의지가 약하고 우유부단했지만, 여성들은 직선적이고 순수하며 이상적이고 강인했다. 그런 점에서 투르게네프는 푸쉬킨과 조르주 상드

의 계보를 동시에 잇고 있었다고 말할 수 있다.

40년대에 러시아 비평을 주도했던 벨린스키는 "푸쉬킨이 《예브게니 오네긴》의 타티아나의 모습을 통해 최초로 러시아 여성상을 구현해 냈다"라고 주장했다. 벨린스키에 따르면, 푸쉬킨은 타티아나의 형상을 통해 '러시아 여성의 정수'를 보여주었고, '불꽃 같은 열정, 진실하고 순수한 감성의 진지함, 청아하고 신성하게 일어나는 고결한 정서'를 보여주었다. 푸쉬킨은 이 모든 것이 그녀의 내면에 존재하고 있다고 생각했다.

이러한 해석은 매우 오랫동안 지속되었고 투르게네프는 그것을 고수했던 것이 분명하다. 그러나 약 20년 후에 이러한 견해는 새로운 문학 지도자인 급진주의 비평가 드미트리 피사레프의 공격을 받게 된다. 그는 "타티아나는 '뇌 용량이 빈약한' 허황된 바보이고, 푸쉬킨이라는 작가는 '형편없는 백치'이며, 그의 시 나부랭이들은 러시아 혁명 사상이 승리하는 데 아무 기여도 하지 못했다"라고 주장했다.

투르게네프와 그의 친구들은 자신들의 우상에 대한 좌파적 공격에 경악을 금할 수가 없었다. 그리고 그로부터 15년이 지난 1880년 6월, 모스크바에서 푸쉬킨 기념비 제막식을 성공적으로 치름으로써 그들에게 설욕할 수 있었다. 그것은 작가와 작가의 이상이 구현된 축제였을 뿐만 아니라 전 러시아 고전 문학이 하나로 응집된 대축전이었다. 그러나 사건이 전혀 다른 방향으로 진행되면서 축전은 투르게네프에게 공개적인 치욕의 무대가 되었고, 그 여파로 투르게네프는 생의 마지막 순간까지 충격에서 벗어날 수 없었다.

처음에 투르게네프는 모든 것이 순조롭게 진행되고 있다고 생각했다. 본래 중도주의자였던 그는 많은 정치 세력들과의 관계에서 유리한 위치를 차지하고 있었다. 한편으로 알렉산드르 2세는 러시아 인텔리겐챠에게 희망적인 암시를 주려고 했다. 모스크바에서 치러진 푸쉬킨 기념비 제막식은 황제에게는 절호의 기회가 아닐 수 없었다. 정부 대표로 축전에 참가해 연설을 한 사람은 알렉산드르 2세의 사촌이자 동지였던 올덴부르스키 공(公)이었다.

푸쉬킨 기념비를 만든 사람은 어용 조각가 알렉산드르 오페쿠쉰이었다. 전통적으로 푸쉬킨과 그의 종교적 비정통성에 대해 냉소적인 태도를 보여 왔던 정부는 푸쉬킨 대축전에 그리스 정교를 끌어들이는 데 성공했다. 그리스 정교의 마카라이 대주교는 기념비 부근에 있는 스트라스트늬 수도원 추도식에서 처음으로 푸쉬킨의 '영면'을 선포했다. 모스크바 시장이었던 블라디미르 돌고루키 장군은 제막식 축전에 참여하려는 기자들과 방문객들을 수송하기 위해 페테르부르그-모스크바 간 특별 열차표를 할인 판매하는 지원책을 내놓았다.

진보적 지식인들도 관심을 가졌다. 자유주의 엘리트들에게 푸쉬킨 기념비 제막식은 정치 발전에서 문화의 독립적 역할을 강조하는 계기가 되었다. 이런 상황에서 투르게네프는 제막식에 참가한 모든 파벌을 대표하는 이상적인 대변인이었다. 투르게네프는 푸쉬킨의 후계자 역할을 떠맡게 되었다.

그러나 러시아에서 중도적 서구 자유주의자들은 가장 인기 없는 처지에 있었고 긴박한 순간에는 더더욱 그랬다. 투르게네프는 '모스크바 전체'가 참석한 블라고로드노예 성당의 큰 홀에서 훌륭한 추도사를 남겼는데, 그 내용은 알렉산드르 2세가 바라던 친(親)정부적인 것도 아니었고 또 젊은 세대들이 기대하던 반(反)정부적인 것도 아니었다.

투르게네프는 그토록 숭배하던 푸쉬킨을 셰익스피어나 괴테와 비교하지 않았고 웬일인지 조심스러운 칭찬을 늘어놓았다. 그는 양심을 속이고 싶지 않았다. 왜냐하면 오랜 기간의 유럽 생활을 통해 유럽에서는 푸쉬킨의 작품을 많이 읽지 않는다는 사실을 알고 있었기 때문이었다.

영향력 있는 자유주의 비평가 니콜라이 미하일롭스키는 훗날 나약함, 연약함, 모호함, 망설임, 불분명성, 불특정성이 투르게네프의 전형적인 특징이었다며 애석해했다. 그 모든 특징은 의식 있는 급진주의자들에게는 혐오의 대상이었다. 바로 그런 이유 때문에 대중은 투르게네프의 푸쉬킨 추도 연설을 매우 씁쓸하게 받아들였다. 그리고 투르게네프는 자신의 소설에 등장하는 결단성 없는 인물의 한 유형으로 인식되었다. 그러나 투르게네프에게 치명적인 공격을 가한 사람은 다음 날 같은 장소에서 연설한 도스토옙스키였다.

도스토옙스키는 자신의 소설 《악령》에서 '몇 마디만 소리쳐도 쉿소리를 내는' 서구 자유주의자 카르마지노프라는 '백발 노인'의 형상을 창조해냈다. 도스토옙스키가 묘사한 투르게네프는 추종자들로부터는 '천재'로 추앙받지만 실제로는 '평범한 재능'을 가진 인물이었다. 그리고 이러한 악의적 조롱 후에 두 작가의 사이는 극도로 나빠지고 말았다.

그러나 블라고로드노예 연설에서 도스토옙스키는 갑자기 투르게네프에게 경의를 표했다. 도스토옙스키는 푸쉬킨의 타티아나가 러시아 여성의 징수이며 러시아 문학에서는 비교 대상이 없다고 말했다. 그러다가 불쑥 그는 오직 투르게네프의 《귀족의 둥지》에 등장하는 리자의 형상만이 이에 필적할 것이라고 덧붙였다. 그 자리에서 투르게네프는 두 손으로 얼굴을 가리고 조용히 흐느끼기까지 했다. 흥분한 청중들이 갈채로

답했다. 그러나 투르게네프의 축전은 이렇게 막을 내리고 말았다.

결국 투르게네프와 도스토옙스키의 '설전'은 도스토옙스키의 승리로 끝났다. 도스토옙스키는 한 치의 망설임도 없이 "푸쉬킨은 세계적 천재이며 '범세계적 자비'라는 러시아 고유의 특성을 보여 주었다는 점에서 셰익스피어나 세르반테스를 능가한다"라고 말했다.

자신의 격정적이고 선동적인 연설에서 도스토옙스키는 "그렇습니다. 러시아인의 사명은 두말할 나위 없이 범유럽적이고 범세계적인 것입니다"라고 선언했다. 그리고 이에 대한 반론을 의식한 듯 "내가 과연 경제적 성공이나 권력 혹은 학문의 영예에 대해 말하고 있는 것일까요? 나는 단지 사람들의 형제애에 대해 말하고 싶은 것뿐입니다. 우리의 역사 속에서, 우리의 재능 있는 사람들 속에서 그리고 푸쉬킨의 예술적 천재성 속에서 그 흔적을 찾고자 하는 것입니다"라고 말했다.

그것이야 말로 그 자리에 모여 있던 모든 청중들, 서구주의자, 슬라브주의자 그리고 청년들이 너무나도 듣고 싶어 했던 말이었다. 역설적이게도 화려하고 세련된 투르게네프와는 대조적으로 옷걸이에 걸린 채 펄럭이는 연미복 같은 왜소한 몸매에 쇠약하고 구부정하고 못생긴 도스토옙스키의 외모도 유리하게 작용했다. 도스토옙스키는 친근한 러시아의 수난자였고, 투르게네프는 프랑스에서 온 부유한 귀족 지주였다.

격앙된 목소리로 열변을 토하는 도스토옙스키의 연설과 그 민족적 파토스에 청중들은 매료되고 말았다. 도스토옙스키가 "푸쉬킨은 엄청난 비밀을 안고 무덤에 묻혔습니다. 하지만 비록 그가 우리 곁을 떠났지만 우리는 그 비밀을 풀고 있습니다"라고 말하자, 홀에 있던 한 여인이 "당신이 그 비밀을 알아냈습니다!"라고 외쳤다. 그리고 그 여인의 뒤를 이어

표도르 도스토옙스키

홀 곳곳에서 "알아냈습니다! 당신이 알아냈습니다!"라는 목소리가 들려왔다.

홀 안에서 전대미문의 사건이 벌어졌다. 사람들은 서로 껴안으며 감격의 눈물을 흘렸다. 도스토옙스키는 스스로 도취되어 아내에게 다음과 같은 내용의 편지를 썼다.

"나는 무대 뒤로 빠져나갔으나, 홀에 있던 청중이 그쪽으로 몰려왔다오. 주로 여인들이었소. 내 손에 키스를 하며 매달렸다오. 학생들이 몰려왔는데, 그 중 한 명은 눈물을 흘리며 쓰러지고 말았소. 완벽한, 가장 완벽한 승리였소!"

한편 도스토옙스키를 위해 준비된 특별하고 거대한 월계관이 블라고로드노예 집회장에 도착했다. 도스토옙스키가 말한 대로, 백 명이 넘는 부인들이 연단 위로 올라와 "당신이 찬미하신 러시아 여성을 위하여!"라며 그에게 월계관을 씌워 주었다. 자세히 이야기하자면, 그 여성 대표단은 도스토옙스키에게 줄 월계관을 들고 오다가 투르게네프와 마주치자 그 중 한 부인이 투르게네프를 밀치며 경멸하는 눈빛으로 "당신에게 줄 게 아니에요, 당신 것이 아니에요"라고 말했다.

투르게네프는 자신의 패배에 크게 상심하고 말았다. 모스크바에서 파리로 돌아온 투르게네프는 지인들에게 분노와 악의에 찬 목소리로 "범 러시아인, 범 러시아 여성 타티아나에 대한 도스토옙스키의 거짓된 연설과 위선, 그의 신비주의적 허언에 얼마나 견디기 힘들었는지 모른다. 모든 이들이 도스토옙스키의 허황되고 추악한 말에 현혹되어 마치 술에 취하고 마약에 취한 사람들처럼 벽이라도 타고 오를 것 같았고, 마치 서로에게 계란과 꽃다발을 선물하는 부활절이나 즐거운 축제라도 되는 양 울고불고 통곡하며 부둥켜안았다"라고 말했다.

그것은 투르게네프와 도스토옙스키의 마지막 만남이자 마지막 대결이었다. 약 7개월 후 59세의 도스토옙스키는 유산 문제로 누이와 다툰 후 목에서 피를 토하며 페테르부르그에서 숨을 거두고 말았다. 그리고 그로부터 2년 반이 지난 후, 프랑스 근교 부쥐발에서 투르게네프 역시 64세를 일기로 세상을 떠나고 말았다(사망 원인은 척수암이었는데 척수암의 고통은 다량의 모르핀이 아니면 도저히 진정시킬 수 없는 고통이었다).

죽기 몇 해 전, 투르게네프는 다음과 같은 글을 일기에 남겼다.

"자정이다. 나는 다시 내 책상 앞에 앉는다. 아래층에서는 나의 가련한 벗인 그녀가 몹시 지친 목소리로 노래하고 있다. 나의 영혼은 칠흑 같은 밤보다 더 암담하다. 무덤이 나를 집어 삼킬 것만 같다. 텅 빈 날들, 무의미하고 무미건조한 날들이 순식간에 지나간다. 살 권리도 없고 살고 싶지도 않다. 더 이상 할 일도, 기대할 것도, 바라는 것도 없다."

10장 게르첸, 레프 톨스토이, 그리고 여성 문제

1855년 니콜라이 1세가 사망한 후 시인 표도르 튜체프가 지적한 대로 '해빙기'가 찾아왔다. 새로운 군주 알렉산드르 2세는 자유주의적 메시지를 분명하게 제시했다. 한 러시아 여성은 당시의 전반적인 분위기를 다음과 같이 묘사했다.

"…… . 무의식적인 압박으로부터 벗어나기라도 한 듯 모두가 한결 더 편하게 숨쉴 수 있을 것 같았다."

러시아 사회는 개혁의 기대감 속에서 활기를 되찾기 시작했다. 크림전쟁의 패배로 개혁의 필요성이 대두되었다. 농노제 폐지에서부터 유행, 헤어스타일에 이르기까지 온갖 문제들에 대한 논쟁이 벌어졌고, 갑자기 '새로운 인간형'에 대한 논의가 시작되었다.

러시아는 사회 · 경제적 측면과 기술적 측면에서 후진국을 벗어나지 못하고 있었다. 크림전쟁에서의 패배가 그 점을 여실히 입증해 주었다. 그 대신 러시아 엘리트들은 자신의 정서와 영혼을 연구하고 분석하는 일에 전념하기 시작했다. 당시 수백만 명의 러시아 농노들은 중세법에 따라 살고 있었고, 미미하고 얄팍한 지혜는 새로운 가정을 꾸리거나 남녀

관계를 맺는 데에나 사용되었다. 농민의 해방보다 우선시되는 과제가 바로 '육체의 해방'이었다.

러시아에는 아직 진정한 부르주아가 존재하지 않았지만, 급진적 지식인들은 부르주아적 윤리관을 배척했다. 미국의 문화역사학자 마샬 베어만은 현실적 경제 발전에 기반을 두지 않고, 사회적 가설, 환상, 몽상을 바탕으로 진공 상태에서 논의된 문화 혁신 모델을 '후진적 모더니즘'이라 불렀다. 베어만의 견해에 따르면, '작은 인간', '잉여 인간', '지하 인간'의 유형들, 이른바 뛰어난 몽상적 예언자들이 그런 식으로 형성되었다고 한다.

이러한 몽상적 예언가들 중에는 러시아뿐 아니라 계몽된 유럽을 놀라게 한 사람이 있었으니 그가 바로 러시아의 위대한 이교도이며 사회 사상가인 알렉산드르 게르첸이었다. 운명의 1812년(모스크바 화재 당시 젖먹이였던 그는 화염 속에서 구출되었다) 그는 모스크바의 백만장자 지주였던 이반 야코블레프의 사생아로 태어났다. 야코블레프는 사랑하는 아들 게르첸이 세례를 받도록 했다(독일식 이름으로 'Herz'는 심장을 뜻했고, 그의 어머니는 가난한 독일 여자였다).

훌륭한 교육을 받은 게르첸은 반항아로 성장했다(어린 시절부터 게르첸은 독일어와 프랑스어를 완벽하게 구사했고, 그 후 이탈리아어와 영어까지 습득했다). 푸쉬킨과 쉴러, 루소의 작품은 그에게 '전횡과 농노제에 대한 증오심'을 불러일으켰다. 니콜라이 1세의 승인하에 탄압과 유형(流刑)이 게르첸을 따라다녔다. 1847년 게르첸은 가족과 함께 유럽으로 망명할 수밖에 없었다. "머나먼 곳, 광활한 땅, 공개적인 투쟁과 언론의 자유가 내게 손짓했다."

알렉산드르 게르첸

게르첸은 키가 작고 뚱뚱한 모스크바 스타일의 신사였다. 매끈하게 면도한 얼굴, 빗어 넘긴 긴 머리, 민첩한 행동 그리고 가만히 앉아 있지 못하는 성격과 빠른 말투, 바로 이런 것들이 그를 특징짓는 것들이었다. 파리에 머무는 동안 게르첸은 다시 한 번 변신을 시도했다. 멋진 수염을 기르고 머리를 깎았으며 투박한 모스크바식 프록코트 대신 최신 유행의 파리풍 자켓을 입었다.

세계주의자의 영혼을 지녔던 게르첸은 파리의 부르주아적 생활에 지혜롭게 적응해 나갔다. 그것은 정치·문화적 측면 그리고 사회적 측면에서 모스크바 생활과는 크게 대조를 이루는 삶이었다. 강연과 학회, 극장을 찾아 다니고 신간 서적을 탐독하는 등 그야말로 유럽 언론의 '빛나는 바다'를 헤엄쳐 다녔다. 게르첸은 파리의 한 민주사회단체의 일원이 되어 한 사람의 관객으로서 뒷줄에 앉아 있었지만 곧바로 그는 사람들을 놀라게 만들었다.

다양한 국적과 다양한 계층의 좌익 인사들도 게르첸의 화려하고 재치 있는 말솜씨에 감탄하며 귀를 기울였다. 게르첸은 모두가 증오하는 농노제와 전제주의의 여러 참상들을 폭로했고, 차르 체제의 붕괴가 불가피할 것이라고 예언했다.

혼란한 세상에서 정직하고 자기중심적이며 자신감이 넘치는 활기찬 활동가들에게 그런 인상을 준다는 것은 결코 쉬운 일이 아니었다. 비록 게르첸이 천재적인 능력과 비상한 카리스마의 소유자였다고는 하나 파리에 입성할 당시 그가 엄청난 부자가 아니었다면 결코 불가능한 일이었을 것이다.

이미 모스크바에 있을 때 게르첸은 아버지로부터 막대한 유산을 물려받았다. 러시아에서는 흔히 있는 일이었지만 어쨌든 그 일로 인해 오랜 친구들과 다투는 경우가 적지 않았다. 훗날 게르첸은 "새로운 살림살이로 은쟁반이나 화려한 촛대가 등장하면 친구들은 놀라움을 금치 못한 채 입을 다물어 버렸다. 준비해 둔 물건이 나올 때마다 진실과 즐거움은 사라지고 말았다"라고 회상했다.

반대로 유럽에서 게르첸은 부유함 때문에 존경받았고 민주적 모임에서도 '우리 사람'이 될 수 있었으며 혁명 활동의 폭도 넓힐 수 있었다.

초기부터 게르첸은 프랑스 사회주의자 피에르 푸르동과 공동으로 신문 《민중의 소리》를 발간하는 작업에 착수했다. 그 후 런던에서는 개인 인쇄소를 설립하여 반정부적 전단지, 소책자, 서적을 출판했으며, 그 결과 유명한 문예작품집 《북극의 별》과 최초의 러시아 혁명 신문 《종》(1857~1867)을 간행하여 당시의 정치 뉴스를 날카롭고도 비판적으로 논평했다.

《종》의 발행 부수는 2천5백 부였는데 그 중 일부는 매우 어렵게 러시아로 유입되어 엄청난 관심과 공포심을 불러일으켰으며 심지어 '궁전'에서도 읽혔다. 알렉산드르 2세는 종종 자신의 측근들에게 "자네, 8호를 읽었는가? 10호는 읽었는가?"라고 물어보았는데 그때마다 질문을 받는 사람들은 당연히 《종》에 관한 질문이라고 생각했다. 그것은 러시아 반동문학의 획기적인 돌풍이었다.

유럽에서의 코스모폴리탄적 삶은 게르첸뿐만 아니라 그의 아내 나탈리아도 변화시켰고, 결국 두 사람의 가정 생활을 고통스러운 드라마로 만들어 버렸다.

다른 가정에서라면 그런 드라마는 개인적인 일로 치부되었겠지만 게르첸에게 있어 그 드라마는 그의 주요 작품《과거와 사색》을 집필하는 데 커다란 영감을 주었고 러시아 회고문학의 걸작을 탄생시켰다.

게르첸과 그의 아내는 사촌지간이었다. 게르첸과 마찬가지로 그의 아내 또한 사생아였고 부유한 숙모의 손에서 양육되었다. 그로 인해 그녀는 가슴 속에 커다란 콤플렉스를 안고 성장할 수밖에 없었다. 그녀는 자신이 학대와 천대를 받았다고 생각했고 또한 제대로 된 교육을 받지 못했다고 생각했다. 그녀는 아름답고 영리했다. 그녀는 세상을 놀라게 하는 것이야말로 자신의 소명이라고 생각했다.

"⋯⋯. 내게는 종이 한 뭉치도, 연필 한 자루도 주어지지 않았다. 다른 세상으로 탈출하고 싶은 열망은 더욱 더 무르익었고, 동시에 나의 감옥과 그 잔인한 시절에 대한 혐오감은 커져만 갔다."

게르첸과 결혼한 후 남편과 그의 친구들은 나탈리야를 낭만적으로 받들어 모셨다. 그들은 그녀의 모든 행동이 결점 없는 완벽한 것이라고 확신시키려고 했다. 게르첸의 한 친구는 많은 사람들 앞에서 이런 이야기를 되풀이하곤 했다.

"자네는 아내에 비하면 하찮은 인간에 불과해."

나탈리야는 19세기 중반 유럽에서 유행했던 '가냘프고 왜소하며 자신에게 침잠된 금식하는 소녀'의 유형이었다. 그와 같은 형상을 통해 당시 많은 사람들은 비범하고 영적인 힘을 얻었던 것이다.

그녀는 친구들에게 조용하고 나긋나긋한 목소리로 '여성의 고귀한 소명'에 대해 이야기하곤 했는데, 그때마다 친구들은 몹시 짜증을 냈다고 한다.

게르첸이 유산을 상속받은 후에 그를 유럽으로 이끈 사람은 바로 그의 아내였다. 집안 모임에서는 사려 깊고 조용하고

게르첸의 아내

낭만적인 숙녀의 모습이었던 나탈리야 게르첸은 파리로 가서 '화려한 여행가'가 되었다.

게르첸 부부의 새로운 숭배자들 중에서 주목할 만한 인물은 독일 이민자이자 시인이었던 게오르크 게르베르크 부부였다. 게르베르크는 열정적인 정치시와 칼럼으로 칼 맑스의 칭찬을 받으면서 명성을 얻기 시작했다. 위대한 하인리히 하이네(겐리흐 가이네)는 게르베르크에게 혁명의 '강철 종달새'라는 별명을 지어 주었다. 게르베르크는 가무잡잡한 얼굴에 불꽃처럼 이글거리는 눈동자, 부드럽고 긴 머리카락, 비단결 같은 구레나룻을 지닌 너무나도 매력적인 사람이었다.

처음에 게르첸 부부와 게르베르크 부부 사이의 관계는 이상적이었다. 남자들은 서로를 '나의 분신', '나의 쌍둥이 형제'라고 불렀고, 여자들은 공동 생활이 가능한지에 대해 상의를 했다. 그리고 그들 모두를 감동시켰던 루소와 조르주 상드의 작품을 다시 읽으며 열띤 토론을 벌이기도 했다.

게르베르크와 나탈리야가 내연 관계를 맺으면서부터 그들의 화목한 생활은 막을 내렸지만, 그럼에도 불구하고 나탈리야는 게르첸을 떠나려 하지 않았다.

안넨코프에 따르면 나탈리야 게르첸은 부르주아적 미덕에 혐오감을 느꼈지만, 그런 상황이 어떤 식으로든 해결될 것이고 또 그들 모두가 가족 관계의 새로운 모델을 만들 수 있을 것이라고 생각했다(일부 연구자들의 견해에 따르면 그것은 양성애를 토대로 한 가족 관계였다고 한다). 그녀는 '언젠가는 우리의 사랑에 감동 받은 사람들이 예수 그리스도의 부활 앞에 무릎을 꿇듯이 우리의 가족 모델 앞에 엎드리게 될 것이다'라고 생각했다.

하지만 진보주의자였던 게르첸조차도 이론적으로는 모든 여성의 자유 연애를 흔쾌히 인정했지만, 자신의 개인 생활에 실험적으로 적용하는 것만큼은 거부했다. 게르첸의 이중적 태도를 풍자적으로 묘사한 사람은 도스토옙스키였다.

"그는 기성 사회의 근간을 거부하고 가족제도를 부정했지만 좋은 남편이자 아버지였던 것으로 보인다. 소유를 거부했지만, 기대감에 충만해 자신의 사업을 성공적으로 일궈 나갔고 외국에서의 풍족한 삶에 만족감을 느꼈다. 그는 타인들에게 혁명을 선동하고 고무했지만 이와 동시에 가정의 평화도 소중히 여겼다."

이 경우에 도스토옙스키가 전적으로 옳다고 말할 수도 없고 또 전적으로 틀렸다고 말할 수도 없다. 게르첸을 일관성 없고 가식적인 사람이라고 비난하기는 쉽다. 그러나 게르첸이 아내와 주고받은 편지와 일기를 보면 그가 새로운 생활 방식의 가능성을 얼마나 확신했는지 그리고 그들의 '사랑의 나룻배'가 암초에 부딪쳐 난파되었을 때 얼마나 절망하고 힘들어했는지를 알 수 있다('난파된 나룻배'의 형상은 훗날 유사한 상황에 처하게 되는 블라디미르 마야콥스키에 의해 인용되었다).

처음에 게르첸과 게르베르크는 자신들의 연적(戀敵) 관계를 결투로 해결하려고 했다. 그러나 게르첸은 사건의 전말을 공론화하기로 계획을 바꿨다. 그가 '민주주의의 장군들'이라고 불렀던 쥘 미쉴레, 피에르 푸르동과 그 주변 사람들 그리고 여성 관련 분야의 최고 권위자였던 위대한 조르주 상드 등 유럽인들이 직접 심판하도록 하기 위해서였다.

그러나 전 유럽적 스캔들 외에는 아무것도 얻은 것이 없었다. 게르첸이 추대한 '민주주의의 장군들'은 명예 법정에 참석하기를 거부했고, 게르첸으로부터 모든 사실을 전해들은 작곡가 리하르트 바그너마저 게르베르크를 지지하고 나섰다. 정치적으로나 개인적으로 게르첸과 사이가 나빴던 칼 맑스는 "게르베르크는 게르첸의 머리에 뿔을 달았을 뿐만 아니라[16] 그에게서 8만 프랑을 쥐어 짜냈다"며 조소와 야유를 보냈다.

그 무렵 비운의 나탈리야 게르첸은 남편에게 생의 마지막 날까지 치유될 수 없는 깊은 상처를 남긴 채 세상을 떠나고 말았다. 그렇지만 게르첸은 젊은 시절부터 '개인성의 무한한 가치'에 대해, 특히 자신의 개인성에 대해 확신했기 때문에 현대 유럽 문화의 총체적 난관 속에서 자신에게 일어난 불행한 사건을 즉시 기록하기 시작했다.

"공적인 것과 사적인 것, 유럽 혁명과 가정의 평화, 세계의 자유와 개인의 자유, 그 모든 것이 무너져 버렸다."

---

16) 외도하는 아내, 바람둥이 아내를 둔 사람을 일컬어 '그의 머리에 뿔이 달렸다'라고 하는 러시아어 관용구.

이런 원대한 신념은 게르첸의 혁신적 비망록《과거와 사색》의 도화선이 되었다. 아내가 죽고 난 후 그는 가정의 비극적 고백사를 집필하기 시작했다. 15년간의 집필 작업을 마친 그는 "이제 한 인간의 전기가 완성되었다"라고 자평했다.

"질투, 성실, 배반 그리고 순수. 어두운 힘과 협박의 언어로 인해 눈물의 강, 피의 강이 생겨나고 말았다. 이 표현들은 마치 심문과 고문, 전염병에 대한 기억처럼 우리를 몸서리치게 만들었다. 마치 데모클라스의 칼 아래에 놓인 듯 위기에 빠진 가정은 가까스로 유지되고 있었다."

《과거와 사색》은 특이하면서도 간간이 자극적인 구석이 있었지만 더할 나위 없이 매력적인 작품이었다. 작가 고유의 반어법으로 채색된 적확한 서술, 역사적 사건의 생생한 기술, 자연에 대한 섬세한 묘사, 격정적이고 철학적인 정치적 삽입구들이 오묘하게 조합되어 있었다. 작가는 독자와 대화를 나누었고 독자는 게르첸의 열정적이고 풍자적이며 비극적인 목소리를 생생하게 들을 수 있었다.

게르첸은 편지와 일기 중 일부를 발췌해서《과거와 사색》에 포함시켰지만 그 자료들은 원본 형태가 아니라 내러티브에 맞추어 재편집한 것이었다. 그리고 그는 역사적 사실을 자유롭게 다루면서 그에 필요한 장면을 적절히 배치했다. 게르첸은 자신의 비망록을 '역사서'가 아닌 '역사의 궤도에 우연히 올라탄 한 인간의 내면사'라고 평가했다.

물론 이 '우연히'라는 단어는 게르첸이 애교로 사용한 표현이었다. 《과거와 사색》에서 게르첸은 초인적인 노력을 기울이며 정치사와 문학사로 자신을 견인했고 다양한 인물들을 묘사했다. 게르첸이 증오한 니콜라이 1세는 '머리가 벗겨지고 콧수염이 난 메두사'의 형상으로, 황태자(훗날 알렉산드르 2세)는 좀 더 우호적인 모습으로 묘사했다.

"황태자의 모습은 편협하고 엄격하고 차갑고 냉정하고 잔인한 아버지의 모습과는 달랐다. 그의 성격은 오히려 선량하고 무력했다. 듣는 사람이 기절초풍할 정도로 겁을 주는 아비와 달리 그가 내게 건넨 몇 마디 말은 참으로 다정했다."

게르첸은 영국 이민자들의 삶에 대해서도 냉철하면서도 가슴 아프게 바라보았다.

"이 세상의 어떤 도시도 런던처럼 인간을 타인으로부터 고립시키고 더욱 고독하게 만드는 도시는 없을 것이다. 영국인은 다른 일을 처리할 때처럼 외국인과 교류할 때에도 변덕쟁이들이다. 그들은 이민자들을 대할 때 마치 코미디언이나 곡예사를 대하듯 잠시도 가만히 두지 않았고 또 그들에 대한 우월감이나 혐오감을 숨기지도 않았다."

《과거와 사색》에서 게르첸은 "미국에 민주주의가 뿌리를 내린다면 사람들은 민주주의로 인해 더 행복해지지는 않겠지만 그래도 조금 더 만족하기는 할 것이다. 그러나 그 만족이라는 것도 유럽의 낭만주의적 이상에 비하면 초라하고 열등하고 건조한 것에 불과하겠지만 어쨌든 거기에는 차르와 중앙 집권은 물론 굶주림도 없을 것이다"라고 예언했다.

그러나 《과거와 사색》의 핵심을 차지한 것은 게르첸과 나탈리야의 사랑 이야기에 대한 정열적이고 섬세하고 솔직한 묘사였다("가련한 수난자여! 그녀를 무한히 사랑하면서도, 나 또한 그녀를 살해하는 데 동참했구나!"). 그것은 단순히 두 연적이 충돌한 결과가 아니라 반동주의와 진보주의라는 세계적 경향의 대립을 그린 드라마였다.

"나의 가정은 세계 역사의 두 바퀴가 맞물리는 순간 짓밟혀 버리고 말았다. 인생은 나를 속였고, 역사는 나를 기만했다."

주목해야 할 것은 게르첸의 가정적 불행이 아내의 죽음으로 끝난 것이 아니었다는 점이다. 그로부터 5년이 지난 1857년에 게르첸은 자신의 절친이던 시인 니콜라이 오가레프의 아내에게 매료되어 새로운 삼각관계에 휘말리고 말았다. 다소 미온적인 태도를 보이던 오가레프는 처음에는 "나는 세 사람이 하나의 사랑으로 결합할 수 있다는 것을 믿었고, 이제 그 가능성을 믿고 있다네"라며 게르첸에게 편지를 보냈고, 결국 자기 아내를 게르첸에게 양보하고 말았다.

하지만 두 사람의 새로운 결합은 게르첸에게 행복을 안겨 주기는커녕 오히려 끊임없는 갈등과 배신의 스캔들 그리고 자녀들로 인한 충돌을 불러일으켰다. 그러나 게르첸은 《과거와 사색》과 유사한 그 이야기를 책으로 담아 내지 못한 채 1870년 파리에서 정치적 이방인으로서 생을 마감하고 말았다(당시 그의 나이는 58세였다).

그의 비극적 가정사에 대한 '참회'는 비록 《과거와 사색》의 핵심이기는 했지만 세 개의 단편을 제외하고는 게르첸 생존 시에 출판되지 못했다. 은밀한 생활에 대한 자기 분석은 그와 주변 사람들에게는 너무나도 노골적이고 충격적인 것이었다. 게르첸이 죽고 6년이 지난 후 게르첸의 딸로부터 작품의 필사본을 넘겨받은 투르게네프는 몹시 흥분했다.

"이 모든 것은 열정과 피눈물로 쓴 것이다. 게르첸의 참회는 지금까지도 내 마음속에 특별한 전율을 불러일으킨다."

그러나 계몽적 서구주의자였던 투르게네프도 단호한 결정을 내렸다.

"비록 한 사람의 독자로서는 유감스럽지만 나는 책의 출판에 반대하는 바이다."

결과적으로 이 작품은 게르첸 사후 50년이 지난 1919~1920년에 이르러서야 전체 텍스트가 출판되었다. 그러나 혁명 후의 열기로 인해 게르첸의 서정적인 고백은 특별한 감흥을 불러일으키지 못했고, 결국 많은 이들에게 고루한 것으로 받아들여지고 말았다.

열렬한 게르첸 숭배자였던 레프 톨스토이는 게르첸 산문의 불행한 운명을 몹시 안타까워했다. 톨스토이에 따르면 게르첸의 산문이 당대에 출판되지 못했던 것은 러시아 문학의 모든 사조가 왜곡되어 있었기 때문이었다. 톨스토이는 러시아 사회 생활의 한복판에 직접 뛰어들었고 그에 대한 특별한 감각을 지니고 있었다.

1875년 보수 잡지 《러시아 통보》에 장편 소설 《안나 카레니나》가 연재되면서부터 톨스토이는 부정적인 평가를 받기 시작했다(그가 자유주의 잡지 《현대인》과 협력하게 된 것은 더 나중의 일이다). 톨스토이의 새로운 작품은 투르게네프를 격분시켰다.

"톨스토이의 재능이 상류 사회의 거대한 늪에 빠져 허우적거리며 표류하고 있군. 이따위 부질없는 것들을 가감없이 다루지 않고, 오히려 열정적으로 진지하게 다루다니 이 무슨 터무니없는 짓인가!"

자유주의자 네크라소프는 《안나 카레니나》를 겨냥해 짧은 풍자시를 썼다.

톨스토이, 너는 재능과 끈기로 증명해 보였군
여자가 아내이거나 어머니라면,
어떤 시종보와도, 어떤 시종무관과도
바람을 피워서는 안 된다는 것을.

영향력 있는 비평가 스카비체프스키는 "톨스토이의 새 장편 소설이 모든 이에게 혐오감을 불러일으키는 이유는 사랑이라는 미명 아래 '노골적이고 동물적인 감각'을 묘사했기 때문이다. 안나 카레니나와 그의 정인(情人) 브론스키의 관계 속에서는 '억제되지 않는 욕망' 외에는 아무 것도 발견할 수가 없다"라고 지적했다.

그러나 가장 치명적인 것은 자유주의자들의 우상이던 풍자 작가 살티코프−쉐드린의 평가였다. 그가 《안나 카레니나》를 '성생활의 향상에 관한 소설'이라고 거침없이 평가한 내용은 입에서 입으로 널리 퍼졌다. 그리고 살티코프−쉐드린은 친구에게 보내는 편지에서 다음과 같이 밝혔다.

"내가 보기에 이 작품은 비열하고 비도덕적인 작품이오. 그리고 이 모든 것의 배후에는 자신만만한 보수파가 숨어 있소. 톨스토이의 어리석은 소설에 어떠한 정치적 기치를 내걸 수 있을지 상상이나 할 수 있겠소?"

보수 세력의 '정치적 기치'가 되어 버린 톨스토이의 소설, 그 소설에 대한 비판을 통해 우리는 《안나 카레니나》가 당시의 자유주의자들을 얼마나 격분케 했을지 가히 짐작할 수 있다. 사건의 본질을 좀 더 잘 이해하기 위해서는 당대 러시아의 사회 상황에 대해, 특히 여성 문제에 대해 살펴볼 필요가 있다.

동시대인들의 회고에 따르면 알렉산드르 2세는 '박식한 여성들'을 증오했는데 이는 그 여성들에게서 잠재적이고 실질적인 여성 혁명가의 모습을 보았기 때문이었다. 이것은 당시의 고관들도 전적으로 공감하는 부분이었다. 자유주의 언론과 사회 여론은 여성들에게 고등교육의 길을 열어주려고 노력했다. 하지만 정부는 이를 경계하며 여성들에게 다가서지도 않았고 또 지나치게 반동적으로 비춰지는 것도 바라지 않았다.

1837년, 교육부 장관과 내무부 장관 그리고 헌병대장이 속한 특별위원회는 알렉산드르 2세에게 여성 교육과 여성 문제에 대한 보고서를 제출했다. 위원회는 "여성 교육과 여성 문제라는 미명 아래 전제주의의 원수들이 유토피아적이고 혁명적인 성격의 요구 사항들을 관철시키려 하고 있다. 그들은 여성의 권리와 남성의 권리가 동등해져야 한다고 주장하고 또한 여성들의 정치 참여와 자유 연애를 주장함으로써 가정의 근간을 흔들고 극단적인 타락을 정당화시키고 있다"라고 보고했다.

보고서를 승인한 알렉산드르 2세와 보고서 작성자들에게는 여성들의 성적·정치적 급진주의는 동전의 양면처럼 혐오감과 두려움을 동시에 불러일으켰다. 당시 저명한 보수주의 저널리스트로 활약했던 블라디미르 메세르스키 대공은 페테르부르그의 이름난 동성애자였다. 그는 "사실대로 말하자면, 가장 광신적이고 가장 추한 진보적 처녀들이 커트 머리에 파란 안경을 쓰고 남성들의 재킷을 입은 채 고등교육을 받으려고 기를 쓰고 있지만 그들에게 교육이란 연막에 불과할 뿐 그들의 진정한 목표는 정치 혁명, 사회 혁명이다"라고 말했다.

바로 이것이 보수 진영에서 《안나 카레니나》를 비난한 이유였다(《안나 카레니나》는 최상류 귀족 사회의 연애 사건, 성적 독립성을 갈구하는 여주인공이 사회의 지탄을 받고 기차에 몸을 던진다는 스토리였다).

한 우익 비평가는 이렇게 설명했다.

"《안나 카레니나》를 읽으면 당신은 천박함과 불결함으로부터 벗어날 수 있고 또 선술집, 병원, 감옥의 퀴퀴한 냄새를 맡지 않아도 된다. 그리고 귀족들이 드나드는 살롱과 부인의 내실, 유행하는 레스토랑이나 경마가 묘사되는 고급 예술 문학을 맛볼 수 있다."

좌익 진영에서는 톨스토이가 평범한 사람들, 또는 예컨대, 대학생들을 묘사하지 않는 것에 대해 격분하며 대응했다.

"톨스토이에게는 이상(理想)이 없다. 그것이 유감스러울 뿐이다! 그는 암소가 진보적 여성보다 더 가치 있는 존재라고 여긴다."

톨스토이에 대한 자유주의 진영의 평가에 대해 극단적 보수주의자였던 시인 페트는 악의적으로 반박했다.

"왜냐하면 암소는 완성된 종이지만, 당신들이 말하는 진보적 여성이란 도무지 이해할 수 없는 존재이기 때문이다."

톨스토이는 《안나 카레니나》 서문에 "복수는 나의 것이니, 내가 갚아 주리라"라는 성서 구절을 인용했다. 전체 구절은 다음과 같다.

"사랑하는 여러분, 스스로 복수할 생각을 하지 말고 하느님의 진노에 맡기십시오. 왜냐하면 성서에 기록되어 있는 것처럼, 주님께서는 '복수는 나의 것이니, 내가 갚아 주리라'라고 말씀하시기 때문입니다." 이 서문을 놓고 곧바로 열띤 논쟁이 벌어졌고, 그 논쟁은 오늘날까지도 계속되고 있다.

실제로 《안나 카레니나》의 맥락에서 그 말이 의미하는 바는 무엇일까? 남편을 배반한 안나가 죄인이고 또 마땅히 신의 응징을 받아야만 하는 것일까? 아니면 그녀에게는 죄가 없고 또 그녀를 심판하는 것은 인간의 소관이 아닌 것일까?

달리 말하면, 톨스토이는 안나를 동정했던 것일까? 아니면 원조 페미니스트였던 안나 아흐마토바가 분개하며 지적했던 것처럼, '쓰레기 같은 늙은이' 톨스토이는 만일 한 여성이 법적인 남편 외의 다른 남자와 관계를 맺으면 그 여자는 창녀가 될 수밖에 없다고 확신했던 것일까?

톨스토이 자신은 소설에 대한 직접적인 논평을 피했다.

"내가 표현하려고 했던 것들을 최대한 생략해서 다시 쓴다 해도 지금 이 소설과 똑같은 소설이 나올 것이다."

그러나 톨스토이의 필사본을 통해 작가의 의식이 어느 방향으로 흘러 갔는지는 확인할 수 있다.

위의 서문을 통해 짐작할 수 있는 것은 톨스토이가 철학자 쇼펜하우어의 논문 〈의지와 표상으로서의 세계〉를 읽고 그 영향을 받았다는 것이다. 그 무렵 톨스토이는 당시 물의를 일으켰던 알렉산드르 뒤마─피스의 〈남과 여〉라는 여성 차별적 소논문에 대해 비평을 쓰기도 했다. 뒤마는 다음과 같은 의문을 제기했다.

"부정한 아내를 어떻게 할 것인가? 용서할 것인가? 쫓아낼 것인가? 아니면 죽일 것인가?"

도덕성이 강한 뒤마는 "부정한 아내는 죽여 버려야 한다"고 주장했다. 반면에 평소 반(反)페미니스트적 사상을 견지하면서 '여자의 유일한 소명은 아이를 낳아 잘 기르는 것'이라고 생각했던 톨스토이는 이 경우만큼은 예외적으로 '자비를 베풀어 신의 처벌에 맡기자'는 쪽으로 기울었다.

이 문제에 관한 톨스토이의 관점은 시간이 흐르면서 뚜렷한 변화를 보이게 된다. 남녀의 성관계를 다룬 그의 작품 중 가장 센세이셔널한 것으로는 《크로이체르 소나타》(1889)를 들 수 있다. 여기서 남자 주인공은, 자기 아내와 함께 베토벤의 크로이체르 소나타를 이중주로 연주하는 바이올리니스트가 아내와 불륜을 저지르고 있을 것이라 판단하고 아내를 살해한다. 하지만 이보다 더 끔찍한 상황은 법정이 그에게 무죄를 선고한다는 사실이다.

《크로이체르 소나타》의 남자 주인공이 밝힌 살해 동기는 다음과 같다.

"현대 사회의 여성들은 인간에게 '끔찍한 권력'을 휘두르고 있다. 여성들은 마치 여제라도 되는 것처럼 인류의 90%에게 굴종과 중노동을 강요하고 있다. 멸시당하고 권리를 빼앗긴 여성들이 성욕을 미끼로 남성들을 유혹하여 잔인한 복수를 하고 있는 것이다."

톨스토이에 따르면 이토록 치욕적이고 비도덕적인 '성욕의 속박'으로부터 벗어날 수 있는 유일한 방법은 오직 금욕 생활뿐이다. 아흐마토바는 후기 톨스토이의 '고정 관념'에 대해 직설적인 언급을 서슴지 않았다.

"야스나야 폴랴나 영지 안에 틀어박혀 있던 말년의 톨스토이는 더 이상 시골 처녀들에게서 성욕을 느낄 수가 없었다. 따라서 그는 다른 모든 사람들에게도 성생활을 금지시키기로 결정했던 것이다."

하지만 아흐마토바의 주장은 옳지 않았다. 《크로이체르 소나타》를 썼을 때 톨스토이의 나이는 50대였다. 하지만 그의 비망록 어디에서도 성욕에 문제가 있었다는 대목은 찾아볼 수가 없다. 사실 《크로이체르 소나타》가 구현하고 있는 철학은 좀 더 복잡한 것이다. 《크로이체르 소나타》에는 "인간의 욕망, 그 중에서도 가장 강력하고 가장 마지막까지 남아 있는 육욕이 사라진다면, 마침내 예언이 실현되고 인류가 하나로 화합하게 될 것이다. 그리고 인류의 목적이 달성되어 더 이상 인간이 존재할 이유가 없어지게 될 것이다"라는 부처의 사상이 담겨 있다.

그러나 톨스토이의 비망록을 통해 분명히 알 수 있는 사실은 비록 아흐마토바의 주장에 상반되는 것이긴 하지만 어쨌든 자전적 속성을 갖는 심리적 경험이 《크로이체르 소나타》에 대한 창작 욕구를 자극하는 계기가 되었다는 점이다.

톨스토이는 이미 오래전부터 아내 소피아와의 잔인한 심리전을 이어가고 있었다. 소피아는 강한 여성이었다. 그리고 그녀는 가정의 폭군이자 독재자였던 남편과의 의견 대립 속에서 자신의 입장을 고수하려고 애썼다.

1862년 결혼할 당시 톨스토이의 나이는 54세였고, 소피아의 나이는 18세였다. 그 후 30년 동안 소피아는 무려 열세 명의 아이들을 낳았다. 대충 계산하더라도 임신 기간이 10여 년 그리고 육아와 가사에 바친 시간이 13년이 넘는다. 어디 그뿐이겠는가?《전쟁과 평화》,《안나 카레니나》등 수많은 작품을 여덟 번에서 열 번 그리고 심한 경우에는 스무 번까지도 베껴 썼다.

소피아는 자신이 아이를 낳아 키우는 기계가 아니라는 것을 보여주고 싶었다(사실 그녀는 아이를 낳아 키우는 일뿐만 아니라 가정부, 비서, 서

톨스토이와 그의 아내 소피아

기, 문학 대리인의 역할도 함께 해야 했다). 두 사람 사이에는 스캔들과 말다툼이 끊이지 않았다. 그리고 그것은 늘 아내의 히스테리와 신경 발작으로 끝을 맺었다. 분노가 치민 톨스토이는 종종 "아내와의 불화가 극에 달했다"라고 일기에 적었다. 두 사람 모두 집을 나가겠다고 큰소리쳤지만 이혼으로는 이어지지 않았다. 하지만 소피아는 신앙인으로서 가장 큰 죄악이라고 할 수 있는 자살에 대해 여러 차례 언급한 바 있다.

싸움에서 승리를 거두는 사람은 톨스토이였다. 하지만 딱 한 가지, 성 관계에 관한 문제에서는 소피아를 당할 수 없었다. 여느 남자들과 마찬가지로 젊은 시절의 톨스토이 역시 주색을 밝히는 남자였다. 말년에 그는 막심 고리키에게 이렇게 고백했다. "나는 지치지 않는 …… 였다네" (이 문장의 끝 부분에는 남자들의 비속어가 사용되었다).

고리키는 "비록 톨스토이가 호색에 빠져 살기는 했지만 그럼에도 불구하고 그의 아내는 거의 반세기 동안 그의 유일한 여성이었다"라고 말했다. 게다가 동시대인들의 증언에 따르면 소피아는 에너지가 넘치고 몸놀림이 재빠른 여자였고 발걸음이 가볍고 젊음이 넘치는 여자였다고 한다. 톨스토이가 《크로이체르 소나타》를 집필할 무렵 소피아의 나이는 40대 초반이었다. 하지만 톨스토이의 딸이 기억하는 것처럼, 활기찬 그녀의 얼굴에서는 작은 주름 하나 찾아볼 수 없었다.

소피아는 파우더도 바르지 않을 만큼 화장과는 거리가 먼 여자였다. 하지만 그녀는 늘 당당하고 우아했고 늘 차분하고 자신만만했다. 대화를 할 때 그녀는 자신의 젊음을 부각시키면서 톨스토이의 나이를 강조했다. 성을 무기로 삼아 남편을 자극하려 했던 것이다.

한 기록에 따르면 한번은 톨스토이가 아내를 자기 방으로 불렀다고 한다. "아내는 내게 상처를 주려고 약을 올리며 거절했다. 나는 밤새 한숨도 잘 수가 없었다." 소피아가 두 사람의 부부 관계를 '미끼와 장난감'으로 삼은 것에 톨스토이는 격분했다. 《크로이체르 소나타》는 당시 톨스토이의 다른 작품들과 마찬가지로 '변덕과 섹스가 지닌 모욕적 권력'을 주제로 하고 있다. 《악마》와 《세르게이 신부》는 아내에 대한 그의 복수이자 엑소시즘적 의식이었다.

《크로이체르 소나타》는 당대 최고의 작가가 쓴 작품인 동시에 커다란 사회적 사건이었다. 서구 사회에서 그랬던 것처럼 러시아 사회에서도 '성과 가족 관계'라는 문제는 사회적 논쟁 거리를 노리는 언론들에게 좋은 먹잇감이 되었다(보수주의 세력과 자유주의 세력이 이 문제를 놓고 열띤 논쟁을 벌이기 시작했다).

《크로이체르 소나타》는 곧바로 유럽 주요 언어들로 번역되었고 톨스토이 작품 중에서 가장 인기 있는 작품으로 각광을 받았다. 러시아에서는 검열로 인해 출판이 중단되었지만, 그럼에도 불구하고 1,000부가 넘는 필사본이 전국으로 퍼져 나가 사람들의 입에서 회자되고 열띤 토론의 대상이 되었다. 당시의 사람들은 자신의 개인적 근심을 모두 잊은 채 톨스토이의 작품 세계에 빠져들었다. 아마 그 어떠한 정치적 사건도 그의 작품만큼 큰 영향력을 발휘하지는 못했을 것이다.

한편 의사(擬似)사회주의 코뮌에서 생활하면서 악에 대한 무저항과 도덕적 자기 완성을 실현하고자 했던 '톨스토이주의자들' 사이에서는 특별하고 열광적인 논쟁이 일어났다.

그 코뮌에서 《크로이체르 소나타》를 읽고 토론을 벌인 아가씨들은 "결혼 따위는 하지 않을 것이다. 만약 결혼을 강요당한다면 차라리 강물에 뛰어들고 말겠다"라고 다짐했다. 또한 톨스토이를 추종하던 젊은이들이 《크로이체르 소나타》를 읽은 후 결혼의 유혹에 빠지지 않기 위해 스스로 거세를 했다는 것은 널리 알려져 있는 사실이다.

하지만 《크로이체르 소나타》의 성공은 톨스토이의 아내에게 깊은 상처를 남기고 말았다. '결혼과 섹스'라는 문제를 놓고 남자 주인공과 그의 아내가 언쟁을 벌이는 대목에서 세상 사람들은 분명 '작가 자신의 상황'이 작품에 반영된 것이라고 여길 것이기 때문이다. 그녀의 우려는 전혀 근거 없는 것이 아니었다. 왜냐하면 《크로이체르 소나타》를 읽은 알렉산드르 3세가 "나는 그의 불쌍한 아내가 너무나도 안쓰럽네!"라고 말했다는 소식을 소피아가 전해 들었기 때문이다.

그때 톨스토이의 아내에게 멋진 생각 하나가 떠올랐다. 그것은 바로 알렉산드르 3세를 직접 찾아가 《크로이체르 소나타》가 러시아에서 출판될 수 있도록 해 달라고 부탁하는 것이었다. 만약 그렇게만 된다면 러시아의 모든 지식인들이 자신에 대한 이야기를 하게 될 것이고, 그러면 자신이 희생양이 아니라는 것을 모든 사람들이 알게 될 것이라고 생각했던 것이다.

그녀의 예상은 멋지게 들어맞았다. 알렉산드르 3세는 소피아와 담소를 나눈 후 《크로이체르 소나타》에 대한 정식 출판을 지시했다. 그 후 소피아는 "나는 한 사람의 여성으로서 그 누구도 할 수 없는 일을 황제에게 요청했다. 그것은 내 자부심을 키우는 자양분이 되었고 나를 존중하기는 커녕 늘 깎아 내리기 바쁜 남편에 대한 복수가 되었다"라고 말했다.

그녀를 특히 기쁘게 했던 것은 알렉산드르 3세가 47세의 소피아를 보고 "여전히 젊고 아름답군요"라고 말했다는 사실이다. 이러한 상황은 병적일 만큼 질투심이 많았던 톨스토이를 심하게 도발할 수밖에 없었을 것이다. 황제와 특별한 만남을 가졌다는 아내의 말에 톨스토이는 적개심을 불태우며 "예전에는 황제와 내가 서로 무관심한 사이였지만, 이제부터는 서로에게 상처를 입히는 사이가 되겠구먼"이라고 중얼거렸다.

톨스토이의 끝없는 질투심은 결국 가정을 파탄에 이르게 만들었다. 그 것은 '삶이 예술을 닮아 갈 때가 있다'는 것을 보여주는 전형적인 예가 되었다. 《크로이체르 소나타》의 주인공처럼 톨스토이는 위대한 작곡가이자 피아니스트였던 세르게이 타녜예프와 자신의 아내 소피아의 관계를 질투했다.

신고전주의자 타녜예프는 자기 자신이 브람스의 음악을 증오했음에도 불구하고 종종 '러시아의 브람스'로 불렸다. 1893년, 스승이자 우상이었던 차이콥스키가 세상을 떠난 후 타녜예프는 모스크바 음악의 지도자가 되었다. 작곡가로서 타녜예프는 늘 독보적인 존재였다. 그는 팔레스트린, 올란도 라소와 같은 거장들의 섬세한 대위법을 연구하여 자신의 작품에 기술적으로 활용했다. 작품의 클라이맥스는 성서에 관한 두 개의 웅장한 칸타타, 알렉세이 톨스토이의 《요한 다마스킨》과 알렉세이 호마코프의 《시편 낭독》이었다.

타녜예프는 정교 신자가 아니었다. 그래서 그는 1897년 인구 조사 당시 종교를 묻는 설문 항목에 '신을 믿지 않는 이교도'라고 적어 넣었다. 하지만 그 일로 인해 엄청난 재난이 닥칠지도 모른다는 것을 직감하고는 곧바로 '정교'라고 고쳐 적었다. 이때 타녜예프는 정교(православный)라는 단어를 '옳고 영광스러운(право + славный)'이라고 떼어 쓰고는 철자법에 자신이 없다고 변명했다.

자유사상가였던 타녜예프는 로마노프 왕조를 공개적으로 경멸했다. 그는 1881년 알렉산드르 3세 대관식에서 벌어졌던 일을 즐겨 입에 올리곤 했다. 황제가 참석하는 축하 콘서트의 지휘자로 초빙되었을 때, 그는 황제에게 과시라도 하듯 일부러 구멍 난 부츠를 신었다. 그리고 그는 만면에 웃음을 띤 채 "알렉산드르 3세가 하사한 금화를 문지기에게 팁으로 주었다"라고 말했다.

타녜예프는 키가 작고 뚱뚱했으며 근시에 덥수룩한 구레나룻을 가진 괴짜였다. 일례로 그는 값비싼 프랑스 향수를 광적으로 좋아해서 침실 옆 작은 테이블에 수많은 향수병을 모아 두었다. 향수를 사용하지 않았음에도 불구하고 그는 가끔 향수병을 열어 냄새를 맡아 보곤 했다. 그런가 하면 타녜예프는 대단히 진지하고 점잖은 사람이었고 또 공명심이나 이해 타산과는 거리가 먼 사람이었다. 그래서 그는 무보수로 자신의 제자들을 지도해 주었다.

궁핍한 살림에도 불구하고 타녜예프는 독서를 무척 좋아했고 그의 서재는 귀한 책으로 가득 차 있었다. 그가 좋아했던 작가들 중 한 사람이 바로 톨스토이였다. 그는 1890년대 초반부터 톨스토이와 친분을 맺고 있었다. 톨스토이를 숭배했던 비평가 블라디미르 스타소프는 톨스토이가 형편없고 우스꽝스러운 연주가라고 평가했지만 또 다른 몇몇 사람은 톨스토이가 짧고 재미있는 왈츠곡을 작곡할 수 있는 괜찮은 아마추어 피아니스트라고 평가했다. 톨스토이와 친분을 맺은 후 타녜예프는 1895~1896년에 야스나야 폴랴나 영지로 초대되어 여름을 함께 보낼 때 그 곡을 채보했다고 한다.

두 사람 모두 후기 베토벤과 바그너, 리차드 스트라우스와 클로드 드뷔시 같은 '모더니스트들'을 좋아하지 않았다. 또한 톨스토이는 타녜예프가 숭배했던 작곡가 팔레스트린의 작품과 타녜예프의 작품을 매우 냉소적으로 대했다(톨스토이는 타녜예프의 면전에서 거리낌 없이 속내를 털어놓았다). 톨스토이 특유의 솔직함과 직설적인 말투는 점점 부적절함과 무례한 말투로 변해 갔다. 니콜라이 림스키-코르사코프는 위대한 작곡가이자 페테르부르그 음악가들의 수장이었다. 한번은 톨스토이와 림스키-코르사코프가 열띤 논쟁을 벌인 일이 있는데 이때 톨스토이는 자신의 견해에 동의하지 않는 림스키-코르사코프에게 "오늘 직접 대면하여 그 몽매함을 확인하니 매우 흥미롭군요"라고 말했다.

영향력 있는 스타소프도 톨스토이의 무례한 태도를 목격했는데, 그 역시 일방적으로 모욕을 당한 림스키-코르사코프의 편이었지만 그 상황에서는 신중하게 침묵을 지킬 수밖에 없었다. 톨스토이를 누구보다 잘 알고 있었던 스타소프는 톨스토이가 음악에 대해서 아무 것도 모르는 문외한이고 또 무지한 일반론만 설파한다고 보았다. 그러나 톨스토이와 논쟁을 벌인다는 것은 곧 그와 다툴 수 있다는 것을 의미했다. 아무것도 두려워하지 않았던 스타소프가 두려워했던 것은 바로 그 점이었다.

톨스토이의 독설에 충격을 받은 림스키-코르사코프는 그의 입에서 나온 '몽매함'이라는 단어를 뼛속 깊이 새겨 둘 생각을 하다가 이렇게 말했다.

"그 대신 나는 그의 예술론을 더 이상 읽지 않겠다. 그것이 얼마나 많은 헛소리들로 가득 차 있을지 그리고 예술에는 별 관심도 없고 분별력도 없는 요즘 젊은이들에게 얼마나 많은 해악을 끼칠지 가히 짐작할 수 있기 때문이다."

한편 격려의 말을 듣기 위해 찾아온 세르게이 라흐마니노프도 푸대접을 받기는 마찬가지였다. 1897년, 첫 교향곡의 초연이 무산되었을 때 라흐마니노프는 심한 우울증에 빠지고 말았다. 그의 회고에 따르면 당시 사람들이 톨스토이에게 말하기를 "절망에 빠진 한 젊은이가 3년 내내 술만 퍼마시고 있는데 그를 격려해 줄 필요가 있습니다. 그는 재능 있는 음악가입니다"라고 했다.

라흐마니노프는 또 한 사람의 천재 가수 샬랴핀과 함께 톨스토이 앞에 섰다. 두 사람 다 스물여섯 살이었다. 모스크바 작가 회관에 모인 청중과 주빈들 앞에서 샬랴핀과 라흐마니노프는 얼마 전에 완성한 곡 〈운명〉을 연주했다(곡의 가사는 알렉세이 아푸흐친이 썼다).

음울한 느낌을 주는 라흐마니노프의 곡 〈운명〉은 그 유명한 베토벤의 교향곡 〈운명〉에서 영감을 받은 것이었다. 톨스토이가 글을 잘 썼던 것

피아노 앞에 앉은 라흐마니노프

처럼 샬랴핀도 노래를 잘 불렀다. 하지만 라흐마니노프는 톨스토이가 그 작품을 못마땅하게 여긴다는 것을 금방 눈치챌 수 있었다.

라흐마니노프는 톨스토이를 멀리하기 시작했다. 불쾌한 대화를 피하기 위해서였다. 그러나 톨스토이는 그를 붙잡았고 반복 모티브에 대해 비난을 퍼붓기 시작했다. 라흐마니노프가 "그 곡

은 베토벤의 곡에서 따온 것입니다"라고 말하자 톨스토이는 참지 못하고 그의 말을 가로막았다. "그래서 어쩌란 말이오, 베토벤이 무슨 상관이오? 아무튼 형편 없는 곡이오".

훗날 라흐마니노프는 이렇게 말했다.

"내가 충격에 빠진 이유는 톨스토이가 베토벤을 싫어했기 때문도 아니고 또 내가 형편없는 연주를 했기 때문도 아니었다. 내가 충격에 빠진 진짜 이유는 절망에 빠진 젊은이, 위로가 필요한 젊은이를 그토록 잔인하게 대하는 톨스토이의 인간성 때문이었다!"

먼 훗날 라흐마니노프는 톨스토이가 자신을 냉대했던 이유 중 하나가 모스크바 음악대학원에 다니던 시절 자신이 타녜예프를 스승으로 모셨기 때문이라는 사실을 깨닫게 되었다. 그 무렵 톨스토이는 타녜예프와 관계된 모든 것들에 혐오감을 느끼고 있었다. 그리고 자신의 비망록에서 톨스토이는 게으르고 수줍음 많고 순박한 타녜예프를 시골 장닭에 비유했다.

타녜예프가 숫총각이라는 사실과 성에 문외한이라는 사실은 톨스토이를 불안하게 만들었다. 왜냐하면 톨스토이의 아내가 이 괴짜 음악가에게 모성애를 느꼈기 때문이었다. 실제로 그녀는 타녜예프를 몹시 그리워했고 그를 만나기 위해 온갖 수단을 동원했다.

톨스토이의 아내 소피아는 타녜예프에게서 많은 위안을 얻었을 것이다. 그의 고상한 음악이 그녀에게 정신적 안정을 가져다 주었을 뿐만 아니라 잠시나마 난폭한 남편으로부터 벗어날 수 있게 해주었기 때문이다.

매사를 통제하는 데 익숙해져 있던 톨스토이는 그런 상황을 참을 수가 없었다. 그는 밤잠을 설쳐 가며 '뚱뚱보 음악가'와 자기 아내를 떼어 놓으

세르게이 타녜예프

려 했다. 하지만 소피아는 단호히 거부했다. "나는 착하고 훌륭한 사람들을 사랑할 거예요. 하지만 당신은 아니에요. 당신은 짐승이에요." 그러면 톨스토이는 모든 인연을 끊고 가출해 버리겠다고 위협하곤 했다.

이런 일들은 수년 동안 반복되었고 이를 전혀 눈치 채지 못한 타녜예프는 끊임없이 톨스토이의 집을 방문했다. 소피아 또한 모스크바에서 열리는 타녜예프의 콘서트를 끊임없이 드나들었다.

톨스토이를 특히 괴롭혔던 것은 면전에서 비난하는 듯한 타녜예프의 얼굴 표정이었다. 타녜예프는 톨스토이의 '정신적 가르침'을 추종하는 이상적 톨스토이주의자였다. 타녜예프는 검소하고 청렴한 사람이었고 영예나 성공을 추구하지도 않았으며 심지어 술 담배도 하지 않는 채식주의자였다(그가 좋아하는 음식은 양배추 만두와 크바스였다).

타녜예프와는 대조적으로 톨스토이에게는 큰 고민이 하나 있었다. 그것은 바로 자신이 《크로이체르 소나타》에서 "완벽한 독신 생활이야말로 인류의 도덕적 갱생을 위한 해결책이다"라고 주장했음에도 불구하고 정작 자기 자신은 성적 욕망의 포로가 되어 버렸다는 것이었다. 그는 막심 고리키에게 고백하기를 "인간은 지진이나 전염병 또는 질병의 공포를 이겨 내고 또 영혼의 고통까지 견뎌 냅니다. 하지만 인류의 역사를 통틀어 인간에게 가장 고통스러운 비극은 바로 침실의 비극입니다"라고 했다.

그런데 톨스토이보다 서른 살이나 적었던 음악가는 아예 '침실의 비극'이라는 말을 알지 못했다(톨스토이는 "음악가들은 멍청한 인간들이다. 그들은 재능이 뛰어날수록 더 어리석은 행동을 한다"라고 말했다). 타네예프가 성에 철저히 무관심했던 것처럼 톨스토이도 성에 무관심해지려고 안간힘을 써 보았지만 모두가 부질없는 짓이었다. 톨스토이는 자신의 마지막 문학적 선언으로 《크로이체르 소나타》를 세상에 내놓았지만 그 선언은 부메랑이 되어 그의 심리적 안정과 가정 생활을 파괴하고 말았다. 보편적 사고의 소유자로서 황제를 엄중하게 비판했던 톨스토이는 자신의 모습이 너무나도 처량하다는 생각을 하게 되었다. 톨스토이에게 침실은 자신의 목을 자르는 단두대였다. 그 사실을 알고 있는 사람은 오직 톨스토이 자신과 아내뿐이었다. 그러나 톨스토이는 세상 사람들 모두가 그 사실을 알고 있다고 믿었고 이로 인해 거의 미칠 지경에 이르렀다.

11장 – 차이콥스키와 러시아 제국에서의 동성애

레프 톨스토이의 동시대인들이 자주 언급했던 패러독스 중 하나는 그 잔인하고 권위적이었던 사람이 때로는 거의 눈물 범벅이 되고 말았다는 사실이다. 톨스토이에게 특히 큰 영향을 미친 것은 바로 그 '고상한' 음악이었다. 그는 모차르트, 베토벤, 쇼팽을 부정했을 뿐만 아니라 음악의 필요성과 그 존재 가치도 부정했다.

톨스토이의 동시대인들 중에서 위대한 작가의 눈물을 흘리게 한 영광의 작곡가는 표트르 일리치 차이콥스키였다. 1876년 12월, 모스크바 음악대학원에서는 톨스토이를 위한 차이콥스키의 특별 공연이 펼쳐졌다. 차이콥스키의 현악 사중주 1장의 감동적인 안단테를 감상한 톨스토이는 감정에 북받쳐 눈물을 흘리고 말았고 이에 차이콥스키는 기쁨을 감추지 못했다.

차이콥스키와 음악에 관한 이야기를 나누고 싶었던 톨스토이는 여러 차례 차이콥스키를 방문했다. 그리고 톨스토이의 숭배자였던 차이콥스키는 그의 방문이 너무나도 영광스럽고 자랑스러웠다(차이콥스키에게 톨스토이는 거의 신적인 존재였다). 하지만 차이콥스키는 섬세하고 예민한 사람이었다. 결국 차이콥스키에게 있어 톨스토이와의 교류는 다른 여느 교제와 마찬가지로 불편과 고통 이상의 아무것도 아니었다(언젠가 차이콥스키는 자신의 후견인 나제즈다 폰 멕 부인에게 이런 고백을 했다).

강압적이고 직선적인 성격의 톨스토이와 예민하고 사려 깊고 쉽게 상처받는(현대 심리학자들은 이것을 '정신쇠약증'이라 부른다) 차이콥스키를 좀 더 깊이 이해한다면 차후에 전개될 사건의 방향을 예측하는 것은 그리 어려운 일이 아니다.

차이콥스키와 대화를 나누는 자리에서 톨스토이는 베토벤을 헐뜯기 시작했고(그것은 톨스토이의 특기였다), 그로 인해 차이콥스키는 거부감을 느끼며 이렇게 생각했다.

'널리 알려진 천재들에 대해 자신의 몰이해를 바닥까지 드러내는 것이야말로 어리석은 사람들의 특징이다.'

작품 속에서 탁월한 통찰력을 발휘했던 톨스토이는 차이콥스키와의 인간적 교류에서는 그렇게 하지 못했다. 톨스토이는 섬세하고 겸손한 성격의 소유자였던 차이콥스키가 심리적 불편함을 느끼고 있다는 것을 전혀 눈치 채지 못하거나 간과하고 있었다(차이콥스키는 작은 키에 회색 구레나룻을 단정하게 기르고 다녔다). 훗날 톨스토이는 차이콥스키와의 만남에 대해 이렇게 회고했다.

"……. 우리들 사이에는 무언가 있는 것 같았다."

그의 말처럼 두 사람 사이에 무언가 있었다면 그것은 차이콥스키가 느낀 황당함과 혐오감뿐이었을 것이다.

차이콥스키에게 영향력을 행사하고 싶어 했던 톨스토이는 자신이 좋아하는 러시아 민요와 서사시집을 차이콥스키에게 선물로 보냈다(심지어 그는 서사시집에 어울리는 반주곡까지 골라 주었다). 톨스토이는 차이콥스키에게 그 곡들을 편곡해 보라고 권했고 심지어 "무언가 의외의 것을 인위적으로 추구하는 베토벤–슈만–베를리오즈의 방식이 아니라 모차르트–하이든의 방식으로 해야합니다"라며 구체적인 사항까지 조언해 주었다.

달갑지 않은 선물에 대한 차이콥스키의 반응은 충분히 짐작이 가고도 남는다. 고전 음악 전문가로서 자신의 창작 세계를 병적일 정도로 소중히 여겼던 차이콥스키로서는 톨스토이의 어리석은 간섭과 명령이 그야말로 끔찍한 일로 여겨질 수밖에 없었다(비록 위대한 작가이긴 했지만 그래도 음악에서만큼은 설익은 아마추어에 불과했던 톨스토이는 자신의 주장이 반드시 실천에 옮겨져야 한다고 생각했던 것이다). 게다가 톨스토이는 세 명의 또 다른 음악 거장들을 싸잡아 비하하려는 의도를 드러내고 말았다.

차이콥스키의 소심한 성격과 톨스토이에 대한 그의 순수한 존경심을 고려했을 때, 예의 바른 작곡가가 톨스토이에게 보낸 답장은 마치 《예브게니 오네긴》의 오네긴이 타티아나에게 보내는 준엄한 질책과도 같았다. 차이콥스키는 자신이 선물받은 민요(톨스토이는 그것을 '놀라운 보석'이라고 불렀다)가 비록 투박하게 만들어지기는 했지만 그래도 옛날의 고유한 아름다움을 그대로 보존하고 있다고 평가했다. 물론 차이콥스키는 민요를 편곡하라는 톨스토이의 조언을 단호히 거절했다.

거부 의사를 친절로 포장하려 했던 차이콥스키는 톨스토이에게 편지를 보내 두 사람의 만남을 기념할 만한 사진을 보내 달라고 요청했다. 하지만 차이콥스키를 괘씸하게 여긴 톨스토이는 답장을 보내지 않았고, 자신의 팬들에게는 수백 장씩 보내 주던 사진도 차이콥스키에게는 보내지 않았다. 그뿐이 아니었다. 톨스토이는 차이콥스키의 작품을 폄하해 '엉터리 사중주', '가식적 예술'이라 불렀고 1894년, 차이콥스키가 죽은 후에는 그를 '그저 그런 평범한 인물'이라고 평가했다.

이 이야기들을 통해 알 수 있는 것은 위인들의 개인적 인간 관계와 상호 간의 인상이 그들의 예술관에 지대한 영향을 미쳤다는 점이다(역사가들은 종종 이런 사실을 잊어버리곤 한다). 문화란 그런 것이다. 안나 아흐마토바가 날카롭게 지적한 것처럼 작품은 물론이고 예측 불가능한 문화적 사건들조차도 아주 사소한 일에서부터 비롯되는 것이다.

1878년 10월, 야스나야 폴랴나의 톨스토이는 파리의 투르게네프에게 아주 이상한 편지를 보냈다. 이 편지에서 톨스토이는 '정신쇠약증'을 앓고 있다고 호소했다. 톨스토이는 "나를 사로잡고 있는 복잡한 감정, 그 감정의 대부분은 수치심과 공포심이다. 사람들이 나를 비웃고 또 투르게네프도 나를 비웃는 것 같다"라고 썼다. 편지를 끝맺기 전에 톨스토이는 느닷없는 질문을 던졌다.

"차이콥스키의 〈예브게니 오네긴〉이 대체 무엇입니까? 아직 들어보진 못했지만, 매우 흥미롭습니다."

평소 공격적이었던 톨스토이가 자신의 정신쇠약증을 솔직하게 인정하고 또 못마땅하게 여겼던 작곡가의 최신작에 대해 관심을 보였다는 것은 정말이지 이상한 일이 아닐 수 없었다. 우쭐해진 투르게네프는 다음과 같이 답장을 보냈다.

"어떤 작품은 너무 마음에 들고 또 어떤 작품은 전혀 마음에 들지 않습니다. 하지만 귀하의 작품을 비웃은 적은 없습니다. 귀하의 '정신쇠약증'

이 완쾌되기를 바랍니다."

사실 투르게네프는 차이콥스키의 〈예브게니 오네긴〉의 피아노 악보를 러시아에서 이미 받아 보았고 또한 가장 소중한 친구이자 여가수였던 폴리나 비아르도의 노래를 통해 이미 그 곡에 대해 알고 있었다.

"의심할 나위 없이 훌륭한 음악이지요. 특히 서정적 멜로디가 뛰어납니다. 그런데 대사들이 왜 그 모양인지 모르겠습니다. 생각해 보세요. 주인공에 대한 묘사가 주인공 당사자의 입을 통해 이루어지고 있다는 게 말이 됩니까? 가령 렌스키에 대해 묘사한 대목을 보면 '그는 시들어 가는 생명을 노래한다 / 겨우 18세의 나이에'라고 되어 있는데, 오페라의 대사는 '나는 시들어 가는 생명을 노래한다……'라고 되어 있지요. 대부분이 이런 식입니다."

투르게네프의 답장에 대한 톨스토이의 반응은 그가 시인 아파나시 페트에게 보낸 편지 속에 잘 나타나 있다.

"어제 나는 투르게네프로부터 편지를 받았습니다. 그는 정말 불쾌하기 그지없는 시비꾼입니다. 더 이상 가깝게 지내서는 안 될 것 같습니다."

만약 톨스토이가 그런 결심을 했다면 '불쾌한 시비꾼'이 보낸 그 편지는 악명 높은 레테(망각)의 강에 던져졌어야 할 것이다. 하지만 그런 일은 일어나지 않았다. 신기하게도 차이콥스키의 오페라 〈예브게니 오네긴〉에 대한 투르게네프의 비평이 일파만파로 퍼져 나가기 시작했다. 흥미로운 점은 그가 부정적으로 평가했던 일부 대목들만이 모스크바의 문화 서클들 사이에서 큰 인기를 끌었다는 것이다.

투르게네프의 조롱 섞인 비평을 퍼트릴 수 있는 사람은 오직 톨스토이뿐이었다. 그는 사회 여론을 조작하는 데 탁월한 재능을 지닌 사람이었다. 한때 증오심에 불타올랐던 톨스토이의 아내가 톨스토이를 '거미줄에 걸린 파리를 잡아먹는 거미'에 비유한 것도 바로 그런 연유에서였다. 톨스토이는 투르게네프라는 '시비꾼'의 입을 통해 차이콥스키를 깎아 내릴 수 있었다는 사실에 특히 큰 만족감을 느꼈을 것이다.

투르게네프의 신랄한 비평이 삽시간에 퍼질 수 있었던 데에는 다음과 같은 상황이 일조를 했을 것이다. 지금도 마찬가지이지만 당시 러시아 음악은 문학과 달리 주변적인 역할만 하고 있었다. 그런데 갑자기 한 위대한 작가가 조국의 문화 유산인 《예브게니 오네긴》을 토대로 한 새 오페라를 비판하고 나섰다. 그것도 오페라를 작곡한 사람이 그 유명한 니콜라이 루빈슈타인의 지도를 받으며 모스크바 음악대학원 학생들과 리허설을 하고 있을 때 말이다. 정말이지 이것은 사전에 준비된 '문화적' 가십거리였고 살롱과 응접실에서 맛볼 수 있는 최고의 캔디나 다름없었다.

차이콥스키가 푸쉬킨의 시를 얼마나 심하게 왜곡했는지 그리고 오페라 대사 속에 그런 '왜곡'이 실제로 존재하는지에 대해 관심을 가지는 사람은 아무도 없었다. 사실 이 모든 문제는 "차이콥스키가 푸쉬킨을 '거의 그런 식으로' 취급했다"라는 투르게네프의 선언이 나오면서부터 불거지기 시작했다. 투르게네프의 의도치 않은 착오가 톨스토이에 의해 널리 퍼져 나갔고 거기에 그의 엄청난 권위가 더해지면서 차이콥스키 오페라의 명성이 심각하게 훼손되고 말았던 것이다(어쩌면 이것이 톨스토이의 진정한 의도였는지도 모른다).

사건의 전말은 이러했다. 작곡가의 동생 모데스트 차이콥스키는 자신이 1879년 3월 17일의 〈예브게니 오네긴〉 초연에 참석했을 때, 청중이 오페라에 대해 보인 '냉담한 반응'을 직접 목격했다. 그리고 그는 '김빠진 반웅'의 원인이 투르게네프의 경솔하고 부당한 편지에 있다고 보았다. 다시 말하자면, 투르게네프의 편지가 오페라 초연에 대한 반감을 미리 불러일으켰다는 것이다. 그는 이렇게 회상했다.

"원작에 대한 '모독'이라는 단어가 홀 곳곳에서 울려 나왔다. 그 날 나는 여러 차례 그 말을 들어야만 했다."

투르게네프의 비판은 러시아의 뉴스 메이커들에게 실로 강한 인상을 남겼다. 오죽했으면 그로부터 6년이 지난 1884년에 페테르부르그 마린스키 극장에서 〈예브게니 오네긴〉의 초연이 끝났을 때, 당대 최고의 저널리스트였던 알렉세이 수보린이 다시 한 번 악명 높은 투르게네프의 편지를 인용했겠는가! 당시 알렉세이 수보린의 논평이 대중지 《새 시대》에 게재되었고 바로 그 논평에서 투르게네프의 편지가 언급되었다.

차이콥스키는 패닉 상태에 빠졌다. 그는 톨스토이를 모스크바 공연에 초대하는 방법을 써 보기도 했다. 자신의 오페라에는 푸쉬킨 작품에 대한 어떠한 '모독'도 없다는 것을 톨스토이에게 직접 확인시키기 위해서였다. 톨스토이는 차이콥스키의 초대를 무시했고 훗날 작곡가가 죽은 후에야 이 문제를 거론하며 "내가 〈예브게니 오네긴〉 공연에 불참한 것 때문에 차이콥스키의 마음이 많이 상했을 것이다"라고 말했다.

차이콥스키는 상황을 타개하기 위해 친구이자 음악 평론가였던 게르만 라로쉬에게 선동적인 기사를 써 줄 것을 요청했다. 차이콥스키가 불러 주는 대로 받아쓴 비평가는 자신이 쓴 기사에서 " '푸쉬킨에 대한 신성 모독이라는 거창한 표현'으로 새 오페라를 퇴출시키는 것은 어렵지 않은 일이다. 그러나 분명히 말할 수 있는 것은 《전쟁과 평화》, 《귀족의 둥지》가 오페라가 아니듯 〈예브게니 오네긴〉도 오페라가 아니라는 사실이다.

작곡가는 푸쉬킨의 서정적 주인공들에 대해 심리적인 동질감을 느꼈다. 타인의 취향을 구속해서는 안 된다. 주제라는 것이 마음에 들 수도 있고 그렇지 않을 수도 있다. 그리고 차이콥스키는 그 주제가 마음에 들었던 것뿐이다. 작곡가가 소중하게 여기는 주제와 더불어 '서정적 무대'의 선율이 감동적인 사랑을 전해 주었다"라고 설명했다.

차이콥스키가 부탁한 대로 라로쉬는 차이콥스키 작품의 혁신성(차이콥스키는 〈예브게니 오네긴〉을 전통적 오페라가 아니라 '서정적 무대'라고 불렀다) 그리고 푸쉬킨의 주인공들과 작곡가 사이의 특별한 심리적 일체감을 대중들에게 이해시키려고 노력했다.

라로쉬가 은근히 빗대어 말했다는 것은 이미 널리 알려져 있는 사실이다. 1877년 차이콥스키는 자신을 흠모하던 모스크바 음악대학원 출신의 안토니나 밀류코바(당시 28세)로부터 몇 통의 편지를 받았다. 그 편지들

서로의 마음을 고백하는 오네긴과 타티아나
(벨류킨이 그린 《예브게니 오네긴》 삽화)

차이콥스키와 그의 아내 밀류코바

은 38세의 작곡가에게 강한 인상을 주었고 푸쉬킨의 《예브게니 오네긴》을 오페라로 만드는 데 영감을 주었다. 사실 작품의 주제는 귀족 신사 오네긴을 연모하는 시골 처녀 타티아나의 편지를 중심으로 전개된다.

이미 잘 알려진 것처럼 푸쉬킨 작품에 등장하는 차갑고 냉정한 오네긴은 순진하고 감성적인 타티아나의 편지를 거절한다. 푸쉬킨과 그의 독자들은 합리주의자 오네긴의 이러한 행동이 치명적인 실수였다고 생각했다. 그런데 뜻밖에도 차이콥스키는 자신만은 그런 실수를 반복하지 않겠다고 결심했던 것 같다. 그는 밀류코바의 편지와 감정에 응답했고 결국 두 사람은 결혼하게 되었다.

그 모든 일이 한 순간에 이루어졌다. 차이콥스키가 밀류코바의 첫 번째 편지를 받은 후 결혼에 이르기까지 걸린 시간은 불과 3개월에 지나지 않았고, 알다시피 그 결혼은 끝내 파경으로 끝나고 말았다. 결혼하자마자 아내에게 심한 혐오감을 느낀 차이콥스키는 그해 가을까지 간신히 참고 견디다가 결국에는 가출하고 말았다.

처음에는 낭만적이었지만 나중에는 비극적인 결말로 끝나 버린 차이콥스키의 결혼 이야기가 그의 〈예브게니 오네긴〉이 탄생하는 데 결정적인 역할을 했다는 사실에 이의를 제기하는 사람은 아무도 없다. 그보다 더 중요한 것은 동성연애자였던 차이콥스키가 자신과는 전혀 어울리지 않는 괴이한 행보를 한 이유가 무엇이었는지를 이해하는 것이다. 그러기 위해서는 당시 러시아의 문화 엘리트들의 의식 속에서 호모 섹슈얼리즘의 위상이 어떠했는지를 이해할 필요가 있다.

우선 차이콥스키의 성적 정체성에 대해 우리가 알고 있는 것들을 모두 끌어 모아야 한다. 어릴 때 나는 레닌그라드 음악계를 떠들썩하게 했던 두 가지 소문에 대해 들은 적이 있다. 하나는 차이콥스키가 동성애자였다는 것이었고, 다른 하나는 그 때문에 알렉산드르 3세가 그에게 자살을 강요했다는 것이었다.

두 번째 소문의 경우는 증거로 내세울 만한 확실한 근거가 없지만, 첫번째 소문, 즉 차이콥스키가 동성연애자였다는 소문은 의심할 나위 없는 사실이다. 물론 러시아의 '윤리 수호자들'에게는 지극히 불쾌한 사실이었고 또 현재까지도 그 사실을 부정하려는 시도가 이어지고 있지만 그럼에도 불구하고 차이콥스키가 동성연애자였다는 사실은 이미 입증된 사실로 간주되고 있다.

다른 사람들의 경우와 마찬가지로 차이콥스키의 성생활 역시 그의 작품과 세계관에 적지 않은 영향을 미쳤다(혹은 그 반대일 수도 있다). 그러나 이와 같은 상호 연관성이 드러나지 않았던 데에는 그럴 만한 이유가 있었다. 이제 우리는 차이콥스키의 성적 정체성이 그의 창작적 전략에 어떤 영향을 미쳤는지 좀 더 분명하게 알 수 있게 되었다.

차이콥스키의 호모 섹슈얼리즘과 그의 작품을 해석할 수 있는 토대가 마련되지 않았음에도 불구하고 러시아에서는 '럼주는 럼주고, 여편네는 여편네다'라는 식으로 마치 옛날 만담 다루듯 그 문제를 다루어 온 것이 사실이다. 서구에서는 '천재들의 성생활', 특히 '차이콥스키의 동성애'라는 문제를 이미 오래전부터 다루어 왔고, 그 결과 두 가지 주장이 설득력을 얻게 되었다.

그 중 첫 번째는 20세기 초반부터 1990년대까지 우세했던 주장으로 차르 통치 시대의 비극적 러시아 사회에서 동성연애자의 삶을 살았던 차이콥스키에 대한 묘사였다. 말하자면 모든 것을 발각당한 차이콥스키는 자신의 경력과 인생이 송두리째 무너지지 않을까 늘 두려움에 떨며 살았다고 한다(가령 1895년에 영국의 오스카 와일드가 이와 유사한 처지에 놓인 적이 있었다). 이 주장에 따르면 작곡가는 온갖 노력에도 불구하고 자신의 '성도착증'에서 벗어날 수 없었고 그로 인해 미칠 듯이 괴로워한 결과 고통스럽고 '병적인' 음악을 작곡하게 되었다는 것이다.

그러나 서구(특히 미국 학계)에서는 1990년대 말 성적 소수자들에 대한 사회적 인식이 바뀌면서부터 동성애자로서의 차이콥스키에 대한 '수정주의적' 관점이 힘을 얻기 시작했다. 이 새로운 주장에 따르면 차이콥스키의 동성애 생활은 이미 페테르부르그 법대를 다니던 시절부터 시작되었다고 한다(동성애자로 오명을 떨치던 블라디미르 메세르스키 공(公)과 시인 알렉세이 아푸흐친이 그의 동기들이었다). 그는 시간이 지남에 따라 점차 그것에 익숙해지게 되었고 또 그런 생활에 만족하며 행복감을 느꼈다.

"차이콥스키의 음악은 히스테릭하고 병리적이다"라는 주장에 정면으로 맞서는 이 가설은 두 가지 근거를 제시하고 있다. 첫째, 19세기 후반의 러시아는 사회적 편견이 만연되어 있었음에도 불구하고 대체로 동성애에 대해 관대한 편이었으며 정서적인 면에서 현대의 빅토리아식 영국보다는 백 년 후의 샌프란시스코와 더 많이 닮아 있었다는 것이다.

미국의 음악 이론가들은 앞서 언급한 메세르스키 공(公)에게 가장 호의적이었던 인물이 알렉산드르 3세였고, 그 다음으로 호의적이었던 인물이 니콜라이 2세였다는 것을 근거로 들었다(보수적 저널리스트였던 메세르스키공은 당시 페테르부르그 상류 사회에서 동성애자로 낙인이 찍혀 있었다).

차이콥스키에 대한 로마노프 황실의 호감은 아주 각별한 것이었다. 그들에게 차이콥스키는 아주 특별한 사람이었다. 알렉산드르 3세와 그의 아내는 차이콥스키의 음악, 특히 그의 발레에 흠뻑 빠져 있었다. 알렉산드르 3세는 가장 좋아하는 오페라로 〈예브게니 오네긴〉을 꼽았다. 그리고 그는 "차이콥스키에게 매년 3천 루블의 평생 연금을 수여하도록 하라"라는 지시를 내리기도 했다(이것은 1888년의 일이었다).

실제로 차이콥스키는 로마노프 가문의 궁정 음악가로 인정받았고 이러한 각별한 애정은 알렉산드르 3세의 아들인 니콜라이 2세에게로 이어졌다(차이콥스키는 알렉산드르 3세의 대관식에 쓸 칸타타 등 수많은 악곡을 로마노프 가문에 헌정했다).

차이콥스키가 특히 말년에 '행복한 사람'이었다는 두 번째 근거는 그 무렵 차이콥스키와 교류했던 사람들의 회고로부터 나온 것이었다. 작곡가는 활기찬 모습 그리고 삶에 만족하는 모습을 자주 보여 주었다. 특히 작곡가의 동생인 모데스트 차이콥스키의 증언은 이러한 주장에 힘을 실어 주었다. 모데스트 차이콥스키는 20세기 초반, 전기(傳記)《표트르 일리치 차이콥스키의 삶》을 집필하고 출판한 인물이었다(전기에서 모데스트는 자신의 형이 인생 말년에 너무나도 쾌활하고 활기에 차 있었다고 강조했다).

그러나 모데스트는 차이콥스키의 《스페이드 여왕》과 《이올란타》의 오페라 대본을 쓴 사람으로서 당연히 뚜렷한 목적을 가지고 있었다(그는 형과 마찬가지로 동성애자였다. 이것은 그의 미완성 자서전에 잘 나타나 있다). 그는 비록 공식화된 것은 아니었지만 당대 러시아 음악계에서 공공연한 사실이 되어 버린 '차이콥스키 자살설'을 반박하고 싶었다. 문제의 자살설은 차이콥스키의 마지막 작품 〈교향곡 6번, 비창〉에서 비롯되었고, 바로 이 때문에 동시대인들은 그 곡이 작곡가 자신을 위한 〈진혼곡〉이 되었다고 평가했다.

그러나 모데스트 자신도 차이콥스키의 '유별난 신경 과민'을 지적하면서 몇몇 현대 학자들의 견해를 근거로 "천재는 정신병자이기도 하다"라고 주장했다(여기서 모데스트는 프랑스의 권위 있는 정신과 의사 테오뒬 리보의 주장을 근거로 삼고 있다. 특히 러시아에서 명성이 높았던 리보는 자신의 저서에서 "히스테릭한 사람들의 성격은 마치 만화경의 장면들처럼 변화무쌍하다. 그들에게 변하지 않는 것이 있다면 그것은 변덕스러움일 것이다. 어제는 쾌활하고 사랑스럽고 다정했던 사람들이 오늘은 음울하고 신경질적이고 폐쇄적인 사람들로 변해 버리는 것이다"라고 쓰고 있다).

차이콥스키의 주치의였던 바실리 베르테손의 증언에 따르면 차이콥스키는 극도의 신경과민에 시달렸고 이 때문에 밤마다 잠을 이루지 못했다고 한다. 우울증 치료제가 아직 없던 시절에 차이콥스키는 엄청난 양의 술과 담배로 신경질환을 다스렸다(그는 열네 살 되던 해부터 담배를 피우기 시작했다). 차이콥스키의 형제들과 베르테손의 증언에 따르면 차이콥스키는 거의 알코올 중독자처럼 살았다고 한다(그가 즐겨 마신 술은 코냑이었다).

차이콥스키와 수 년 동안 친분을 유지했던 알리나 브륨로바는 "그 사람은 정말 신경 질환을 앓고 있었어요. 게다가 시간이 갈수록 더 심해져서 나중에는 극도의 고통을 호소했어요. 원인도 알 수 없고 피할 길도 없는 고통스러운 우울증, 조절할 수 없는 극한의 신경쇠약증이 그를 괴롭혔고 결국 그의 삶은 완전히 망가지고 말았어요"라고 증언했다.

위에서 언급한 정신과 의사 리보는 "히스테릭한 사람들에게는 불 같은 분노와 격분, 무분별한 감탄, 갑작스러운 절망, 지나치게 광적인 명랑함, 충동적이고 강렬한 집착, 갑작스러운 다정함이나 변덕스러운 흥분이 특징적인데, 이런 상태에서 그들은 마치 버릇없는 아이들처럼 발을 구르며 가구를 때려 부수기도 한다"라고 설명한다.

정신분석학 논문들 중에서 그의 정신 상태를 가장 잘 분석한 논문이 바로 발레리 소콜로프의 논문이다. 그는 차이콥스키가 자신의 동생 아나톨리에게 보낸 편지(1877년 12월)의 일부를 다음과 같이 인용하고 있다.

"……. 나는 하인의 생식기에 문제가 있다고 생각했어. 그래서 하인에게 들러붙어 이것저것 캐묻기 시작했지. 하지만 하인은 고집을 부렸어. 나는 화가 난 나머지 넥타이와 셔츠를 찢어 버리고 의자를 부숴 버렸어. 그런데 내가 막 몸부림을 치고 있을 때 갑자기 하인과 눈이 마주치게 되었어. 그는 완전히 겁에 질린 표정으로 나를 바라보았어. 얼굴이 하얗게 질려 버린 하인은 마치 '왜 그러세요? 제발 진정하세요'라고 말하는 것 같았어. 그제서야 나는 제정신으로 돌아올 수 있었어."

물론 불안정한 심리 상태에 있는 사람도 행복한 순간이나 행복한 시절을 경험할 수는 있을 것이다. 하지만 그런 사람을 '행복한 사람'이라고 주장하는 것은 지나친 억지가 될 것이다(오늘날의 미국 정신과 의사라면 차이콥스키에게 '경계성 인격 장애'라는 진단을 내렸을 것이다). 또한 차이콥스키 시대의 러시아에서 동성연애자에게 관대한 태도를 보였다는 것도 어불성설이다. 그것은 메세르스키 공의 경우를 보면 쉽게 이해할 수 있다(차이콥스키의 '수정된' 이미지를 피력하려는 작가들이 이런 예를 드는 경우가 종종 있다).

그렇다. 로마노프 황실은 이 '공개적인 동성애자'에게 호의적인 태도를 보였고(알렉산드르 포즈난스키의 주장에 따르면, 메세르스키 공은 차이콥스키의 '성적(性的) 파트너'였다고 한다) 또한 그가 발행했던 잡지《시민》에 대해서도 지원을 아끼지 않았다(《시민》은 극단적 보수주의 성향의 잡지였다). 그러나 러시아의 정치 엘리트들은 달랐다. 그들은 메세르스키 공을 바라보는 알렉산드르 3세와 니콜라이 2세의 눈을 뜨게 해 줄 방법을 끊임없이 찾고 있었다.

알렉산드르 3세 시대에 출판 업무 총책임자였던 예브게니 페옥치스토프는 자신의 일기에 이런 기록을 남겼다. "메세르스키 공의 행동이 상류층의 점잖은 사람들에게 불쾌한 인상을 심어 주고 말았다. 상류층 사람들은 '그가 발간하는 신문은 황제의 신문 아니면 황실 기관지인 것이 분명해'라고 수군거렸다. 그러던 어느 날 한 플루트 연주자(혹은 북 연주자)와 메세르스키 공의 관계를 놓고 추문이 돌기 시작했다. "저속하고 천박한 것을 유별나게 혐오하는 황제께서 사회적 지탄을 받고 있는 인물에게 자신의 명성을 악용할 빌미를 주고 계시니 이 어찌 슬퍼하지 않을 수 있겠는가?"

당시의 유력 인사들이라면 누구나 한번쯤 이런 기록을 자신의 일기에 남겼을 것이다. 그들의 어조는 적대적이고 조소적이었으며 그 속에는 일관된 암시가 들어 있었다. 수간(獸姦)은 러시아 형법상 형사범으로 규정되어 있었고, 동성애자라는 낙인은 적대자들을 협박하고 권위를 실추시키기 위해 최우선적으로 사용하는 잠재적 무기였다(당시 수간의 범죄를 저지른 사람은 모든 재산권을 박탈당함과 동시에 시베리아로 유형을 떠나야 했다).

당시 러시아의 동성애자들이 경찰의 삼엄한 감시를 받았다는 사실이 1894년에 공식적으로 입증되었다. 국가재정 장관이었던 미하일 오스트롭스키(위대한 희곡 작가 오스트롭스키의 동생이자 차이콥스키의 친구)의 고문서국에 보관되어 있던 수사 자료에는 70여 명의 페테르부르그 동성연애자들의 명단이 포함되어 있었다. 그리고 수사 자료 속에는 메세르스키 공에 대한 언급도 적지 않았다. "그는 젊은이들과 배우들 그리고 사관생도들을 이용하고 있다. 그리고 그 대가로 후원과 은혜를 베풀고 있다."

비망록의 작가는 동성애와의 투쟁을 더욱 강화해야 한다고 정부에 강력하게 요구했다. "여러 가지 측면에서 위험하고 다양한 이 해악의 여파는 수도 페테르부르그에 깊이 뿌리를 내렸다. 그것은 사회의 도덕성과 공동체의 건강을 왜곡할 뿐만 아니라, 특히 젊은이들의 가정 생활과 거의 모든 교육기관의 학생들과 군대의 기강에도 악영향을 끼치고 있다."

따라서 혁명 전에 러시아의 법률과 사회 여론이 동성애자들에게 관대했다는 주장은 신화에 불과한 것이다. 여기서 우리는 모든 시대에 걸쳐 러시아의 법률이 작동했던 특별한 방식에 대해 생각해 봐야 한다. 전통적으로 러시아의 사회적 관계는 법률에 근거한 것이 아니라, 러시아식으로 표현하자면 '합의'에 바탕을 둔 것이었다. 그것은 곧 형식적으로 존재하는 법률이 정부의 입장과 의도에 따라 자의적으로 해석되거나 무시될 수도 있다는 것을 의미했다. 수간에 빠진 이름 없는 농부는 족쇄를 채워 시베리아로 추방해 버리면 되지만, 메세르스키와 같은 엘리트는 황제의 비호를 받으며 어떤 위기의 상황에서도 빠져나갈 수 있었던 것이다.

이런 상황에서는 어느 누구도 미래에 대한 확신을 가질 수 없었고 또 평안한 삶을 누릴 수도 없었다(그것은 '합의'를 근간으로 하는 사회가 지향하는 목적 중의 하나다). 이런 삶을 '행복하다'고 할 수는 없을 것이다. 게르첸, 투르게네프, 톨스토이, 도스토옙스키, 무소르그스키를 '행복한 삶'을 산 사람들이라고 할 수 없는 이유도 바로 여기에 있다.

러시아 인텔리겐챠의 한 사람으로서 차이콥스키가 가졌던 '불행한 존재'의 의식은 그의 심리적 불안정과 배척받는 성(性) 소수자로서의 아이덴티티 때문에 더욱 심화될 수밖에 없었다. 차이콥스키의 삶이 불행했던 이유는 단지 그가 동성애자였기 때문이 아니라, 그가 러시아의 역사적 격변기에 활동한 인텔리겐챠·신경쇠약 환자였기 때문이다.

이것은 1878년 1월 차이콥스키가 니콜라이 루빈슈타인에게 보낸 편지 속에 분명히 나타나 있다. 편지에서 차이콥스키는 프랑스에서 열리는 국제박람회에 러시아 대표로 참석해 달라는 루빈슈타인의 요청을 단호히 거절했다. "파리라면 가는 곳마다 수없이 많은 사람들을 새롭게 알게 될 것입니다. 그러면 그토록 오랫동안 숨겨 왔던 내 모습을 사람들이 알게 될지도 모릅니다. 만약 그렇게 된다면 나는 완전히 마비되어 버릴 겁니다. 맞습니다. 한마디로 말해서 나는 환자이고 미치광이입니다. 이제는 사람들의 주목과 관심을 받으며 살아갈 자신이 없습니다."

밀류코바와의 성급한 결혼은 적대적 사회에 적응하기 위한 차이콥스키의 불가피한 선택이었고 탈출구였으며 보호막이었다(이러한 상황은 차이콥스키 전후의 많은 동성연애자들의 경우도 마찬가지였다). 차이콥스키의 친구 라로쉬는 "차이콥스키는 명석한 두뇌와 풍부한 유머 감각 그리고 풍자적 기질을 지닌 사람이었고 또한 극도로 예민한 성격을 지닌 천재 예술가였다"라고 회상했다.

차이콥스키는 자신의 동성애자 친구였던 블라디미르 쉴롭스키처럼 정략적으로 또 단순하고 편리하게 부유한 아내를 취할 수 없었다(낙천적인 향락주의자였던 쉴롭스키의 경우에도 문제가 쉽게 해결된 것은 아니었다). 이 문제와 관련해 차이콥스키는 모데스트에게 편지를 보냈다.

"쉴롭스키의 결혼이 성사되었네. 예전에 그는 끝없이 술을 마시고 온종일 통곡을 했어. 물론 마지막에는 기절을 하고 말았지. 그런데 지금은 몹시 행복해 보여. 그는 아내를 정복했고 온종일 귀족들을 찾아 다니지."

차이콥스키는 자신의 감성을 음악으로 승화시켰다. 그는 밀류코바를 정복하지는 못했지만 그 대신 〈예브게니 오네긴〉을 완성시켰다. 차이콥스키가 모데스트에게 보낸 편지에는 다음과 같은 내용이 들어 있었다.

"순결을 빼앗는 일은 없었네. 그런 걱정을 하지 않아도 되게끔 상황을 만들었지."

차이콥스키의 입장을 고려했을 때 그 오페라 속에는 자전적 요소가 들어 있었던 것이 분명하다. 하지만 '오페라 속의 타티아나가 차이콥스키에게 사랑의 편지를 썼던 밀류코바의 초상일 것'이라는 이전 연구자들의 순진한 추측과 달리 타티아나는 다름아닌 차이콥스키 자신의 초상이었다.

지그문트 프로이드는 "히스테릭한 사람은 항상 타인의 역할(여성은 남성의 역할, 남성은 여성의 역할)을 맡는 속성이 있다"라고 주장했다. 경계성 인격 장애를 앓는 환자는 늘 자신의 성적 틀을 깨뜨리기 마련이다. 차이콥스키의 경우 이러한 경향은 그의 창의적 충동과 동성애성에 의해 더욱 고조되었다.

자아 표현의 무대를 용기 있게 확장시키면서 차이콥스키는 밀류코바의 행동과 편지를 자기화했다. 〈예브게니 오네긴〉이 타티아나가 오네긴에게 편지를 쓰는 장면으로 시작하는 것은 결코 우연이 아니다. 완성된 오페라에서 가장 감성적이고 음악적인 대목이 바로 이 대목이다. 발레리 소콜로프의 지적에 따르면, 차이콥스키는 밀류코바를 버린 후에도 그녀의 편지를 작품의 자료로 사용했다. 적어도 차이콥스키의 성악곡집 로망스 60번의 가사들만큼은 실제로 밀류코바가 그에게 보낸 편지를 편집한 것이었다. 오네긴의 답장을 기다리며 탄식하는 타티아나의 모습은 다름 아닌 차이콥스키 자신의 모습이었다("오, 신이시여, 내 모습이 얼마나 불쌍하고 가련한지요!").

그러나 〈예브게니 오네긴〉에서 차이콥스키의 창작적 전략은 좀 더 복잡했다. 그의 자서전적 '나'는 수줍어하면서도 격정적 감정을 표현할 줄 아는 타티아나와 다혈질이면서도 깊은 애수에 잠긴 젊은 시인 렌스키로 양분된다.

"푸쉬킨이 렌스키를 측은한 인물로 또는 풍자적으로 묘사했다면, 차이콥스키 오페라의 렌스키는 좀 더 강력한 존재감을 지닌 인물이 되었을 것이다"라고 가장 먼저 지적한 사람은 바로 투르게네프였다. 차이콥스키는 자신의 음악에 대한 전반적인 오해에 맞서기 위해 풍자적 입장을 취할 수도 있었다. 그러나 렌스키에 대한 그의 태도에서는 풍자의 흔적을 찾을 수 없었다. 오히려 차이콥스키는 렌스키에게 매혹당하고 말았다. 푸쉬킨이 렌스키를 조롱의 대상으로 삼았다면 차이콥스키는 그를 비극의 단상에 올려 놓았다.

가장 좋은 예가 바로 오네긴과의 결투 직전에 부르는 렌스키의 아리아다. 죽음을 앞둔 렌스키의 시는 당시 낭만주의자 클리쉐에 대한 패러디였다. 그러나 차이콥스키의 음악에는 패러디의 흔적이 없다. 렌스키의 아리아는 차이콥스키의 오페라뿐만 아니라 러시아의 모든 음악에서도 가장 인기 있는 곡이 되었다(푸쉬킨은 자신의 패러디가 이런 식으로 연출되리라고는 상상도 하지 못했을 것이다).

차이콥스키의 손을 거친 '푸쉬킨의 텍스트'는 러시아에서는 유례를 찾아볼 수 없는 서정적 분위기를 띠게 되었을 뿐만 아니라 급진적이고 감성적인 텍스트로 재탄생하게 되었다. 그리고 그 근간에는 렌스키의 자기화 현상이 깔려 있었다. 푸쉬킨은 너무나도 허무하게 생을 마감한 젊은 주인공을 동정했지만 그렇다고 해서 그를 사회의 희생양으로 보지는 않았다. 반면에 차이콥스키는 렌스키를 전형적인 희생양으로 보았고, 그에게서 자신과 유사한 점을 발견할 수 있었다.

페테르부르그 출신의 유명 안무가 조지 발란틴은 차이콥스키와 교류했던 사람들에 대해 잘 알고 있었다. 나와 대화를 나눌 때마다 그는 "심리적 자아의 핵심 요소인 성적 정체성으로 인해 차이콥스키는 스스로를 배척받는 수난자, 핍박받는 희생양으로 여겼다"라고 주장했다.

그것은 러시아 인텔리겐챠 계층이 차이콥스키의 사후 이미지에 대해 갖는 인식이기도 했다. 최고의 차이콥스키 전문가였던 보리스 아파나시예프는 다음과 같이 짧게 결론을 내렸다.

"어쨌든 차이콥스키는 고통받는 사람이었고 수난자였다."

흥미로운 것은 푸쉬킨이 렌스키를 묘사하면서 무심히 던진 평범한 구절이 차이콥스키에게는 렌스키와 자신을 동일시하는 계기가 되었다는 사실이다. 푸쉬킨은 렌스키의 다양한 특징을 열거하면서 '결함과 수치에 대한 공포'를 언급했다. 나제즈다 폰 멕 부인에게 보낸 편지에서 작곡가가 렌스키의 이러한 비극적 일면을 강조한 것은 우연이 아니었다.

"세상이 요구하는 명예와 불가피하게 충돌함으로써 엄청난 재능을 지닌 한 젊은이가 맞게 되는 죽음이 극적이지 않다, 혹은 감동적이지 않다라고 어떻게 말할 수 있겠습니까?"

왜곡되고 어리석은 시골 사회가 젊고 열정적인 시인 렌스키를 외면하고 결국에는 차이콥스키의 주인공들 중에서 가장 '품위 있는' 렌스키를 죽이고 만다. 차이콥스키가 생각했던 이상적인 커플은 푸쉬킨이 감상적으로 묘사한 오네긴과 타티아나가 아니었다. 그것은 바로 타티아나와 렌스키였다.

차이콥스키에 따르면, 렌스키의 죽음은 그의 '비규범성' 때문이었고 또한 타티아나가 자신을 망치면서도 살아남을 수 있었던 것은 비록 그것이 그녀에게 정신적 파탄을 가져오기는 했지만 어쨌든 상류층의 전횡과 '훌륭한 행동 양식'에 복종했기 때문이었다.

그것은 차이콥스키가 게르첸과 투르게네프를 통해 습득한 조르주—상드적 해석이었다. 작곡가는 그들을 숭배했다(특히 투르게네프를 열렬히 숭배했다). 차이콥스키가 자신의 주인공 렌스키를 전면에 내세웠다는 것을 예리하게 간파한 사람이 바로 투르게네프였다는 것도 여기에서 그 연유를 찾을 수 있다(통찰력이 부족했던 다른 동시대인들은 차이콥스키의 이러한 급진적 반전을 눈치 채지 못했다).

푸쉬킨의 작품을 투르게네프식으로 변형시키면서 차이콥스키는 〈예브게니 오네긴〉이 소수의 사람들을 위한 작품이 되지 않을까 두려워했다(그러면서도 다른 모든 작가들처럼 기적이 일어나기를 바랐다). 하지만 기적이 일어나고 말았다. 바로 이 오페라가 차이콥스키를 가장 유명하고 인기 있는 러시아 작곡가로 만들었던 것이다.

하지만 그것은 점진적으로 이루어졌다. 처음에는 러시아 전역에서 〈예브게니 오네긴〉의 악보가 팔리기 시작했다. 그리고 시간이 지나면서 〈예브게니 오네긴〉의 악보에 대한 수요가 점점 늘어났고 점점 더 많은 아마츄어 가수들이 오페라 곡을 배우기 시작했다. 가장 먼저 팔린 것은 '타티아나의 편지' 장면과 그녀의 남편인 그레민 장군의 아리아(〈사랑 앞에선 모든 연령이 순종한다네〉) 그리고 결투를 앞둔 렌스키의 아리아였다. 나제즈다 폰 멕 부인의 소감은 아주 전형적인 것이었다. "포르테 피아노 반주에 맞춰 결투 장면을 들을 때마다, 나는 그 순간 내가 느끼는 감정을 어떤 말로도 표현할 수 없습니다. 나는 단지 '아, 더 이상 못 듣겠어!'라는 말 외에는 아무 것도 할 수 없는 그런 상태가 됩니다. 푸쉬킨 작품에서 이 장면을 읽을 때면 나는 그저 '불쌍한 렌스키'라고 말할 뿐입니다."

음악 애호가들이 차이콥스키의 〈예브게니 오네긴〉을 인정하기 시작하면서 오페라 공연은 매진을 이어가게 되었고 마침내 오페라 〈예브게니 오네긴〉은 모든 면에서 러시아 대중이 가장 사랑하고 또 가장 많이 공연되는 최고의 흥행 작품으로 거듭나게 되었다.

한편 차이콥스키 작품의 성공을 막으려 했던 레프 톨스토이의 악의적인 시도는 무산되고 말았다. 톨스토이의 시도는 '문화 규범은 어떻게 형성되는가? 그 과정에서 누구의 역할이 더 중요하고 누가 더 권위자이며 누가 소비자인가?'라는 문제에 대한 영원한 수수께끼만 가중시키고 말았다.

5부

12장 – 도스토옙스키와 로마노프 황실

1866년 4월 4일 월요일, 알렉산드르 2세는 평소와 같이 페테르부르그의 여름 공원을 산책하고 있었다. 그는 아버지 니콜라이 1세가 그랬던 것처럼 산보하기를 좋아했다. 큰 키와 당당한 체격, 콧수염과 멋진 구레나룻, 퉁방울눈과 부드러운 눈빛을 가진 47세의 황제에게 산책은 건강에도 좋았을 뿐만 아니라 민중과의 일체감도 느낄 수 있게 해 주었다(산책을 나갈 때 황제는 시종이나 호위대를 대동하지 않았다).

산책을 마친 알렉산드르 2세는 궁전 입구에 대기 중이던 마차를 향해 걸어갔다. 그때 구경하던 군중 사이에서 총성이 울려 퍼졌다. 황제를 향해 총을 겨눈 사람은 드미트리 카라코조프라는 대학생이었다(그는 비밀 혁명조직 소속이었다). 하지만

알렉산드르 2세

구식 쌍발 권총에서 발사된 총알은 아슬아슬하게 황제의 제복을 스치고 지나갔다.

테러리스트는 곧바로 체포되고 말았다. 잠시 후 알렉산드르 2세가 그에게 물었다. "너는 누구냐?" 대학생은 대답했다. "나는 러시아인이오." 그리고 그는 군중을 향해 돌아서서 이렇게 외쳤다. "여러분! 내가 황제를 총으로 쏜 것은 여러분을 위한 것이었습니다!"

알렉산드르 2세는 곧바로 카잔스키 사원을 방문하여 기적적으로 목숨을 건진 것에 대해 감사의 기도를 올렸다. 그리고 황제가 겨울궁전으로 돌아온 후 러시아 수사 기관은 테러 행위 근절을 위한 대책 마련에 나섰다.

성스러운 군주를, 그것도 러시아인이 직접 살해하려 했다는 것은 정말이지 상상조차 할 수 없는 일이었다. 그래서 당시 사람들은 '황제를 시해

카라코조프가 알렉산드르 2세를 향해 총을 쏘는 장면(레베제프의 그림)

하려는 음모 뒤에는 분명 폴란드인들이 있을 것이다. 폴란드인들은 폭동을 일삼으며 러시아로부터 독립하려 하지 않았는가?'라고 생각했다(1865년에 일어난 폴란드 혁명은 알렉산드르 2세에 의해 진압되었다).

대중은 알렉산드르 2세가 목숨을 건진 것에 환호하며 폴란드인들을 저주하기 시작했다. 모스크바 볼쇼이 극장에서는 원래 상연될 예정이었던 발레 〈파라오의 딸〉 대신 글린카의 오페라 〈황제 폐하께 바친 목숨〉이 상연되었다. 〈황제 폐하께 바친 목숨〉은 코스트로마의 농부 이반 수사닌이 로마노프 왕조의 시조인 미하일 황제를 간악한 폴란드인들로부터 구출한다는 영웅적 이야기를 다루고 있었다.

그날 볼쇼이 극장에서 공연을 관람한 차이콥스키는 다음과 같은 내용의 편지를 친지들에게 보냈다. "아무래도 모스크바 사람들이 분별력을 잃은 것 같다. 오페라는 정상적으로 진행될 수가 없었다. 왜냐하면 폴란드인들이 등장하자마자 극장 전체가 '꺼져라, 이 폴란드 놈들아!'라면서 고함을 질러 댔기 때문이지. 폴란드인들이 수사닌을 살해하는 마지막 장면(4막)에서 수사닌 역을 맡은 배우가 폴란드인들과 맞서 싸우기 시작했고 엄청난 괴력으로 그들을 무찔러 버렸어. 예술과 진실, 개연성이 조롱당하는 장면에 대중이 환호하는 모습을 보고 나머지 배우들 역시 죽는 연기를 펼쳐 보였어. 그리고 온전히 살아 남은 수사닌은 귀청이 터질 듯한 박수갈채 속에서 손을 흔들며 유유히 무대 뒤로 사라져 버렸지."

반(反)폴란드 정서를 고취시키기에는 부족하다는 생각이 들었는지 정부는 군주에 대한 민중의 애국심과 충성심을 고취시키기 위해 '새로운 수사닌'을 창조하기로 결정했다. 그리고 그 역할을 맡을 사람으로 젊은 농부 오십 코미사로프가 선발되었다. 그는 알렉산드르 2세 시해 미수 사건이 일어났을 때 테러리스트 옆에 서 있었다. 카라코조프가 방아쇠를 당기는 순간 코미사로프가 그의 팔꿈치를 가격했고 그 덕분에 황제가 무사할 수 있었다고 정부는 발표했다. 코미사로프가 전설적인 인물 수사닌과 같은 코스트로마 출신이라는 사실도 신화를 만들기에 더할 나위 없이 적합한 요소였다. 그리하여 2세기 반이라는 시간을 넘어서 군주를 구한 공로자들 사이에 직접적인 연결점이 형성되었다.

코미사로프는 알렉산드르 2세 앞에 서게 되었다. 그는 황제의 포옹을 받으며 귀족의 작위를 수여받았고, 코미사로프-코스트롬스코이가 되었다. 카라코조프의 테러 사건을 조사했던 표트르 체레빅 장군은 임종 직전에 쓴 일기에서 이렇게 말했다.

"……. 그런 공적을 만들어 내는 것조차 매우 정략적이었다. 그것은 대중에게 유리하게 작용할 수 있는 인가받은 허구였다."

전혀 예상치 못했던 황제 시해 미수 사건이 알렉산드르 2세 자신에게 개인적으로 어떤 심리적 충격을 안겨 주었을지는 상상하기가 어렵다. 황제는 진심으로 자신을 민중의 은인이라고 여겨 왔고 거기에는 그럴만한 까닭도 있었다. 사건이 발생하기 5년 전인 1861년 2월 19일 황제는 러시아 역사상 가장 진보적인 법령이라 할 수 있는 농노 해방 선언에 서명했던 것이다.

알렉산드르 2세는 1855년 자신이 제위에 오르던 순간부터 의혹과 반대 그리고 좌우 진영의 직접적 저항을 뿌리치면서 봉건적 러시아를 새로운 시대로 도약시킬 역사적 결정을 추호의 망설임 없이 확고히 밀고 나갔다. 그의 냉혹한 부친인 니콜라이 1세는 농노제 때문에 러시아가 경제적, 군사적으로 영원히 후진국의 운명에 놓이게 된다는 사실을 잘 알고 있었지만 감히 그런 용단을 내리지는 못했다.

처음에 민중은 황제의 농노 해방을 환영했다. 정권은 농노 해방이 결정되는 순간 사람들이 술을 마시고 소동을 일으키지는 않을까 두려워했지만 그런 일은 일어나지 않았다.

감사의 뜻으로 사람들은 알렉산드르 2세를 해방자—차르라고 불렀다. 황제 자신도 농노가 해방되는 날이 자기 인생의 최고의 날이 될 것이라고 늘 생각했다.

"이제야 내가 위대한 책무를 완수한 것 같다."

냉소와 불신에 젖어 있던 인텔리겐챠 엘리트들도 무언가 중대한 사건이 일어났음을 감지했다. 페테르부르그대학 교수였던 알렉산드르 니키텐코는 서재에 걸려 있던 알렉산드르 2세 초상화 앞에서 아내와 아이들이 지켜보는 가운데 그 '고귀한' 선언문을 낭독했고 그날 일기에 "우리 모두는 감사하는 마음으로 황제의 초상화를 바라보았다"라고 썼다(당시 알렉산드르 니키텐코는 정부 검열관이었다).

위대한 시인이자 좌익 신문 《현대인》의 편집장이었던 니콜라이 네크라소프는 자신의 시 〈자유〉에서 농노 집안의 한 아기(물론 그 아기는 가상의 아기였다)를 향해 이렇게 외쳤다. "신은 자비로우시니 너는 눈물을 잊게 될 것이다!" 또한 네크라소프는 동료들을 향해서도 이렇게 말했다. "뮤즈여! 희망을 안고 자유를 맞이하라!" 전제주의에 반기를 들었던 혁명가 게르첸조차 황제 앞에서는 모자를 벗으며 비유적으로 경의를 표했다.

"당신이 승리했습니다. 그리스도 교인이시여!"

그러나 해방자—차르의 달콤한 시간은 오래가지 못했다. 알렉산드르 2세가 시행한 일련의 개혁들, 즉 행정 개혁, 사법 개혁, 군사 개혁이 여러 가지 이유로 인해 아무도 만족시킬 수 없다는 것이 명백하게 드러나고 말았다. 귀족은 자신의 정치적 위상과 사회적 위상이 약화되지 않을까 우려했고, 농민들은 '작은 토지를 나눠 주고 과도한 지대를 거둬 가는' 정부 정책에 불만을 품었다. 인텔리겐챠들은 더 많은 표현의 자유와 유럽식 헌법을 요구했고 급진적 니힐리스트들은 전제주의의 전복과 러시아 고유의 '농민 사회주의'를 꿈꾸었다.

두려움에 떨고 있던 니키텐코는 자신의 일기에 다음과 같은 기록을 남겼다. "모든 분야에 걸쳐 정부를 비난하고 모욕적인 말을 내뱉는 것이 유행이다. 과연 정부는 러시아를 위협하고 있는 혼란과 무질서를 통제할 수 있을까? 중요한 것은 민족적 애국심과 고결한 신뢰가 결여되어 있다는 사실이다."

카라코조프가 알렉산드르 2세를 습격한 사건이 바로 이 '고결한 신뢰'를 위로부터 주입시키는 데 빌미를 제공했다. 그런 상황에서 즉각적인 효과를 보기 위해서는 언제나 문화인들이 동원되어야 했다. 74세의 표도르 뱌젬스키 공작은 '황제를 구출한 자' 코미사로프-코스트롬스코이의 새로운 등장을 기리는 시를 썼다. 한때 푸쉬킨의 친구이자 급진적 자유주의자였고 마침내 고관대작이 된 아폴론 마이코프는 당시 〈콜랴스카〉라는 시를 써서 니콜라이 1세를 찬양했다.

그들 모두가 위대한 시인들이었지만 어느 누구도 사상적 지도자로 불리지는 않았다. 당대의 급진적 민주주의자 네크라소프도 마찬가지였다. 정부는 네크라소프가 편집장으로 있던 진보 잡지 《현대인》을 폐간하겠다고 으름장을 놓으며 네크라소프에게 '새로운 수사닌'을 기리는 송시를 쓰도록 강요했다.

민중의 아들이여! 너를 노래한다.

너는 영광을 받으리라. 끝없이, 끝없이……

너는 위대하다, 신의 도구로서,

신께서 너의 팔을 주관하셨도다.

뱌젬스키, 마이코프, 네크라소프의 송시들은 모두 《오십 이바노비치 코미사로프-코스트롬스코이, 황제를 구출한 자》라는 헌정서(獻呈書)에 포함되었으며, 코미사로프와 그의 아내의 초상화로 꾸며진 헌정서는 곧바로 모스크바에서 출판되었다. 아무리 졸작이라 해도 질 좋은 종이에 쓰면 그럴듯하게 보이는 법이다. 하지만 이 헌정서의 경우에는 별 효과를 보지 못했다. 심지어 네크라소프의 글조차 매우 초라하게 보였다.

그것은 정부가 대대적인 계획 선동을 성공시키기 위해 국내 문화계에서 쥐어짠 내용의 전부였다(당시에는 코미사로프를 기리는 다른 시들도 대거 양산되었는데, 그런 시들은 솔직히 엉터리 문인들의 산물이었다). '새로운 수사닌'을 만드는 계획은 실패하고 말았다. 그 일에 필요한 것은 정부와 문화 창조자들의 조작이 아니라, 진실되고 '고결한 신뢰'였다. 그래서 현명한 검열관 니키텐코는 그 부재를 통탄했다. 글린카와 니콜라이 1세 시대에는 그것이 존재했고 따라서 그 '문화적 계약'의 결과로 위대한 오페라 〈황제 폐하께 바친 목숨〉이 탄생했던 것이다. 또한 니키텐코의 표현에 따르면, 오늘날까지도 그 작품은 고유한 '민족적, 애국적 감성'으로 감동을 주고 있다. 그러나 알렉산드르 2세의 러시아에는 그런 '고결한 신뢰'와 '애국심'이 결여되어 있었다.

1886년 야심차게 계획했던 친전제주의적 문화 활동의 실패는 상징적인 사건이었다. 그것은 로마노프 왕조와 지식인들의 사이가 한층 소원해 졌음을 입증하는 것이었다. 한때 권위와 문화를 견인하는 난공불락의 지 렛대였던 전제주의가 천천히 그리고 끊임없이 무너져 갔던 것이다.

처음에는 '고위 권력층의 분노를 사는 것은 아닐까?' 하고 두려워했던 문화계가 이제는 독자와 관객과 청중을 잃을 것을 두려워하게 되었다. 한마디로 그것은 역사적 과도기였다.

＊　　　＊　　　＊

위대한 작가이자 러시아의 마지막 전제주의자는 표도르 도스토옙스 키였다. 그가 로마노프 가문의 지지자가 되기까지의 과정은 대단히 복잡 하고 극적인 것이었다. 1847년, 젊은 도스토옙스키는 그 무렵 이미 유명 한 작가가 되어 있었고, 미하일 페트라솁스키가 이끌던 페테르부르그 사 회주의 클럽의 회원이었다. 1849년 클럽의 존재가 발각되자 니콜라이 1 세는 클럽 회원들을 체포하라는 명령을 내렸다. 니콜라이 1세가 직접 지 휘하는 가운데 강도 높은 조사가 이루어졌다. 결국 정부는 페트라솁스키 회원 21명에게 총살형을 선고했는데, 그 중에는 도스토옙스키도 포함되 어 있었다.

훗날 도스토옙스키는 "우리 페트라솁스키 회원들은 교수대 위에 올라 서서 일말의 후회도 없이 판결문을 들었다. 사형 선고를 받은 후 우리는 죽기 전의 그 끔찍한 10분을 참으며 기다려야 했다"라고 회고했다. 하지 만 사형이 막 집행되려는 순간 니콜라이 1세의 사면령이 전달되었다. 교 수형이 시베리아 유형으로 감형되었던 것이다.

처형 직전의 도스토옙스키

시베리아에서 '민중과 부딪치며 불행을 공유하고 그들과 똑같은 사람이 되었다'는 생각이 도스토옙스키를 정신적으로 변화시켰다. 작가는 한번도 무신론자였던 적이 없었다("우리는 어린 시절부터 집에서 성서를 읽었다"). 시베리아에서 그는 근본주의적 정교도가 되었고 사회주의자에서 전제주의자로 변신하고 말았다.

1855년 권좌에 오른 알렉산드르 2세가 맨 처음 한 일은 데카브리스트들과 페트라솁스키 회원들을 비롯한 다수의 '국가 정치범'들에 대한 사면이었다. 1859년 말 도스토옙스키는 마침내 페테르부르크로 귀환해도 좋다는 허락을 받았다. 페테르부르크로 돌아온 그는 작가 활동을 다시 시작했다. 그리고 바로 이 무렵에 '시베리아 유형 생활에 대한 전대미문의 보고서'라 할 수 있는 충격적인 작품 《죽음의 집의 기록》을 발표했다(이 작품은 도스토옙스키의 여러 작품 중에서 유일하게 레프 톨스토이가 인

《죽음의 집의 기록》(니콜라이 카라진의 그림)

정한 작품이다).

　도스토옙스키는 알렉산드르 2세가 베푼 자비에 항상 감사했다. 따라서 1866년 카라코조프의 황제 시해 미수사건은 작가에게 커다란 충격을 주었다. 테러 소식을 전해 들은 41세의 도스토옙스키는 신념에 찬 전제주의자 마이코프의 집으로 향했다. 그리고 그는 인사도 하지 않은 채 마치 열병에 걸린 듯 부들부들 떨면서 말했다.

　"황제가 저격을 당했답니다!"

　이미 언급한 바 있는 페테르부르그의 동성애자 메세르스키 공은 자유주의 개혁에 반대했던 사람으로서 반(半)공공적 성향의 잡지 《시민》의 편집장이었다. 1875년에 그는 도스토옙스키를 편집 위원으로 초빙했다(바로 이 잡지를 통해 도스토옙스키는 자신의 유명한 《작가 일기》를 발표하기 시작했다). 훗날 메세르스키 공은 "도스토옙스키는 러시아 황제에 대한 충성심으로 불타는 사람이었다. 나는 도스토옙스키처럼 순수하고 완전한 보수주의자를 본 적도, 만난 적도 없다. 도스토옙스키는 모든 면에서 진리의 사도였을 뿐만 아니라 고행자처럼 엄격하고 마치 열정적인 초심자처럼 자기 자신의 보수주의를 맹신하는 사람이었다"라고 회고했다.

도스토옙스키는 알렉산드르 2세 시해 사건이라는 놀라운 소식을 접하자, 자신의 가장 저명한 작품이라고 할 수 있는《죄와 벌》집필에 병적으로 집착했다. 이 작품에서 페테르부르그 대학생 라스콜리니코프는 자신이 초인, 즉 나폴레옹으로 불릴 권리가 있음을 입증하기 위해 고리대금업자 노파를 도끼로 살해한다. 그리고 상당히 전형적인 패턴으로 라스콜리니코프는 '머리를 혼란스럽게 만드는' 질문을 동시대인들에게 던진다. "나는 비열한인가 아니면 권리를 가진 인간인가?" 도스토옙스키가 원시니체주의적 단서로 간주한 카라

코조프의 테러는 당대 이슈들을 바탕으로 '머리와 심장에' 축적된 것을 표현하려는 기본적인 발상을 작가에게 제공했다("소책자라 해도 상관없다. 나는 할 말을 할 것이다").

메세르스키 공은 자신의 회고록에서 "도스토옙스키는 러시아 민중에게 끼치는 해악과 거짓 설교라는 두 가지 이유 때문에 혁명가들을 증오했다"라고

《죄와 벌》의 라스콜리니코프
(쉬마리노바의 그림)

주장했다. 도스토옙스키의 작품 《악령》은 그런 증오심으로 가득했다. 작품의 모티브가 된 것은 당시 러시아와 유럽을 떠들썩하게 했던 '민중의 심판'이라는 지하 조직의 소송 사건이었다. 광신적인 세르게이 네차예프가 지휘하는 모스크바 지하 조직의 급진주의자들은 1869년 네차예프가 배신자라고 비난한 동지를 처형했다.

도스토옙스키는 신문을 통해 네차예프의 소송 상황을 면밀히 살폈다. 당시 신문은 불안한 나날을 보내던 도스토옙스키에게 창작적 영감을 제공하는 원천이었다. 1867년 도스토옙스키는 지인들 중 한 사람에게 다음과 같은 편지를 보냈다. "어떤 신문이든 읽고 계신가요? 신문을 읽으세요, 제발. 요즘은 달리 방법이 없습니다. 유행 때문이 아니라, 공적 사건이나 사적 사건들의 연결 고리를 좀 더 명확하고 분명히 살피기 위해서죠."

보리스 아이헨바움은 "러시아문학은 서구 문학과는 달리 오랜 기간 동안 귀족적 관습을 유지하고 있었다. 푸쉬킨은 잡지에 손을 댄 일로 분노에 직면했다"고 언급하고 있다. '경멸스러운' 신문에 대한 도스토옙스키의 지나친 관심은 러시아에서는 혁신적인 것이었고, 심지어 도전적이기까지 했다.

도스토옙스키 산문의 모든 장면은 마치 살아 있는 유기체처럼 움직이고 숨 쉬고 맥도 뛰면서 자신의 잔혹하고 발작적인 세계로 독자들을 끌어들인다(알려진 대로 도스토옙스키는 간질병 환자였다). 도스토옙스키의 언어는 여러 방향으로 분산되었다가 촘촘하고 끈끈하게 합쳐지고 직조되어 번역하기가 쉽지 않다. 마치 붙잡힌 나비의 날개에서 무지개 가루가 흩날려 손에는 정신을 홀리는 아름다움의 희미한 흔적만을 남기는 것 같다. 박물관에서 반 고흐의 작품 앞에 선 사람들이 화가의 민감한 터치를 생생하게 느낀 후에 모조품 앞에 선다면 어떤 느낌일까? 독자들은 내가 무슨 말을 하고 싶은지 이해할 수 있을 것이다. 도스토옙스키는 러시아어로 읽어야만 한다.

1877년 3월 초순, 미국 동부 해안의 노르폴크항에 스베틀라나 함대가 입항했다(함대의 이름은 알렉산드르 2세의 스승이던 시인 쥬콥스키의 유명한 발라드에서 따온 것이다). 함대의 갑판에서는 18세의 해군 소위 후보생이 열심히 도스토옙스키를 읽고 있었다. 그는 눈물을 흘릴 만큼 감동적인 《악령》에서 시작해서 《죄와 벌》을 읽을 계획이었다. 이 두 권의 책은 그에게 독서 지도를 한 19세의 사촌형이 준 것이었다.

《죄와 벌》은 신간이 아니라 이미 11년 전에 출판된 작품이었고, 《악령》은 6년 전에 발간된 것이었다. 그러나 그 소설들은 문화적 정전의 지위를 확보한 상태가 아니었기 때문에 젊은 해군 장교의 열성적인 독서는 사회적 관점에서 매우 흥미로운 것이었다. 더구나 좀 더 주목할 만한 사실은 그 젊은 해군 소위 후보생이 바로 니콜라이 1세의 손자이자 황제 동생의 아들 콘스탄틴 로마노프 대공이었고, 그의 사촌이 바로 알렉산드르 2세의 아들 세르게이 로마노프였다는 것이다.

콘스탄틴 콘스탄티노비치 로마노프(1858~1915)는 비범한 인물이었다. 그는 로마노프 황실의 유일한 시인이었다(K.P. 라는 필명으로 자신의 시를 출판했다). 그의 아버지는 영향력 있는 자유주의자였고 알렉산드르 2세가 주도하는 개혁의 지지자이기도 했다. 콘스탄틴도 자유주의자로 성장했다. 그와 사촌 세르게이는 둘 다 키가 컸고 로맨틱한 눈빛의 늠름한 미남들이었으며 유난히 사이가 좋았지만 그들의 정치관은 시대적 상징이라고 할 수 있을 만큼 극단적으로 대립했다.

1879년, 콘스탄틴 대공은 자신의 일기에 이렇게 썼다.

"세르게이와 다퉜다. 만일 혁명이 일어난다면 어떻게 될까? 우리 로마노프 황실은 어떻게 될까? 우리가 러시아에 남는다는 것은 과연 불가능한 일일까? 나로서는 견디기 힘든 최악의 고통이 될 것이다. 나는 프랑스를 예로 들면서 혁명은 단지 혁명이 직접 겨냥하는 대상에게만 해로울 뿐, 국가에는 좋은 영향을 줄 것이라고 세르게이에게 설명했다. 세르게이는 나의 논리에 경악하며 내게 프랑스어로 말했다. '그렇게 생각하는 네가 안타깝구나'라고."

이 두 명의 사촌 형제는 국가의 계급 서열에서 중요한 위치를 차지했다. 세르게이 대공(그가 외적인 체통과 품위 때문에 결혼했을 뿐 동성애자라는 것은 이미 궁중에서는 널리 알려져 있는 사실이었다)의 극단적인 보수주의와 행정적 능력을 높게 평가한 알렉산드르 3세는 그를 모스크바 총독으로 임명했다. 1905년 세르게이 대공은 테러리스트 이반 카랴예프의 손에 피살되었다. 카랴예프는 지하 조직의 동료들로부터 '시인'이라는 인상적인 별명을 얻고 있었다. 살인자는 처형되었다. 하지만 피살자의 죽음을 애통해하는 사람들이 일부 있었고, 그 중 한 사람이 레프 톨스토이였다. 그는 피습 소식을 듣자 "끔찍한 일이야!"라며 비명을 질렀다. 그리고 톨스토이는 예언이라도 하듯 말을 이어 갔다. "끔찍한 일이야, 더 악화될 거야!"

K.P.는 겉으로는 모범적인 가장이었고 일곱 아이의 아버지였으며 군사학교의 교장이자 황실 과학아카데미의 원장을 지냈다. 수많은 사람들은 그의 죽음을 애도했다. 그에게 가장 충격적인 사건은 1차 세계대전에 참전한 23세의 아들 올렉(그도 역시 타고난 시인이었다)의 죽음이었다.

10월 혁명 발발 이후인 1918년에 K.P.의 세 아들은 우랄 지방으로 유배되었다가 거기서 세르게이 대공의 아름다운 미망인(남편의 죽음 후에 그녀는 머리를 깎고 수녀원에 들어갔다) 엘리자베타와 함께 탄광 갱 안에 산 채로 버려졌다. 볼셰비키는 그 안에 수류탄을 던져서 확인 사살을 했다. 그래도 그 가엾은 사람들은 즉시 숨을 거두지는 않았다. 전설에 따르면 며칠이 지나도록 갱 안에서는 찬송가 소리가 희미하게 들렸다고 한다.

K.P.는 동시대인들에게 시인으로서 그리고 인간으로서 호감을 주었다. 그와 알고 지낸 위대한 지인들(차이콥스키, 페트, 도스토옙스키)의 편지와 평가에는 K.P.의 시와 그의 인품을 묘사하는 수식어 '사랑스러운', '매력적인', '유쾌한'이라는 단어가 등장한다. K.P.의 시(연애시, 전원시, 종교 철학시)는 전문적이고 전통적이고 진실한 감성으로 빛나며 음악과도 잘 어울려서 차이콥스키를 비롯한 많은 러시아 작곡가들은 망설임 없이 그의 시를 사용했다. 차이콥스키는 K.P.의 시어로 작품 63번의 여섯 개 로망스 시리즈를 작곡했으며 그 중에서도 〈나는 창문을 열었네〉는 가장 유명한 작품 중의 하나로 오늘날에도 종종 들을 수 있다.

민중의 마음을 얻는다는 것은 불가사의한 일이다. K.P.의 가장 유명한 작품은 차이콥스키의 권유로 집필해서 당시 엄청난 관심과 논쟁을 불러일으킨 종교극 〈유대인의 왕〉도 아니었고 또 오랫동안 번역의 표본이라고 여겨졌던 〈햄릿〉도 아니었다. 그것은 1855년에 쓰여진 아주 단순한 시였다.

죽고 말았네, 가여운 사람 같으니! 군인 병원에
오랫동안 앓아 누웠었는데, 나의 형제여……

나는 이 시에 가락을 붙인 소비에트 시대의 구슬픈 노래를 기억한다. 이 노래를 누가 썼는지는 아무도 몰랐지만, 어쨌든 조국전쟁이 끝난 후 교외선 안에서 구걸을 하던 장애인들이 이 노래를 부르곤 했다. 지금도 약간 술기가 도는 모임에서 사람들은 이 노래를 부르곤 한다. 게다가 이제는 문학적 조예가 있는 사람이라면 누구나 이 노래의 작사자가 콘스탄틴 로마노프 대공이라는 것을 알고 있다.

도스토옙스키와 로마노프 황실 사이의 미묘한 관계를 보여주는 흥미로운 에피소드가 있다. 1878년 초 알렉산드르 2세의 왕자들을 가르쳤던 드미트리 아르세니예프가 도스토옙스키를 방문했다. 그는 "황제의 분부로 당신을 찾아왔습니다. 황제께서는 당신이 대공들과의 대화를 통해서 그들에게 좋은 영향을 끼칠 수 있기를 바라고 계십니다"라고 전했다.

도스토옙스키에게 유쾌한 이 방문은 바로 얼마 전 황실에서 일어난 작은 스캔들이 계기가 된 것으로 추정된다. 12월 25일 20세의 세르게이 대공은 자신의 일기에 다음과 같은 불만스러운 구절을 썼다.

"최근 나에게 아주 불쾌한 일이 일어났다. 아버지는 내가 방탕하다며 비난했는데 그건 사샤 B. 때문이라는 것이다. 이런 비난에 나는 너무 화가 난다. 주님, 도와주소서! 아멘!"

그 '불쾌한 일'이란 무엇일까? 오늘날 그것은 대공의 성적 취향과 관련된 것이라고 추측할 뿐이지만, 아르세니예프의 방문을 통해 추정할 수 있는 것은 도스토옙스키가 알렉산드르 2세의 방종한 아들을 일깨워 주기 바랐다는 점이다. 알렉산드르 2세는(결국 알렉산드르 3세도 마찬가지이지만) 전제주의에 대한 도스토옙스키의 충성심과 젊은이들을 그리스 정교와 높은 도덕성으로 교육시켜야 한다는 그의 주장을 높이 평가했다.

도스토옙스키로서도 개인적인 대화를 통해서 로마노프 황실의 구성원들에게 영향을 줄 기회를 갖게 되었다는 것은 기쁜 일이 아닐 수 없었다.

1878년 3월 21일 도스토옙스키는 겨울궁전에서 대공들 그리고 대공의 스승들과 함께 만찬을 가졌다. 참석자들 중에는 이미 우리가 알고 있는 K. P.도 있었다. K. P.는 작가로부터 받은 첫 인상을 일기에 이렇게 기록했다.

"그는 깡마르고 병약해 보였다. 보기 드물 정도로 긴 구레나룻을 기른 창백한 그의 얼굴에는 예사롭지 않은 슬픔과 우수가 깃들어 있었다. 그는 글도 잘 썼지만 말도 아주 잘했다."

이 회동 이후에도 도스토옙스키는 로마노프 가문의 파티와 만찬에 여러 차례 초대되었다. 이런 사실로 미루어 판단컨대 도스토옙스키와 대공들 사이의 '교육' 면담은 성공적이고 유익했던 것 같다. K. P.는 "나는 어린아이처럼 순수한 마음과 깊은 신앙심 그리고 명석한 이성을 지닌 도스토옙스키가 마음에 든다"라며 찬사를 아끼지 않았다.

도스토옙스키도 대공들은 "선량한 마음과 뛰어난 지성을 지녔고 논쟁에서 자신의 견해를 주장할 줄 알며 아직 설익은 신념도 갖고 있으나 대화 상대의 상반된 견해를 존중할 줄도 안다"라고 아내에게 말했다.

어쩌면 '러시아의 위대한 작가가 집권 왕조의 가족 구성원들에게 도덕과 명예의 문제를 설파하는' 이런 목가적 장면은 전혀 근거 없는 일일 수도 있다. 도스토옙스키의 소설 《악령》에서 '니힐리스트들'과 혁명가에 대한 풍자적인 묘사가 그만큼 로마노프 황실의 구미에 맞았을 수 있다. 하지만 로마노프 황실 사람들이 읽었던 그 소설은 대폭 삭제된 버전이었다.

도스토옙스키는 《악령》 중에서도 자신이 가장 중요하다고 생각한 장

(章)(〈찌혼의 집에서〉)을 출판할 수 없었다. 그 장은 이른바 스타브로긴의 참회를 담고 있는 장으로서 여기서 니콜라이 스타브로긴은 한때 나이 어린 소녀를 유혹했던 자신의 죄악을 찌혼 수도사에게 고백하게 된다.

보수주의자 미하일 카트코프는 알렉산드르 2세와 훗날 알렉산드르 3세의 영향력 있는 고문관이었고 잡지 《러시아 통보》의 편집자였다. 그는 잡지에 《악령》을 연재하면서 '지나치게 사실적인' 그 장면을 승인하지 않았다. 그는 소설의 테마와 형식이 포르노그라피의 경계에 있는 매우 충격적인 것이라고 생각했다. 분명한 사실은 만일 '스타브로긴의 참회'가 잡지에 실렸다면 도스토옙스키와 젊은 로마노프 대공들 사이의 만찬도 없었을 것이라는 점이다. 그만큼 스타브로긴은 물의를 일으킬 수 있는 등장인물이었다.

처음에 도스토옙스키는 이처럼 소설의 가장 중요한 에피소드를 누락시키는 문학적 폭력에 절망했다. 그러나 그 후 그는 비록 가슴이 아프긴 하지만, 그 부분을 빼기로 하고 삭제된 장을 《악령》의 최종본에 포함시키지 않았다. 그리하여 그 장은 작가 생전에는 출판되지 않다가 1922년에 들어서야 처음으로 세상에 나왔다.

어쩌면 도스토옙스키는 '소녀를 유혹하는 에피소드가 기본적으로 작가의 자전적 경험을 바탕으로 한 것'이라는 소문이 더욱 확산될 것을 우려한 나머지 그토록 아끼던 장의 출판을 단념했는지도 모른다. 도스토옙스키가 그런 테마에 병적으로 집착했던 것은 분명한 사실이다. 그와 유사한 에피소드가 《죄와 벌》, 《백치》, 《미성년》 등의 다른 작품들 속에서도 눈에 띄고 있지 않은가.

이것은 매우 민감한 문제이다. 현대 러시아의 연구자들은 도스토옙스키의 '소아 성애증'의 가능성을 조심스럽게 언급하고 있다. 도스토옙스키 옹호자들은 입에 거품을 물고 그 모든 것이 음모이며 유언비어라고 주장한다. 그러나 분명한 점은 그 '음모와 유언비어'를 투르게네프와 레프 톨스토이가 함께 검토했다는 사실이다. 그런 사실만으로도 도스토옙스키 당대에는 최소한의 근거 있는 문학적 담론의 대상이 되었고 결과적으로는 문화사적 진실이 되었다.

도스토옙스키는 시인이자 믿음직한 친구였던 아폴론 마이코프에게 이런 편지를 보냈다.

"가장 나쁜 결점은 내 천성이 비열하고 지나치게 정열적이라는 것일세. 어디서든 어떤 분야에서든 나는 극단적이었고 평생 그 경계들을 넘나들었다네."

알려진 바에 따르면 도스토옙스키는 자신의 가장 끔찍한 결점이 룰렛 중독이라고 고백했다고 한다. 그는 아내에게 보낸 편지에서 참회를 하기도 했고, '희망 없고 저열하고 한심한 도박꾼', '나는 짐승만도 못해'라는 말로 스스로를 자책하기도 했다.

도스토옙스키의 '정열'은 아내에게 보낸 편지에서 성에 관해 이야기를 할 때 드러난다. 도스토옙스키의 아내가 그의 편지들을 출판하기에 앞서 자신이 생각하기에도 가장 '난처한' 부분들을 꼼꼼히 삭제했음에도 불구하고, 어쨌든 그 일부는 여전히 남아 있다.

"나는 꿈속에서 매 순간 당신에게 뜨겁게 키스를 퍼붓는다오. 특히 '그는 매력적인 그것에 감탄하고 도취되었다'라는 표현을 좋아한다오. 매 순간마다 온갖 형태를 취하는 그 물건에 나는 평생 키스하며 또 키스할 것이오."

도스토옙스키는 어느 날 아내로부터 매우 천진난만하고 순진한 암시가 들어 있는 편지를 받았다.

"나는 가장 매혹적인 꿈을 꾸었어요. 꿈 속에는 매우 사랑스럽고 소중한 사람이 등장했죠, 당신도 금방 알아차릴 거예요. 그가 누군지 맞춰 보세요."

아내의 편지에 작가는 너무나도 정열적인 답장을 보냈는데, 훗날 그의 아내가 한 페이지에서 거의 28행을 지워 버릴 정도였다. 도스토옙스키는 자신의 에로틱한 정열을 이렇게 고백했다.

"안나, 이 글을 읽으면 내가 지금 어떤 상태에 있는지 당신은 알 거요. 나는 이 흥분 때문에 발작이 일어날까 두렵소. 마치 꿈속을 헤매듯 당신의 손에, 바로 그 손바닥에, 발에, 온 몸에 키스를 한다오."

작가 예로님 야신스키가 기록한 투르게네프의 이야기는 널리 알려져 있다. 도스토옙스키는 자신이 5백 루블을 주고 열두 살짜리 소녀를 성매매했다고 발작 상태에서 투르게네프에게 고백했다고 한다. 그러자 투르게네프는 도스토옙스키의 말을 중단시키며 당장 나가라고 했고, 도스토옙스키는 그제야 정신을 차린 듯 그 이야기는 모두 투르게네프를 위해 지어낸 '농담'이라며 둘러댔다고 한다.

투르게네프가 도스토옙스키를 러시아의 마르키즈 드 사드(사디즘의 창시자)로 간주했다는 것은 1882년 9월 24일자 미하일 살티코프 쉐드린에게 보낸 그의 편지 속에 잘 나타나 있다. 편지 속에서 투르게네프는 사드가 '기묘한 고문과 고통을 통해 특별한 향락을 즐기며 방탕한 쾌락을 추구한다'고 혐오스러워하면서, "도스토옙스키도 자신의 소설 한 대목에서 이런 부류의 성도착증적 희열을 상세히 묘사하고 있지요"라고 덧붙였다.

투르게네프는 《악령》 속의 '스타브로긴의 참회'를 염두에 두었던 것이 분명하다. 도스토옙스키의 이 소설에 대해 투르게네프는 특별히 마음에 담아 둔 점들이 있었다. 소설 속에 등장하는 서구주의 작가 카르마지노 프라는 인물은 투르게네프를 희화화한 등장인물인데다가, 투르게네프는 《악령》의 사회적 반향과 러시아 상류층에서의 소설의 성공이 분명 부러웠을 것이다.

1862년 투르게네프는 자신의 유명한 소설 《아버지와 아들》을 출판하면서 주인공 바자로프의 형상 속에서 혁명가-니힐리스트의 전형을 문학과 사회의 무대로 이끌어 냈다. 작가와 비평가들은 바자로프를 '우리 시대의 새로운 주인공'으로 규정했고, 바자로프는 끊임없는 논쟁과 토론의 대상이 되었다. 러시아 독자들에게 투르게네프의 화두가 절정에 이르던 시점이었다.

도스토옙스키는 자신의 《악령》을 《아버지와 아들》에 대한 논쟁적 답변으로 구상했다. 투르게네프의 주인공 바자로프는 '음울하고 거칠고 거창한 인물'이었다. 반면에 도스토옙스키의 니힐리스트들은 초라한 악마들이었으며, 그는 개조된 러시아에서 바자로프 유형의 인물이 얼마나 퇴색하고 변질되었는지를 보여주고자 애썼다.

1873년 도스토옙스키는 《악령》을 미래의 알렉산드르 3세에게 헌정했다. 그는 동봉한 편지에서 "'아버지 세대로부터 아들 세대'는 직접적인 연결고리를 가지고 있으며, 벨린스키나 투르게네프와 같은 서구주의자들과 자유주의자들은 '러시아적 생활의 본질적이고 고유한 근간'에서 이탈하여 현대의 테러리스트들을 낳았다"라고 설명했다.

아마도 투르게네프는 도스토옙스키의 궁중 책략에 대해 알고 있었던 것으로 보인다. 1876년 살티코프-쉐드린이 투르게네프에게 왜 황태자(미래의 알렉산드르 3세)의 스승이 되지 않았느냐고 묻자, 투르게네프는 도스토옙스키 같은 로마노프 황실의 '전담 작가'가 되고 싶지 않았다며 자랑스럽게 대답했다고 한다.

"황태자의 스승 문제에 대해 말씀하시는군요. 그러나 《아버지와 아들》 발표 이후로 나는 어느 때보다 그런 부류에서 멀어졌습니다. 실제로 그런 부류에 한 번도 속해 본 적도 없을 뿐더러, 그것 때문에 글을 쓰고 일한다는 것은 멍청하고 치욕적인 일이라고 생각합니다."

1881년 1월 28일, 59세를 일기로 도스토옙스키가 세상을 떠나자(그는 폐동맥이 파열되어 목구멍으로 피를 토했다) 정권은 당황했다. 어떻게 반응할 것인가? 그 상황을 해결한 사람은 콘스탄틴 포베도노스체프였다. 그는 1880년 신성종무원의 감찰총장(실제로는 종교부 장관)이었고, 알렉산드르 2세의 가장 가까운 고문관이었다(그는 나중에 알렉산드르 3세의 고문관에 이어 니콜라이 2세의 스승이 되었다).

정적들이 '안경을 쓰고 뒷발로 걷는 면도한 박쥐'라고 불렀던 포베도노스체프는 강인하고 독특한 인물이었다. 교육법 전문가인 포베도노스체프는 폭넓은 문화적 식견을 지니고 있었고 츄체프와 페트의 시를 좋아했으며 차이콥스키와 새로운 종교화의 거장 빅토르 바스네초프가 황제의 후원금을 받는 데도 일조했다.

포베도노스체프는 극단적 보수주의자였다. 그가 가장 위대한 군주라고 평가했던 니콜라이 1세 시대의 이데올로기 3원칙(정교, 전제주의, 국민정신)은 그의 길라잡이였다. 포베도노스체프를 잘 아는 종교 철학자이자 비평가인 콘스탄틴 레온치예프는 그를 이렇게 평가했다.

"그는 매우 유능한 사람이다. 마치 눈보라처럼 차갑고 냉철해서 향후 부패를 방지할 수 있는 인물이기도 하다. 그러나 그가 있는 곳에서는 아무 것도 자라지 않을 것이다."

포베도노스체프는 민주주의 이념과 의회주의를 '우리 시대의 위대한 위선'이라고 불렀다. 그는 신문을 증오하면서도 손에 확대경을 들고 일간지를 꼼꼼히 읽었고, 신문이 혁명적 소요의 원흉이라고 생각했다. 더구나 새로운 시대가 도래했지만 전혀 문명화되지 않은 러시아에서 근래 갑자기 '책 대신에 신문을 들고 다니는 것'은 국가에 '엄청난 재앙'이 된다고 확신했다. 왜냐하면 국가는 자유주의적 선동을 일삼는 사람들로부터 무방비 상태라고 여겼기 때문이다.

도스토옙스키는 포베도노스체프를 자신의 사상적 동지이자 이념의 수호자라고 생각했고, 포베도노스체프도 도스토옙스키를 보수주의 이념의 기사로 평가했다. 그는 1880년 도스토옙스키가 황태자와 황태자비를 접견할 수 있도록 주선했다.

도스토옙스키가 죽었다는 소식을 전해 듣자 포베도노스체프는 곧 황태자에게 편지를 썼다.

"그는 저의 가까운 친구였습니다. 그가 이 세상에 없다는 것이 애통합니다. 그의 죽음은 러시아로서도 큰 손실입니다. 문학가들 중에서도 그는 거의 유일하게 신앙과 국민정신, 애국심을 설파한 열정적인 전도사였습니다. 목자 없는 양 떼처럼 방황하는 불쌍한 우리의 젊은이들에게 신앙을 심어준 그의 행동은 진정으로 위대하고 은혜로운 것입니다."

포베도노스체프는 황태자에게 도스토옙스키 가족을 도와주도록 알렉산드르 2세에게 청원해 달라고 부탁했다. "그는 너무나 가난하여 남은 것이라고는 오직 책밖에 없습니다." 미래의 알렉산드르 3세는 "가련한 도스토옙스키의 죽음이 너무나도 안타깝소. 그것은 실로 엄청난 상실이며, 어느 누구도 그를 대신할 수는 없을 것이오"라며 즉각 호응하였다.

포베도노스체프의 제안으로 정부는 정성을 다하여 도스토옙스키의 장례식을 거행했다. 포베도노스체프의 지시에 따라 러시아의 중요한 정교 수도원이던 알렉산드르-넵스키만(灣) 인근의 공동묘지에 도스토옙스키를 안장하자는 제안이 미망인에게 전달되었다.

그곳은 당시 러시아 최고의 묘지였으며 로마노프 황실과 인연이 깊은 작가들(카람진과 쥬콥스키)이 묻힌 곳이었다. 과거에는 국사범이자 유형자였고 국가적 책무도 전혀 이행하지 않았던 도스토옙스키에게 그것은 유례를 찾아볼 수 없는 은총이었다. 더구나 도스토옙스키의 장례식 비용은 황실 재정에서 충당되었다.

도스토옙스키의 미망인은 재정부 장관으로부터 다음과 같은 편지를 받았다.

"황제께서는 이번 1월 30일에 은혜로운 명령을 내리셨습니다. 고인이 된 당신의 남편이 러시아문학에 기여한 공로와 그가 차지하는 위상을 고려하시어 너그러우신 군주께서는 아이들과 똑같이 당신에게도 연간 2천 루블의 연금을 지급하라고 하셨습니다."

알렉산드르 2세는 만일 미망인이 원한다면 도스토옙스키의 자녀들에게 교육비도 지원하라고 지시했다. 그리고 포베도노스체프는 그들의 후견인이 되었다.

포베도노스체프가 그토록 경멸했던 일간지들은 황제의 관대한 처사에 대해 곧바로 대서특필했다. 그때 일간지들은 알렉산드르 2세가 아버지 니콜라이 1세와는 달리 과거의 반체제주의자를 용서할 줄 아는 러시아 민족 문화의 수호자가 되었으며, 국가의 적극적인 지도력은 사회적인 정서와 일치했고, 도스토옙스키의 장례식은 상징적 의미를 지니는 국가의 대대적 행사가 되었다고 보도하며 포베도노스체프와 보조를 맞추었다.

금실 비단을 두른 도스토옙스키의 관은 화환으로 뒤덮인 채 그의 아파트에서 알렉산드르 넵스키 만까지 운반되었고, 추모객들의 성대한 장례 행렬이 뒤를 따랐다(신문사의 추산으로는 3만 명에 달했다고 한다). 페테르부르크의 인텔리겐챠와 미술아카데미 대표단, 신학대학, 음악대학, 광산대학, 의과대학, 베스투제프 여자대학의 학생들이 모두 운집했다. 군중은 엄숙하고 감동적인 기도문 〈성스러운 신이여〉를 계속해서 외웠고 많은 사람들은 추모의 눈물을 흘렸다.

급진주의 학생들은 도스토옙스키의 유형 시절을 기린다며 고인의 머리맡에 화환 대신 죄수용 족쇄를 올려놓고 소규모 반정부 시위를 시도했다. 그러나 곧바로 헌병대가 나타나 그 족쇄를 수거해 버렸다. 알려진 정보에 따르면 장례식 당일 알렉산드르 넵스키 만(灣) 주변에서는 군사 훈련이 예정되어 있었다고 한다. 즉, 정부 휘하의 카자크 기마병들이 '만일의 사태'에 대비하여 전투 태세를 갖추었던 것

도스토옙스키의 묘비

이다. 하지만 학생들은 쉽게 물러서지 않았다. 군중 속의 누군가가 "우리가 매장하는 사람이 누구냐"라고 소리치면, 그들은 큰 소리로 "유형수!"라고 재창했다.

《악령》,《카라마조프 형제들》을 쓴 작가의 관 앞에서 그의 사후에 최소한의 명예라도 회복시키려는 즉흥적 시도는 실패로 끝나고 말았다. 돈을 지불한 사람이 음악을 신청할 수 있는 법이다. 결국 포베도노스체프는 자신이 기획한 문화 전술의 승리에 의기양양했다.

투르게네프의 친한 친구였던 자유주의자 파벨 안넨코프는 이를 비웃듯 프랑스에 있는 투르게네프에게 다음과 같은 편지를 보냈다.

"도스토옙스키가 직접 자신의 장례식을 보지 못한 것이 참으로 안타깝네. 사랑과 질투가 어우러진 영혼을 가지고 또 기독교적이면서도 적개심 가득한 심성을 가졌던 그도 안심했을 것이네. 앞으로 어느 누구에게도 그런 장례식을 치러 주지는 못할 거야. 그가 유일한 사람이겠지. 그래, 예전에는 니콘 총주교, 그리고 필라레트 드로즈도프 대주교가 그런 추도를 받았어. 기뻐하시라, 사랑스런 고인의 영혼이여, 드디어 비잔틴 양식의 성스러운 선각자 대열에 편입되었구나. 아마 곧 그대의 영험이 드러날 것이며 또 나의 아이들은 이런 기도문을 듣게 되겠지. '성 표도르여! 저희들을 위해 하느님께 기도해 주소서'(표도르는 도스토옙스키의 이름이다)."

도스토옙스키의 미망인은 만일 도스토옙스키가 1881년 1월 28일 피를 토하고 죽지 않았다면, 아마도 '3월 1일의 만행'이 그를 죽음으로 내몰았을 거라는 말을 입에 달고 다녔다. 작가가 죽은 지 한 달이 지난 그날 테러리스트 니콜라이 르사고프가 던진 폭탄으로 해방자—차르 알렉산드르

2세가 사망했다. 도스토옙스키가 그토록 두려워하고 증오했던 광신적 반전제주의자들은 그 목적을 달성한 듯 보였다. 러시아는 충격에 빠지고 말았다.

그러나 포베도노스체프는 평소와 같이 경계를 늦추지 않았다. 자신의 제자였던 새로운 황제 알렉산드르 3세를 잘 아는 그는 곧장 황제에게 비밀 편지를 보내서 새로운 군주의 국가적 방침을 실질적으로 예언했다.

"격동의 러시아, 동요와 혼란에 빠진 러시아, 강력한 통치 권력을 갈구하는 러시아가 당신 앞에 놓여 있습니다."

13장 — 알렉산드르 3세, 이동전시파, 무소르그스키

1881년 3월 1일 미래의 유명한 화가 알렉산드르 베누아가 아직 열한 살도 되지 않았을 무렵이었다. 그는 가족과 함께 살던 페테르부르그의 4층 저택에 끈질기게 벨소리가 울리자 현관으로 달려가 문을 열었다. 사촌형이자 의사인 레온치 베누아 박사는 그때 베누아의 병든 아버지를 돌보고 있었다. 소년이 문을 열자 잔뜩 상기된 경찰이 문 앞에 서 있었다. 경찰은 숨을 헐떡이며 빠른 어조로 이렇게 말했다.

"여기에 베누아 박사가 계시니? 그분을 급히 찾고 있어! 조금 전에 황제께서 암살당하셨어! 폭탄 테러로 다리가 잘리셨어! 내무 장관도 부상을 당하셨지! 그분도 마흔세 군데나 상처를 입으셨어!"

베누아는 하마터면 현기증으로 쓰러질 뻔했다고 회상했다. 그가 아버지의 침실로 들어가 그 끔찍한 소식을 전했지만 아무도 그의 말을 믿지 않았다. "하느님께서는 여러 차례 폐하를 구하셨어. 아마 이번에도 무사하실 거야." 그러나 겨울궁전 정문에는 황제의 깃발이 내려졌고, 궁전 앞에는 군중이 모여 무릎을 꿇은 채 통곡하고 있었다.

나중에 베누아는 알렉산드르 2세의 시해 사건 이후에 혁명가들에 대한 사회적 시선이 급격히 변했다고 주장했다. 예전에는 니힐리스트가 거의 유행이나 다름없었지만, 테러 이후에는 평범한 민중이든 지성인이든 어디서나 그들을 대대적으로 비난했다.

관에 누운 알렉산드르 2세의 사진은 그 후 황제-수난자라고 불리며 러시아 전역으로 퍼져 나갔다.

그러나 황제 암살범을 무조건 질타하는 고조된 반혁명적 분위기 속에서도 용기를 내서 새 황제에게 그리스도 정신으로 테러범을 용서하라고 호소한 사람이 두 명 있었다. 그들은 바로 레프 톨스토이와 새로운 사상적 지도자인 27세의 종교 철학가 블라디미르 솔로비요프였다.

키가 크고 마른 체형에 창백하고 영감으로 가득한 얼굴의 솔로비요프는 수천 명의 청중 앞에서 강연하면서 살인범을 용서해야 한다고 알렉산드르 3세에게 호소했다(그는 도스토옙스키 작품의 주인공 알료샤 카라마조프의 모델로 추정되는 인물이다). 그는 만일 권력층이 자비라는 기독교 정신을 거부한다면 그 권력은 민중으로부터 외면당할 것이라고 덧붙였다.

이와 같은 '솔로비요프의 선동적인 견해'로 인해 홀에서는 엄청난 소요가 일어났다. 누군가가 '당신부터 먼저 처형해야 할 것이오, 변절자!'라고 소리쳤다. 그러나 많은 사람들, 특히 여성들은 공감의 눈물을 흘렸다.

레프 톨스토이는 알렉산드르 3세에게 개인적인 편지를 쓰면서 혁명가들을 처형이나 포승줄이 아니라 정신적으로 교도해야 한다고 강조했다. 그는 황제를 설득하면서 "그들을 바로잡을 수 있는 유일한 정신이 있습니다. 그것은 사랑과 용서 그리고 악을 선으로 갚는 일입니다. 이러한 정교 이념 앞에서 그들은 새로운 황제를 그리스도 정신을 실천하는 인자로 여기게 될 것이며, 혁명가들과 혁명은 마치 불 앞의 촛농처럼 녹아 내릴 것입니다"라고 말했다.

톨스토이는 그 편지를 황제께 전해 달라고 포베도노스체프 종무원장에게 부탁했다. 그러나 종무원장은 거절하며 "……. 당신의 편지를 읽고 나니, 나는 당신의 신앙이 나의 교회 신앙과 다르다는 것, 우리의 예수님은 당신의 예수님이 아니라는 것을 알게 되었소"라고 답했다.

결국 알렉산드르 3세에게 톨스토이의 편지를 전한 사람은 황제의 동생인 세르게이 대공이었다. 황제는 톨스토이에게 "만일 시해를 당한 당사자가 황제 자신이었다면 용서할 수도 있겠지만, 내게는 아버지를 죽인 살인범을 용서할 권한이 없소"라고 전했다. 다섯 명의 테러범은 교수형에 처해졌다.

이 시기는 날카로운 '이념 대립'의 시대였고 세 가지의 대립적인 관점이 서로 충돌하던 시대였다. 한 부류는 도전적이고 공격적이며 적대적인 혁명가들이었고, 다른 부류는 그에 못지않은 공격적인 저항 세력으로서 어느 정도 세력을 형성하면서 군주제를 지지하던 지식층이었다. 이런 양극단 사이에 다시 계몽적 중도주의자들이 자리 잡고 있었다. 늘 그렇듯 그 세력들은 자신의 정치적 관점, 미학적 입장, 감

알렉산드르 3세

정, 우정 관계 그리고 사회적 상황에 따라 한 진영에서 다른 진영으로 자리를 옮기며 변절하고 동요했으며, 서로 높은 도덕적 입지를 구축하고자 애썼다.

전제주의는 이론적으로는 압도적인 우위를 차지하고 있었다. 군주는 행정적 자원, 무한대의 재정적 자원을 누릴 수 있었다. 그리고 이미 표트르 1세 시대부터 국가에 완전히 종속된 공식 교회의 권위에 의지하기도 했다. 그러나 전제주의는 '3월 1일의 참사'(알렉산드르 2세 시해 사건) 이후로 여론의 공감이 극에 달했음에도 불구하고, 오히려 더 위축되었고 언제부턴가 수세에 몰린 듯한 느낌을 주었다.

포베도노스체프는 알렉산드르 3세에게 거의 매일 훈계와 설교 조의 편지를 보내서 황제가 직접 궁중의 모든 문, 심지어 침실 문까지도 철저히 단속하고 책상과 침대 밑도 살펴서 그곳에 테러범들이 숨어 있는지 확인해야 한다고 충고했다.

알렉산드르는 겁이라곤 전혀 없으며 몸집도 크고 신체적으로도 매우 강한 사람이었다(그는 철사줄로 매듭을 엮을 정도였다). 그랬던 그가 어느 날 갑자기 신경이 극도로 예민해져서 개인 경호를 담당하는 장교가 등 뒤에 무기를 숨겼다며 그를 총으로 쏘아 버렸다. 밝혀진 바에 따르면 그 불쌍한 장교는 황제가 갑자기 들이닥치자 피우던 궐련을 숨기려고 했던 것이다.

정부는 뜻밖의 새로운 문화적 현상과 마주하고 있었다. 전능하고 신성불가침한 것으로 여겨지던 아버지-차르의 전통적 형상에 대한 탈신비화가 급속도로 진행되었던 것이다. 황실 근위대를 비롯하여 어느 누구도 그에 대한 대비책을 마련하지 않았다. 만약 현대의 러시아 올리가르히

경호에 사용되는 기본적인 예방책만 적용했더라도 알렉산드르 2세의 시해는 사전에 예방할 수 있었을 것이다.

'이념 보안' 부서 또한 시급한 재건이 필요했지만, 로마노프 왕조에는 이를 수행할 수 있는 재능 있는 인재가 충분치 않았다. 포베도노스체프와 그의 동지이자 경쟁자이며 당대의 보수적 잡지를 이끌던 미하일 카트코프는 영리한 지식층이며 열정적인 사람들이었다. 그러나 그들의 프로그램은 보수적이고 방어적이었을 뿐 적극적이거나 공격적이지 않았다.

카트코프는 자신이 발행하는 신문 《모스크바 통보》에서 "러시아는 'A=A', 혹은 다른 예로 '2×2=4'라는 '마법 공식'에 따라 존재한다. 러시아 전제주의는 과거에도 존재했고, 현재도 존재하며, 미래에도 존재할 것이다"라고 독자들에게 설명했다. 실질적이고 역동적인 이데올로기를 형성하기 위해서라면 그것만으로는 역부족이었다.

더구나 포베도노스체프도, 카트코프도 그리고 그들의 동지인 메세르스키 대공조차도 '뛰어난 문장가'가 아니었다. 그들의 소논문은 오늘날에도 이해하기 어려우며, 급진적 사회평론가들(니콜라이 도브로류보프, 드미트리 피사레프, 니콜라이 체르니솁스키, 니콜라이 미하일롭스키)에 비해 문장력도 현저히 떨어졌다. 메세르스키 대공 본인도 그 점을 인식하고 있었기 때문에 1882년의 비망록에서 알렉산드르 3세에게 이렇게 불평을 늘어놓았다.

"색이 뚜렷하고 목소리가 더 큰 쪽이 대중을 교화하는 법입니다. 지금으로서는 해로운 언론의 색채와 목소리가 더 강렬합니다. 어떻든 간에 대중들에게 보수적 색채의 강력한 목소리를 주입시켜야 합니다."

메세르스키는 이러한 '보수적 목소리의 주입'을 강화하기 위해 알렉산드르 3세에게 상당한 지원금을 요청했다. 황제의 반응은 이랬다.

"아이디어는 나쁘지 않소. 그리고 메세르스키를 돕는 것도 반대하지 않소."

그러나 메세르스키와의 협력에 유일하게 찬성했던 러시아의 위대한 작가 도스토옙스키는 이미 사망했으며, 그 정도의 거물급 새 동맹자는 대공의 주변에서 눈에 띄지 않았다.

알렉산드르 3세는 시인 쥬콥스키 정도의 인물(알렉산드르 2세의 스승이자 니콜라이 1세의 측근)이 고문관으로 군주를 보좌하던 시대를 그리워하며 "당시에는 그런 인물들이 흔했지만, 이젠 너무 드문 일이야"라며 한숨을 내쉬었다.

군주의 감상적 향수에 공감하면서 포베도노스체프는 알렉산드르 3세에게 다음과 같은 글을 보냈다.

"나랏일과 민중을 바라보는 곧고 분명한 세계관 그리고 고귀한 영혼을 지닌 쥬콥스키 같은 인물이 궁정에 존재했다는 것은 정말 '무궁한 축복'입니다. 니콜라이 황제의 치세는 가장 화려하고 빛나는 시대였습니다. 쥬콥스키 주변의 모든 것은 단순하고 분명했으며, 삶의 목표 또한 간단하고 명료했습니다. 그러나 그 목표가 복잡해지고 상상할 수 없을 정도로 꼬이기 시작한 것도 바로 그때부터입니다. 향후의 진로가 탄탄대로처럼 펼쳐지고 가야 할 방향이 명확한 시대도 있습니다. 또한 늪지 주변처럼 안개가 뒤덮인 시대도 있습니다. 당시와 현재 사이에 차이가 있다면 그것은 바로 우리를 둘러싼 세상이 바뀌었다는 점입니다."

포베도노스체프의 말은 옳았다. 실제로 세상은 황제의 조부 시절과는 달라져 있었다. 많은 지식인들은 니콜라이 1세가 승인한 3원칙〈정교, 전제주의, 국민정신〉을 불멸의 이념적 목표로 여기지 않았다. 그러나 알렉산드르 3세와 그의 측근들과 고문관들은 강력한 보수적 문화 정책이야말로 질서를 재건하고 예전의 안정을 회복하는 길이라고 확신했다. 그들은 자신을 리얼리스트로 여겼지만, 문화 영역에서는 잃어버린 지난날을 그리워하는 진정한 로맨티스트처럼 행동했다.

혁명 이념에 문화적 반격을 가했던 흥미로운 예로는 당시 러시아에서 우후죽순처럼 등장했던 이른바 반(反)니힐리스트 소설을 들 수 있다. '니힐리스트'라는 용어를 널리 회자시킨 투르게네프의 《아버지와 아들》은 그 기원적 작품이다.

《아버지와 아들》의 바자로프는 주목할 만한 인물이다. 복잡하고 약간 악마적이지만 매력적인 인물이기도 하다. 투르게네프에 대한 반론으로 도스토옙스키는 자신의 소설 《악령》에서 혁명가를 난장이와 범죄자로 묘사했다. 악의적이었지만 강렬했다. 의심의 여지없이 《악령》은 러시아 반(反)니힐리스트 소설 장르의 최고작이 되었다. 자유주의 언론에서는 《악령》을 비난했지만 많은 비평가들은 자신의 의지와는 상관없이 도스토옙스키의 위대한 재능을 인정할 수밖에 없었다. 그들은 도스토옙스키가 거장임을 인정했고, 언젠가는 그를 진보 진영으로 끌어들이겠다는 희망을 버리지 않았다.

도스토옙스키 정도의 영향력과 권위를 갖지 못한 작가가 혁명가들을 대적한다는 것은 전혀 다른 문제다. 비슷한 예로 니콜라이 레스코프를 들 수 있다. 오늘날 그는 19세기의 가장 흥미롭고 섬세한 러시아 산문 작가 가운데 한 사람으로 인정받고 있기도 하다(유감스럽게도 그의 작품은 독특하고 재기 넘치는 언어와 문체로 인해 번역하기가 몹시 까다롭다).

1864년 레스코프는 스테브니츠키라는 필명으로 자신의 첫 소설 《갈 곳 없는》을 발표했는데 여기서 그는 니힐리스트들을 악의적으로 조롱했다. 그리고 1870년에는 도스토옙스키의 《악령》과 함께 레스코프의 소설 《칼날 위에서》가 극우파 카트코프의 잡지 《러시아 소식》에 실렸다.

자유주의자들은 레스코프-스테브니츠키를 무자비하게 단죄했다. 도스토옙스키의 경우와 비할 바가 아니었다. 그들은 소설 《갈 곳 없는》이 경찰의 요청에 따라 10만 루블의 대가를 받고 집필된 작품이라고 소문을 퍼뜨렸다. 넓은 어깨, 굵은 목, 작고 다부진 체격에 빛나는 검은 눈동자를 가진 레스코프가 공공장소에 모습을 드러내기라도 하면 사람들은 '비열한 스테브니츠키'라며 큰소리로 욕설을 퍼붓거나 외면해 버렸다. 많은 사람들은 그와 악수하는 것조차 거부했다.

레스코프에게 결정적인 타격을 입힌 인물은 진보적 젊은이들의 우상이었던 비평가 드미트리 피사레프였다. 그는 자신의 문학 평론에서 악의에 찬 질문을 던졌다.

"잡지 《러시아 소식》을 제외하고 오늘날 러시아에서 감히 스테브니츠키의 서명과 펜으로 발표된 어떤 글이라도 자신의 지면에 출판하려는 잡지사가 과연 한 군데라도 있을까?"

레스코프의 반니힐리스트적 '범죄'에도 불구하고 그를 매우 높이 평가했던 막심 고리키는 훗날 "그것은 거의 살인 행위였다"라고 밝힌 바 있다. 그때부터 10년 동안 러시아의 '권위 있는' 잡지들과 출판사들은 레스코프를 외면해 버렸다. 당시 레스코프는 그야말로 끼니조차 때울 수가 없었다고 한다. 《갈 곳 없는》의 작가는 정말이지 '더 이상 갈 곳이 없는' 궁지로 내몰렸던 것이다.

말년에 이르러(그는 1895년 64세의 나이로 세상을 떠났다) 레스코프는 간신히 레프 톨스토이의 보호를 받으며 자유주의 진영의 봉쇄를 깨뜨릴 수 있었고 정교적 테마의 주옥 같은 산문 작가로 인정받게 되었다. 그의 작품 《봉인된 천사》와 《매혹적인 순례자》는 바실리 수리코프의 미술 작품 《대귀족 부인 모로조바》와 빅토르 바스네초프의 종교적 벽화들, 모데스트 무소르그스키의 음악과 니콜라이 림스키-코르사코프의 작품들(오페라 〈오반쉬나〉와 〈보이지 않는 도시 키테쥐와 처녀 페브로니야 이야기〉) 그리고 블라디미르 솔로비요프의 철학서들과 함께 '새로운' 러시아 종교 문화의 걸작으로 어깨를 나란히 하고 있다.

　레스코프의 이야기로부터 도출할 수 있는 결론은 그 무렵 영향력 있는 러시아 지식인들은 더 이상 정부의 호감을 사거나 정부의 목소리를 경청하려고 하지 않았다는 점이다. 점점 가속화되는 정치적 양극화 속에서 권력이나 정부의 공식적 입장과 노골적으로 연대한다는 것은 작가의 명성을 심각하게 훼손할 수 있었고, 그들의 삶을 심리적으로뿐만 아니라 물질적으로 곤혹스럽게 만들 수 있었다.

　그러나 열렬한 '좌파 이념 신봉자'로 명성을 얻는 것도 자신의 경력과 행복에는 위험천만한 일이었다. 이런 딜레마 속에서 사람들은 갈등을 했다. 말하자면 한편으로 급진주의자들은 게르첸과 체르니솁스키 사이에서 혼란을 겪었고, 다른 한편으로 보수주의자들은 포베도노스체프와 카트코프 사이에서 갈팡질팡하고 있었다. 용감하게 어느 한쪽의 입장을 취할 수 있는 사람은 그리 많지 않았다.

　알렉산드르 3세와 그의 측근들은 문화계 인사들을 자기편으로 끌어들이기 위해 최선을 다했다. 작가들, 작곡가들, 예술가들을 만났고, 그들에게 보조금과 국가 연금을 지급했으며, 음악, 조각품, 회화, 교회의 기념 벽화들을 주문했다. 가령 알렉산드르 3세가 소위 이동파 작가들(1870년에 조성된 이동파 화가들의 모임)에게 우호적 태도를 보인 것이 좋은 예가 되겠다.

이동파 화가들의 기원은 1865년으로 거슬러 올라간다. 황실 예술아카데미의 이반 크람스코이를 비롯한 14명의 뛰어난 화가들은 졸업 시험을 거부했고, 독특한 친사회주의 코뮌의 기능을 가진 독립적 '예술가 조합'을 결성했다. 화가들은 페테르부르그에 큰 아파트를 임대해 함께 생활하며 공동으로 작업했다.

처음에 정부는 젊은 화가들의 용기 있는 행보를 적대시했다. 사실 예술아카데미는 황제의 특별 관리하에 있는 공식 기관이었고, 황제는 자신의 판단에 따라 소속 예술가들을 포상하거나 처벌할 수 있었다. 그렇기 때문에 황실 아카데미에 맞서는 것은 군주제에 대한 반란으로 간주되었다. 그리고 당시 급진적 젊은이들 사이에서 인기를 누린 체르니솁스키의 소설 《무엇을 할 것인가?》에서 아이디어를 빌린 예술가들이 '공동 생활' 방식으로 살고 있다는 점도 의혹을 불러일으켰다.

이어서 그들은 예술아카데미나 정부에 의존하지 않는 독자적인 미술 전시회를 조직했다. 지도적 역할을 한 이동파 화가들(크람스코이, 바실리 페롭, 니콜라이 게, 일리야 레핀, 이반 쉬쉬킨)은 단숨에 명성을 얻었고 경제적으로도 성공한 예술가가 되었다. 아카데미 부원장을 지내다가 훗날 아카데미 원장이 된 블라디미르 대공은 이동파 화가들에게 당근과 채찍 정책을 시행하려고 했다. 공식적으로 처벌하겠다고 그들을 협박하기도 했고, 아카데미로 복귀하라고 회유하기도 했던 것이다.

26세의 레핀에게 〈볼가강의 인부들〉(강변에서 짐배를 끄는 11명의 남루한 사내들을 생동감 있게 묘사한 대작)을 그리도록 주문한 사람은 바로 회청색 눈동자와 곱슬머리의 미남, 블라디미르 대공이었다(당시 그의 나이는 24세였다). 그림은 엄청난 파장을 일으켰고, 레핀에게는 '민족주의 화가들의 지도자'라는 명성을 안겨 주었다. 〈볼가강의 인부들〉은 오랫동안 블라디미르 대공의 당구실에 걸려 있었다. 대공은 "유럽 전시회에서 레핀의 작품을 너무 자주 요청하는 바람에 그의 작품을 감상할 기회가 없다"며 레핀에게 농담 섞인 불평을 하기도 했다.

〈볼가강의 인부들〉에 대한 당대의 평가는 러시아 문화 내에서 이동파 화가들의 처지가 어떠했는지를 보여주는 좋은 예가 될 것이다. 레핀에 따르면 교통부 장관은 다음과 같이 질타를 했다고 한다.

"화가는 유럽 사람들에게 사력을 다해 짐배를 끄는 남루한 시골 농민의 모습을 보여 주기 위해 이 그림을 그렸다. 하지만 나는 이미 오래 전에 이와 같은 '구시대적 수송 방식'을 없애 버렸다."

알렉산드르 3세와 그 측근들은 공식적 예술아카데미가 낡아빠진 고전

〈볼가강의 인부들〉

적 규범과 고대적 주제를 끝없이 모방하게 되면 러시아 실생활에서 점점 멀어지게 된다는 사실을 깨닫기 시작했다. 이동파 화가들의 전시회에 걸린 레핀의 작품 〈쿠르스크현의 십자가 행렬〉과 블라디미르 마콥스키의 흥미로운 주제 〈은행의 파산〉과 같은 작품은 당대 러시아의 지방 생활을 생생하게 묘사함으로써 활기차고 다양하고 극적인 세상을 향해 창문을 열어 주었다.

　이동파 화가들은 심지어 전통적이고 종교적인 소재들까지 새롭게 해석했다. 게의 작품 〈진리란 무엇인가?〉에서는 예수와 빌라도의 갈등이 묘사되면서 시대성이 반영되었다. 가령 레프 톨스토이는 빌라도에게서 러시아 도지사의 모습을 그리고 예수에게서 죄수의 모습을 발견하기도 했다. 작품의 과도한 자연주의적 경향과 시대적 풍자성 때문에 완고한 보수주의자들은 게의 작품이 그리스도적 주제에 저항하는 것이라고 생각했다.

〈쿠르스크현의 십자가 행렬〉

격분한 포베도노스체프는 1890년 알렉산드르 3세에게 이렇게 하소연했다.

"이동파 전시회에서 사람들의 분노를 불러일으키는 게의 작품 〈진리란 무엇인가?〉에 대해 황제 폐하께 보고 드리지 않을 수 없습니다. 사람들은 그림뿐만 아니라 화가에 대해서도 분노하고 있습니다. 전시회를 방문한 모든 계층의 사람들은 충격에 휩싸인 채, '어떻게 이런 일이 있을 수 있단 말인가? 어째서 정부는 이런 신성모독적인 그림을, 그것도 명백히 편향적인 그림을 공식적으로 허가할 수 있단 말인가?'라고 말합니다. 게다가 페테르부르그 전시회 이후에 이동파 전시회가 러시아 전역의 도시들로 확산되고 있는 점도 고려해야 합니다. 전시회가 민중에게 어떤 영향을 미칠지, 그들이 정부에 대해 어떤 비판을 쏟아낼지 충분히 짐작할 수 있습니다. 왜냐하면 지금 민중은 정부가 허가한 모든 것이 자신들에게도 허용된다고 믿고 있기 때문입니다."

이런 상황에서 이동파 화가들에게 우호적이던 알렉산드르 3세는 자신의 최측근 고문관의 견해에 공감하며 다음과 같이 말했다.

"혐오스러운 그림들이오. 두르노보 내무부 장관에게 이 사실을 알리시오. 그 그림들이 러시아 전역으로 확산되는 것을 막고, 앞으로는 그림을 전시하지 못하도록 조치를 취하시오."

당연히 이동파 화가들도 니힐리스트 같은 현실적 주제를 피해갈 수는 없었다. 레핀도 이와 관련된 일련의 작품을 그렸는데, 그 중에서도 최고는 작은 손에 십자가를 든 성자가 '사형 선고를 받은 후 철제 침대에 걸터앉아 있는 혁명가'를 방문하는 그림이었다.

레핀의 그림이 갖는 기원도 대단히 흥미롭다. 1879년 레핀은 페테르부르그 공공 도서관 관장이자 예술 비평가였던 블라디미르 스타소프를 방문한 적이 있었다. 그때 스타소프는 혁명적 성향의 불법 잡지《민중의 의지》최신호에 실린 니콜라이 민스키의 시 〈마지막 참회〉를 레핀에게 보여 주었다.

스타소프와 레핀은 성급하고 인내심이 부족한 사람들이었다. 스타소프는 길고 덥수룩한 턱수염에 단호하고 우렁찬 목소리를 지닌 사람이었다(살티코프 쉐드린은 스타소프를 '무례한 여물통'[17]이라고 불렀다). 반면에 레핀은 짧은 턱수염과 작은 키 그리고 내성적인 성격이 특징적이었다.

민스키의 시(교수형을 눈앞에 둔 죄수−혁명가와 그에게 참회를 설득하는 성직자 사이의 대화)를 읽은 후 스타소프와 레핀의 분노는 극에 달했다. 스타소프의 회고에 따르면, 두 사람은 마치 벌에 쏘인 사람들처럼 안절부절 어쩔 줄 몰랐다고 한다.

민스키의 시는 볼품없고 감상적이고 통속적이었다. 그러나 그 작품은 레핀에게 영감을 주었고, 레핀의 걸작을 완성시켰다. 마지막 참회를 거절하는 혁명가의 형상에는 비범한 영혼의 힘이 나타나 있었다. 그는 말할 수 없는 고통 속에서 기력을 모두 소진해 버렸지만 그럼에도 불구하고 자신의 신념을 버리지 않았다. 죄수0복이 가슴팍까지 내려온 현대판 예수 그리스도가 팔짱을 낀 채 우리 앞에 등장하게 된 것이다. 사실 이 작품은 당시 이동파적 경향으로 센세이션을 일으키며 훨씬 더 전통적인 맥락에서 도덕적 선택의 문제를 다룬 동료 화가 이반 크람스코이의 〈광야의 예수(1872)〉에 대한 레핀의 응답이었다.

---

1 7) 원문에는 'Неуважай-Корыто'라고 되어 있다. 이것은 고골의《죽은 혼》에 등장하는 주인공 치치코프가 여지주 코로보치카로부터 사들인 농노의 성이다. 무지하고 무식하고 무례한 사람을 일컫는다.

재능이 뛰어나고 카리스마가 넘치는 크람스코이에 대한 레핀의 태도는 매우 복잡한 것이었다. 크람스코이는 레핀의 스승이자 동료였다. 어느 날 저녁 '시험에 든 예수'를 주제로 레핀과 대화를 나누려 했던 사람도 바로 크람스코이였다.

"우리에게는 누구나 해결해야 할 숙명적인 과제가 주어졌다네. 그것은 바로 〈신을 섬길 것인가, 아니면 재물을 섬길 것인가〉라는 문제네."

당시 레핀은 크람스코이가 성서를 깊이 이해하고 있다는 사실에 깜짝 놀라고 말았다.

"나도 읽어 보았네. 한때 지겨울 정도로 공부를 했고 또 교회에서 설교를 듣기도 했어. 그런데 그게 정말 그 때의 그 책이란 말인가?"

레핀을 더욱 슬프게 만든 것은 열렬한 이동파 지지자이자 예술가 조합의 명망 있는 지도자였던 크람스코이가 초상화들을 한 점에 5천 루블씩 받고 팔아 버렸다는 것, 그리고 그 돈으로 페테르부르그 근교에 화려한 2층 별장과 작업실을 짓고, 거대한 정원과 산딸기밭, 겨울 온실과 개인 수영장을 갖추고, 하인들을 부리고, 출세를 위해 유행을 선도하는 초상화가로 변신해 버렸다는 사실이었다.

레핀은 부와 명성이 크람스코이를 타락시켰다고 생각했다.

"이미 오래전부터 크람스코이는 동료들의 모임에서 매력을 상실했다. 그가 그린 초상화들은 무미건조하고 진부하고 낡고 아무 특색도 없으며 정취도 없는 그림으로 평가받았다."

레핀은 고골의 작품 《초상화》에 등장하는 타락한 화가의 이야기를 떠올렸다. 정부 고위층 인사들은 크람스코이를 자기 사람으로 인식했고, 결국 그로 하여금 알렉산드르 3세의 대관식 그림을 그리게 했다. 그러나 그는 10년 전부터 마음속에 품고 있던 그림 〈기뻐하라, 유대의 왕이여!〉를 완성하지는 못했다.

크람스코이는 모르핀에 중독된 이후 백발 노인이 되어 버렸다. 간혹 심장을 움켜쥔 채 대화를 중단시켰던 그는 페테르부르그의 화려한 아파트에서 페르시아산 소파에 앉아 조용히 세월을 보냈다. 레핀은 "그는 열정적인 급진주의자에 대해서는 한 마디도 언급하지 않았다"며 씁쓸함을 감추지 못했다. 크람스코이는 심장 발작으로 세상을 떠나고 말았다. 비록 오십도 안 된 나이에 세상을 떠났지만 그래도 그는 사람들이 부러워할 만한 죽음을 맞이했다. 한 손에는 붓을, 다른 한 손에는 팔레트를 들고 초상화 작업을 하던 도중 비명이나 신음 소리도 내지 않고 죽음을 맞았던 것이다.

스타소프는 크람스코이의 죽음 때문에 절망에 빠졌고 다음과 같이 자신의 심경을 토로했다.

"그는 나의 가까운 친구였다. 그와 나는 고귀한 하나의 사명을 위해 오랫동안 한 몸처럼 함께 걸어왔다."

그 일이 벌어지기 한 달여 전에 스타소프가 소중히 여겼던 53세의 작곡가 알렉산드르 보로딘도 크람스코이처럼 심장병으로 세상을 떠나고 말았다.

"방문객들이 대화를 주고받는 사이 보로딘은 신음도 비명도 없이 마치 적의 탄환에 맞은 듯 쓰러져서는 순식간에 숨을 거두고 말았다."

보로딘은 러시아 작곡가들의 모임(무소르그스키, 림스키-코르사코프, 밀리이 발라키레프와 체자르 큐이 등)에서 가장 중요한 인물들 가운데 한 사람이었다. 스타소프는 그 모임을 '강력한 쿠치카'(19세기 후반 러시아의 진보적 작곡가 집단)라고 불렀다. 전통적으로 쿠치키스트와 이동파 화가들 사이에는 많은 공통점이 있었다. 이 두 예술가 집단은 동시대의 '공식 예술'에 반기를 든 아웃사이더 그룹이었고, '리얼리즘'을 창작 원칙으로 삼고 있었다.

실제로 모든 문제는 훨씬 더 복잡했다. 이동파 화가들은 예술아카데미에서 육성되었고 그곳에서 우수한 전문 교육을 받았다. 반면에 쿠치키스트들은 엄격하고 의심 많은 발라키례프의 감독 아래 지식을 주고받았다. 그것은 그들의 기술적 측면에 부정적으로 작용했고, 여러 면에서 작곡 활동을 힘들게 만들었다(특히 무소르그스키와 보로딘이 그랬다).

그 대신 진부하고 보수적인 기법에서 자유로웠던 쿠치키스트들은 좀처럼 보기 힘든 예술적 도약을 이루어 냈고, 훗날 푸치니와 드뷔시, 라벨에게 엄청난 영향을 끼쳤으며, 20세기에 무소르그스키의 음악이 전 세계적으로 보급되는 데 중요한 역할을 했다. 그러나 이동파 예술가들은 많은 장점을 지녔음에도 불구하고 러시아에 국한된 현상으로 남고 말았다.

이동파 화가들과 쿠치키스트들은 민족주의자였으며 예술의 사회성을 위해 투쟁했던 것도 사실이다. 그러나 레핀, 수리코프, 특히 좀 더 후기의 바스네초프 같은 이동파의 대가들은 자신들의 모임에 전 러시아적 인기를 안겨 준 초기의 자연주의적 기법에서 완전히 멀어져 있었다.

하물며 쿠치키스트들은 더 말할 나위가 없었다. 그들은 항상 환상적인 것, 이국적인 것, 화려한 낭만주의를 지향했다. 심지어 무소르그스키는 원시 인상주의자라고 불릴 정도였다.

알렉산드르 3세 또한 민족주의자였다. 아마도 그는 표트르 대제를 비롯한 모든 로마노프 인물 중에서 가장 철저하고 확신에 찬 민족주의자였을 것이다(그에게 견줄 수 있는 사람이 있다면 두 명의 여성, 엘리자베타 1세와 예카테리나 2세 정도다). 예전의 궁정에서는 주로 프랑스어와 독일어로 소통했지만 알렉산드르 3세 시대에는 갑자기 러시아어로 대화하기 시작했다. 수많은 궁중 신하들은 유감스럽게도 프랑스 포도주 대신 '시큼한 크림 반도산(産) 포도주'를 마셨다.

선조들이 연이어 독일 공주들과 결혼한 탓에 알렉산드르 3세의 혈통적 순수성도 장담할 수 없었다. 하지만 그는 마치 민중 설화에 등장하는 러시아 영웅 같은 풍채, 즉 넓은 어깨와 연한 갈색 수염, 반짝이는 눈에 근엄한 눈빛을 가진 거인이었다. 그런 까닭에 이동파 화가 수리코프는 "알렉산드르 3세의 내면에는 장엄한 면이 있다"라고 말했고, 그를 러시아 민족의 진정한 대표자로 여겼다.

알렉산드르 3세는 최초로 국립민속예술박물관을 건립했다(오늘날 전 세계적으로 유명한 러시아 박물관이다). 그러나 이와 같은 치적의 이념적이고 실질적인 의의를 확대해서 평가하기에는 애매한 부분이 있다. 정부 당국은 러시아 예술이 박물관에 소장될 만한 가치가 있다고 과장해서 선언했지만, 모든 사람이 공감했던 것은 아니었다.

알렉산드르 3세가 컬렉션에서 가장 역점을 두었던 부분은 황제가 러시아 예술계에서도 가장 러시아적이라고 생각한 이동파 화가들의 작품들이었다. 그리고 황제는 위대한 드라마 작가 알렉산드르 오스트롭스키도 후원했는데, 상인의 삶을 소재로 한 그의 생생한 코미디가 이동파 화가들의 미학과 일치했기 때문이었다. 1884년 알렉산드르 3세는 오스트롭스키에게 3천 루블의 연금을 지급했고, 황제와 '특별 알현'을 할 수 있는 자격을 부여했다. 황제는 오스트롭스키와 접견할 때면 "내가 누군지 아시는지요. 나는 당신을 압니다. 이렇게 뵙게 되어 영광입니다"라며 호의적인 농담을 건넸다.

사실 알렉산드르 3세는 쿠치키스트들도 후원했어야 했다. 하지만 그런 일은 일어나지 않았다. 무엇 때문이었을까? 그것은 특이한 일은 아니었다. 그 무렵 러시아의 많은 문화계 인사들은 쿠치키스트들의 작품을 별로 좋아하지 않았고, 추하고 저속하고 재능 없는 것이라고 생각했다. 투르게네프와 살티코프-쉐드린은 무소르그스키의 음악을 비웃었다. 온화하고 섬세한 차이콥스키조차도 화를 내며 "무소르그스키의 음악은 정말 쓰레기다. 그의 작품은 음악의 가장 저속하고 비겁한 패러디이다"라고 외쳤으니, 다른 작가들에 대해서는 더 말할 필요도 없을 것이다.

알렉산드르 3세는 차이콥스키의 음악을 매우 사랑했다. 오늘날의 관점에서 본다면 차이콥스키와 무소르그스키를 동시에 사랑할 수 있을 것 같지만 당시 두 천재는 당사자들뿐만 아니라 타인들의 눈에도 양극단의 대표적인 인물로 비춰질 수밖에 없었다. 차이콥스키의 음악은 아름다움, 우아함, 고유한 취향으로 사람들을 매료시켰다. 무소르그스키 음악의 신랄함, 날카로움, 혼돈은 거부감을 심어 주었다. 차이콥스키의 작품들 속에서 아이러니, 어두운 심연이 보기 드문 것이었다면, 무소르그스키의 작품들 속에는 신성한 아름다움과 직관적인 종교적 감성이 들어 있었다.

따라서 차이콥스키를 숭배했던 알렉산드르 3세가 〈예브게니 오네긴〉을 황실극장 공연 목록에 포함시키라고 지시하고, 1888년 마린스키 극장에서 상연될 예정이었던 무소르그스키의 오페라 〈보리스 고두노프〉를 공연 목록에서 삭제하라고 지시한 것은 전혀 놀라운 일이 아니었다.

소비에트 시대에는 이러한 사실을 근거로 정부가 무소르그스키에게 적대적이었던 것으로 결론지어 버렸다. 그러나 앞서 살펴본 바와 같이, 좌익 진영조차 무소르그스키의 음악에 냉소적이었다.

무소르그스키에게는 목소리 크고 논쟁하기 좋아하는 민주 인사 스타소프 외에도 고위층 인사들 중에서 상당한 권위를 지닌 후견인이 있었다. 그는 바로 테르티 필리포프였다. 그는 20년이 넘도록 국가감사원에서 근무를 했다(1889년부터 1899년 임종할 때까지 감사원장을 역임했고, 실질적인 황제 직속 정보부 장관이었다). 필리포프는 국가적·사회적 재정의 수입과 지출을 감독한 가장 영향력 있는 고문관들 중 한 사람이었다.

필리포프는 흥미롭고 괴팍한 인물이었다. 소문에 따르면 지방 우체국장의 사생아로 태어난 그는 그 당시나 오늘날에도 러시아에서 거의 찾아보기 힘들 정도로 정직하고 청렴하고 유능한 관리로 명성을 떨쳤고, 그 덕분에 국가 고위직에서 환상적인 경력을 쌓을 수 있었다.

필리포프의 친구들은 그가 문화 및 종교 분야에서 보여 준 박식함에 감탄했고 그가 교육부 장관이나 종무원장이 되어야 한다고 생각했다. 그러나 검찰총장직은 이미 포베도노스체프가 차지하고 있었다. 포베도노스체프는 필리포프를 매우 위협적인 경쟁자로 여기고 있었다.

당시 포베도노스체프와 필리포프의 관점은 매우 유사했다. 두 사람 모두 극단적인 보수주의자였으며 전제주의와 그리스 정교의 열렬한 수호자였다. 그리고 두 사람에게는 문단의 친구들(작가 도스토옙스키, 알렉세이 피셈스키, 시인 마이코프와 야코프 폴론스키)이 있었다.

그러나 필리포프는 어린 시절부터 슬라브주의 희곡 작가인 오스트롭스키와 가까운 친구 사이였고, 그에게 오스트롭스키는 희곡을 공동 집필하자고 제안한 적도 있었다(하지만 필리포프가 거절했다). 한때 필리포프는 벨린스키의 논문과 조르주 상드의 소설에 심취했는데, 그는 '철저한 무신론자'이자 사회주의자였던 것 같다. 그는 비록 성실한 삶을 살기는 했지만 젊은 시절의 자유분방했던 흔적만큼은 평생 버리지 못했다.

필리포프는 음악광이었고 훌륭한 테너 가수였으며 러시아 민요를 즐겨 불러서 감사원에 훌륭한 합창단을 조직하기도 했다. 그는 유명한 러시아 고문화 전문가로서 고대의 필사본, 성상화, 교회 음악을 연구하기도 했다. 이런 환경 속에서 필리포프는 쿠치키스트들의 정신적 지주였던 작곡가 발라키레프와 가깝게 지냈고 그의 소개로 무소르그스키도 알게 되었다.

무소르그스키는 의심할 여지없이 가장 재능이 뛰어난 '강력한 쿠치카' 그룹의 일원이었다. 그러나 그 모임에서 그것을 깨달은 사람은 아무도 없었다. 그들은 '능력은 있지만 약간의 단점도 있는 그리고 통제하기 힘든 어린 아이'처럼 무소르그스키를 대했다. 무소르그스키는 기이한 행동, 과도한 알코올 중독, 지나친 의심, 체계적이고 집중적으로 일하지 못하는 주의력 결핍증이라는 결함을 가지고 있었다. 친구들의 서신과 대화 속에서 무소르그스키를 묘사하는 단어들은 언제나 '완전한 백치', '반 쑥맥', '돌대가리'였다.

무소르그스키가 음악을 작곡하는 와중에도 사방에서는 그를 비방하기에 급급했다. 끊임없이 이어지는 충고와 비평들도 그리 우호적이지 않았다. 어쩌다 공식 연주에라도 참여하게 되면 그야말로 고군분투하지 않으면 안 되었다. 그렇게 필사적으로 버틴 끝에 무소르그스키의 오페라 〈보리스 고두노프〉는 1874년에 최초로 마린스키 극장에서 상연될 수 있었다. 신문 평론가들은 마치 고삐라도 풀린 듯 '막연한 단조로움', '5막 7

장의 불협화음', '악취 나는 작품'이라며 악평을 퍼부었다. 차이콥스키의 〈예브게니 오네긴〉의 경우에도 비평가들은 "작곡가가 푸쉬킨의 텍스트를 '불경스럽게' 개작했다"라고 지적했다.

심지어 '강력한 5인조'의 동료였던 큐이조차도 언론을 통해 무소르그스키를 모욕했다.

"〈보리스 고두노프〉에서 드러난 가장 큰 결점은 두 가지이다. 조야한 서창과 군데군데 오페라를 산만하게 만드는 분산된 악상이다."

큐이는 이러한 단점들이 '변덕스럽고 오만한 졸속적 작곡'의 결과라고 말했다.

친구들의 독설적인 혹평을 읽은 후, 무소르그스키는 "나는 마치 비눗방울이 허공을 뒤덮어 사물을 가린 것처럼 이런 광기 어린 공격과 명백한 거짓말 뒤에서 아무 것도 볼 수가 없었다"며 당혹감을 감추지 못했다.

무소르그스키가 자신의 후속 작품으로 〈호반쉬나〉(1682년 젊은 표트르 1세와 그의 지지자들이 분리파 교도들과 반란군 소총병들을 진압하는 과정을 다룬 오페라)를 작곡하면서 자신이 완전히 소외당하고 있다는 느낌을 받게 된 것은 어쩌면 당연한 일이었는지도 모른다. 그 무렵 그를 돕기 위해 찾아온 얼마 안 되는 인사들 가운데 한 사람이 바로 필리포프였다.

처음에 필리포프는 무소르그스키가 국가감사원 고위직에 오를 수 있도록 도와주었다. 그런데 작곡가 무소르그스키는 일반적인 행정 업무조차 수행할 능력이 없어서 결국 그 자리에서 물러나고 말았다. 필리포프와 그의 친구들은 무소르그스키가 〈호반쉬나〉 작곡에 전념할 수 있도록 특별 연금을 지급하자고 호소했다.

필리포프는 자신이 교회 문제 전문가였고, 특히 정교 분열과 아바쿰

대주교의 저술에 관심이 많았기 때문에 무소르그스키가 하루 빨리 〈호반쉬나〉 작곡을 끝마치기를 바랐다. 필리포프의 생각에 정교 분열은 러시아 정신과 문화 생활에 있어 하나의 획기적인 사건이었던 것이다.

필리포프의 정적이자 종무원장이던 포베도노스체프에게 이 모든 것은 국교인 정교의 근간을 뒤흔드는 해로운 간계처럼 보였다. 분리파 교도와의 대결을 도왔던 포베도노스체프의 보좌관은 필리포프에 대해 이렇게 말했다.

"분리파 교도들과의 대결에서 이 사람만큼 교회에 해를 끼친 사람은 없었습니다."

수도의 영향력 있는 살롱의 안주인이자 필리포프를 증오했던 알렉산드르 보그다노비치 장군의 부인은 일기에 다음과 같은 악의적인 글을 남겼다.

"필리포프는 장갑을 바꿔 끼듯이 자기 생각을 쉽게 바꾸는 인간 쓰레기다. 오늘 한 가지 신념에 가득 차 있다가도 내일이면 다른 생각에 사로잡히고 만다. 그에게는 신성한 면이 전혀 없다. 아첨을 좋아하고 반론은 참지 못하며, 메세르스키 대공의 보수적 출판물 〈시민〉에서 포베도노스체프를 쫓아내 그 자리를 강탈하려는 자이고, 분리파 교도들의 힘을 빌려 자신의 일을 도모하려는 〈시민〉의 옹호자이다. 그가 항상 분리파를 비호하는 것은 자신의 신념 때문이 아니라, 그들이 부자이기 때문이다."

필리포프는 무소르그스키와 분리파 문제에 대해 토론하기를 좋아했다. 그는 무소르그스키에게 정교와 분리파에 관한 역사서들, 특히 자신의 저서들을 제공했다.

작곡가 무소르그스키는 모든 자료를 단숨에 읽어 버린 후 독특한 리브레토를 쓰고 많은 감동적인 곡들을 작곡했지만 정작 〈호반쉬나〉는 완성하지 못하고 1881년 42세의 나이로 세상을 떠나고 말았다. 필립포프와 포베도노스체프는 이례적으로 무소르그스키의 추도식과 장례식을 페테르부르그의 알렉산드르-넵스키 수도원 특별 묘지에서 합동으로 주관했다. 결국 〈호반쉬나〉를 완성하고 지휘한 사람은 림스키-코르사코프였다.

〈호반쉬나〉는 필자가 가장 좋아하는 오페라이다. 나에게 이 작품은 전 시대에 걸쳐 가장 위대한 정치적 오페라이다. 작품 속에서 사랑의 테마는 부차적인 것일 뿐이다. 〈호반쉬나〉에서 중요한 점은 다양한 정치 세력 사이의 충돌이며, 음악 속의 표현력과 열정은 너무나 강렬하여 이 오페라는 마치 숨 막히는 한 편의 스릴러 같은 느낌을 준다.

〈호반쉬나〉에서는 이념주의자들, 기회주의자들, 배신자들, 정치적 실용주의자들과 종교적 박해자들을 실존 인물처럼 구현하여 무대에 올리고 있다. 피날레에서 분리파 교도들의 분신은 가슴을 울리기도 한다. 이 오페라는 러시아에서 항상 시의적이다. 아마 무소르그스키의 유명한 작품 〈보리스 고두노프〉보다 더욱 깊이 러시아 영혼의 비밀들을 파헤치는 작품일 것이다.

1834-1836년에 작곡된 글린카의 〈황제 폐하께 바친 목숨〉과 무소르그스키의 〈호반쉬나〉의 비교는 불가피하다. 두 오페라 모두 로마노프 황실의 권력 투쟁을 다루고 있지만, 작곡가들의 접근 방식은 완전히 달랐다! 글린카는 군주와 민중의 단합을 묘사했다. 그의 오페라는 니콜라이 1세의 직접적인 관여와 보호를 받으며 작곡되었고, 즉각 러시아 전제주의의 음악적 상징이 되었다. 글린카의 작품에서 러시아 군주와 민중의 적

은 이민족—폴란드인들이지만, 반대로 무소르그스키 오페라의 중심에는 러시아 내부의 불화와 동요가 자리 잡고 있었다. 〈호반쉬나〉에서 표트르 1세에게 대항한 사람들은 러시아인들(친위대와 분리파 교도들)이었다. 글린카의 오페라에서 미하일 로마노프의 신성한 특권은 추호도 의심할 여지가 없는 당연한 것이었으므로 농부 이반 수사닌은 새로운 황제를 구하기 위해 자신의 목숨을 바친다. 반면에 무소르그스키는 이성적으로는 표트르 1세의 필연적 승리를 이해했지만, 심리적으로는 반란자들과 공감했다.

글린카의 오페라가 정적이고 영웅적이라면, 무소르그스키의 오페라는 역동적이고 모순적이며 지극히 비극적이다. 〈호반쉬나〉의 작곡가는 러시아를 응원하며 러시아의 운명을 슬퍼한다. 아마도 필리포프는 이 오페라를 애국적 프로파간다로 활용하는 방법을 알고 있었을 것이다. 그러나 알렉산드르 3세에게 이 오페라는 이해할 수 없는 수수께끼였다.

1887년 이동파 화가 수리코프는 커다란 화폭에 〈귀족 부인 모로조바〉를 그려 정교 분열의 테마를 구현해 냈다. 황제와 그의 추종자들은 여전히 이중적인 입장이었다. 수리코프는 전시회를 방문한 알렉산드르 3세의 반응을 다음과 같이 묘사했다.

"황제는 그림을 향해 다가가더니, '아, 이게 유로지비(바보 성자)로군'이라고 말했다. 황제는 얼굴 형상으로 모든 인물을 식별해 냈다. 나는 흥분해서 목이 바짝 말랐고, 아무 말도 할 수 없었다. 사람들은 마치 사냥개처럼 그 주위를 에워싸고 있었다."

많은 이동파 화가들과는 달리 쿠치키스트들은 대체로 훌륭한 가문 출신이었다. 그러나 그들의 미학은 혁명적이었다. 정치적인 의미에서가 아니라 예술적 의미에서 말이다. 더구나 이동파 화가들은 갈수록 점점 더 새로운 부르주아 러시아를 노래하는 가수로 변했다. 이따금 알렉산드르 3세를 첫 번째 부르주아 러시아 군주라고 부르기도 한다. 실제로 문화적인 측면에서 황제의 취향은 부르주아적이었다. 그것도 천문학적인 부를 소유한 부르주아 말이다.

여전히 전 세계적으로 유명한 카를 파베르제는 알렉산드르 3세의 보호를 받으며 귀금속 세공 분야에서 번창하고 있었다. 카를 파베르제가 운영했던 페테르부르그 작업장에서는 현재 알 라 루스a la Russe라는 조잡한 스타일의 값비싼 장신구들이 대량으로 생산되고 있다. 그것은 식기, 담배 케이스, 카드 케이스 등 황금과 다이아몬드, 에머랄드와 루비로 장식된 제품들이다.

파베르제가 알렉산드르 3세의 개인적 주문을 받아 부활절 계란을 제작하면서 이런 스타일은 절정에 이르렀는데, 그 후 그것은 졸부들에게도

파베르제의 〈부활절 계란〉

미학적으로 매력적인 물건이 되었다. 그 물건은 본래 정교한 귀금속 장난감이자, 황실 고객들이 부를 뽐내고 과시할 수 있는 단순하고 효과적인 〈비결〉이기도 했다.

그 계란들의 디자인은 키치적 제품들(저속한 대량 생산 공예품)과는 거리가 멀었다. 장난감 황금 달걀 안에는 페테르부르그의 표트르 대제 기마상 미니어처나 작은 황금 병아리가 값비싼 보석으로 장식되어 들어 있는데 그 가격은 만오천 루블에서 삼만 루블에 달했다(차이콥스키나 오스트롭스키가 받던 연금의 열 배에 해당한다).

알렉산드르 3세는 파베르제의 달걀에서 큰 즐거움을 얻었지만, 쿠치키스트들의 음악은 골치만 아플 뿐이었다. 그래서 1888년 황제가 마린스키 극장의 공연 목록에서 무소르그스키의 오페라 〈보리스 고두노프〉를 삭제했을 때 황제는 원래 상연될 예정이었던 보로딘의 오페라 〈이고리 대공〉에 대해서도 의혹의 눈길을 보냈다(〈호반쉬나〉는 황실극장의 지시에 따라 5년간 상연이 금지되어 있었다).

알렉산드르 3세는 보로딘의 음악을 전혀 이해하지 못했다, 그러나 보로딘의 음악이 그다지 호감이 가지 않는 쿠치키스트 진영에서 나왔다는 점에서 상당한 의구심을 품고 있었다(고인이 된 보로딘의 미완성 오페라는 림스키 코르사코프와 그의 제자 알렉산드르 글라주노프가 완성하고 지휘했다).

〈이고리 대공〉은 적어도 가까운 미래에는 전혀 희망이 보이지 않았다. 그러나 그때 그 일에 개입한 사람이 바로 페테르부르그의 백만장자 미트로판 벨랴예프였다. 그는 귀족풍의 긴 머리카락에 멋진 수염을 기른 아름다운 외모와 균형 잡힌 체격의 미남이었고 전형적이면서도 비범한 인물이었다. 목재상의 아들이었던 벨랴예프는 어린 시절부터 음악을 좋아했다. 그 후 작곡가 글라주노프의 작품과 인품에 매료되면서 그는 러시아 음악을 홍보하고 전파할 수 있는 교향곡집을 집대성하고 악보들을 발행하기로 결심했다.

이런 점에서 벨랴예프는 러시아의 고유 예술품을 수집하는 데 엄청난 재산을 투자한 모스크바의 거상 파벨 트레치야코프를 닮았다. 오늘날 모스크바 트레치야코프 미술관은 전 세계적으로 유명하다. 스타소프는 "사랑, 고통, 엄청난 비용의 지출은 두 사람의 공통점이다. 이 두 사람은 어떠한 보상이나 칭송, 다른 사람들의 공감도 기대하지 않았다"며 감탄했다.

러시아에서 특히 민족 예술에 대한 관대한 개인적 후원은 보기 드문 일이었으나, 그것은 새로운 기업가들이 자신의 취향을 지역 문화에 정착시키려는 희망을 반영한 것이었다. 알렉산드르 3세에게 이런 후원가들의 활동은 일종의 딜레마였다. 황제는 그들의 자선 사업의 노고를 치하해야 했지만, 그들은 황제와 대립각을 세우기도 했으며 때론 실제로 대립하기도 했다.

예를 들어 이동파 예술가들의 전시회에서 황제는 자신이 애호하는 그림이 이미 트레치야코프의 수중에 들어갔다는 실망스런 소식을 종종 들어야 했다. 이처럼 예민한 신분상의 딜레마를 해결하기 위해 이동파 예술가들은 타협점을 찾아야 했다. 그래서 그들의 작품들에 대한 〈첫날밤〉의 권리를 알렉산드르 3세가 갖도록 했다.

마린스키 극장 무대에 오페라 〈이고리 대공〉을 올리기 위해 벨랴예프는 복잡한 계획을 세웠는데, 이를 도와준 사람은 알렉산드르 3세의 최측근인 고문관 포베도노스체프였다. 벨랴예프는 보로딘 생전에 〈이고리 대공〉의 악보를 발행하기로 결심했다. 이 사업은 실로 많은 비용이 드는 작업이었다. 알렉산드르 3세에게 헌정할 귀중한 작품집 출간을 간청하는 청원서가 결의안 형태로 황제의 책상 위에 올려졌다. 청원서에는 오페라 작곡가가 황실 의학아카데미 교수이자 4등 문관의 직함으로 기재되었다 (관직 등급으로 따지자면 준장과 맞먹는 직책이었다).

또한 청원서에는 보로딘의 오페라가 고대 러시아 문학의 위대한 기념비적 작품 중의 하나인 〈이고리 원정기〉를 소재로 하고 있으며, 오페라의 일부 곡들은 이미 러시아와 해외에서 성황리에 공연되었다고 강조했다. 청원서의 결론 부분에는 보로딘의 오페라가 '우리 조국에 무한한 영광을 안겨 줄 예술 작품 중의 하나'라는 확신이 담겨 있었다.

모든 사유를 능숙하게 지적한 청원서는 본연의 역할을 해냈다. 마침내 알렉산드르 3세는 쿠치키스트들의 음악에 대한 자신의 극단적인 반감을 깨뜨리고 벨랴예프가 전하는 〈이고리 대공〉의 악보를 거둬들였다. 황실 관례상 그것은 군주가 황실극장 무대에서 보로딘의 오페라 공연을 허락한다는 의미였다.

전혀 예기치 않은 방향으로 일이 급변한 상황 속에서 러시아 전제군주와 민족주의 엘리트 기업가들 사이에 형성된 새로운 관계가 한눈에 들어온다. 기업가들은 황제에게 존경심을 보이면서도 시대에 부응하는 문화적 가치를 조심스럽지만 더욱 확고히 전면에 내세웠고 자신들의 뜻을 끈질기게 관철시켰던 것이다.

황실 메커니즘의 수레바퀴는 급박하게 돌아가기 시작했다. 〈이고리 대공〉의 상연에 드는 엄청난 경비가 황실의 공금에서 지출되었다. 오페라의 서막에서 전설적인 이고리 대공이 폴로베츠 군대에 맞서 진군할 때에는 무대 위에 180명의 배우들이 등장했고, 폴로베츠 춤의 유명한 에피소드 부분에서는 2백 명이 넘는 배우들이 출연했다.

알렉산드르 2세 시대에 합병된 중앙아시아의 한 지방 총독—주지사가 공연을 기회로 많은 투르크멘 무기와 장신구와 의복 세트들을 보내오자 공연 예술가들은 그것을 면밀히 연구하여 작품에 재현시켰다. 또한 중앙아시아의 일상과 풍습을 민속학적으로 정확하고 훌륭하게 표현한 유명한 바실리 베레샤긴의 작품이 무대장치 모티브로 활용되기도 했다.

1890년 10월 황실극장에서 초연된 〈이고리 대공〉은 러시아 오페라 역사상 전대미문의 대성황을 이루었다. 오페라의 주제는 러시아의 중앙아시아 정벌이었다. 정부는 마침내 의심스러운 쿠치키스트의 오페라라 할지라도 열정을 가지고 주의 깊게 경청하니 소중한 〈정교, 전제주의, 국민정신〉의 3원칙을 유지하는 데 적절하다는 사실을 깨달았다.

고위층의 이념적인 요구에 민감했던 보리스 아사피예프는 스탈린 시대에 "보로딘의 오페라는 '민족관—국가관'이 그 근간을 이루고 있다"고 호의적으로 평가했다. 그러나 보로딘의 음악에서 그런 개념은 직접적이고 조잡한 프로파간다로 보이지 않았고, 러시아와 폴로베츠 진영의 미묘한 대립, 즉 근엄하고 용감한 러시아 영웅과 야만적인 폴로베츠인들의 떠들썩한 술자리가 예술적으로 섬세하게 구현되었다. 그것은 자신감에 넘치는 예술적 기교와 세련되고 매력적인 디테일에 심혈을 기울인 작품으로서 선동적인 내용이 두드러지지 않아 불쾌한 뒷맛을 남기지도 않았다.

페테르부르그 언론들은 '일반' 대중과 상류 사회가 〈이고리 대공〉에 보낸 열광적인 반응을 집중적으로 다루었다. 수수께끼 상자는 쉽게 열렸다. 오페라 극장에서 보여준 전대미문의 단결의 밑바탕에는 강력한 민족주의가 자리 잡고 있었던 것이다.

민족주의를 토대로 한 오페라에는 그 철두철미한 전제주의자—전통주의자들도 감동하지 않을 수 없었다. 베누아 같은 서구주의자—유미주의자들은 훗날 "나는 고대 러시아인들이 야만인이거나 유목민의 몽매하고 가련한 노예들이었을 뿐, 자랑스럽고 고상한 지도자들은 아니었다고 생각했다. 보로딘의 오페라에는 유럽적 기독교 세계와 아시아가 놀라울 정도로 설득력 있게 대비되어 있다. 〈이고리 대공〉을 보기 전까지 나는 러시아 역사에 대해서 오해하고 있었다"라고 고백했다.

고인이 된 보로딘의 오페라에도, 쿠치키스트 진영의 오페라 지지자들에게도 그리고 황실 무대와 공식 이념의 측면에서도 모든 것이 성공적으로 끝난 것처럼 보인다. 그러나 그런 점에서 보로딘의 작품은 글린카의 〈황제 폐하께 바친 목숨〉과 비교가 불가피해 보인다.

그 당시 오페라를 직접 요청한 사람은 니콜라이 1세였고, 그는 국가 문화를 엄격히 통제하고 있었다. 그렇지만 알렉산드르 3세로 하여금 〈이고리 대공〉에 매달리게 만든 사람은 바로 러시아 문화계의 새로운 인물인 러시아 백만장자였다. 그것은 황제에게 달갑지 않은 사실이었다. 오랫동안 성공적으로 왕좌를 유지해 왔듯이 황제는 국가의 문화 발전을 혼자서 통제하고 싶었을 것이다. 그러나 이제 그것은 불가능한 일이었다.

니콜라이 1세에게 러시아 문화란 마치 페테르부르그 강변을 둘러싼 화강암 강둑 안에 흐르는 네바강처럼 전제주의의 통제를 받으며 흘러야 했다. 이따금 강변을 벗어나려는 겁 없는 시도는 진압될 수 있고 또 진압되어야 했다. 그러나 알렉산드르 3세 시대의 러시아 문화는 오히려 정해진 궤도에 진입하기를 단호히 거부하는 세찬 물살을 연상시켰다.

14장_ 문화 애호가 니콜라이 2세와 레닌

1894년 신장염으로 갑작스레 사망한 알렉산드르 3세의 뒤를 이어 그
의 아들 니콜라이 2세가 왕위에 올랐고, 로마노프 왕조의 마지막 지
배자가 되었다. 니콜라이 2세는 26세에 황제가 되었다. 비록 특별한 소
명에 따른 것이긴 하지만 그는 아직 군주가 될 준비가 되지 않은 상태였
다. 새로운 군주는 격변기에 즉위하여 1917년 초에 확산되는 혁명의 파고
속에서 측근들의 압력으로 권좌에서 물러나야만 했다.

2월 혁명 이후에 갑자기 세계에서 가장 자유로운 공화국이 된 러시아
에서 권력은 중도 자유주의자들과 사회주의자들 사이의 동맹 세력에게
로 옮겨갔다. 그러나 소위 임시정부는 그야말로 '임시적'이었다. 1917년
가을 정부는 블라디미르 울리야노프(레닌)를 수반으로 하는 사회민주주
의당의 급진주의 진영인 볼셰비키의 기습에 무너지고 말았다.

그 당시 많은 사람들에게 볼셰비키 체제는 너무 공상적이어서 금방 소
멸할 것처럼 보였지만 놀라운 생명력과 끈기로 많은 변화를 견디며 1991
년까지 살아 남았다. 니콜라이 2세가 3백 년 역사를 지닌 로마노프 왕조
의 막을 내렸다면 레닌은 74년 역사의 소비에트 정부를 열었던 것이다.

따라서 두 역사적 인물의 문화적 가치관 형성 과정을 비교하고 그들의 문화적 자산이 정치적 운명에 얼마나 반영되었는지 살펴보는 것은 흥미로운 일이 될 것이다. 그 몇몇 사례들은 아직 역사가들조차도 아직 시도하지 않은 것으로 나는 알고 있다.

　　더구나 소비에트 시대에는 니콜라이 2세를 조국의 주요 작가들(투르게네프, 톨스토이, 레스코프)도 제대로 이해하지 못한, 학식이 부족한 인물로 인식시키려고 애를 썼다. 한편으로 솔제니친은 1989년 자신이 증오하는 레닌에 대해 이렇게 말했다. "레닌은 러시아 문화에 전혀 공감하지 않았다." 물론 상반된 두 견해는 정치적 편견 속에 언급된 내용들이다.

　　니콜라이 2세는 레닌보다 두 살 더 많았다. 전자는 1868년에 태어났고 후자는 1870년에 태어났다. 두 사람은 모두 훌륭한 교육을 받았다. 전자는 가정에서, 후자는 김나지움에서 공부했다(레닌의 아버지는 심비르스크의 한 초등학교에서 교무 주임을 지낸 사람이었다). 레닌은 뛰어난 학생이었던 반면에 니콜라이 2세는 훌륭한 학생이었다고 할 수는 없었다. 하지만 두 사람 모두 진지하게 공부한 사람들이었다.

　　로마노프 왕조에 속한 모든 사람은 자신을 직업 군인으로 여겼다. 따라서 니콜라이 2세의 교육 역시 군사 업무에 중점을 두고 있었다. 알려진 대로 레닌은 학외 연수 과정으로 페테르부르그대학 법학 전공 졸업장을 받았다. 그러나 그런 상황을 모두 고려하더라도, 게다가 한 사람은 수도에서 다른 한 사람은 지방에서 교육받았음에도 불구하고, 역설적이게도 그들의 근본적인 문화적 자산에는 서로 닮은 점이 있었다.

　　그 이유는 러시아에서는 범민족적이고 통일된 문화 원칙이 알렉산드르 3세 통치기(1881~1894)에 형성되었기 때문이다. 교육 시스템은 중앙 집권적이었으며 그래서 그 원칙은 전국적으로 정착될 수 있었다.

그 무렵 진보 진영에서는 위대한 민족 시인 푸쉬킨의 우상화 작업이 완료되었고, 예전에 공식적으로 인정된 바 있는 로모노소프, 데르자빈, 카람진과 쥬콥스키에 대한 숭배는 시들해지고 말았다. 오랜 고전주의자들 중에서는 우화작가 크르일로프만이 인기를 유지했다. 그 대신 푸쉬킨만큼이나 권위를 갖게 된 고골의 숭고한 형상과 위엄은 더 이상 논란 거리가 되지 않았고 좌우 진영의 주요 권위자들로부터도 인정을 받았다. 그리고 투르게네프, 특히 그의 초기 산문《사냥꾼의 수기》가 고전에 포함되기 시작했다. 이반 곤차로프의 소설《오블로모프》역시 기본적인 고전에 포함되었다.

니콜라이 2세와 레닌에 관한 책들이 발간되었고 그들의 개성과 활동을 묘사한 수천 페이지에 달하는 자료가 나왔지만 정작 그들의 문화적 취향을 알 수 있는 내용은 그다지 많지 않았다. 니콜라이 2세의 주변 인물들은 문화에 대한 황제의 발언을 거의 기록하지 않았다. 하지만 황제는 자신이 읽은 책들과 관람한 연극에 대한 소감을 일기장이나 편지에 기록하면서 엄청난 양의 자료를 남겼다.

법률가이자 작가인 아나톨리 코니는 니콜라이 2세와의 만남

니콜라이 2세

을 다음과 같이 회상했다.

"접견할 때 황제는 문학, 예술, 심지어 학문에 대한 폭넓은 관심을 보였고, 각 분야의 이슈에 대해 상당한 식견을 보였다. 마치 로마노프 장군과의 만남처럼 황제와의 접견은 생생한 일상의 재미가 있었다."

그러나 코니는 정작 니콜라이 2세의 문화에 대한 뛰어난 식견을 엿볼 수 있는 사례는 전혀 들지 않았다.

소비에트 시대에는《레닌과 문학》류의 전집들이 정기적으로 대량 출판되었다. 거기에는 톨스토이에 대한 레닌의 관점을 보여 주는 유명한 수필들과 논문 모음집(1903~1911) 외에도 레닌의 미망인 나제즈다 크룹스카야와 작가 막심 고리키 그리고 몇몇 정치적 동지들의 귀중한 회고록들이 포함되었으며 레닌과 별 상관이 없는 기록 자료들도 수록되었다.

다양한 출처에 산재된 조각 정보들을 근거로 확신할 수 있는 것은 니콜라이 2세와 레닌이 앞서 언급한 문화적 규범들을 명확하게 체득하고 있었다는 사실이다. 그들은 마치 교양인이 양치질을 하고 난 후 반드시 손을 씻는 것처럼 그것을 문화적 소양의 총체적 규범으로 인식했다.

주목할 만한 사실은 니콜라이 2세든 레닌이든 어느 누구도 그 원칙에 대해 공공연히 의심해 본 적이 없다는 점이다. 니콜라이 2세의 경우는 이해할 수 있다. 그 원칙은 고위층에서 만들어졌고 정부의 입장이 상당히 반영되었기 때문이다. 그러나 놀라운 점은 레닌 역시 그 원칙을 확고히 받아들였다는 사실이다.

그것은 푸쉬킨에 대한 레닌의 입장에서 잘 드러난다. 니콜라이 2세에게 푸쉬킨은 고전주의자였다. 더욱이 황태자 시절에 니콜라이 2세는 푸쉬킨의《예브게니 오네긴》을 집안에서 공연했을 때 오네긴의 역할을 맡

앉었다. 황태자의 당숙이던 위대한 시인 콘스탄틴 대공(시인 K. P.)의 일기에는 그를 옹호하는 내용의 글이 기록되어 있다.

"그는 자신의 독백을 매우 훌륭하고 분명하게 소화했다. '당신은 편지로 써 보냈지요. 부정하지 마십시오.' 그의 목소리에서 매우 긴장하고 있다는 것을 느낄 수 있었다."

황실 과학아카데미가 후원한 러시아 최초의 공식 문학상에 푸쉬킨의 이름을 붙인 것에는 그럴 만한 이유가 있었다. 그 무렵 정부는 푸쉬킨의 명성이 이미 확고하다는 사실을 인정하고 있었던 것이다.

하지만 레닌의 경우는 달랐다. 그는 매우 일찍부터 혁명적 사상가들의 영향을 받았다. 그 중에서도 특히 피사레프는 "러시아 시인들 가운데 푸쉬킨만큼 민중의 고통에 극도의 무관심, 정당화된 빈곤에 철저한 외면, 경건한 노동에 의도적인 혐오감을 독자들에게 조장한 시인은 없었다"며 전형적인 니힐리스트적 선언으로 푸쉬킨을 공격했다.

피사레프의 이런 공격적 성명서의 어조와 문체는 오늘날에도 매우 '레닌적으로' 들리지만, 정작 60년대의 급진주의자들과 러시아 니힐리스트들의 충실한 후계자였던 레닌은 단 한 번도 공개적으로 푸쉬킨을 공격한 일이 없었다(특별히 칭찬하지도 않았다).

푸쉬킨에 대한 레닌의 입장은 레닌의 미망인 나제즈다 크룹스카야의 회고록에 기록된 흥미로운 에피소드를 통해 간접적으로 알 수 있다. 1921년 레닌과 크룹스카야는 모스크바의 학생 기숙사를 방문했다. 그곳에는 최근에 세상을 떠난 이네사 아르만드(그는 당 동지이자 평생의 친구였다)의 딸이 살고 있었다(레닌과 크룹스카야와 아르만드는 매우 오랫동안 당 내부의 정신적 삼각관계를 형성했다).

학생들은 레닌을 환영했고 질문 세례를 퍼부었다. 레닌 또한 "여러분은 어떤 책을 읽고 있습니까? 푸쉬킨을 읽고 있습니까?"라며 흥미로운 질문을 던졌다. 학생들은 "오, 아닙니다. 푸쉬킨은 부르주아였습니다. 우리는 마야콥스키를 읽고 있습니다"라고 대답했다. 아방가르드적인 마야콥스키를 전혀 이해하지 못하고 또 인정하지도 않았던 레닌은 부드러운 미소를 지으며 "내가 보기에는 푸쉬킨이 더 낫습니다"라고 말했다.

크룹스카야는 "그 후로 일리치(레닌)는 마야콥스키에게 약간 관대해졌다. 왜냐하면 마야콥스키라는 이름이 그 젊은이들을 연상시켰기 때문이다. 소비에트 정부를 위해 '목숨을 바칠 각오가 된', '생명과 환희로 충만한' 청년들은 현대어에서 자신을 묘사할 말을 찾지 못한 채 난해한 마야콥스키의 시 속에서 자신을 표현할 단어를 찾고 있었다"라고 덧붙였다.

마치 눈가리개로 가린 듯 크룹스카야는 '생명과 환희로 충만한', 동시에 '목숨을 바칠 각오가 된' 젊은이들이 뿜어내는 기괴한 이미지를 전혀 깨닫지 못했고 잠재적인 총알받이들을 바라보며 흐뭇해했고3 자식 없는 자기 남편이 얼마나 무자비한 사람인지 알지 못했다. 주목할 만한 점은 푸쉬킨에 대한 전형적인 니힐리스트적 비난, 말하자면 푸쉬킨은 '부르주아'라는 식의 비판을 레닌이 너무나도 안일하게 인식했다는 사실이다. 혹시 레닌 자신도 그렇게 생각하고 있었지만 공공연히 선언하는 것을 원치 않았던 것은 아닐까?

평소 레닌이 무자비한 논쟁

레닌과 크룹스카야

428

을 즐기고 또 쉽게 흥분하는 사람이었다는 점을 고려한다면, 혁명적 청년들의 비난으로부터 푸쉬킨을 옹호하려는 레닌의 모습은 사뭇 우유부단해 보였을 것이다. 푸쉬킨이 마야콥스키보다 나은가? 레닌은 마야콥스키에 대해 모욕적인 평가를 내렸지만 오히려 그것은 점잖은 편에 속했다. 혁명 지도자에게 있어 푸쉬킨이란 단지 '허상'에 불과한 존재, 공식적 규범의 일부였을 뿐이다. 그래서 레닌은 푸쉬킨과 관련된 논쟁에 휘말리고 싶지 않았던 것이다.

푸쉬킨을 '기생충—방탕아들'의 양육자로 간주한 피사레프의 관점은 레닌의 문화관에 적지 않은 영향을 미쳤다. 그것이 극명하게 드러난 분야가 바로 발레와 오페라였다. 레닌은 발레와 오페라를 경시했다.

알다시피 푸쉬킨은 발레와 발레리나를 좋아했다. 혁명적 급진주의자 피사레프에게 그것은 준비된 공격 대상이었다. 그는 '발레 포즈 따위에나 심취하는 저능아들'이 흠모하는 푸쉬킨의 '쓸모없는 시'들을 마음껏 조롱했다. 주지하듯이 레닌은 그런 '저능아들'의 부류에 자신은 포함되지 않는다고 생각했다. 그는 발레나 오페라를 '지주들의 문화적 파편'이라며 단호히 거부했다.

이런 경우에 특정 논리로 무장한 레닌을 반박하기란 쉽지 않은 일이다. 로마노프 왕조의 보호를 받은 오페라와 발레는 러시아 문화의 위계 속에서 각별한 지위를 누려 왔다.

특히 표트르 1세 시절부터 러시아의 모든 신문화는 로마노프 가문의 참여와 감독하에서 발전해 왔다. 로마노프 황실이 요구하는 궤도 위에서 문화 발전을 성공적으로 이끌기 위해서는 예카테리나 1세와 니콜라이 1세의 지도력이 필요했다. 하지만 문화가 궁정화하거나 황실과 긴밀한 관련을 맺는 한 그런 통제는 그리 어렵지 않았다.

시간이 지나면서 상황은 좀 더 복잡해졌다. 모든 문화 계층이 사회적·경제적 독립을 성취했고 그 결과 전제주의의 직접적인 영향권에서 벗어날 수 있었다. 그러나 1909년 파리에서 위대한 예술 기획자 세르게이 쟈길레프의 '러시아 시즌'이 출범하기 전까지 러시아 발레는 가장 오랜 기간 동안 황실의 독점적인 세습 영역으로 남아 있었다.

전문 극장, 그 중에서도 음악 극장이 러시아의 궁중 오락으로 탄생했다. 이미 표트르 1세의 아버지 차르 알렉세이는 다양한 악기들, 가령 오르간, 나팔, 해군 나팔, 플루트, 클라리넷, 트럼본, 비올라 등의 악기들을 보컬에 맞춰 연주할 수 있는 음악가들을 유럽에서 초빙했다. 흥미로운 것은 극장 운영과 발레 공연에 드는 비용을 오랜 기간 동안 소금관리청에서 지급했다는 사실이다. 국가는 소금 무역의 독점권을 장악하고 있었고, 엄청난 '소금 재정'의 일부가 배우들과 가수들, 무용수들과 음악가들에게로 흘러 들어갔다.

혼란한 상황이 모두 지나간 후 황실극장의 관할권은 궁정 내각으로 넘어갔다. 정부는 황실극장 이사회를 통해 페테르부르그의 마린스키 극장과 알렉산드린스키 극장, 모스크바의 볼쇼이와 말르이 극장을 관리하게 되었다. 이 극장들은 로마노프 황실의 실질적인 사설 극장이었다. 이 극장들은 허영의 진열장이자 이념적 방향을 실현하는 광장이었고 휴식과 오락의 공간이자 최고급 할렘이었다.

니콜라이 1세는 가끔 발레의 리허설을 참관했고 트리코를 입은 발레리나들이 돌아다니는 무대 뒤편을 즐거운 마음으로 찾아 다녔다. 알렉산드르 3세 시절에는 황제와 그의 가족이 발레 학교의 졸업 무대에 참석하는 것이 관례가 되어 버렸다. 공연을 마친 어린 무용수들이 황제와 황후에게 소개되었고 그 후 만찬이 준비되면 대공들은 아름다운 발레리나들과 시시덕거리며 사랑 놀음에 빠지곤 했다.

1890년 졸업 발표회가 끝난 후 만찬 석상에서 알렉산드르 3세는 졸업생 마틸다 크쉐신스카야의 옆 자리에 앉았다. 그녀는 작은 체구와 짙은 머리카락에 재능이 뛰어나고 강단도 있으며 야망도 큰 여인이었다. 그녀는 거구의 쇠약한 황제와 왜소한 체격의 후계자(그는 미래의 니콜라이 2세로서 장교복 차림을 하고 다녔다) 사이에서 차를 마시고 있었다.

알렉산드르 3세는 미소를 지으며 이렇게 말했다.

"너무 과한 애정 놀음은 자중하시오."

그러자 황태자는 크쉐신스카야를 수줍은 눈빛으로 바라봄과 동시에 그녀 앞에 놓인 평범한 하얀 머그잔을 가리키며 "설마 집에서도 이런 머그잔으로 마시는 건 아니겠지요?"라고 말했다.

그것은 그야말로 폭풍 같은 로맨스의 전주곡이었다. 두 사람의 로맨스는 1892년에 시작되어 1894년 봄 황태자가 알리사 게센-다름쉬타츠카야 공주와 약혼할 때까지 계속되었다. 공주는 러시아 정교를 받아들였고 알렉산드라라는 이름으로 개명했다.

크쉐신스카야는 마린스키 극

마틸다 크쉐신스카야

장에서 화려한 경력을 쌓으며 자신의 요구 사항을 제시했다. 당시 황실 극장의 책임자로 근무하던 위풍당당한 근위병 출신의 블라디미르 텔랴콥스키는 크쉐신스카야가 자신에게 관리를 보내던 일을 회상하면서 울분을 터뜨렸다(그 관리는 중저음의 우렁찬 목소리로 그녀가 앞으로 어떤 발레를 무대에 올릴지 통보하곤 했다).

비록 어떤 사람들은 극장계에서 그녀가 누린 특권이 전적으로 고위층과의 연줄 덕분이라며 투덜댔지만 대다수의 언론과 대중은 그녀에게 열광했다. 크쉐신스카야는 당시 올가 프레오브라젠스카야, 아그리피나 바그다노바와 함께 마린스키 발레의 최고 스타가 되었다.

발레 〈돈키호테〉와 〈무희〉, 글라주노프 작곡의 〈라이몬다〉, 차이콥스키 작곡의 〈잠자는 미녀〉의 안무가 마리우스 페티파는 기꺼이 크쉐신스카야와 함께 작업했다. 1895년 〈잠자는 미녀〉의 공연이 끝났을 때 크쉐신스카야는 "차이콥스키가 직접 분장실로 찾아와 찬사를 보냈고 자신을 위해 새로운 발레곡을 작곡해 주겠다고 약속했다"라고 말했다.

세기 초에는 고전주의 발레의 거장 페티파의 시대가 저물어 가고 있었다. 크쉐신스카야는 항상 성공을 쫓았고 이를 전혀 부끄럽게 여기지 않았다. 그녀는 혁신가들과 어울리기 시작했다. 그녀는 미하일 포킨의 실험적 발레에서 공연을 했고, 심지어 쟈길레프의 극단과 함께 전설적인 바츠라프 니진스키의 파트너로 유럽을 다녀오기도 했다. 그러나 그녀는 새롭게 떠오르는 별 안나 파블로브나와 타마라 카르사비나에게 자리를 내주어야 했다. 그래도 크쉐신스카야는 포기하지 않았고, 1916년 44세의 나이에 낭만주의 발레 공연 목록의 보석 같은 작품 〈지젤〉에서 성공적으로 재기했다. 그 무렵 비슷한 나이의 다른 발레리나들은 이미 오래전부터 연금을 받고 있었다.

그 오랜 세월 동안 니콜라이 2세는 크쉐신스카야를 보호했다. 훗날 그녀는 "내가 그분에게 부탁을 하면 그분은 내 요청을 거절하지 않았다"라고 회상했다. 크쉐신스카야가 황제를 떠나 그의 사촌들의 정부가 되어 이 사람 저 사람 옮겨 다녔을 때조차 그녀에 대한 황제의 호의는 조금도 변하지 않았다.

니콜라이 2세의 일기에는 언제나 마린스키 극장의 발레 공연, 차이콥스키의 발레 〈돈키호테〉와 〈파라오의 딸〉에 대한 소감이 기록되어 있었다("파블로바는 멋진 춤을 추었다"). 황제에게 그것은 미학과 향수와 에로틱이 고상하게 결합된 가장 매혹적인 파티였다. 그러나 레닌의 눈에는 그 모든 것이 단지 귀족들의 매음굴처럼 보였다.

극장과 음악에 대한 레닌의 취향은 완전히 달랐다. 막심 고리키는 베토벤에 대한 레닌의 발언을 기록한 적이 있는데, 실제로 그것은 소비에트 시대에 널리 알려졌고 또 끊임없이 인용되기도 했다. 레닌은 "베토벤의 〈열정〉보다 더 훌륭한 작품은 없다. 나는 매일 그것을 들을 준비가 되어 있다. 인간의 경지를 뛰어넘는 놀라운 음악이다. 나는 늘 '인간이 어떻게 이런 기적을 만들 수 있을까!' 하고 생각한다. 그러나 음악을 자주 듣지는 못한다. 신경을 자극하기 때문이다. 나는 추악한 지옥에 살면서도 그런 아름다움을 창조해 내는 사람들의 머리를 쓰다듬어 주면서 사랑스러운 말을 하고 싶어진다. 그런데 요즘에는 그 누구의 머리도 쓰다듬어 주지 말아야 한다. 손가락을 깨물기 때문이다. 그 대신 머리를 쥐어박아야 한다. 그것도 인정사정없이. 비록 우리가 이상적으로는 인간에 대한 폭력에 반대하고 있지만 말이다"라고 말한 바 있다.

이처럼 흥미롭고 솔직한 레닌의 생각은 다른 사람들의 회고록에서도 확인되는데 이를 통해 우리는 그가 음악을 어떻게 인식했는지 엿볼 수 있다(음악이 그를 '혼란스럽게 했다', '고통스럽게 했다', '너무 강렬하게 그를 자극했다'). 반면에 니콜라이 2세의 일기에 드러난 음악에 대한 그의 인상은 완전히 달랐다('매우 아름답다', '아름다운 오페라', '훌륭한 콘서트').

문화를 인식하는 두 가지 시선이 우리 앞에 놓여 있다. 니콜라이 2세에게 문화가 유쾌한 오락이었다면, 레닌에게는 감정적 고문이었다. 한 사람이 영국 신사였다면 다른 한 사람은 예민하게 그것도 지나칠 정도로 예민하게 예술을 받아들이는 전형적인 러시아 인텔리겐챠였다.

니콜라이 2세와 마찬가지로 레닌은 키가 작고 볼품없고 순간적으로 동정심을 불러일으키는 사람이었으며 웃기도 잘했다(두 사람 다 모호한 발음이 매력적이었다). 니콜라이 2세의 매력적인 발음에 대해서는 안무가 조르쥐 발란친(어린 무용수였던 그는 1916년 게오르기 발란취바제라는 이름으로 니콜라이 2세 앞에 소개되는 영광을 누렸다)이 내게 이야기해 주었다. 그러나 그 밖의 다른 분야에서 레닌은 니콜라이 2세와는 완전히 딴판이었다. 니콜라이 2세를 능가하는 레닌의 에너지, 고집, 추진력과 권력에 대한 의지는 상상을 초월할 정도였다.

니콜라이 2세는 지극히 개인적이고 신중하며 폐쇄적인 사람이었는데 그 탄생 배경과 운명이 그를 위기에 처한 대국의 통치자로 만들어 놓았던 것뿐이다. 그는 지배자가 되어야 한다는 의무감에 짓눌려 있었을 것이다(어쩌면 그것이 왕좌를 거부한 이유였는지도 모른다).

그와 달리 레닌은 타고난 지도자였다. 권좌를 향해 돌진했고, 권력을 쟁취했으며 체력이 허락하는 순간까지 권력을 장악했다. 1924년에 세상을 떠났을 때 그의 나이는 53세였다. 주목할 만한 사실은 2백 년 전 역시 53세의 나이로 세상을 떠난 표트르 대제와 레닌이 '넘치는 에너지와 혁명적 개혁'이라는 측면에서 자주 비교되곤 했다는 것이다.

니콜라이 2세를 가르친 사람들은 그의 가족과 황실이었다. 러시아 문화의 어떤 작품이 그의 인생에 전환점이 되었는지 우리는 알지 못한다. 그러나 레닌의 경우라면 이야기는 달라진다.

정신적으로 레닌에게 결정적인 영향을 준 것은 지도적 혁명 작가이자 비평가였던 니콜라이 체르니솁스키의 소설 《무엇을 할 것인가?》였다. 레닌이 페테르부르그 요새에 수감되어 있을 때 연재된 그 소설은 어찌된 영문인지 기적적으로 검열을 통과하여 1863년 당시에 가장 큰 인기를 누리고 있던 러시아 잡지 《현대인》에 게재되었다. 당시에는 체르니솁스키와 니콜라이 네크라소프가 《현대인》의 공동 편집장을 맡고 있었다. 레닌 본인도 "체르니솁스키의 소설이 나를 바꾸어 놓았다"라고 고백했다.

비단 레닌뿐만이 아니었다. 1860년대 혁명의 젊은 세대들에게 체르니솁스키의 소설은 하나의 계시였다. 러시아 사회주의의 아버지 게오르기 프레하노프는 러시아에 인쇄기가 도입된 이래로 젊은 급진주의 인텔리겐챠들 사이에서 《무엇을 할 것인가?》만큼 성공을 거둔 작품은 없었다고 증언했다.

순진하고 반추리적인 소재를 교훈적 어조로 표현하려고 했던 작가의 서툰 노력에도 불구하고, 오늘날에도 많은 사람이 평범하고 지루하다고 생각하는 그 작품이 인기를 누릴 수 있었던 비결은 무엇이었을까? 그것은 적절한 시대적 상황 때문이었다. 1861년 농노 해방 후의 러시아 문화에서는 구조 개혁이 일어나고 있었다. 교육이 발달했고 정기 간행물들이 화려하게 부활했으며 미학적 문제들이 폭넓게 논의되었다.

기존의 생활 유형들은 많은 사람들에게 속절없이 낡은 것으로 보였지만 새로운 이념들도 아직 뚜렷한 윤곽을 잡지 못하고 있었다. 그런 상황에서 젊은 세대들은 모종의 '삶의 교본'을 찾아 나섰다. 몇몇 사람들에게 그런 교본이 된 것이 바로 체르니솁스키의 소설이었다.

앞서 출판된 투르게네프의 《아버지와 아들》을 공박하기 위해 체르니솁스키는 특별 속편에 해당하는 작품을 썼다. 투르게네프는 자신의 작품 속에서 최초로 '니힐리스트'를 탄생시켰다. 투르게네프가 혁명가들을 희화화했다고 생각한 체르니솁스키는 그의 주인공들을 '새로운 인간들'이라고 불렀으며, 특히 그들을 모방하려는 사람들에게 '과연 어떻게 살아야 하고, 어떻게 일하고 사랑하며, 어떻게 가족 관계를 형성하고, 어떻게 먹고, 어떻게 쉴 것인지'에 대한 세세한 행동 지침을 마련해 주었다.

본질적으로 그의 작품은 소설을 가장한 백과사전적 논문집이었다. 체르니솁스키가 적용한 방식은 의도적이었다. 그는 모험 소설밖에 읽지 않는 젊은이들이 《무엇을 할 것인가?》를 읽어 주기를 바랐다(체르니솁스키는 자신이 알렉산드르 뒤마의 《몽테 크리스토 백작》이나 디킨스의 소설들에 견줄 만한 매우 시적이고 매력적인 작품을 썼다고 생각했다).

적대자들은 체르니솁스키를 비웃었다. 하지만 그의 소설은 충분한 효과를 거두었다. 준사회주의 구조로 이루어진 봉제 공장에서 자유주의적 '신여성' 베라 파블로브나와 두 명의 진보적 청년 사이의 비정상적인 애정 관계를 묘사한 이 소설은 조르주 상드의 인기 소설들을 대신했고 이후 십여 년간 러시아 급진주의자들의 애장 도서가 되었다.

그러나 《무엇을 할 것인가?》의 주인공들 가운데 레닌에게 가장 깊은 인상을 남긴 인물은 바로 직업 혁명가 라흐메토프였다. 그는 지하 활동을 하기 위해 자신을 특별히 단련시킨다. 그는 금욕주의자로 살면서 술도 마시지 않고 여자들에겐 아무 관심도 보이지 않으며 흰 빵은 입에 대지도 않는다. 또 단 음식은 먹지 않고 먹는 것이라고는 오직 흑빵뿐이며, 필요한 책들만 읽고 필요한 사람들하고만 교류하며 자신의 의지를 단련시킨다(가끔 작은 못들이 박힌 펠트 침대 위에서 자기도 한다). 고리키는 레닌이 라흐메토프의 못에 버금가는 고행과 자학을 통해 내면의 자제력을 길렀다고 강조한다.

　　레닌이 《무엇을 할 것인가?》를 처음 읽었을 때 그의 나이는 14살이었다. 그러나 그때는 그 소설이 마음에 들지 않았다. 당시에 레닌은 체르니쉡스키와 상반된 입장을 취한 투르게네프에 빠져 있었다(훗날 많은 구절을 인용할 정도로 그의 작품에 깊이 빠져 있었다). 그러나 《무엇을 할 것인가?》는 레닌의 맏형이자 페테르부르그대학 학생이었던 알렉산드르가 가장 좋아하던 책 가운데 하나였다.

　　알렉산드르 울리야노프는 알렉산드르 3세의 암살을 계획한 지하 학생회의 일원이었다. 1887년에 그들은 경찰의 끈질긴 추적 끝에 체포되고 말았다. 체포된 다섯 명의 학생들은 회개와 선처를 거부하고 교수형에 처해졌는데 알렉산드르도 그중 한 명이었다.

　　이 모든 사건들은 레닌에게 커다란 충격을 안겨 주었고 그의 정치관을 급격히 변화시켰다. 그는 《무엇을 할 것인가?》를 다시 읽은 다음 직업 혁명가, 즉 체르니쉡스키식의 '새로운 인간'이 되기로 굳게 결심했다.

　　연약하고 시적인 자유주의자 투르게네프에서 엄격한 교조적 급진주의자 체르니쉡스키로 변모하는 과정은 험난했다. 노력과 투쟁과 실패와 후회로 점철된 길이었다. 그 과정이 얼마나 고통스러운 것이었는지를 보여주는 것이 바로 음악에 대한 레닌의 태도였다. 역설적이게도 그것은 청년 레닌의 비밀스러운 심리 세계를 엿볼 수 있는 유일한 작은 창문이었고, 그의 순수하고 심오한 초기 감정과 훗날의 변화를 가장 잘 보여주는 증거였다.

음악을 감상할 때 가장 중요한 두 개의 감정이 있다면 그것은 음악에 대한 완전한 무관심이나 혹은 과도한 감흥이다. 그것은 이해할 수 없는 텅 빈 소리이거나 영혼이 저항할 수 없는 폭풍 같은 감정의 분출이라고 루소는 말했다.

톨스토이 역시 같은 견해를 보였는데, 그는 문화계의 루소주의자라고 알려져 있다. 음악은 감정을 기억하는 것이며 인간은 자신의 기억을 사랑할수록 더욱 더 강렬하게 음악을 느끼는 법이다. 그러나 만일 그것이 고통스러운 기억이라면 인간은 그와 관련된 음악을 받아들이기 쉽지 않다. "그로 인해 사람들 중에는 음악에 인내하지 못하는 사람들도 있다."

레닌의 다음과 같은 말은 톨스토이의 《크로이체르 소나타》의 주인공인 포드니쉐프의 대사를 반복한 것일 수도 있다.

"대체로 음악이란 것은 무서운 것이다. 사람들은 음악이 영혼을 고양시킨다고 말하지만 그것은 거짓이며 헛소리다! 음악은 영혼을 고양시키거나 평온하게 만들지도 않고 영혼을 자극할 뿐이다. 중국에서 음악은 국가적 현안이다. 그것은 당연한 일이다. 타인이나 대중이 원한다고 해서, 어떻게 그들에게 최면을 걸어 마음대로 조종하도록 내버려둘 수 있단 말인가?"

톨스토이가 음악을 들으면서 감동의 눈물을 흘렸다는 것은 공공연한 사실이다. 그러나 그와 동시에 그의 얼굴에는 가끔 '공포심'이 드리워지기도 했다. 이와 관련하여 로망 롤랑은 "톨스토이 같은 위대한 영혼의 소유자에게는 음악이 위협적일 수도 있다"라고 안목 있는 지적을 한 바 있다. 롤랑은 복잡한 내면의 소유자들에게는 고양된 감정적 동요가 일반적이라는 점을 염두에 두고 있었다. 기존에 알려진 바와 달리 레닌은 그런 복잡한 내면을 가진 인물이었다.

레닌에게 음악은 달콤하고 괴로운 체험이었다. 가령 베토벤의 〈월광 소나타〉는 레닌에게 어린 시절을 연상시켰다. 그것은 레닌의 어머니와 19세의 나이에 장티푸스로 세상을 떠난 사랑스런 여동생 올가가 자주 연주한 곡이기도 했다.

레닌의 즐거운 추억도 베토벤과 관련이 있다. 1909년에 레닌과 이네사 아르만드와의 관계가 시작되었다. 55세의 프랑스 혈통을 가진 러시아 여성 혁명가인 그녀는 아름답고 독립적이었으며 피아노 연주에 능했다. 이네사는 베토벤을 숭배했으며 레닌은 그녀가 연주하는 베토벤의 곡을 자주 들을 수 있었다. 그는 이네사가 연주하는 베토벤의 〈열정 소나타〉를 특히 좋아했다. 레닌은 "열 번, 스무 번, 마흔 번이라도 들을 수 있다. 그 곡은 매번 나를 사로잡고 점점 더 큰 감동을 준다"고 말하기도 했다.

레닌이 전제주의에 대항해 혁명의 선동을 이어가던 망명지에서는 레닌과 그의 아내 나제즈다 크룹스카야 그리고 이네사 아르만드 사이에 전형적인 삼각관계가 형성되었다. 감정과 공동 관심사와 이념에 기초한 이 관계는 당연히 체르니솁스키의 《무엇을 할 것인가?》 속에 묘사된 결혼 생활의 원리에서 영감을 받은 것이었다.

어느 동지로부터 《무엇을 할 것인가?》는 원시적이고 졸렬한 작품이라는 이야기를 들은 레닌은 "그것은 모든 인생을 장전시키는 탄약이오. 졸렬한 작품이라면 어떻게 그런 영향력을 지닐 수 있겠소?"라며 화를 냈다(이 부분에서 레닌은 전적으로 옳았다). 여기서 우리는 레닌이 푸쉬킨보다 체르니솁스키를 훨씬 더 적극적으로 옹호했음을 알 수 있다.

이네사 아르만드는 1920년에 장티푸스로 죽었다. 그녀는 크레믈린궁의 성벽 주변에 묻혔다. 몇몇 사람들은 아르만드의 죽음은 레닌에게 엄청난 충격이었고 레닌의 죽음을 앞당겼다고까지 생각한다. 어쨌든 레닌은 영혼의 고통 없이는 베토벤을 들을 수 없었다. 베토벤의 선율은 그에게 너무나 많은 것을 상기시켰던 것이다.

그런 고통스럽고 대립적인 감정들과 대결해야 했던 레닌은 체르니솁스키의 진정한 추종자로서 '음악 감상은 비생산적인 에너지 낭비'라는 확고한 자기 방어적 결론을 내리고 있었다(1994년 오슬로에서 피아니스트 이사야 도브로베인의 미망인이던 98세의 마리아 도브로베인은 레닌의 발언을 내게 직접 증언한 바 있다. 그녀는 레닌을 위해 여러 차례 연주해 준 일이 있는 연주자였다). '새로운 인간'으로서 레닌은 그런 식으로 감정의 분출구를 억눌렀다. 내면 속의 정치가 레닌은 사적인 개인성을 극복해 냈고, 그것은 처음도 마지막도 아니었다. 반면에 니콜라이 2세는 모든 면에서 그와 정반대였다.

레닌이 드라마극장을 대하는 태도도 음악과 마찬가지로 복잡했다. 레닌의 미망인 크룹스카야는 "극장에 가면 우리는 1막이 끝난 후에 그곳을 떠나는 경우가 대부분입니다. 동지들은 쓸데없이 돈을 버린다며 우리를 비웃곤 하지요"라고 회고했다.

크룹스카야는 "하찮은 희곡과 허구적 연기가 항상 블라디미르 일리치의 신경을 날카롭게 자극했다"고 설명한다.

그러나 레프 톨스토이나 고리키처럼 레닌 또한 연극에 감동을 받으면 어김없이 눈물을 흘렸다. 망명 시절 레닌의 한 동지는 "제네바에서 유명한 사라 베르나르가 공연할 때 나는 레닌이 슬그머니 눈물을 닦는 것을 보고는 너무나 놀랐다. 심장이 없는 잔인한 레닌(당 동지들은 레닌을 그렇게 불렀다)은 〈동백꽃을 든 여인〉을 보며 울었다"라고 증언했다.

이 부분에서 니콜라이 2세와 레닌의 예술관은 확연한 차이를 드러낸다. 니콜라이 2세가 극장에 다니는 것을 기분 전환이나 휴식쯤으로 생각했다면 초감성적이었던 레닌은 도저히 그런 생각을 할 수가 없었다. 크룹스카야의 증언에 따르면 레닌은 늘 긴장을 늦추지 않았고 심지어 극장에서조차 긴장의 끈을 놓지 않았다고 한다.

레닌은 콘스탄틴 스타니슬랍스키와 블라디미르 네미로비치–단첸코가 1898년에 설립한 모스크바 예술극장을 자주 방문하지는 못했지만 매우 좋아했다. 다른 러시아 중산층 인텔리겐챠들과 마찬가지로 레닌에게 극장은 이동파 화가들의 그림과 차이콥스키의 음악 그리고 체홉의 작품처럼 현실적이고 사실적인 예술적 전범이었다(이 부분에서 레닌과 니콜라이 2세의 취향은 완전히 일치한다). 황제 또한 이동파 화가들과 차이콥스키, 체홉의 숭배자였다. 역설적으로 들릴 수도 있지만 화두는 역시 주류 문화의 패러다임에 관한 것이었다.

네미로비치–단첸코의 고문서실에는 1906년 4월 19일자 편지의 초고가 보관되어 있다. 당시 내각 책임자였던 세르게이 비테 백작에게 쓴 편지에서 그는 "예술극장이 재정적으로 파산할 위기에 처해 있으며 국가 보조금 지급이 시급하다는 이야기를 니콜라이 2세에게 전해 주시오"라고 호소했다. 네미로비치-단첸코는 예술극장의 유럽 순회 공연은 성공적이었고 그곳에서도 '러시아의 위대한 정신'을 입증했다는 평가를 받았다고 '최고의 경의를 표하며' 강조했다.

당시 예술극장은 모스크바의 괴짜 백만장자의 도움을 받아 곤경을 모면할 수 있었다. 그래서 비테 백작에게 보내는 편지는 결국 발송되지 않았다. 그러나 1917년 볼셰비키 혁명 이후에 레닌이 새로운 러시아의 지도자가 되었을 무렵 예술극장은 다시 재정적 파산의 위기에 직면했고 그는 당시 인민교육위원이었던 아나톨리 루나차르스키를 통해 레닌에게 도움을 요청했다.

루나차르스키에 따르면 레닌은 "다른 건 생각할 수 없습니다. 만일 과거로부터 구해 내고 보존해야 할 극장이 있다면, 그것은 바로 예술극장

1900년대의 모스크바 예술극장

입니다"라며 지원금을 지급하는 데 동의했다고 한다(레닌은 오페라와 발레 극장에 대해서는 그다지 호의적이지 않았다.)

그것은 레닌이 추구한 문화 전략의 일부였다. 공산주의 러시아에서 종교는 '대중에게 아편'이며, 이를 대체할 수 있는 것이 바로 극장이라고 생각했던 것이다. 레닌의 견해로는 예술극장이야말로 이런 역할을 담당하기에 가장 적합한 곳이었다. 그러나 레닌은 민중을 정치·문화적으로 교육함에 있어 극장이 얼마나 중요한지 잘 알고 있었기에 극장의 '실수'를 용납하지 않고 특유의 공격적인 태도로 반응했다.

레닌이 '실수'라고 생각한 연극 작품은 1913년 예술극장에서 상연된 도스토옙스키의 《악령》이었다. 당시 최고의 명성을 얻고 있었던 러시아 작가 막심 고리키는 이 연극으로 인해 《러시아 말》이라는 신문에 공개 서한을 쓰면서 엄청난 파장을 불러일으켰다. 고리키는 도스토옙스키를 러시아 문단의 '사악한 천재'라고 불렀고 《악령》은 혁명에 대한 '모독'이라고 비판했다.

정치적 급진주의자였던 고리키는 현 상황에서 도스토옙스키를 선전하는 것은 '미학적으로 의심스럽고, 사회적으로도 위험한 시도'라고 단언했다. 그리고 그는 "누구든지 러시아 생활에 개선이 필요하다고 확신한다면 도스토옙스키의 소설이 무대에 오르는 것을 막아야 한다"라고 선동했다.

고리키의 반(反)도스토옙스키적 서한은 엄청난 센세이션을 불러일으켰고 러시아 주요 신문들은 저마다 민감한 반응을 보였다. 당시 도스토옙스키의 명성은 문화적 상징으로 자리잡고 있었다. 혁명에 대한 도스토옙스키의 부정적 태도가 《악령》에 반영되어 있었고 바로 이러한 측면이 작가를 중요한 정치적 인물로 부각시켰다. 보수 세력은 그를 범민족 문화의 모범으로 규정하려고 애썼고, 진보 진영은 이러한 움직임에 강력하게 맞섰다.

당시 다수의 유명 작가들(레오니드 안드레예프, 알렉산드르 쿠프린, 미하일 아르치바쉐프, 드미트리 메레쥐콥스키)은 "고리키가 '문학의 샛별'을 모욕하고 있다"며 맹렬한 비난을 퍼부었다. 고리키의 편을 든 사람은 오직 볼셰비키들뿐이었다. 볼셰비키 신문 《진실을 위하여》는 고리키에게 쏟아지는 비난이 '프롤레타리아'에 맞서는 반동적 행위라고 비판했다. 도스토옙스키와 그의 반동적 행위에 대한 관대한 태도와 고리키에 대한 적대감이 비례한 이유가 바로 여기에 있었다.

고리키를 지지하는 레닌의 입장은 확고한 것이었다. 로마노프 황실의 입장에서 본다면, 도스토옙스키는 '자기 사람'이었다. 하지만 레닌에게 있어 도스토옙스키는 이방인이었다.

따라서 레닌이 자신의 비망록에서 '도스토옙스키는 진정한 천재 작가'라고 여러 차례 언급한 것은 뜻밖의 일이었다. 레닌은 도스토옙스키에게 사형 선고를 내린 니콜라이 1세가 형 집행 직전에 그를 사면하고 시베리아로 유형을 보낸 사실을 떠올렸다(레닌은 유형 생활을 소재로 한 《죽은 집의 기록》을 도스토옙스키 최고의 작품으로 간주했으며 이 점에서는 레프 톨스토이도 같은 견해를 보였다).

레닌은 《악령》을 천재적이지만 '혐오스러운' 작품이라고 평가했다. 《악령》을 통해 도스토옙스키는 체르니쉡스키의 《무엇을 할 것인가?》를 공개적으로 비판했다. 《무엇을 할 것인가?》는 레닌이 좋아하는 작품이었다. 그런 도스토옙스키를 레닌은 '가장 혐오스러운 인물'로 여겼을 것이다. 하지만 레닌은 도스토옙스키의 소설들 속에 '현실의 생생한 모습'이 반영되어 있다는 것을 인정했다. 이는 직선적인 지도자에게서는 좀처럼 찾아보기 힘든 이중적 잣대라고 할 수 있다.

흥미로운 것은 니콜라이 2세가 황제로서는 결코 어려운 일이 아니었음에도 불구하고 러시아의 위대한 작가들 중 그 누구와도 만난 적이 없다는 사실이다. 게다가 황제가 즐겨 했던 일과 중의 하나는 저녁마다 황후와 아이들에게 소설을 읽어 주는 것이었다(러시아어 소설과 영어 소설, 프랑스어 소설을 읽어 주었다). 그는 톨스토이와 체홉의 작품을 읽기는 했지만 단 한 번도 그들과 대화를 나눈 적은 없었다. 왜 그랬을까? 아마도 그 이유는 니콜라이 2세의 소극적 성격 때문이었을 것이다. 어떤 사람들은 그의 소극적 태도가 내성적 성격에서 비롯된 것이라고 보았고, 또 어떤 사람들은 그의 폐쇄성, 위선 그리고 교활함에서 비롯된 것이라고 보았다.

분명한 것은 니콜라이 2세가 논쟁을 좋아하지도 않았고 또 논쟁하는 법도 몰랐다는 사실이다. 다른 사람들과 대화를 할 때 그는 반박도 하지 않았고 자신의 견해를 굽히지도 않았다. 따라서 톨스토이와 대화를 나눌 때 의견 대립은 불가피했을 것이다. 심지어 니콜라이 2세는 섬세하고 예의 바르기로 소문난 체홉과의 만남도 기피했다.

그다지 달갑지 않은 현대 작가들에 대해 니콜라이 2세가 무슨 말을 할 수 있었겠는가? 분명한 것은 니콜라이 2세가 러시아와 유럽에서 가장 인기 있는 작가들 중 한 사람이었던 막심 고리키를 만나려 하지 않았다는 사실이다. 고리키는 이미 오래 전에 자신이 사회주의 경향의 작가라고 밝혔고 그의 작품들도 대량으로 출판되었다. 고리키의 인생에는 낭만적인 측면이 있었다. 하층민 출신에 낯선 직업들을 전전했고(기선에서 설

안톤 체홉과 막심 고리키

거지 하는 사람, 성상화 화실의 견습생, 기차역의 야간 경비, 극장의 엑스트라 등) 또 도보로 러시아 전역을 순례했기 때문에 폭넓은 독자층의 우상이 될 수 있었다.

역설적이지만 고리키의 할아버지가 재력 있는 인물이었다면 체홉의 할아버지는 농노였다. 사람들은 체홉과 고리키의 성공이 당시의 저급한 대중 문화에 뿌리를 내리고 있었다는 사실을 잊고 있다.

체홉은 1880년대에 《잠자리》, 《자명종》, 《파편》처럼 눈에 띄는 제목의 싸구려 유머 잡지를 통해 데뷔했고 저렴한 원고료를 받으며 단편뿐 아니라 일화, 패러디, 연극 비평, 재판 방청기, 심지어 풍자 만화에 삽입되는 글까지 썼다.

체홉이 연재한 유머러스한 이야기들 중에 특히 그에게 명성을 가져다준 작품은 《관리의 죽음》과 《뚱뚱이와 홀쭉이》였다. 1883-1884년에는 《호소문》이 잡지 《파편》에 실렸고, 1885년에는 《마씨 성》, 《악한》, 《프리쉬베예프 하사관》 같은 작품들이 《페테르부르그 신문》에 게재되었다. 니콜라이 2세는 체홉의 이런 초기작들을 가장 즐겨 읽었다. 또한 체홉의 《곰》과 《청혼》 같은 초기 보드빌 작품도 좋아했다. 반면에 레닌은 체홉의

'진지한' 후기작에 흥미를 느꼈다.

고리키의 문학적 혈통도 고상하지는 않았다. 당시 러시아 대중 문학에서 가장 인기 있었던 주인공들 가운데 하나가 바로 러시아의 로빈 훗으로 유명했던 '용감한 도둑' 추르킨이었다. 대중은 그의 활약상을 담은 소설에 흠뻑 빠져 들었다. 고리키의 초기작 주인공들은 부랑자들이나 폭동자들로서 그들 또한 '도둑'의 전통적 계보에 속했다. 그러나 체홉과 달리 고리키는 정치적 급진주의자였다. 1889년, 21세의 고리키는 지하 혁명 활동을 했다는 이유로 체포되고 말았다.

이런 유형의 작가는 당연히 니콜라이 2세의 호감을 얻을 수 없었다. 따라서 1902년 3월에 고리키가 황실 과학아카데미 명예 회원으로 선정된 사실을 알게 된 니콜라이 2세는 분노를 터뜨리고 말았다. 니콜라이 2세는 메세르스키 공작의 잡지 《시민》을 통해 그 사실을 알게 되었다(그는 이 잡지를 처음부터 끝까지 꼼꼼하게 읽었다). 고리키가 명예 회원으로 선정될 수 있었던 것은 어디까지나 니콜라이 2세의 사촌 당숙이자 과학아카데미 원장이었던 콘스탄틴 대공(시인 K. P.로도 알려져 있었다)의 지원이 있었기 때문에 가능한 것이었는데 사실 이러한 결정은 '푸쉬킨과 카람진의 충성스럽고 교양 있는 러시아에 대한 도전'으로 간주되었다.

니콜라이 2세는 내무 장관에게 사건의 진상을 규명하라고 지시했고 자신의 비망록에는 "참으로 희한한 일이다. 요즘처럼 혼란한 시기에 과학아카데미가 저런 작자를 명예 회원으로 선정하다니"라고 기록했다. 니콜라이 2세를 더욱 분노케 한 것은 재판 중에 있는 작가를 아카데미 명예 회원으로 선정했다는 사실이었다.

결국 아카데미는 명예 회원 선정을 취소했다. 특히 곤란한 입장에 처한 사람은 콘스탄틴 대공이었다. 그의 독자적 위상과 아카데미의 독립성이 흔들렸다. 그러나 군주에게 복종하지 않을 수는 없었다.

니콜라이 2세는 자신의 발언으로 아카데미 정신을 일깨우고 싶었다. 그러나 그것은 엄청난 스캔들로 확대되고 말았다. 황제의 총애를 받으며 정치적 처신을 자제하고 있던 체홉이 그와 같은 번복에 항의하며 예전에 받았던 아카데미 명예회원의 칭호를 반납해 버린 것이다.

체홉이 아카데미에 보낸 편지를 통해 알 수 있는 것은 당시의 작가들과 화가들 그리고 예술가들이 정부의 관심보다는 사회 여론과 독립적 지위를 더 중요하게 여겼다는 점이다. 그 편지에서 체홉은 당시 고리키의 명예 회원 선정을 가장 먼저 축하한 사람이 바로 자기 자신이었다고 회고했다. "나는 진심으로 그를 축하했다. 그의 아카데미 명예 회원 선정을 취소한 것은 그야말로 모순이다. 나는 이 상황을 인정할 수 없고 또 양심을 속일 수도 없다."

러시아 주요 신문들이 일제히 체홉의 편지를 기사화하기 시작했다. 체홉의 편지는 민중에게 강한 인상을 남겼고 문단에서 고리키가 차지하고 있던 입지를 더욱 공고하게 만들었다. 국가 지도자가 한 작가를 핍박했지만 그러한 핍박은 작가의 입을 막기는커녕 오히려 그를 더 인기 있는 사람으로 만들어 버렸다. 이것이야 말로 향후 정권에 닥치게 될 위기의 첫 번째 전조였다.

니콜라이 2세는 고리키와의 작은 충돌에서 패배했다. 그러나 그는 그 사건을 어느 '경멸스런 부랑자'와 관련된 일로 치부했을 뿐, 자신의 패배조차도 깨닫지 못했다. 1917년 혁명까지는 아직 15년이나 남아 있었다.

스탈린의 지시에 따라 '레닌과 고리키가 나눈 위대한 우정'은 소비에트 연방의 전설이 되어 버렸다. 그것은 레닌이 고리키에 대해 쓴 기록과 편지 중에서 교묘하게 생략된 인용문들을 기초로 창조되었다. 하지만 레닌이 쓴 텍스트 전문을 주의 깊게 살펴보면 그보다 훨씬 더 복잡한 그림이 그려진다. 그들 사이에 평등한 우정은 존재하지 않았다. 레닌의 나이는 고리키의 나이보다 두 살이 아래였다. 하지만 그는 마치 '경솔하면서도 재능 있는 학생'을 대하는 학교 선생님처럼 고리키에게 엄격하고 까다롭게 굴었다.

레닌은 고리키를 끊임없이 가르치고 지도하고 감독했다. 어떤 편지에서는 "도대체 이 무슨 경거망동이오? 일에 너무 몰두해서 신경과민이 된 거 아니오? 이건 완전히 뒤죽박죽이구려. 자기 관리를 못할 정도로 해이해진 거요? 어허, 그건 좋지 않아요"라고 썼고, 다른 편지에서는 "당신은 대체 무슨 짓을 하고 있는 거요? 한마디로 끔찍하군요. 진심이오!"라고 쓰기도 했다.

레닌은 고리키와 나눈 대화 중 일부를 자신의 논문에 인용했다. 거기서 고리키는 특유의 유쾌한 미소를 지으며 "나도 내가 형편없는 마르크스주의자라는 것을 알고 있습니다. 그리고 우리 예술가들은 조금씩 넋이 나간 사람들이죠"라고 말했다. 레닌은 고리키의 그 표현을 가리키며 "그의 말을 반박하기가 쉽지 않다. 어째서 고리키는 정치에 뛰어드는 것일까?"라고 냉소적으로 논평했다.

볼셰비키 혁명이 일어나기 전에 레닌은 다음과 같이 고리키를 비난했다. "고리키는 이념적으로 우유부단하고 타협적인 철학 이론으로 대중을 선동하고 있다."그리고 혁명 후 레닌이 러시아의 지도자가 되었을 때 고리키는 볼셰비키에 맞서다 투옥당하거나 사형 선고를 받은 지식인들을 구하기 위해 부단한 노력을 기울였고 바로 그것이 레닌을 분노하게 만들었다.

1921년 레닌은 "떠나시오. 가서 병이나 고치시오. 거부하지 마시오. 부탁이오"라는 글을 고리키에게 보냈다. 얼마 후 레닌은 고리키를 추방했고 두 사람의 관계는 그렇게 끝나고 말았다. 하지만 그 후에도 레닌은 고리키가 전 세계 프롤레타리아 운동에 공헌한 재능 있는 예술가임을 끊임없이 강조했다.

여기서 우리는 한 동지가 레닌에 대해 언급한 내용을 떠올리지 않을 수 없다. 그 동지는 "레닌은 당이 필요로 하는 사람들을 사랑했습니다. 하지만 직책에 어울리지 않는다거나 해로운 사람이라는 판단이 서면 일리치(레닌)는 그 사람과의 관계를 완전히 끊어 버렸습니다. 그 사람에게 무자비하게 대했던 것이죠"라고 말했다.

레닌은 고리키의 작품을 단 한 번도 칭찬한 적이 없었다. 레프 톨스토이와 체르니솁스키에게는 찬사를 보냈지만 고리키에게는 그렇게 하지 않았다. 그리고 고리키 역시 이런 사실을 인정할 수밖에 없었다. 고리키는 자신의 회고록에서 "레닌이 정치 소설 《어머니》에 대해 무척 절제된 평가를 내렸다"라고 썼고 여기에 "바로 그것이 내가 그로부터 들은 유일한 칭찬이었다"라고 덧붙였다.

레닌의 미망인이 쓴 회고록에 따르면 레닌은 예술극장에서 고리키의 유명한 연극 〈밑바닥에서〉를 관람한 후 몹시 힘들어 했고, 그때 이후로는 극장 근처에 얼씬도 하지 않았다고 한다.

레닌은 "문학 활동은 프롤레타리아 활동의 일부가 되어야 함과 동시에 위대한 사회민주주의 메카니즘의 바퀴와 나사가 되어야 한다. 그리고 문학가들이 당조직에 가입하는 것은 너무나도 당연한 일이다. 출판업과 유통 산업, 독서실 및 도서관의 운영 그리고 서적의 매매는 모두가 당파적이어야 한다"라고 쓰고 있다. 레닌에게 있어 문화란 중요한 정치적 도구였던 것이다.

문화에 대한 지극히 정치적이고 공리주의적인 레닌의 관점은 이미 오래 전에 형성되어 한평생 지속된 관점이었다. 고리키는 그것이 잘못된 생각이라며 여러 차례 레닌을 설득했다. 그는 여러 유명 작가들 가운데 레닌과 개인적 친분을 맺은 유일한 사람이었고 레닌 또한 고리키와의 친분을 중요하게 여겼다. 하지만 레닌은 고리키 앞에서 한 번도 자신의 고집을 꺾지 않았다.

《러시아 황제》(1906)라는 소책자에서 고리키는 니콜라이 2세를 "그는 굶주린 민중의 피를 빨아먹는 보잘것없고 무가치한 영혼, 왜소하고 탐욕스러운 영혼이다"라고 묘사함으로써 자신을 핍박했던 니콜라이 2세에게 복수했다.

고리키는 레닌에게도 복수를 했다. 하지만 그것은 니콜라이 2세에게 했던 것과는 전혀 다른 방식이었다. 레닌 사후에 그는 겉으로는 레닌에 대한 애정 어린 회고문을 썼지만, 실제로 그것은 레닌과의 가시 돋친 논쟁이었다. 그 글은 거의 10년 동안 집필된 걸작으로서 오늘날까지도 "정치적 거물을 가차 없이 공격한 문학적 초상의 전범'으로 평가받고 있다.

고리키에게 있어 레닌은 '뚜렷한 주관으로 단련된 올곧은 정치가'였다 (한때 고리키는 "원래부터 나는 정치가에 대한 혐오감을 갖고 있다"라고 언급했다). 레닌이 생존했을 당시에 고리키는 그에 대해 훨씬 더 솔직한 언급도 서슴지 않았다.

"……. 레닌은 재능이 뛰어날 뿐만 아니라 '지도자'가 갖추어야 할 모든 덕목을 지닌 사람이다. 게다가 그는 도덕성 결핍, 오만, 민중 생활에 대한 무자비한 태도까지 겸비하고 있다."

자신의 회고록에서 고리키는 레닌을 좀 더 유연하고 냉철하게 분석했다. 고리키의 분석에 따르면, 레닌은 자신이 러시아 민중에 대해 잘 모른다는 사실을 인정했다. 그럼에도 불구하고 레닌은 자신이 러시아 민중을 이해하고 있으며, 그들을 어떻게 다루어야 할지 잘 안다고 믿었다. 그래서 그는 "러시아 대중에게는 매우 단순한 것, 이해하기 쉬운 것을 보여주어야 한다. 소비에트와 코뮤니즘은 아주 단순한 것이다"라고 말했다.

고리키가 분석한 레닌은 비밀스럽고도 잔인했다("그는 다른 사람들과는 달리 내면의 격정에 사로잡힌 상태에서도 침묵을 지킬 줄 알았다"). 깜짝 놀란 레닌은 벌컥 화를 내며 이렇게 물었다.

"당신이 바라는 것이 무엇입니까? 전례 없는 광란의 투쟁 속에서 인간미라는 것이 과연 가당한 말입니까? 연민과 아량이 자리할 곳이 없지 않을까요?"

고리키는 지식인들에 대한 레닌의 '불신과 적의에 찬 태도'를 강조했다. 그렇지만 고리키에게 레닌은 '준엄한 스승'이었고, 레닌의 말은 '강철 칼날의 차디찬 섬광'으로 기억되었다. 그래서 고리키는 갑자기 말투를 바꾸어 레닌이 러시아와 러시아 예술에 대해 갖는 은근한 자부심은 순수한 것이라고 생각했고, 그를 '위대한 인물'로 규정했다. 불량한 학생이 자신의 스승, 즉 고인이 된 스승의 위상을 회복시켜 준 것이다. 마지막 발언권은 고리키에게 있었다.

고리키가 분석한 레닌의 특별한 초상은 혁명 지도자의 참모습을 변증

법적인 방법과 심리적인 접근으로 통찰력 있게 묘사한 유일한 것이다. 그 초상을 러시아의 위대한 화가 발렌틴 세로프가 그린 니콜라이 2세의 초상화(1890)와 비교하는 것은 무척 흥미롭다.

세로프는 위대한 초상 화가였다. 그가 그린 니콜라이 2세의 초상화는 화가와 모델 사이의 보기 드문 친분 관계에서 비롯된 매우 독특한 것이었다. 로마노프 왕조 최초로 군주가 수많은 시간을 할애하고 화가의 요구에 따르면서 순종적으로 포즈를 취했던 것이다.

세로프는 인간적 측면이나 예술가적 측면에서 신경질적이고 예민하고 변덕이 심하기로 유명했다. 그는 땅딸막한 키에 굼뜬 행동이 특징이었다. 동시대인들의 회고에 따르면 아무리 값비싼 옷이라 해도 세로프가 입으면 마치 다른 사람에게서 얻어 입은 옷처럼 보였다고 한다. 게다가 그는 늘 양손을 주머니에 넣고 다녔다. 그럼에도 불구하고 그는 혁명 전 러시아 상류 사회의 사랑을 받은 초상 화가였고, 거의 10년 동안(1892~1901) 로마노프 황실의 비공식 궁정 화가로 일한 사람이었다.

사람들은 세로프의 예민함과 무례함 때문에 그를 두려워했지만, 그의 정직한 성격과 뛰어난 재능은 존경했다. 예술 비평가 아브람 에프로스는 "인내와 순종이야말로 세로프로부터 초상화를 얻어 내려고 안달하는 사람들이 갖춰야 할 미덕이었다"라고 회상했다. 니콜라이 2세는 알렉산드라 황후에게 선물하기 위해 세로프에게 자신의 개인 초상화를 주문했다. 그 초상화는 니콜라이 2세의 인간적인 면모를 가장 잘 묘사한 것이었지만, 동시에 그의 정치적 결함이라 할 수 있는 리더십의 부재를 강조한 것이었다.

세로프가 그린 초상화에서 니콜라이 2세는 맥없이 팔짱을 낀 채 조용히 생각에 잠긴 표정으로 구부정하게 앉아 있다. 세로프가 그린 다른 초상화에서 정복을 입었던 것과는 달리 그 초상화에서 니콜라이 2세는 낡고 평범한 군복을 입고 있었다(니콜라이 2세는 평소 집안에서 낡고 해진 옷을 수선해 입고 다녔던 것으로 유명하다). 그것은 특별한 운명에 의해 탄생한 지극히 비정상적인 초상화였다.

레닌과 고리키 모두 대화하기를 좋아하는 사람들이었다. 그들은 청산유수처럼 말을 쏟아 냈다. 반대로 세로프와 니콜라이 2세는 말이 없기로 유명한 사람들이었다. 그러나 초상화 작업을 할 때 두 사람의 관계는 오히려 한 편의 작은 희곡과도 같았다.

청탁을 싫어했던 세로프가 어느 날 갑자기 군주에게 "친구 세르게이 자길레프가 발간하는 예술 잡지 《예술 세계》에 후원금을 지급해 주실 수 없겠습니까?"라고 요청했다(레닌과 마찬가지로 황제 또한 자길레프가 이끄는 '데카당트'들을 좋아하지 않았다). 그러자 니콜라이 2세는 사재(私財)를 들여 만오천 루블의 후원금을 〈예술 세계〉에 전달했다. 그 후로도 니콜라이 2세는 후원금을 3년간 더 지급했다.

세로프가 그린 니콜라이 2세의 초상화

황제는 세로프의 다른 부탁도 들어주었다. 당시 재판을 받기 위해 감옥에 수감되어 있던 사바 마몬토프(그는 유명한 문학·예술 후원자였다)를 석방시켰던 것이다. 하지만 또 다른 일로 인해 황제와 세로프 사이에는 갈등이 생기고 말았다.

초상화 작업을 하던 어느 날 알렉산드라 황후가 그곳을 방문하였다. 스스로를 괜찮은 예술가로 여기고 있던 황후는 황제의 초상화를 좀 더 실감나게 묘사해야 한다며 잔소리를 늘어놓기 시작했다. 하지만 황후의 부적절한 '미술 수업'에 격분한 세로프는 황후에게 팔레트를 내밀면서, "정 그러시다면 직접 그리시는 편이 더 낫겠습니다"라고 말했다.

황후 알렉산드라도 발끈 성을 내며 돌아서 나가 버렸다. 두 불꽃 사이에서 머뭇거리고 있던 니콜라이 2세는 일단 황후의 뒤를 쫓아 나간 다음 다시 세로프에게 돌아와서는 "황후가 '다소 예민했던 것 같다'라고 말했다"며 변명을 늘어놓았다.

사건은 관련된 모든 사람들에게 불쾌하고 모욕적인 형태로 번져 나갔다. 세로프는 이제 더 이상 궁정 화가로 일하지 않겠다며 니콜라이 2세의 초상화 대금으로 4천 루블을 요구했다. 그 금액은 주문자가 제안한 금액의 두 배에 해당하는 금액이었다.

니콜라이 2세는 "세로프가 상황을 이용해 지나친 비용을 청구하려고 한다. 실속만 차리는 이기주의자 같으니"라고 말하면서 자신의 말을 세로프에게 전하라고 사절에게 지시를 내렸다. 한편 모욕감을 느낀 세로프는 사절을 통해 자신에게 내뱉은 말을 당장 취소하라는 내용의 편지를 황제에게 전달했다.

니콜라이 2세는 한 걸음 물러나 세로프가 요구한 금액을 지불했다. 하지만 그때부터 황제는 세로프에게 '대단히 무례한 자'라는 낙인을 찍어 버렸다. 군주와 신하의 관계를 떠올리면 자연스럽게 연상되는 기존의 틀, 그 틀과는 전혀 다른 상황이 벌어지고 말았다.

소위 〈군복을 입은 니콜라이 2세의 초상화〉에 관련된 다음 이야기는 기묘하고도 상징적이다. 많은 사람들의 예상과 달리, 세로프가 그린 초상화는 1901년 1월 페테르부르그 예술가연맹 〈예술 세계〉의 전시회에 등장했다. 그것은 초상화의 주인공인 니콜라이 2세의 승인이 있어야만 가능한 일이었다. 더구나 그 그림은 아무 장식도 없이 전시되었기 때문에 특별히 눈길을 끌지도 못했다. 그 초상화는 마치 어느 한 개인의 평범한 초상화처럼 세로프의 다른 작품들과 나란히 전시되었다.

러시아에서 군주들을 묘사한 모든 작품은 통치자의 이미지와 관련되어 있었다. 따라서 황실의 특별 부서가 군주와 관련된 모든 작품을 철저히 관리해야만 했다. 그럼에도 불구하고 니콜라이 2세의 '가정적인' 초상화가 대중 전시회에 등장한 것이다. 하지만 그처럼 소박하고 간소한 전시회는 다름 아닌 황제 측의 의도적 계획에 따른 것이었다. 폐막 하루 전에 황제는 전시회를 방문했다. 그렇다. 그가 원했던 것은 민중이 황제의 참모습, 즉 소탈하고 조용하고 온화한 황제의 모습을 볼 수 있도록 하는 것이었다.

처음에는 니콜라이 2세의 의도가 효과를 보는 듯했다. 사람들은 세로프의 초상화를 바라보며 '군주께서 당신의 영혼을 꿰뚫어 보신다'라고 평가했다. 그러나 훗날 세로프는 이와는 전혀 다른 평가를 내놓았다.

"맞아요. 어린아이처럼 순진하고 선량한 눈빛입니다. 저런 눈빛은 도살자나 독재자들만이 가질 수 있는 눈빛이지요."

니콜라이 2세에 대한 세로프의 부정적인 태도는 1905년 1월 9일을 기해 더욱 확고해졌다. 러시아 군주에게 닥친 운명의 날에 군대는 평화적으로 시위하는 노동자들을 향해 총격을 가했다. 그날 총격 장면을 직접 목격한 세로프는 충격에 빠지고 말았다. 화가였던 그는 시각적으로 세상을 인식했다.

세로프는 자신의 친구 일리야 레핀에게 보낸 편지에서 다음과 같이 사건을 묘사했다.

"나는 1월 9일에 예술아카데미 창문을 통해 목격한 장면을 결코 잊을 수 없다네. 무장하지 않은 군중이 총을 겨누고 발사하는 기병대를 향해 침착하고 당당하게 걸어가고 있었지. 그 광경은 너무나도 끔찍했다네. 하지만 나중에 들은 이야기는 그보다 훨씬 더 끔찍한 것이었어. 군주가 노동자들 앞에 나타나지 않았다고 하는데 과연 그것이 학살을 의미한 것이었을까? 누가 그런 살육을 주도했단 말인가? 어느 누구도, 그 무엇으로도 피의 얼룩을 지울 수는 없을 거야."

〈군복을 입은 니콜라이 2세의 초상화〉는 모든 것이 상징적으로 압축되어 있는 그림이었다. 따라서 그 작품은 로마노프 왕조의 의식을 엿볼 수 있는 러시아 문화의 거울에 비친 또 다른 걸작들과 함께 어깨를 나란히 한다. 그 첫 번째 작품은 프랑수아 에티엔 팔코네의 작품인 표트르 1세의 기마상이다. 예카테리나 2세의 지시로 만들어진 이 동상은 지금도 페테르부르그의 얼굴로 간주되고 있다.

〈청동 기마상〉은 포효하는 말(러시아) 위에 올라탄 기백 넘치는 표트르 1세를 노래한 푸쉬킨의 작품으로서 약진하는 국가를 이끌고 있던 다이나믹한 창조자—군주의 형상으로 대중의 의식 속에 각인되어 있다. 이 작품에서 팔코네는 에너지와 환희, 카리스마 넘치는 위엄을 발산시키고 있다.

1909년에는 〈청동 기마상〉에 필적할 만한 로마노프 왕조의 또 다른 상징적 조형물이 건립되었다. 니콜라이 2세가 자신의 아버지 알렉산드르 3세를 기리기 위해 세운 동상이 그것이다. 조각가는 파올로 트루베츠코이 공작이었다. 그는 러시아 태생이지만 실제로는 팔코네처럼 외국인이나 다름없었다. 그는 이탈리아에서 태어나 그곳에서 미국인 어머니의 교육을 받으며 자랐다. 러시아로 건너왔을 때 그는 이미 명장의 반열에 올라 있었고, 팔코네보다 짧은 기간을 러시아에서 보냈다.

파올로 트루베츠코이 공작은 특이한 사람이었다. 그는 신문도 읽지 않았고 책도 읽지 않았다(심지어 그는 이러한 자신의 모습을 자랑스럽게 여기기까지 했다). 또한 열렬한 채식주의자였던 그는 작업실에서 키우는 늑대와 곰에게도 채소만 주었다고 한다.

트루베츠코이는 레프 톨스토이의 조각상을 제작하여 작가를 감동시켰다. 톨스토이로부터 책을 선물받은 것에 대한 감사의 표시로 톨스토이의 집을 나서면서 현관에 조각상을 남기고 돌아갔던 것이다. 톨스토이는 트루베츠코이의 천진난만함에 매료되고 말았다(니콜라이 2세 역시 트루베츠코이의 순수함을 좋아했다).

트루베츠코이는 러시아어에 서툴렀고, 러시아의 역사와 정치에도 어두웠다. 그러나 그는 팔코네가 만든 표트르 대제의 기념비를 꼼꼼히 분석하면서 의식적으로 그와 경쟁하려고 했다. 그가 조각한 알렉산드르 3세는 팔코네의 작품과는 완전히 대조적인 것이었다. 팔코네의 표트르 1세는 말에 올라타 힘차게 도약하는 사람으로 묘사되었지만, 트루베츠코이는 '힘겹게 버티고 있는 말(러시아)'을 무겁게 짓누르는 '엉덩이 큰 군인'을 묘사했다.

정부 인사들 중에 제국의 수도에 그 동상을 세워야 한다고 주장하는 사람은 아무도 없었다. 그 동상이 지닌 풍자적 뉘앙스는 너무나도 명백했다. 그러나 예상과 달리 알렉산드르 3세의 미망인은 트루베츠코이의 작품이 황제와 '닮았다'며 매우 흡족해했다. 동상이 기차역 주변 광장에 세워지자 사람들은 "조각가가 현대의 러시아적 상황을 정확히 묘사해 냈다"며 감탄을 금치 못했다(팔코네와 마찬가지로 트루베츠코이도 동상 제막식을 기다리지 않고 페테르부르그를 떠나 버렸다).

사람들은 표트르 1세의 동상을 보면서 감탄을 금치 못했다. 하지만 알렉산드르 3세의 동상을 바라볼 때 사람들은 한편으로는 비웃으면서도 다른 한편으로는 눈물을 글썽거렸다(종교 작가 바실리 로자노프는 지성인들의 반응을 이렇게 묘사했다).

알렉산드르 3세를 가까운 곳에서 관찰할 수 있었던 화가 알렉산드르 베누아는 열렬한 황제 숭배자였다. 특히 베누아는 "혁명 전 러시아 문화의 전성기는 니콜라이 2세의 보호하에 이루어졌다. 하지만 그것은 그의 아버지 알렉산드르 3세 때부터 준비된 것으로서, 만약 알렉산드르 3세가 20년만 더 살았다면 러시아의 역사뿐만 아니라 전 세계의 역사가 달라졌을 것이다"라고 주장했다. 그러나 베누아조차도 파올로 트루베츠코이의 작품에 대해 '파멸의 운명에 처한 왕조를 잘 묘사한 동상'이라고 평가했다.

명민한 관찰자였던 베누아는 "비록 니콜라이 2세가 사랑스러운 인물이기는 했지만 그럼에도 불구하고 대국의 수장 역할을 하기에는 뭔가 부족한 사람이었다"라며 군주의 치명적 결함을 지적했다. 놀랍게도 세로프 역시 니콜라이 2세의 초상화를 통해 그 점을 꿰뚫어 보았다. 로마노프 황실의 군주들을 묘사한 3대(大) 초상화는 '지도자 황제상', '수호자 황제상', '황제 아닌 황제상'이라는 상징적 계보로 완성되었다.

흥미로운 사실은 볼셰비키들이 〈청동 기마상〉을 파괴하려는 시도를 전혀 하지 않았다는 점이다. 알렉산드르 3세의 동상도 혁명 후 20년 동안이나 광장에 서 있었다. 동상 밑에는 프롤레타리아 시인 데미얀 베드느이의 조소적이고 신랄한 비문이 새겨져 있다.

내 아들과 내 아버지는 살아생전에 처형되었고,
나는 사후에 치욕을 받을 운명을 지녔다.
전제국가의 멍에를 영원히 벗어 던진 나라에서
나는 무쇠 허수아비로 여기에 서 있다.

트루베츠코이의 이 작품은 1937년에 러시아 박물관 마당으로 옮겨졌다(이 박물관은 언젠가 알렉산드르 3세 본인이 건립한 것이었다). 나는 초등학생 시절에 러시아 박물관을 관람한 적이 있었다. 거기서 나는 유리로 막힌 복도를 따라가다가 갑자기 거대한 동상과 마주쳤는데 그 모양이 마치 마스토돈(고생대 제 3기에 서식한 코끼리) 같았다. 그 동상은 좁은 복도와는 전혀 어울리지 않았다. 전대미문의 이 작품은 현재 페테르부르그 므라모르 궁전에 소장되어 있다.

하지만 세로프의 작품 〈군복을 입은 니콜라이 2세의 초상화〉는 전혀 다른 운명에 놓이게 되었다. 1917년 볼셰비키가 겨울궁전을 점령했을 때 황제의 밀실에서 초상화를 발견한 혁명 군인들이 그것을 총검으로 부숴버리려고 했던 것이다.

옆에서 이 장면을 지켜보고 있던 몇몇 젊은 화가들이 군인들을 말리며 "그것은 저명한 화가 세로프의 작품이므로 박물관에 보존해야 합니다"라고 하자 군인들이 순순히 초상화를 내놓았다. 하지만 초상화의 두 눈이 있던 자리에는 이미 커다란 구멍이 생기고 말았다. 〈군복을 입은 니콜라이 2세의 초상화〉는 만신창이가 되어 러시아 박물관에 반납되었다. 다행히 모스크바의 트레치야코프 미술관에는 그 초상화의 손상되지 않은 사본이 보존되어 있다.

니콜라이 2세의 경우와 마찬가지로 레닌의 첫인상도 지도자의 인상이라고 할 수는 없었다. 그리고 이 점이 많은 사람들을 실망시켰던 것도 사실이다. 고리키나 요시프 스탈린과 같은 다양한 사람들이 레닌의 첫인상을 본 소감은 여러 증언들을 남겼다. 훗날 스탈린은 "알렉산드르 3세 같은 늠름한 체구의 거인 또는 '고원의 독수리'를 기대했다"라고 회고했다.

고리키는 카프카즈 출신의 젊은 혁명가(스탈린)와는 달랐다. 하지만 그의 눈에 비친 레닌의 모습도 평범하기는 마찬가지였다. "그를 보고 있으면 무언가 부족하다는 느낌이 들었다. 그는 양손을 겨드랑이에 꽂은 채 Ф(에프)자 모양으로 서 있었고 발음도 분명하지 않았다(반면에 거대하고 늠름한 모습의 알렉산드르 3세는 고리키에게 깊은 인상을 남겼다).

동시대인들은 세로프가 그린 니콜라이 2세의 초상화에서 '눈동자가 빛나는 공상가'의 모습을 보았다. 물론 니콜라이 2세는 훨씬 더 복잡한 성격의 소유자였지만 많은 사람들의 눈에는 그저 모호한 성격의 소유자로 비쳐질 뿐이었다. 한편 레닌과 관련해서도 '모호한 성격'이라는 표현이 자주 사용되었다. 나는 나탄 알트만이라는 예술가로부터 그의 모호한 성격에 대해 전해 들은 적이 있다. 그는 레닌 조각상을 만들기 위해 6주에 걸쳐 장장 250시간을 혁명 지도자(레닌)와 함께 지낸 인물이었다(그것은 1920년의 일이었다).

그러나 카멜레온 같은 레닌의 모호한 성격은 위기의 순간을 맞게 되면 순식간에 사라져 버렸다. 훗날 스탈린은 "패배가 레닌을 '에너지의 총체'로 바꾸어 놓았고, 긴장된 순간이 레닌을 당당하고 활기찬 사람으로 바꾸어 놓았다. 긴장한 레닌의 모습에서는 '평소와 다른 서광'이 비쳤고, 그의 정치적 분석과 예측은 긴장한 상태에서 더욱 날카로워졌다"라고 회고했다.

이와 같은 지도자 특유의 기질이 니콜라이 2세에게는 없었다. 그래서 정치·문화적 상황에 대한 그의 판단은 자주 빗나갈 수밖에 없었다. 특히 니콜라이 2세는 1904-1905년에 러시아의 군사적 역량과 사회적 분위기를 정확하게 파악하지 못했고 이로 인해 러일 전쟁에서의 패배와 1905년 혁명을 초래하고 말았다.

주도면밀한 알렉산드르 3세였다면 절대 그런 실책을 범하지 않았을 것이다. 그의 주된 전략은 힘과 확실성을 계산한 다음에도 가능한 한 군사적 충돌을 피하는 것이었다. 절체절명의 위기 상황에 처해 있던 마지막 전제군주 니콜라이 2세를 1차 세계대전에 끌어들이는 것보다 알렉산드르 3세를 끌어들이는 편이 훨씬 더 어려웠을 것이다.

정치인의 문화적 소양은 그의 무기와 자본이 될 수도 있지만, 다른 한편으로 그것은 목에 걸린 커다란 가시가 될 수도 있다. 지도자의 기질을 타고나지 못한 니콜라이 2세는 러시아 문학을 읽으면서 미심쩍은 정치적 결론을 내리게 된다. 그의 일기를 통해 알 수 있는 것은 그가 자신의 느낌과 감성을 위대한 문학 작품을 통해 확인하는 평범한 문화 소비자였다는 사실이다.

이와 반대로 레닌은 '정치적 메스'를 양손에 들고 러시아 문학을 읽었다. 그의 두뇌는 이미 오래전부터 그렇게 형성되어 있었다. 아마도 레닌은 그 '요리'가 주는 만족감(베르톨트 브레히트의 표현)에서 자신을 제외시키는 경우가 많았을 것이다. 그러나 그의 실리적인 문화 접근법은 정치 분야에서 더욱 빛을 발했고, 그의 혁명 활동에도 필요한 자양분을 공급해 주었다.

니콜라이 2세와 레닌의 대조적인 문화 접근법은 '톨스토이 작품 읽기'에서 더욱 극명하게 드러난다. 니콜라이 2세에게 있어 톨스토이는 애국적 군인 작가였다. 이런 사실이 놀라움을 주는 두 가지 이유가 있다. 첫째, 우리는 지금까지 톨스토이가 모든 무력에 반대하고 전쟁을 증오한 사람이라고 알고 있기 때문이고 둘째, 톨스토이가 "애국주의는 파렴치한 인간의 마지막 피난처"라는 새뮤엘 존슨의 경구를 자주 반복한 것으로 알고 있기 때문이다. 하지만 그것이 톨스토이가 러시아의 '애국자'가 아니었다는 것을 의미하지는 않는다. 그러나 톨스토이는 공적인 애국주의가 국가의 정치적 도구로 이용되는 것을 역겨워했다.

그리고 톨스토이는 공식 정교를 인정하지 않았기 때문에 러시아 전제주의와 충돌을 일으킬 수밖에 없었다. 톨스토이는 알렉산드르 3세와 니콜라이 2세에게 신랄한 편지를 써 보냈고 그 결과 그의 작품은 엄격한 검열과 출판 금지를 피해 갈 수 없었다. 하지만 항상 그랬던 것은 아니다.

톨스토이는 종군 작가로 명성을 떨친 사람이었다(오늘날 많은 사람들이 그 사실을 잊어버리곤 한다). 그의 첫 번째 소설들(《어린 시절》과 《청년 시절》) 이후에 톨스토이는 1854-1855년의 세바스토폴 방어를 소재로 한 '세바스토폴 수비대 이야기'를 발표함으로써 러시아 사회에 깊은 인상을 남겼다.

그 중 하나인《12월의 세바스토폴》이 알렉산드르 2세의 마음을 사로잡았다. 황제는 "톨스토이가 부상을 입지 않도록 하라. 또한 총알이 빗발치는 전장에 톨스토이를 내보내서는 안 될 것이다"라는 지시를 내렸다.

톨스토이의 첫 번째 소설에 속하는《세바스토폴 이야기》는 이른바《전쟁 이야기》라고도 불린다. 톨스토이는 병사들의 애국심을 고취하기 위해 병사용 특별 잡지《병영 일기》의 창간도 기획했다(하지만 니콜라이 1세의 허락을 받지는 못했다).

병역의 의무를 충실히 이행한 톨스토이는 군인 교육을 담당할 조직이 필요하다고 주장했고 곧바로 군대 개혁에 관한 비망록을 집필하기 시작했다(하지만 그는 이 일과 관련해서 아무런 결실도 맺지 못했다).

동시대인들의 회고에 따르면, 비록 무력과 전쟁을 부정하기는 했지만 그럼에도 불구하고 톨스토이는 죽는 순간까지 자신을 군인으로 여겼다고 한다. 그런 측면에서 톨스토이는 니콜라이 2세와 같은 '심리 노선' 위에 있었다. 로마노프 왕조의 가풍이 그러했듯 황제는 군사 업무를 자신의 본업으로 여기도록 교육받았다. 세로프가 그린 니콜라이 2세의 초상화를 통해서도 알 수 있듯이, 매우 사적인 초상화에서조차 니콜라이 2세는 보병 장교복을 입은 모습으로 묘사되었다.

니콜라이 2세는 여덟 살배기 아들 알렉세이에게 톨스토이의《전쟁 이야기》를 큰 소리로 낭독해 주었다. 세바스토폴 이야기뿐만 아니라《습격》과《산림 벌목》도 읽어 주었다(두 작품은 톨스토이의 초기 작품들로서 톨스토이가 직접 참전한 카프카즈 전투에 관한 이야기였다). 황제는 분명 톨스토이의 '이야기들'을 교재로 삼으려 했을 것이다. 사실 황제는 황태자가 혈우병을 앓고 있었음에도 불구하고 그런 상황과 관계없이 황태자에게서 미래의 용감한 장교의 모습을 보았을 것이다. 진정한 로마노프 가(家) 사람이 한낱 문관이 될 수는 없었다.

톨스토이 작품 중에서 가장 그리스 정교적인 작품이라고 할 수 있는 《전쟁과 평화》를 이런 관점에서 바라보는 것은 대단히 흥미롭고 유익한 일이다. 1865년부터 1866년까지 잡지에 게재된 《전쟁과 평화》는 나폴레옹 전쟁에 관한 역사 소설로 인식되었고 또 냉엄한 비판을 받기도 했다.

톨스토이는 역사 결정론자였다. 따라서 1805-1807년에 있었던 러시아와 나폴레옹 간의 전투 그리고 1812년 조국전쟁을 묘사하면서, 그는 전쟁이나 역사적 사건이 황제나 장군의 손에 달린 것이 아니라고 주장했다. "나폴레옹과 알렉산드르의 뜻을 실현시키기 위해서는 주변 환경과의 무수한 연계가 불가피하다."

톨스토이는 나폴레옹과 알렉산드르 1세가 꼭두각시 인형에 불과하다고 생각했고 자신은 그 인형을 조종하는 사람이라고 생각했다.

톨스토이의 눈에 나폴레옹과 알렉산드르 1세는 이런 점을 알아채지 못하는 사람 그리고 스스로를 조물주로 여기는 사람으로 비쳐졌다. 그래서 톨스토이는 자신의 대작 《전쟁과 평화》에서 그들을 희화적으로 묘사할 수밖에 없었다. 톨스토이는 무위의 러시아 장군 쿠투조프에게 호감을 가졌다. 톨스토이는 이렇게 생각했다.

'쿠투조프는 자신보다 더 강한 어떤 존재와 자신의 의지를 초월하는 그 무엇 그리고 사건의 불가피한 전개 과정을 이해한 사람이다.'

19세기 초반 나폴레옹 전쟁이라는 역사의 소용돌이 속에서 한 개인의 역할을 바라보는 톨스토이의 관점은 수많은 전쟁 사학자들로부터 거센 비난을 받았다(그중에는 참전 군인들도 있었다). 그들은 전시의 군사 작전이 나폴레옹과 알렉산드르 1세, 쿠투조프의 지시대로 전개되었다고 주장했다.

그러나 톨스토이는 귀찮게 달려드는 파리 내쫓듯 모든 비난을 뿌리쳐 버렸다. 톨스토이는 쿠투조프의 역사적 숙명론 속에 궁극의 지혜가 담겨 있다고 생각했다. 톨스토이 연구자이자 톨스토이 전기를 집필한 빅토르 쉬클롭스키의 설명에 따르면, 원래 쿠투조프는 숙명론자가 아니었다. 그러나 톨스토이는 쿠투조프를 자신의 대변인으로 삼았다. 그래서 이제 우리는 《전쟁과 평화》라는 프리즘을 통해 쿠투조프를 인식하게 되었다.

톨스토이의 쿠투조프에 대한 해석은 종교적 숙명론자였던 니콜라이 2세에 대한 해석과 유사하다. 니콜라이 2세는 자기 어머니에게 보내는 편지에서 "오직 하느님만이 완전한 자유를 누리시며, 그분은 우리의 행복을 위해 모든 것을 행하십니다. 우리는 기도로써 그분의 신성한 의지에 순종해야 합니다!"라고 썼다(당시 그의 나이는 26세였다). 심지어 고위 대신과 측근들이 묵시적 예언을 일삼으며 한탄만 하고 있을 때에도 니콜라이 2세는 침착한 어조로 "모든 것이 신의 뜻입니다"라고 말했다.

이 경우에 황제는 자기 자신을 《전쟁과 평화》에 등장하는 쿠투조프와 동일시했음에 틀림없다. 1915년 러시아 군대를 지휘하며 독일군과 싸웠을 때, 니콜라이 2세는 톨스토이의 쿠투조프와 똑같이 행동했다. 황제는 전술을 펴는 데는 소극적이었지만 그 대신 병사와 장교들의 사기를 북돋으려고 노력했다. 왜냐하면 그것이야말로 전쟁의 승리를 보증하는 것이라고 생각했기 때문이었다.

니콜라이 2세는 자신이 러시아 민족을 깊이 이해하고 있다고 믿었다. 그리고 힘든 시기에 병사들이 어떻게 행동해야 하는지에 대해서도 잘 알고 있다고 생각했다. 그는 러시아 국민이 신에 대한 믿음으로 충만해 있다고 믿었고 따라서 신의 대리인인 자신의 통치권을 확고히 지지할 것이라고 믿었다.

하지만 니콜라이 2세의 믿음은 환상에 지나지 않는 것이었고 그 환상은 바로 톨스토이의 《전쟁과 평화》에서 비롯된 것이었다.

《전쟁과 평화》를 읽은 사람이라면 등장인물로 나오는 경솔하고 변덕스러운 나타샤 로스토바와 소란스럽고 어리석으면서도 매력적인 그녀의 가족을 기억할 것이다. 그리고 나폴레옹 전쟁에서 치명상을 입은 나타샤의 약혼자 안드레이 볼콘스키 공작, 그의 괴팍한 아버지, 착하고 굼뜬 거구의 피에르 베주호프 역시 기억할 것이다. 톨스토이는 소설 전체를 통해 이처럼 다양한 인간 군상을 다루며 뛰어난 심리적 통찰로 그들을 묘사했다. 그들은 변함없는 동반자로서 독자들과 영원히 함께하고 있는 것이다.

그러나 《전쟁과 평화》에서 가장 인상적인 인물은 농민 출신의 병사 플라톤 카라타예프다. 그는 프랑스군에 포로로 잡힌 다음 피에르 베주호프와 친한 사이가 되었다. 톨스토이의 펜을 통해 카라타예프는 러시아 민중의 상징이 되었다. 그는 신앙심 깊고 순박하며 참을성 있고 다정한 인물로서 어떠한 고문과 유혹 앞에서도 자신의 맑은 의식과 기독교적 영혼을 더럽히지 않았다. 피에르에게 있어 그는 인간으로서나 기독교인으로서 본보기가 될만한 인물이었다.

니콜라이 2세의 관념 속에서 러시아 민중과 러시아 군대는 수백만 명의 카라타예프로 구성되어 있는 집단이었다. 그리고 황제는 확신하고 있었다. 이와 같은 카라타예프들이 '악마들'의 반전제주의적 선전 운동에 부화뇌동하는 일은 결코 없을 것이라고.

톨스토이가 신념에 찬 인물로 묘사한 카라타예프는 황제에게는 생동감 넘치는 현실적 인물이었을 뿐만 아니라 러시아 농민 사회의 건실하고 바람직한 대표자였다.

한편 레닌이 톨스토이 작품에 대해 내린 정치적 해석은 완전히 상반된 것이었다.

레닌은 1908년에 쓴 톨스토이 80세 기념 논문 〈레프 톨스토이, 러시아 혁명의 거울〉에서 작가가 러시아 혁명의 성공을 예언했다고 보았다. 레닌은 "비록 톨스토이의 사상이 농민 봉기의 약점과 결점을 비춰 주는 거울이긴 하지만 상황은 날마다 변하고 있다. 실제로 수 세기 동안 존속되어 온 농업과 농경 생활의 낡은 토대들이 빠른 속도로 무너지고 있지 않은가?"라고 주장했다.

톨스토이에 대한 레닌의 평가는 "톨스토이는 천재 작가다. 러시아의 실상을 묘사하고 있는 그의 작품은 유례를 찾아볼 수 없는 세계 최고의 문학 작품이다"였다. 하지만 냉소적인 직업 정치가였던 레닌은 톨스토이 식의 '리얼리즘 마법'에 빠지지 않고 또한 작품 속 등장인물과 현실 속 인물을 혼동하지도 않았다.

다른 한편으로 레닌은 니콜라이 2세가 톨스토이의 소설 속에서 간과했을 법한 면들을 발견해 냈다. "농민들의 증오심, 적의, 필사적 결의는 이미 정교, 지주 계층, 지주의 지배를 송두리째 쓸어 버릴 준비가 되어 있다"라고 레닌은 생각했다.

알다시피 2월 혁명은 아무런 계획도 없고 조직도 없고 지도자도 없는 상태에서 거의 자연 발생적으로 일어난 혁명이었다. 그 시기에 러시아의 수도는 혁명적 군인과 선원들로 가득했으며 그들이 바로 폭동의 주도 세력이었다. 당대의 역사학자들과 오늘날의 일부 역사학자들은 그 군중을 '악령'의 무리들이라 불렀다. 이러한 정의가 온전히 객관적인 것이라고 보기는 힘들다. 그러나 폭동을 일으킨 사람들 가운데 《전쟁과 평화》의 플라톤 카라타예프 같은 인물이 과연 얼마나 있었겠는가?

2월 혁명을 가장 인상적으로 묘사한 사람은 바로 혁명의 목격자 바실리 로자노프였다. 그는 관찰자적 저널리스트이자 통찰력 있는 철학자였다. 그는 제국주의 러시아가 이틀이라는 짧은 기간에 무너지는 과정을 직접 목격했고, 사흘째 되던 날에 벌어진 사건을 보고 경악을 금치 못한 증인들 중 한 사람이었다.

"……. 반란이 일어난 곳을 향해 군대가 물밀듯이 몰려갔다. 군대를 동원해 사태를 원상 복구시키려는 시도는 마치 모래로 채찍을 엮으려는 것처럼 무의미해 보였다. 모든 것이 산산이 흩어지고 말았다."

로자노프를 충격에 빠뜨린 것은 바로 그날 한 농부로부터 들은 말, 즉 "황제의 가죽을 벗겨 갈기갈기 찢은 다음 그것으로 허리끈을 만들어야 한다"는 말이었다. 로자노프는 깊은 숨을 몰아쉬며 이렇게 말했다. "고결한 러시아 사나이여! 도스토옙스키, 레프 톨스토이 그리고 《전쟁과 평화》, 참으로 대단하구나!"

로자노프의 표현에 따르면 러시아 혁명을 배양한 것은 바로 러시아 문화였다.

"……. 러시아를 죽인 것이 바로 러시아 문학이었다는 사실에는 의심의 여지가 없다. 러시아 '분리주의자들' 가운데 문학적 혈통을 갖지 않은 사람은 단 한 사람도 없었다."

로자노프는 고골을 비롯한 여러 작가들이 러시아를 '차가운 광야', '불타는 지옥'에 비유하면서 그 속에서 고통 받는 민중과 엘리트들의 운명을 보여 주었다고 생각했다.

혁명을 목격한 로자노프는 "모든 것이 현실화되었으므로 더 이상 그 일에 대해서는 말하지 않는 편이 낫다"라는 결론에 이르게 되었다. 그렇다. 고골과 도스토옙스키 그리고 레프 톨스토이에게도 〈자신들이 묘사한 거짓말쟁이들, 사기꾼들, 위선자들, 어리석은 장군들, 잔인한 지주들, 광적인 니힐리스트들〉이 없었더라면 더 좋았을 것이다. 이와 관련해 로자노프는 이렇게 주장했다.

"러시아 작가들은 자기 자신이 부끄러워 햇빛으로부터 몸을 숨겼고, 러시아의 마지막 황제는 황제의 자리에 오르지 말았어야 할 사람이 황제가 되어 모든 것을 망쳐 버렸다."

로자노프는 다음과 같은 쓸쓸한 말로 결론을 대신했다.

"군주제와 문학 사이에 생긴 균열은 그야말로 숙명적인 것이었다. 그 결과는 어땠는가? 신이 침을 뱉어 촛불을 꺼버린 것은 아니었을까?"

위대한 러시아 제국은 찬란한 러시아 문화와 함께 영원히 로마노프 왕조의 손에서 벗어나고 말았다.

그러나 로마노프 왕조는 위대한 러시아 문화사 속에서 영원히 살아 숨 쉬고 있다. 예카테리나 2세가 데르자빈과 이야기를 나누고 있고, 니콜라이 1세와 푸쉬킨이 논쟁을 벌이고 있고, 카람진이 알렉산드르 1세를 인도하고 있고, 쥬콥스키가 미래의 알렉산드르 2세를 가르치고 있고, 알렉산드르 3세가 〈백조의 호수〉에 귀를 기울이고 있고, 니콜라이 2세가 자신의 아들에게 레프 톨스토이의 전쟁 이야기를 읽어 주고 있는 것이다.

권력과 예술가들

초판 1쇄 | 2015년 12월 21일

지은이 | 솔로몬 볼코프
옮긴이 | 이대우 · 백경희

편　집 | 김재범, 이재필
디자인 | 임나탈리야
브랜드 | 우물이 있는 집

펴낸이 | 강완구
펴낸곳 | 써네스트

출판등록 | 2005년 7월 13일 제313-2005-000149호
주　소 | 서울시 마포구 동교동 165-8 엘지팰리스 빌딩 925호
전　화 | 02-332-9384　　**팩　스** | 0303-0006-9384
이메일 | sunestbooks@yahoo.co.kr
ISBN 979-11-86430-11-8 (03920)　　　값 18,000원

정성을 다해 만들었습니다만, 간혹 잘못된 책이 있습니다. 연락주시면 바꾸어 드리겠습니다.

이 도서의 국립중앙도서관 출판사도서목록(CIP)은 서지정보유통지원시스템 홈페이지
(http://seoji.nl.go.kr)와 국가자료공동목록시스템 (http://www.nl.go.kr/kolisnet)에서
이용하실 수 있습니다. (CIP제어번호 : CIP2015033282)